ZHONGGUO WENHUA WENWU HE LÜYOU
TONGJI NIANJIAN

中国文化文物和旅游统计年鉴

中华人民共和国文化和旅游部　编

2023

国家圖書館出版社
National Library of China Publishing House

图书在版编目（CIP）数据

中国文化文物和旅游统计年鉴.2023 / 中华人民共
和国文化和旅游部编. —北京：国家图书馆出版社，
2023.12

　ISBN 978-7-5013-7931-6

　Ⅰ. ①中… Ⅱ. ①中… Ⅲ. ①文化事业－统计资料－
中国－2023－年鉴②文物工作－统计资料－中国－2023－
年鉴③旅游业－统计资料－中国－2023－年鉴 Ⅳ.①G12-66
②K87-66③F592-66

　中国国家版本馆 CIP 数据核字(2023)第 239591 号

书　　名　中国文化文物和旅游统计年鉴 2023
著　　者　中华人民共和国文化和旅游部　编
责任编辑　王炳乾

出版发行　国家图书馆出版社（北京市西城区文津街 7 号　　100034）
　　　　　　（原书目文献出版社　北京图书馆出版社）
　　　　　　010-66114536　63802249　nlcpress@nlc.cn（邮购）
网　　址　http://www.nlcpress.com
印　　装　河北鲁汇荣彩印刷有限公司
版次印次　2023 年 12 月第 1 版　2023 年 12 月第 1 次印刷

开　　本　880×1230　1/16
印　　张　26
字　　数　576 千字
书　　号　ISBN 978-7-5013-7931-6
定　　价　298.00 元

《中国文化文物和旅游统计年鉴 2023》

编 委 会

主　　任：孙业礼

副 主 任：饶　权　解　冰

编　　委：马秦临　魏　冀　赵永涛　张俊峰　陈　红

编辑办公室

主　　任：魏　冀

副 主 任：亢　博　张　洁

成　　员（按姓氏笔画排序）：

于爱国　王朝晖　付　言　向飞丹晴　李　翔　张玉伟　范博琛

罗浩良　周玉婷　胡一爽　贺　怡　郭晨明

编辑人员（按姓氏笔画排序）：

马　林	王　鹏	王荣飞	王瑞婷	方　月	方少坤	方芜耘	申红利
代智颖	冯忠禄	吕染秋	庄　瑜	刘　函	刘秀娟	刘继龙	闫单单
孙晓伟	孙晶玮	杜　析	李　玮	李　玫	李昌林	李海宁	李鹏亮
李鹏亮	吴博宇	邹季颖	汪诗玮	沈　灿	张　娴	张　萌	张良宝
张明月	张炜嘉	张婧文	陈　剑	陈　歆	陈文科	明　珍	罗　恒
郗　玲	周子渊	周绍伟	周燕娣	郑　慧	郎　斌	孟晓颖	赵艳芳
赵晓云	赵慧云	郝　嘉	胡佳惠	施融宁	高玉红	郭　燕	郭　懿
唐　迪	唐寸晖	陶国英	曹　靓	曹　斌	崔一凡	曾　锴	路静静
檀鹏辉	魏　锋	魏小军					

数据处理：马骥鹏

编者说明

一、《中国文化文物和旅游统计年鉴 2023》系统收录了全国和各省、自治区、直辖市 2022 年文化和旅游发展各方面的统计数据，以及其他重要历史年份的统计数据，是一部全面反映我国文化建设和旅游发展情况的综合性统计资料。

二、本年鉴正文内容共分为九个部分：一、综合；二、公共图书馆；三、群众文化；四、艺术；五、文化市场；六、旅游；七、文物；八、教育、科技、动漫及其他；附录资料。为方便读者使用，多数篇末附有《主要统计指标解释》。

三、本资料尚缺香港、澳门特别行政区及台湾省的资料。

四、符号使用说明：资料中的空缺项表示该项统计指标数据不足本表最小单位数、无该项数据或该项统计指标数据不详，"#"表示主要项。

五、年鉴中若有遗漏和不足之处，请读者批评指正，以便在内容上不断完善和充实。

编　　者

2023 年 11 月

目　　录

三、群众文化

四、艺术

五、文化市场

六、旅游

七、文物

八、教育、科技、动漫及其他

附录资料

综　合　◀ **1**

2022年全国文化和旅游发展主要统计数据

指 标	单位	总量指标		增幅/%
		2021年	2022年	
机构和人员				
机构数	万个	31.21	32.69	4.7
从业人员数	万人	484.98	448.69	-7.5
经费投入				
文化和旅游事业费	亿元	1132.88	1201.76	6.1
人均文化和旅游事业费	元	80.20	85.13	6.1
公共图书馆				
机构数	个	3215	3303	2.7
总藏量	万册	126178	135959	7.8
总流通人次	万人次	74614	78970	5.8
群众文化				
机构数	个	43531	43619	0.2
#文化站	个	40215	40116	-0.2
提供文化服务次数	万次	252.17	268.35	6.4
举办展览	万次	16.75	17.65	5.4
组织文艺活动	万次	139.15	159.75	14.8
组织公益性讲座	万次	4.20	4.25	1.2
举办训练班	万次	92.07	86.70	-5.8
文化服务惠及人次	万人次	83289	95784	15.0
艺术表演团体				
机构数	个	18370	19739	7.5
演出场次	万场次	232.53	166.07	-28.6
#农村演出场次	万场次	109.82	74.76	-31.9
国内演出观众人次	万人次	79204	74021	-6.5
#农村观众人次	万人次	32757	25204	-23.1
演出收入	万元	1129901	809523	-28.4
艺术表演场馆				
机构数	个	3093	3199	3.4
艺术演出场次	万场次	64.26	58.51	-8.9
艺术演出收入	万元	722910	407682	-43.6
文化市场				
机构数	万个	19.10	20.28	6.2
从业人员数	万人	151.11	134.00	-11.3
旅游业				
国内旅游人数	亿人次	32.46	25.30	-22.1
国内旅游收入				
#星级饭店营业收入	亿元	1379.43	1177.69	-14.6
#旅行社营业收入	亿元	1857.13	1601.56	-13.8
文物业				
机构数	个	10545	11340	7.5
总藏品	万件/套	5580.45	5630.43	0.9
参观人次	万人次	84591	63973	-24.4

按年份全国主要文化和旅游机构数

单位：个

年　份	公共图书馆	文化馆	博物馆	旅行社	星级饭店	A级景区
1949年	55	896	21			
1952年	83	2430	35			
1957年	400	2748	72			
1962年	541	2575	230			
1965年	562	2660	214			
1970年	323	2332	182			
1975年	629	2670	242			
1978年	1218	2840	349			
1980年	1732	3130	365			
1985年	2344	3295	711			
1986年	2406	3330	777			
1987年	2440	3321	827	1245		
1988年	2485	3333	903	1573		
1989年	2512	3321	967	1617		
1990年	2527	3321	1013	1561		
1991年	2535	3265	1075	1603	853	
1992年	2558	3272	1106	2592	1029	
1993年	2572	3256	1130	3238	1186	
1994年	2589	3261	1161	4382	1556	
1995年	2615	3259	1194	3826	1913	
1996年	2620	3284	1219	4252	2349	
1997年	2628	3286	1282	4986	2724	
1998年	2662	3287	1339	6222	3248	
1999年	2669	3294	1363	7326	3856	
2000年	2675	3297	1392	8993	6029	
2001年	2696	3241	1461	10532	7358	
2002年	2697	3243	1511	11552	8880	
2003年	2709	3228	1515	13361	9751	
2004年	2720	3221	1548	14927	10888	
2005年	2762	3226	1581	16245	11828	
2006年	2778	3214	1617	17957	12751	
2007年	2799	3217	1722	18943	13583	
2008年	2820	3218	1893	20110	14099	
2009年	2850	3223	2252	20399	14237	
2010年	2884	3264	2435	22691	11779	4521
2011年	2952	3285	2650	23690	11676	5573
2012年	3076	3301	3069	24944	11367	6042
2013年	3112	3315	3473	26054	11687	7104
2014年	3117	3313	3658	26650	11180	8026
2015年	3139	3315	3852	27621	10550	8954
2016年	3153	3322	4109	27939	9861	9845
2017年	3166	3328	4721	29717	9566	10496
2018年	3176	3326	4918	37309	8962	11924
2019年	3196	3326	5132	38943	10130	12402
2020年	3212	3321	5452	31074	8430	13332
2021年	3215	3316	5772	31001	7676	14196
2022年	3303	3503	6091	32603	7337	14917

注：表中旅行社、星级饭店数据为经过省级文化和旅游部门审核确认过的数据。

按年份全国文化和旅游事业费基本情况

	文化和旅游事业费/亿元	国家财政总支出/亿元	文化和旅游事业费占国家财政比重/%
1978年	4.44	1122.09	0.40
1979年	5.84	1281.79	0.46
1980年	5.61	1228.83	0.46
六五时期	**36.03**	**7483.18**	**0.48**
1985年	9.32	2004.25	0.47
七五时期	**62.45**	**12865.67**	**0.49**
1986年	10.74	2204.91	0.49
1987年	10.77	2262.18	0.48
1988年	12.18	2491.21	0.49
1989年	13.57	2823.78	0.48
1990年	15.19	3083.59	0.49
八五时期	**121.33**	**24387.46**	**0.50**
1991年	17.28	3386.62	0.51
1992年	19.46	3742.20	0.52
1993年	22.37	4642.30	0.48
1994年	28.83	5792.62	0.50
1995年	33.39	6823.72	0.49
九五时期	**254.51**	**57043.46**	**0.45**
1996年	38.77	7937.55	0.49
1997年	46.19	9233.56	0.50
1998年	50.78	10798.18	0.47
1999年	55.61	13187.67	0.42
2000年	63.16	15886.50	0.40
十五时期	**496.13**	**128022.85**	**0.39**
2001年	70.99	18902.58	0.38
2002年	83.66	22053.15	0.38
2003年	94.03	24649.95	0.38
2004年	113.63	28486.89	0.40
2005年	133.82	33930.28	0.39
十一五时期	**1220.40**	**318970.83**	**0.38**
2006年	158.03	40422.73	0.39
2007年	198.96	49781.35	0.40
2008年	248.04	62592.66	0.40
2009年	292.31	76299.93	0.38
2010年	323.06	89874.16	0.36
十二五时期	**2669.62**	**703076.19**	**0.38**
2011年	392.62	109247.79	0.36
2012年	480.10	125952.97	0.38
2013年	530.49	140212.10	0.38
2014年	583.44	151785.56	0.38
2015年	682.97	175877.77	0.39
十三五时期	**4708.10**	**1096206.86**	**0.43**
2016年	770.69	187755.21	0.41
2017年	855.80	203085.49	0.42
2018年	928.33	220904.13	0.42
2019年	1065.75	238858.37	0.45
2020年	1088.26	245679.03	0.44
十四五时期			
2021年	1132.88	245673.00	0.46
2022年	1201.76	260609.17	0.46

按年份各地区文化和旅游事业费

单位：万元

地　　区	2000年	2005年	2010年	2015年	2020年	2021年	2022年
全　　国	**631591**	**1338193**	**3230646**	**6829708**	**10882645**	**11328810**	**12017593**
北　京	24008	64587	161693	275832	463029	439536	449161
天　津	9796	31592	56348	153744	133272	135123	123008
河　北	18984	39626	70307	185348	353883	360111	393821
山　西	12347	29832	78000	182007	274503	286593	361406
内 蒙 古	14515	30543	112982	228905	295807	316283	350834
辽　宁	26790	47578	113430	165405	179199	188375	180595
吉　林	15711	26566	90327	156425	207929	201602	183700
黑 龙 江	16598	33742	74631	152601	210064	222599	264301
上　海	42608	79201	186266	365523	483672	590110	616394
江　苏	38527	77658	163123	403417	860604	871549	864905
浙　江	35334	110397	242002	488225	850347	1048686	1122294
安　徽	15849	30541	76813	146252	225055	228851	254742
福　建	22174	42949	101855	187522	335728	305356	389587
江　西	10696	23398	73401	127094	230014	267697	299401
山　东	30944	61687	138876	299770	503101	530152	548270
河　南	20948	37708	95143	206034	332758	358209	351521
湖　北	19367	43585	114389	235648	432862	469331	423287
湖　南	16564	34771	86133	193798	347866	371421	381726
广　东	58321	128095	269940	539257	1107240	1154761	1131114
广　西	14608	28089	80097	172230	322285	247902	230329
海　南	3468	6007	27356	57512	82829	67432	111709
重　庆	9151	17505	77350	169727	230720	245862	237409
四　川	20500	44523	143902	395788	520403	562922	562668
贵　州	9131	18731	53676	119936	246931	197105	201969
云　南	23945	42036	86881	191211	353527	331149	512023
西　藏	4264	8003	21050	57816	112986	111209	119805
陕　西	13976	23462	89457	205168	265389	266859	286849
甘　肃	9130	20882	55563	113802	184417	183183	202316
青　海	3696	7349	41114	65393	114591	99418	86220
宁　夏	3625	9646	24483	58611	94306	93600	130471
新　疆	10518	24877	71273	160088	275083	270743	348672

按年份各地区文化和旅游事业费占财政支出比重

地 区	2000年		2005年		2010年		2015年		2020年		2021年		2022年	
	比重/%	位次	比重/%	位次	比重/%	位次	比重/%	位次	比重/%	位次	比重/%	位次	比重/%	位次
全 国	**0.40**		**0.39**		**0.36**		**0.39**		**0.44**		**0.46**		**0.46**	
北 京	0.54	14	0.61	4	0.60	2	0.48	8	0.65	2	0.61	5	0.60	8
天 津	0.53	15	0.71	3	0.41	14	0.48	9	0.42	23	0.43	23	0.45	21
河 北	0.46	28	0.40	24	0.25	31	0.33	27	0.39	26	0.41	25	0.42	25
山 西	0.55	11	0.44	14	0.40	15	0.53	4	0.54	10	0.57	10	0.62	6
内 蒙 古	0.59	8	0.44	15	0.50	7	0.54	3	0.56	9	0.60	6	0.60	9
辽 宁	0.52	17	0.39	25	0.35	22	0.37	24	0.30	30	0.32	30	0.29	31
吉 林	0.90	1	0.42	18	0.51	6	0.49	7	0.50	15	0.55	12	0.45	19
黑 龙 江	0.45	30	0.42	19	0.33	25	0.38	21	0.39	26	0.44	22	0.48	15
上 海	0.68	5	0.48	9	0.56	4	0.59	2	0.60	7	0.70	2	0.66	5
江 苏	0.61	6	0.46	12	0.33	26	0.42	15	0.63	5	0.60	7	0.58	10
浙 江	0.82	2	0.87	1	0.75	1	0.73	1	0.84	1	0.95	1	0.93	1
安 徽	0.49	23	0.42	20	0.30	29	0.28	31	0.30	30	0.30	31	0.30	30
福 建	0.69	4	0.72	2	0.60	3	0.47	10	0.64	3	0.59	9	0.68	4
江 西	0.48	26	0.41	22	0.38	18	0.29	30	0.35	28	0.39	26	0.41	26
山 东	0.51	18	0.42	21	0.34	23	0.36	25	0.45	19	0.45	19	0.45	20
河 南	0.47	27	0.33	31	0.28	30	0.30	28	0.32	29	0.34	28	0.33	29
湖 北	0.53	15	0.55	6	0.46	10	0.38	22	0.51	12	0.59	8	0.49	13
湖 南	0.49	23	0.39	26	0.32	28	0.34	26	0.41	25	0.44	20	0.42	24
广 东	0.55	11	0.55	7	0.50	8	0.42	16	0.63	5	0.63	4	0.61	7
广 西	0.57	10	0.45	13	0.40	16	0.42	17	0.52	11	0.43	24	0.39	27
海 南	0.51	18	0.39	27	0.47	9	0.46	12	0.42	23	0.34	29	0.53	11
重 庆	0.49	23	0.35	29	0.45	11	0.45	13	0.47	17	0.51	15	0.49	14
四 川	0.45	30	0.41	23	0.34	24	0.53	5	0.46	18	0.50	16	0.47	17
贵 州	0.46	28	0.35	30	0.33	27	0.30	29	0.43	22	0.35	27	0.35	28
云 南	0.58	9	0.54	8	0.38	19	0.41	20	0.51	12	0.50	17	0.76	3
西 藏	0.71	3	0.43	16	0.38	20	0.42	18	0.51	13	0.55	11	0.46	18
陕 西	0.51	18	0.36	28	0.40	17	0.47	11	0.45	19	0.44	21	0.42	23
甘 肃	0.50	22	0.48	10	0.38	21	0.38	23	0.44	21	0.46	18	0.47	16
青 海	0.55	11	0.43	17	0.55	5	0.43	14	0.59	8	0.53	13	0.44	22
宁 夏	0.60	7	0.60	5	0.44	12	0.51	6	0.64	3	0.66	3	0.82	2
新 疆	0.51	18	0.47	11	0.42	13	0.42	19	0.50	15	0.51	14	0.53	12

按年份各地区人均文化和旅游事业费及位次

地 区	2000年		2005年		2010年		2015年		2020年		2021年		2022年	
	人均/元	位次	人均/元	位次	人均/元	位次	人均/元	位次	人均/元	位次	人均/元	位次	人均/元	位次
全 国	**4.99**		**10.23**		**24.11**		**49.68**		**77.08**		**80.31**		**85.13**	
北 京	17.37	2	41.99	2	82.44	1	127.08	3	211.50	2	200.79	3	205.66	3
天 津	9.79	4	30.29	3	43.55	7	99.39	5	96.11	10	98.41	10	90.25	14
河 北	2.81	25	5.78	25	9.78	31	24.96	29	47.43	28	48.35	28	53.08	26
山 西	3.74	19	8.89	16	21.84	17	49.67	16	78.62	15	82.35	13	103.82	11
内 蒙 古	6.11	11	12.80	9	45.73	5	91.16	6	123.00	7	131.78	6	146.12	6
辽 宁	6.32	10	11.27	12	25.93	14	37.74	23	42.07	29	44.54	29	43.03	29
吉 林	5.76	12	9.78	14	32.89	9	56.81	11	86.37	12	84.89	12	78.24	18
黑 龙 江	4.50	16	8.83	17	19.48	21	40.03	22	65.95	21	71.23	18	85.29	16
上 海	25.45	1	44.54	1	80.92	2	151.34	2	194.47	3	237.09	2	249.05	2
江 苏	5.18	15	10.39	13	20.74	19	50.58	14	101.55	9	102.47	9	101.57	12
浙 江	7.55	5	22.54	5	44.46	6	88.14	7	131.70	5	160.35	5	170.64	5
安 徽	2.65	26	4.99	30	12.91	29	23.81	30	36.88	30	37.44	30	41.58	30
福 建	6.39	9	12.15	11	27.61	12	48.85	17	80.82	14	72.93	17	93.02	13
江 西	2.58	28	5.43	27	16.47	25	27.84	28	50.90	26	59.26	23	66.12	23
山 东	3.41	21	6.67	21	14.50	27	30.44	26	49.55	27	52.13	25	53.95	25
河 南	2.26	31	4.02	31	10.12	30	21.73	31	33.49	31	36.25	31	35.61	31
湖 北	3.21	23	7.63	19	19.98	20	40.27	21	74.95	16	80.50	14	72.43	21
湖 南	2.57	29	5.50	26	13.11	28	28.57	27	52.35	25	56.09	24	57.80	24
广 东	6.75	7	13.93	7	25.88	15	49.71	15	87.87	11	91.04	11	89.37	15
广 西	3.25	22	6.03	24	17.40	24	35.91	24	64.29	22	49.22	27	45.64	28
海 南	4.41	17	7.25	20	31.55	11	63.14	10	82.16	13	66.11	22	108.77	10
重 庆	2.96	24	6.09	23	26.81	13	56.27	12	71.98	19	76.54	15	73.89	19
四 川	2.46	30	5.42	28	17.89	23	48.24	18	62.19	24	67.24	21	67.19	22
贵 州	2.59	27	5.02	29	15.45	26	33.98	25	64.03	23	51.17	26	52.38	27
云 南	5.58	13	9.45	15	18.90	22	40.32	20	74.89	17	70.61	19	109.10	9
西 藏	16.27	3	28.89	4	70.12	4	178.46	1	309.71	1	303.85	1	329.13	1
陕 西	3.88	18	6.31	22	23.97	16	54.09	13	67.14	20	67.49	20	72.51	20
甘 肃	3.56	20	8.05	18	21.73	18	43.78	19	73.71	18	73.57	16	81.19	17
青 海	7.14	6	13.53	8	73.07	3	111.13	4	193.44	4	167.37	4	144.91	7
宁 夏	6.45	8	16.18	6	38.85	8	87.76	8	130.93	6	129.10	7	179.22	4
新 疆	5.46	14	12.38	10	32.67	10	67.84	9	106.41	8	104.57	8	134.78	8

2022年全国文化和旅游

	总　计					
	机构数/个	从业人员数/人	专业技术人才	正高级职称	副高级职称	中级职称
总　　　计	**326875**	**4482671**	**428801**	**12810**	**44725**	**107140**
一、文化和旅游合计	**315535**	**4292383**	**370759**	**9588**	**35190**	**83011**
艺术表演团体	19739	415207	196321	5129	14728	29511
其中：公有制艺术表演团体	2020	112386	80832	5129	14728	29511
艺术表演场馆	3199	66814	18739	217	775	2336
其中：公有制艺术表演场馆	1158	24520	6959	217	775	2336
公共图书馆	3303	60740	41719	1067	6783	19103
文化馆	3503	55753	41820	1139	6729	18262
文化站	40116	139079	35308			
其中：乡镇综合文化站	32312	108234	30248			
艺术展览创作机构	851	7572	4854	482	968	1871
其中：美术馆	718	6415	3928	299	759	1556
文化和旅游部门教育机构	100	12618	9118	531	2144	4126
文化和旅游科研机构	172	4342	3385	377	907	1408
文化市场经营机构(不包括非公有制院团和场馆)	183085	994857				
旅行社	32603	243227				
星级饭店	7337	636889				
A级旅游景区	14917	1465800				
文化和旅游行政部门	3253	114579				
其他文化和旅游机构	3357	74906	19495	646	2156	6394
其中：文化市场执法机构	1446	19755	3499	24	223	1359
二、文物合计	**11340**	**190288**	**58042**	**3222**	**9535**	**24129**
博物馆	6091	131461	43623	2491	7146	18236
文物保护管理机构	2663	32131	8864	174	1240	3857
文物科研机构	129	6501	3193	351	703	1156
文物行政部门	2149	14286				
其他文物机构	308	5909	2362	206	446	880

注：表中旅行社、星级饭店数据为经过省级文化和旅游部门审核确认过的数据。

机构数和从业人员情况

| 按执行会计制度分类 | | | | | | | | |
| 事业 | | | | | | 企业 | | |
机构数/个	从业人员数/人	专业技术人才	正高级职称	副高级职称	中级职称	机构数/个	从业人员数/人	专业技术人才
67009	699517	261872	10544	38813	94760	259866	3783154	166929
55871	512838	205146	7443	29511	71068	259664	3779545	165613
1364	73595	54157	3443	10197	20332	18375	341612	142164
1364	73595	54157	3443	10197	20332	656	38791	26675
717	9350	3465	98	404	1352	2482	57464	15274
717	9350	3465	98	404	1352	441	15170	3494
3303	60740	41719	1067	6783	19103			
3503	55753	41820	1139	6729	18262			
40116	139079	35308						
32312	108234	30248						
851	7572	4854	482	968	1871			
718	6415	3928	299	759	1556			
100	12618	9118	531	2144	4126			
172	4342	3385	377	907	1408			
						183085	994857	
						32603	243227	
						7337	636889	
						14917	1465800	
3253	114579							
2492	35210	11320	306	1379	4614	865	39696	8175
1446	19755	3499	24	223	1359			
11138	186679	56726	3101	9302	23692	202	3609	1316
6091	131461	43623	2491	7146	18236			
2663	32131	8864	174	1240	3857			
129	6501	3193	351	703	1156			
2149	14286							
106	2300	1046	85	213	443	202	3609	1316

续表

	正高级职称	副高级职称	中级职称	按单位所属部门分 文化和旅游部门		
				机构数/个	从业人员数/人	专业技术人才
总　计	**2266**	**5912**	**12380**	**66076**	**723942**	**282095**
一、文化和旅游合计	**2145**	**5679**	**11943**	**57203**	**568629**	**232988**
艺术表演团体	1686	4531	9179	1934	107139	76974
其中：公有制艺术表演团体	1686	4531	9179	1934	107139	76974
艺术表演场馆	119	371	984	1052	18724	6065
其中：公有制艺术表演场馆	119	371	984	1052	18724	6065
公共图书馆				3303	60740	41719
文化馆				3503	55753	41820
文化站				40116	139079	35308
其中：乡镇综合文化站				32312	108234	30248
艺术展览创作机构				802	6984	4699
其中：美术馆				673	5871	3776
文化和旅游部门教育机构				100	12618	9118
文化和旅游科研机构				172	4342	3385
文化市场经营机构(不包括非公有制院团和场馆)						
旅行社						
星级饭店						
A级旅游景区						
文化和旅游行政部门				3253	114579	
其他文化和旅游机构	340	777	1780	2968	48671	13900
其中：文化市场执法机构				1441	19723	3491
二、文物合计	**121**	**233**	**437**	**8873**	**155313**	**49107**
博物馆				3782	100465	35515
文物保护管理机构				2608	29456	8491
文物科研机构				128	6489	3193
文物行政部门				2149	14286	
其他文物机构	121	233	437	206	4617	1908

			其他部门					
			机构数/个	从 业 人员数/人	专业技术 人 才			
正高级职称	副高级职称	中级职称				正高级职称	副高级职称	中级职称
11439	**42030**	**100987**	**260799**	**3758729**	**146706**	**1371**	**2695**	**6153**
9079	33995	80276	258332	3723754	137771	509	1195	2735
4846	13959	28026	17805	308068	119347	283	769	1485
4846	13959	28026	86	5247	3858	283	769	1485
171	680	2072	2147	48090	12674	46	95	264
171	680	2072	106	5796	894	46	95	264
1067	6783	19103						
1139	6729	18262						
459	944	1813	49	588	155	23	24	58
276	737	1499	45	544	152	23	22	57
531	2144	4126						
377	907	1408						
			183085	994857				
			32603	243227				
			7337	636889				
			14917	1465800				
489	1849	5466	389	26235	5595	157	307	928
24	221	1356	5	32	8		2	3
2360	**8035**	**20711**	**2467**	**34975**	**8935**	**862**	**1500**	**3418**
1702	5809	15178	2309	30996	8108	789	1337	3058
167	1172	3664	55	2675	373	7	68	193
351	703	1156	1	12				
140	351	713	102	1292	454	66	95	167

2022年全国文化和旅游部门

	本年收入 合　计	财政拨款 预算收入	上级补助 收　入	事业预算 收　入
总　　计	320321323	177424585	1607565	6756688
一、文化合计	256431381	122984804	820243	3082631
艺术表演团体	20348114	15572179	325934	1278480
艺术表演场馆	5472761	1682299	170747	110612
公共图书馆	19312411	18811040	78263	217505
文化馆	15027647	14533807	146185	66080
文化站	19019925	17533535		
其中：乡镇综合文化站	12867475	12453869		
艺术展览创作机构	3344108	3002000	30473	137040
其中：美术馆	2760822	2469931	27165	100855
文化和旅游部门教育机构	5206769	4253625	3642	790787
文化和旅游科研机构	1784796	1508808	1114	229089
文化和旅游行政部门	147166509	36050860		
其他文化和旅游机构	19748341	10036651	63885	253038
其中：文化市场执法机构	4017764	3888321	16917	9198
二、文物合计	63889942	54439781	787322	3674057
博物馆	28934539	26183388	506687	1213732
文物保护管理机构	8541721	7122306	243319	681526
文物科研机构	4742471	2785812	35886	1526448
文物行政部门	18227729	17732725		
其他文物机构	3443482	615550	1430	252351

所属机构经费收支基本情况

单位：千元

经营收入	附属单位上缴收入	其他收入	本年支出合计	基本支出	项目支出	经营支出	工资福利支出
3448501	**10580**	**131073404**	**324884547**	**101859609**	**186977236**	**1400266**	**78560327**
2488304	**5339**	**127050060**	**257779930**	**80402155**	**151071491**	**565948**	**60266528**
70060	481	3100980	20332648	9126685	4738513	133192	8756335
1803306	420	1705377	5525963	1275027	1038783	262084	682733
3731	806	201066	19907407	10750173	8464927	7453	8724348
11576	220	269779	15043583	9265231	5210016	12865	7426982
		1486390	19294786	10177326	6870354		7260372
		413606	13117741	7370465			5305074
72197	856	101542	3358077	1520117	1711274	81845	1093220
70476	856	91539	2806035	1202077	1480738	80124	855545
23769		134946	5200886	3437896	1728614	25007	2537153
5737		40048	1741548	1044291	672774	8031	772663
		111115649	148708683	27097153	117210307		17808672
497928	2556	8894283	18666349	6708256	3425929	35471	5204050
2616	140	100572	4010172	3182156	710750	825	2802418
960197	**5241**	**4023344**	**67104617**	**21457454**	**35905745**	**834318**	**18293799**
371212	4201	655319	29686679	12552231	15578138	481202	9902526
122612	1040	370918	9831516	4478331	4462151	155402	3106202
147364		246961	6625141	1118850	3296610	71840	786814
		495004	17837227	2736947	12187910		4128326
319009		2255142	3124054	571095	380936	125874	369931

续表

	在支出合计中			
	商品和服务支出	差旅费	劳务费	福利费
总　　计	88460621	1141598	7353910	718175
一、文化合计	67528227	867278	4623756	548250
艺术表演团体	3386034	127601	889918	75073
艺术表演场馆	748823	33079	84525	44686
公共图书馆	4959082	36672	466280	74480
文化馆	3785381	70199	454294	63888
文化站				
其中：乡镇综合文化站				
艺术展览创作机构	1316715	11231	99997	15619
其中：美术馆	1102537	8915	85973	12490
文化和旅游部门教育机构	1529261	14808	258093	29576
文化和旅游科研机构	619447	8958	81077	5306
文化和旅游行政部门	48817591	513689	2091067	192577
其他文化和旅游机构	2365893	51041	198505	47045
其中：文化市场执法机构	532724	28054	31983	19001
二、文物合计	20932394	274320	2730154	169925
博物馆	10958820	108548	1222612	103906
文物保护管理机构	2351967	20612	319808	33423
文物科研机构	2720689	92426	857422	7557
文物行政部门	4351439	37823	184619	19982
其他文物机构	549479	14911	145693	5057

各种税金 支出	对个人和 家庭补助 支　　出	抚恤金和 生活补助	其他资本 性支出	各种设备 购置费	资产总计	固定资产 净　值
414823	**7740192**	**1413158**	**36266830**	**5877420**	**944907354**	**596105258**
224650	**6705202**	**1273054**	**29022429**	**5024813**	**546003810**	**329192052**
52066	799247	142760	657224	196073	29335909	16796833
39832	359190	9990	46438	11264	20714337	13258558
18482	657671	92735	3705169	2965594	143223446	124096706
10746	762102	148288	932299	432554	55074795	27431214
					80429852	61319270
					50195381	40510275
4613	114924	8033	232315	60334	12497126	7945349
4147	80675	5199	196867	52868	10886353	6700236
8326	349215	26724	642426	168514	12168330	7693030
5617	119709	11120	158076	16731	3760735	1082441
72552	3009039	767575	22171480	1016399	145858639	58718827
12416	534105	65829	477002	157350	42940641	10849824
814	89455	10731	171690	35261	1307460	625693
190173	**1034990**	**140104**	**7244401**	**852607**	**398903544**	**266913206**
59983	593217	75286	3301450	622573	239495392	152208805
13196	164745	11922	824166	66315	116932340	104450990
85355	52737	6663	369883	80833	7145315	1279452
15593	207120	43427	2673735	64883	19060420	6824755
16046	17171	2806	75167	18003	16270077	2149204

2022年各地区主要文化和旅游机构数

单位：个

地　区	公　共 图书馆	群　众 艺术馆	文化馆	文化站	博物馆	艺术表 演团体	艺术表 演场馆	旅行社	星级饭店	A级景区
总　　计	3303	45623	3503	40116	6091	19739	3199	32603	7337	14917
北　京	20	357	18	339	82	456	59	1087	349	215
天　津	20	274	17	257	72	111	118	316	64	99
河　北	180	2467	181	2286	185	921	130	1397	269	494
山　西	127	1431	129	1302	176	766	158	862	169	312
内　蒙古	117	1201	118	1083	166	229	27	1071	156	428
辽　宁	129	1477	123	1354	65	150	99	1088	220	567
吉　林	67	990	80	910	105	114	95	464	67	275
黑　龙江	104	1398	141	1257	177	103	48	686	104	416
上　海	20	237	19	218	116	282	101	1376	151	135
江　苏	122	1366	116	1250	373	634	335	2469	324	617
浙　江	103	1463	102	1361	432	1247	300	2581	437	929
安　徽	133	1635	123	1512	225	3806	150	1379	219	683
福　建	95	1207	95	1112	140	671	75	915	233	462
江　西	114	1854	117	1737	203	356	63	904	258	505
山　东	153	1981	158	1823	665	1971	223	2335	403	1204
河　南	175	2705	208	2497	400	2323	237	979	281	681
湖　北	118	1427	126	1301	228	602	95	1164	252	570
湖　南	148	2316	149	2167	180	655	117	1104	208	594
广　东	150	1761	144	1617	340	545	140	2607	446	618
广　西	116	1300	124	1176	141	74	38	724	332	685
海　南	24	242	23	219	44	137	34	539	85	84
重　庆	43	1072	41	1031	130	1190	67	712	125	272
四　川	209	4289	206	4083	316	734	169	695	329	867
贵　州	99	1702	99	1603	124	126	25	560	190	556
云　南	151	1611	149	1462	178	284	45	1327	334	562
西　藏	82	779	82	697	15	86	14	201	152	151
陕　西	117	1467	122	1345	321	533	102	854	260	540
甘　肃	104	1458	106	1352	230	370	44	833	284	436
青　海	50	444	54	390	24	105	50	468	210	160
宁　夏	27	272	27	245	64	30	4	169	63	133
新　疆	185	3440	306	1130	169	119	30	737	363	668

注：表中旅行社、星级饭店数据为经过省级文化和旅游部门审核确认过的数据。

2022年各地区主要文化和旅游机构从业人员数

单位：人

地　区	公共图书馆	群众艺术馆	文化馆	文化站	博物馆	艺术表演团体	艺术表演场馆	旅行社	星级饭店	A级景区
总　　计	60740	195826	55753	139079	131461	415207	66814	243227	636889	1465800
北　京	1306	4273	982	3291	4809	13189	1400	12002	44303	53632
天　津	1041	1732	756	976	1465	4199	1857	1694	5750	7587
河　北	2250	8284	2237	6047	4686	14686	2314	4739	27288	52854
山　西	1798	4335	1840	2495	4375	21928	1741	4723	15095	26019
内 蒙 古	1826	5003	1859	3144	3113	9100	412	4008	10756	24907
辽　宁	2136	4244	1725	2519	2512	5931	2404	4280	16349	55558
吉　林	1494	4190	2179	2011	2032	3343	877	3031	4344	14578
黑 龙 江	1521	5256	2223	3033	2701	5128	515	2840	5640	30126
上　海	2112	4804	888	3916	4180	11026	4306	17863	25698	15014
江　苏	3937	7498	2249	5249	8080	15443	9403	16085	44914	68303
浙　江	3993	9951	2429	7522	7257	38468	6206	21936	46472	58030
安　徽	1736	6246	1498	4748	3358	40665	1733	7342	20593	37441
福　建	1748	4010	929	3081	2773	14619	3116	9602	30731	31018
江　西	1461	6521	1972	4549	4309	8498	845	5242	17659	40668
山　东	3182	9122	2993	6129	10391	29497	4324	10831	42552	102098
河　南	3101	13104	3248	9856	8191	47554	4896	6111	22280	45172
湖　北	2177	5495	2251	3244	4882	11678	1788	9500	17854	50012
湖　南	2256	10946	2155	8791	4513	16215	3198	11094	20038	132497
广　东	5444	15352	2634	12718	6702	13276	4317	30455	61152	80939
广　西	1821	5602	2167	3435	2896	3054	683	6024	16838	46687
海　南	367	767	309	458	759	4099	697	4741	11497	21603
重　庆	1045	4988	932	4056	3322	17442	1706	9197	10899	23869
四　川	2578	11462	3189	8273	7248	11885	2400	7736	29561	244748
贵　州	1258	6851	1602	5249	2288	4650	650	3231	10557	41008
云　南	1773	7620	2405	5215	2230	7663	1255	9936	19076	39385
西　藏	202	5501	568	4933	298	2626	9	1426	1265	3799
陕　西	2128	6846	2598	4248	10537	15246	1359	7044	22234	51027
甘　肃	1489	5806	1627	4179	5530	11380	1158	3425	14027	17995
青　海	492	1664	772	892	411	2638	444	2559	4779	6914
宁　夏	580	1270	545	725	939	1551	47	963	3175	12003
新　疆	1151	7083	1992	4097	1680	5106	600	3567	13513	30309

注：表中旅行社、星级饭店数据为经过省级文化和旅游部门审核确认过的数据。

主要统计指标解释

一、行业、机构指标解释

本年鉴调查的机构是由文化和旅游部门主办或实行行业管理的各类机构。

文艺创作与表演：指文学、美术创造和表演艺术（如戏剧、戏曲、歌舞、舞蹈、音乐、曲艺、杂技、马戏、木偶、皮影等各种表演艺术）等活动，包括文学（含电影、电视剧剧本）、音乐、歌曲、舞蹈、戏曲、曲艺等的创作，美术（绘画、雕塑）、工艺品、书法、篆刻等的艺术创作，编导、演员的表演、创作活动，剧务、舞台美工、服装道具、灯光音响等活动，民族艺术创作，其他未列明的文艺创作、表演及辅助活动。

艺术创作机构：指有专职创作人员、独立建制的剧目创作室（组）、美术创作室（组）等专门从事艺术创作的机构。不包括业余性质的文艺创作机构。

艺术表演团体：指由文化和旅游部门主办或实行行业管理（经部门审批并领取营业性演出许可证），专门从事表演艺术等活动的各类专业艺术表演团体，含民间职业剧团（不包括群众业余文艺表演团队）。

艺术表演场馆：指由文化和旅游部门主办的或实行行业管理（经部门审批并领取营业性演出许可证），有观众席、舞台、灯光设备，公开售票，专供文艺团体演出的文化活动场所，包括附属于文化和旅游部门机构内的非独立核算的剧场、排演场。

图书馆：指各类图书馆（对文献和信息进行搜集、整理、存储、利用和管理，向社会公众开放并提供科学、文化等各种知识普及教育的机构），包括公共图书馆和各类机构内部举办的或单独举办的图书馆，不包括部队系统以及文化馆（文化中心、群众艺术馆）、文化站内设的图书室。

群众文化活动：指开展群众文化活动的场所管理和组织的活动，包括文化馆（含综合性文化中心、群众艺术馆）、文化站、文化宫、少年宫等开展的群众文化活动。在本年鉴中，目前暂不统计文化和旅游部门以外的文化宫和少年宫。

文化馆：指专门从事群众文化活动的群众文化场馆（含综合性文化中心、群众艺术馆、文化站），不包括临时抽调人员组成、没有编制的农村和街道文化工作队、服务站等。

美术馆：指由文化和旅游部门主办或实行行业管理的具备展览、典藏、研究及公共教育和服务功能的向公众开放的国有美术馆，以及在民政部门登记注册并在文化和旅游部门备案的具备展览、典藏、研究及公共教育和服务功能的向公众开放的非营利性的民营美术馆。

画院：指由文化和旅游部门主办或实行行业管理的各级国有和民营的非营利性的专门的美术创作、研究机构，有专职创作研究人员和独立建制，包括书画院、书法院、油画雕塑院等，不包括业余性质的美术创作机构。

文化艺术研究机构：指有明确的研究方向和任

务，有一定水平的学术带头人和一定数量、质量的研究人员，有开展工作的基本条件，主要进行文化艺术研究（含科技）的机构。

文化和旅游部门教育机构：指文化和旅游部门主办的高等艺术职业院校和中等专业学校、文化干部院校、其他文化艺术教育机构。

其他文化和旅游企业：指不属于以上分类的文化和旅游部门所属各类企业。

文化市场经营机构：指经文化市场行政部门审批或备案并领取相关许可或备案文件的从事文化经营和文化服务活动的机构。

娱乐场所：指以营利为目的，并向公众开放、供消费者娱乐的歌舞、游艺等场所，以及各地文化行政部门依据相关规定管理并发放《娱乐场所经营许可证》的其他娱乐场所。

互联网上网服务营业场所（网吧）：指通过计算机等设备向公众提供互联网上网服务的营业性娱乐文化服务场所。

旅行社：指以营利为目的，为旅游者提供代办出境、入境和签证手续，安排、接待旅游者，为旅游者安排食宿等有偿服务的企业。

星级饭店：经全国旅游饭店星级评定，为游客提供短期住宿的企业场所。

A 级景区：由国家旅游景区质量等级评定委员会依照《旅游景区质量等级的划分与评定》国家标准进行评审，颁发"国家 A 级旅游景区"标志牌，以旅游及其相关活动为主要功能或主要功能之一的空间或地域。

动漫企业：经文化和旅游部、财政部、国家税务总局三部门联合认定的从事漫画创作、动画创作、网络动漫（含手机动漫）创作、动漫舞台剧

制作、动漫软件开发和动漫衍生产品研发等动漫业务的企业。

博物馆：指为了研究、教育、欣赏的目的，收藏、保护、展示人类活动和自然环境的见证物，向公众开放的非营利性、永久性社会服务机构，包括以博物馆（院）、纪念馆（舍）、科技馆、陈列馆等专有名称开展活动的单位。

文物考古研究所：是各省级文物行政管理部门领导下的文物保护和科学研究机构，承担有关文物的调查、保护、发掘、研究和宣传工作，对地、市、县的文物工作进行业务辅导。

文物商店：经各级文物行政部门依法批准设立的文物购销经营单位。

非物质文化遗产保护中心：指从事非物质文化遗产的调查、抢救、保护、研究、宣传、展示以及其他相关保护活动的专业综合机构。

二、从业人员指标解释

本年鉴调查的从业人员是在文化和旅游部门主办或实行行业管理的各类机构工作并取得劳动报酬的全部人员，包括职工、再就业的离退休人员以及在各机构中工作的外方人员。

专业技术人才：指在专业技术岗位上工作的人员（包括正高级职称、副高级职称、中级职称以及初级及以下人员），不包括在管理岗位上工作具有专业技术职称（职务）的人员。

安全保卫人员：指从事文物安全保卫工作和安全管理工作的人员，包括聘用人员。

在编人员：是指经当地编办批准、列入事业编制的人员。

专职人员：指长期从事业务工作的专业人员。

三、经费指标解释

（一）事业经费指标解释

资产合计：是指文化事业单位占有或者使用的能以货币计量的经济资源，包括各种财产、债权和其他权利，如流动资产、固定资产、在建工程、无形资产和对外投资等。

固定资产原价：文化事业单位使用年限在一年以上、单位价值在 1000 元以上（其中，专用设备单位价值在 1500 元以上），并在使用过程中基本保持原来物质形态的资产，包括房屋及构筑物，专用设备，通用设备，文物和陈列品，图书、档案，家具、用具、装具及动植物等，按原值（计提折旧的，按净值）进行反映。

本年收入合计：文化事业单位在本年取得的全部收入，包括行政事业类资金收入和基本建设类收入，具体有财政拨款、上级补助收入、事业收入、经营收入、附属单位上缴收入和其他收入。

财政补贴收入：文化事业单位本年度实际收到的本级财政拨款，包括一般预算财政拨款和政府性基金预算财政拨款。一级预算单位收到的应拨给下级单位使用的款项，年终时尚未拨出的，在编制财务决算表和填报统计报表时，应列为本单位的财政拨款。

基建拨款：指财政部门按基本建设计划拨付的基本建设款项。

上级补助收入：文化事业单位从行政主管部门和上级单位取得的非财政补贴收入。

事业收入：文化事业单位开展专业业务活动及辅助活动取得的收入。

经营收入：文化事业单位在专业业务活动及辅助活动之外开展非独立核算经营活动取得的收入。

附属单位上缴收入：文化事业单位附属的独立核算机构按有关规定上缴的收入。

其他收入：文化事业单位取得的除上述规定以外的各项收入，包括投资收益、利息收入、捐赠收入等。

本年支出合计：文化事业单位在业务活动中发生的各项资产耗费和损失等支出情况，包括基本支出、项目支出、经营支出等内容。按经济功能分类，还可分为工资福利支出、商品和服务支出、对个人和家庭补助支出、其他资本性支出等内容。

基本支出：文化事业单位为保障其机构正常运转、完成日常工作任务而发生的人员支出和公用支出。

项目支出：文化事业单位为完成本机构特定的工作任务或事业发展目标，在基本支出之外发生的各项支出。

经营支出：文化事业单位开展专业业务活动及辅助活动之外开展非独立核算经营活动发生的支出。在经营活动中应正确归集实际发生的各项费用数，无法归集的应按规定的比例合理分摊。

工资福利支出：文化事业单位支付给在职职工和编制外长期聘用人员的各类劳动报酬以及为上述人员缴纳的各项社会保险费等，主要包括基本工资、津贴补贴、奖金、社会保障缴费、伙食费、伙食补助费、绩效工资、其他工资福利支出等。

商品和服务支出：文化事业单位在开展业务活动中购买商品和服务的支出（不包括用于购置固定资产的支出、战略性和应急储备支出等），主要包括办公费、印刷费、咨询费、手续费、水费、电费、邮电费、取暖费、物业管理费、交通费、差旅费、出国费、维修（护）费、租赁费、会议费、培训费、招待费、专用材料费、专用燃料费、劳务费、委托业务费、工会经费、福利费等日常公用支出。

差旅费：文化事业单位工作人员出差的住宿费、旅费、伙食补助费、杂费以及干部及大中专学生调遣费、调干家属旅费补助等方面的支出。

劳务费：文化事业单位支付给单位和个人的劳务费用，如临时聘用人员、钟点工工资，翻译费，咨询费，评审费，手续费等。

福利费：文化事业单位根据国家规定按工资总额一定比例提取的福利费。

各种税金支出：文化事业单位向国家交纳的各种税金，如房产税、营业税、车船使用税、土地使用税、城市维护建设税、印花税、教育费附加、养路费、排污费等。从基本建设支出、结余和收益中支付的税金不包括在内。

对个人和家庭补助支出：政府对个人和家庭的补助支出，包括离休费、退休费、退职（役）费、抚恤金、生活补助、救济费、医疗费、助学金、奖励金、生产补贴、住房公积金、提租补贴、购房补贴以及其他对个人和家庭的补助支出等。

抚恤金和生活补助：抚恤金指按规定支付给烈士家属、牺牲病故人员家属的一次性和定期抚恤金，革命残疾人员的抚恤金，离退休人员等其他人员的各项抚恤金。生活补助指按规定支付给优抚对象、退伍军人的生活补助费，行政事业单位职工和家属生活补助，因公负伤等住院治疗、住疗养院期间的伙食补助费、长期赡养人员补助费等。

其他资本性支出：除发展与改革部门以外其他部门安排的用于购置固定资产、战略性和应急性储备、土地和无形资产，以及购建基础设施、大型修

缮和财政支持企业更新改造所发生的支出，如房屋建筑物购建、办公设备购置、专用设备购置、交通工具购置、大型修缮、信息网络购建、物资储备、土地补偿、安置补助、拆迁补偿等。

各种设备、交通工具、图书购置费：用于购置不够基本建设投资额度，但按会计制度规定纳入固定资产核算范围的各种设备的支出，主要包括办公设备购置费、专用设备购置费、交通工具购置费（含车辆购置税）、信息网络购建费（计算机硬件和软件开发应用）、图书购置费、档案设备购置费等。

（二）企业经费指标解释

资产总计：企业拥有或控制的能以货币计量的经济资源，包括各种财产、债权和其他权利。资产按其流动性（即资产的变现能力和支付能力）划分，有流动资产、长期投资、固定资产、无形资产、递延资产和其他资产等分类。

固定资产原价：企业在建造、购置、安装、改建、扩建、技术改造某项固定资产时所支出的全部货币总额。

当年提取的折旧总额：企业在报告年度内提取的固定资产折旧合计数。

负债合计：企业过去的交易、事项形成的现有义务合计数，履行该义务预期会导致经济利益流出企业。

所有者权益合计：所有者在企业资产中享有的经济利益，其金额为资产减去负债后的余额。

实收资本（股本）：企业的各投资者实际投入的资本（或股本）总额。

国家资本：有权代表国家投资的政府部门或机构、直属事业机构对企业投资形成的资本金。

营业收入：企业经营主要业务和其他业务所取得的收入总额。

营业成本：企业在报告期内从事销售商品、提供劳务及转让资产使用权等日常经营活动中所发生的各种耗费，包括营业成本（主营业务成本、其他业务成本）、营业税金及附加、销售费用、管理费用、财务费用等。

养老、医疗、失业等各种社会保险费：企业为职工缴纳的基本养老保险、基本医疗保险、失业保险费、工伤保险、生育保险费。

住房公积金和住房补贴：报告期内企业为职工缴纳的住房公积金和企业支付的职工住房补贴。

工会经费：企业按规定计提的拨交工会使用的费用。

营业利润：企业进行生产经营活动所实现的利润。

营业外收入：企业发生的与经营业务无直接关系的各项营业外收入，包括非流动资产处置利得、非货币性资产交换利得、债务重组利得、政府补助、盘盈利得、捐赠利得等。

政府补助（补贴收入）：企业从政府无偿取得的货币性资产或非货币性资产，但不包括政府作为企业所有者投入的资本。

营业外支出：企业发生的与经营业务无直接关系的各项营业外支出，包括非流动资产处置损失、非货币性资产交换损失、债务重组损失、公益性捐赠支出、非常损失、盘亏损失等。

利润总额：企业在生产经营过程中各种收入减去各种耗费后的盈余，反映填表企业在报告期内实现的亏盈总额，包括营业利润和营业外收支净额。

本年应发工资总额：企业在报告期内应发放支付给本单位全部职工的劳动报酬（含临时工和聘用人员），包括工资、奖金、津贴和补贴，反映企业报告期内累计应发放的工资总额。

本年支付的职工福利费：企业在报告期内根据国家有关规定开支的各项福利支出。

四、公用房屋建筑面积指标解释

实际使用房屋建筑面积：指文化和旅游部门实际使用办公和业务用房面积，包括租借房屋面积。

实际拥有产权面积：指文化和旅游部门实际拥有产权的各种办公和业务用房面积，包括出租产权房屋面积，具体以房屋产权证上登记产权面积为准。

公共图书馆

按年份全国公共图书馆主要业务活动情况

年 份	机构数/个	从业人员/人	总藏量/万册(件)	总流通人次/万人次	外借人次	书刊、文献外借册次/万册次	书架单层总长度/万米	实际持证读者数/人	本年新购藏量/万册
1979年	1651		18353	7787		9625			
1980年	1732		19904	9045		11830			
1985年	2344	29350	25573	11614		18942			1343
1986年	2406	31849	26133	11722		16205	504	523	1359
1990年	2527	40247	29064	12435		20242	772	603	895
1991年	2535	42037	30614	20496	7949	13325	758	631	771
1992年	2558	43051	31175	18495	7653	12625	748	563	740
1993年	2572	44656	31410	16973	6970	11685	797	562	631
1994年	2589	44367	32332	14451	7232	11852	776	552	556
1995年	2615	45323	32850	14142	7160	11814	899	540	551
1996年	2620	46457	33686	14793	7731	13544	967	527	577
1997年	2628	47882	37549	16114	8561	15685	817	556	680
1998年	2662	48313	38514	17058	8910	15422	873	582	700
1999年	2669	48792	39539	18040	9075	16290	934	596	678
2000年	2675	51342	40953	18854	9600	16913	978	623	692
2001年	2696	48579	42130	20757	9829	17559	945	792	819
2002年	2697	48447	42683	21950	10428	20021	995	918	946
2003年	2709	49646	43776	21440	10666	18775	1035	943	1049
2004年	2720	49069	46152	22095	10140	18536	1247	1056	1228
2005年	2762	50423	48056	23332	10821	20269	1320	1062	1535
2006年	2778	51311	50024	25218	11408	21039	1413	1160	1686
2007年	2799	51650	52053	26103	11454	21319	1318	1273	1871
2008年	2820	52021	55064	28141	12251	23129	1112	1454	2071
2009年	2850	52688	58521	32167	13277	25857	1216	1749	2939
2010年	2884	53564	61726	32823	13934	26392	1200	2020	2956
2011年	2952	54475	63896	37423	15316	28452	1218	2214	3985
2012年	3076	54997	68827	43437	17402	33191	1216	2485	5826
2013年	3112	56320	74896	49232	20552	40868	1191	2877	4865
2014年	3117	56071	79092	53036	22737	46734	1210	3944	4742
2015年	3139	56422	83844	58892	23085	50896	1262	5721	5151
2016年	3154	57219	90163	66037	24892	54725	1335	5593	6275
2017年	3166	57567	96953	74450	25503	55091	1432	6736	7034
2018年	3176	57617	103659	81827	25503	58010	1487	7252	6895
2019年	3196	57796	111181	90135	26609	61373	1615	8627	6986
2020年	3212	57980	117930	54146	17467	42087	1612	10251	6732
2021年	3215	59301	126178	74614	23809	58730	1704	10314	7407
2022年	3303	60740	135959	78970	24894	60719	1766	12229	7733

按年份全国公共图书馆经费收支及设施情况

年　份	收入合计/万元	财政拨款	支出合计/万元	新增藏量购置费	实际使用房屋建筑面积/万平方米	书库	阅览室	阅览室座席数/万个
1979年	5040	5040	5206	2163	86.6	38.1	21.1	
1980年	5476	5476	5486	2273	92.0	42.1	23.5	
1985年	15272	15272	13393	4164	172.0	64.1	46.1	23.1
1986年	19891	19070	17242	5300	210.2	73.0	53.4	33.7
1990年	32328	29292	30271	8474	326.0	98.4	76.1	32.1
1991年	36764	32593	34388	8927	349.1	104.3	80.0	34.0
1992年	45354	39010	41132	9916	363.6	105.3	84.3	34.4
1993年	50917	42975	48211	10698	368.0	108.0	85.0	34.3
1994年	74586	60639	63295	9252	409.1	113.6	85.7	34.8
1995年	79685	65829	74080	16788	415.5	117.8	88.3	35.2
1996年	93235	76582	88963	19626	441.4	120.8	94.0	35.6
1997年	114004	93177	113927	25527	471.5	124.9	98.0	37.4
1998年	129082	107521	127032	28067	492.5	131.7	101.8	39.9
1999年	137430	115830	135826	30473	506.0	137.4	105.7	41.6
2000年	163799	139321	157173	37141	598.2	139.0	109.7	41.6
2001年	183368	152732	187661	36489	561.8	146.4	114.4	43.7
2002年	213322	176882	208929	41853	582.8	151.6	122.6	43.9
2003年	242188	205252	235819	44407	588.6	156.0	129.7	46.1
2004年	281234	238141	275034	50780	625.1	158.4	138.6	47.2
2005年	325880	277848	312571	59781	677.0	170.0	150.0	48.0
2006年	366089	319479	344076	66095	718.9	175.5	159.0	50.0
2007年	450512	395441	431326	78262	741.4	181.6	169.2	52.7
2008年	531926	477616	519841	83832	780.0	183.5	179.3	55.4
2009年	613175	550808	606630	104404	850.3	194.7	203.5	60.2
2010年	646085	583685	643629	111093	900.4	204.5	220.6	63.1
2011年	813232	756357	794778	141477	994.9	212.9	245.3	68.1
2012年	1002068	934890	977556	147785	1058.4	230.1	281.9	73.5
2013年	1151163	1070575	1130035	165959	1158.5	240.2	318.9	81.0
2014年	1212979	1137210	1163583	170133	1231.6	252.4	331.8	85.6
2015年	1358370	1270354	1340481	197468	1301.5	268.4	358.0	91.1
2016年	1494998	1415668	1451469	216020	1424.3	281.9	398.2	98.6
2017年	1801356	1722791	1692580	236506	1515.3	302.7	433.5	106.4
2018年	1829159	1754512	1876015	204622	1596.0	318.5	458.4	111.7
2019年	1912115	1835549	1928714	234890	1699.7	335.1	497.6	119.1
2020年	1914647	1821282	1883153	225760	1785.8	345.7	537.3	126.5
2021年	1843958	1782476	1892952	221364	1914.2	366.1	598.1	134.4
2022年	1931241	1881104	1990741	235155	2098.0	395.8	676.8	155.2

按年份各地区公共图书馆机构数

单位：个

地　区	1995年	2000年	2005年	2010年	2015年	2020年	2021年	2022年
总　计	2615	2675	2762	2884	3139	3212	3215	3303
北　京	22	24	25	24	24	23	20	20
天　津	31	31	32	31	31	27	20	20
河　北	134	145	153	165	172	176	177	180
山　西	119	121	122	126	126	128	128	127
内　蒙　古	107	108	110	113	117	117	117	117
辽　宁	127	128	126	128	129	129	129	129
吉　林	51	60	63	65	66	66	66	67
黑　龙　江	96	97	96	107	107	103	103	104
上　海	31	31	28	28	25	23	22	20
江　苏	94	101	103	111	114	120	123	122
浙　江	81	83	90	97	100	104	103	103
安　徽	83	84	88	88	122	131	133	133
福　建	78	81	84	86	90	97	96	95
江　西	104	104	104	108	114	114	114	114
山　东	130	133	145	149	154	154	153	153
河　南	132	134	136	142	158	166	169	175
湖　北	100	103	102	107	112	117	117	118
湖　南	116	115	120	124	137	143	144	148
广　东	114	124	129	132	140	148	150	150
广　西	99	94	95	108	112	116	116	116
海　南	19	19	20	20	21	24	24	24
重　庆		42	43	43	43	43	43	43
四　川	166	129	141	161	203	207	207	209
贵　州	87	89	91	93	96	100	99	99
云　南	148	148	149	150	151	149	151	151
西　藏	18	1	4	4	79	81	82	82
陕　西	114	114	111	112	110	117	117	117
甘　肃	86	91	92	94	103	104	104	104
青　海	41	38	43	44	49	50	50	50
宁　夏	20	22	20	20	26	27	27	27
新　疆	66	80	96	103	107	107	110	185

按年份各地区公共图书馆从业人员

单位：人

地 区	1995年	2000年	2005年	2010年	2015年	2020年	2021年	2022年
总 计	45323	51342	50423	53564	56422	57980	59301	60740
北 京	886	1080	1219	1307	1263	1228	1224	1306
天 津	1084	1111	1057	1077	1189	1163	1090	1041
河 北	1592	1711	1690	1789	1855	2020	2149	2250
山 西	1370	1527	1631	1575	1554	1765	1788	1798
内 蒙 古	2015	1833	1776	1804	1942	1784	1813	1826
辽 宁	2859	4916	2888	3152	2805	2295	2193	2136
吉 林	1596	1724	1783	1661	1628	1471	1485	1494
黑 龙 江	2014	1846	1669	1846	1693	1535	1558	1521
上 海	1686	2513	2597	2180	2113	2112	2158	2112
江 苏	1953	2092	2363	2838	3183	3684	3825	3937
浙 江	1565	1936	2122	3040	3577	3876	3902	3993
安 徽	1168	1241	1217	1239	1510	1572	1622	1736
福 建	1077	1172	1110	1190	1330	1643	1672	1748
江 西	1386	1462	1373	1406	1395	1387	1389	1461
山 东	2318	2506	2690	2680	2750	2904	2995	3182
河 南	2352	2626	2742	2762	2949	2906	2877	3101
湖 北	2054	2299	2253	2151	2212	2089	2155	2177
湖 南	1733	1925	1963	1993	2092	2066	2168	2256
广 东	2355	2837	3252	3761	4159	5163	5417	5444
广 西	1335	1540	1459	1509	1509	1680	1763	1821
海 南	252	250	250	374	325	363	358	367
重 庆		785	755	854	874	953	1049	1045
四 川	2415	1719	1869	1972	2261	2365	2450	2578
贵 州	869	876	905	937	1046	1084	1238	1258
云 南	1429	1571	1661	1760	1826	1755	1777	1773
西 藏	50	42	62	64	187	198	198	202
陕 西	1317	1572	1691	1988	2121	2056	2101	2128
甘 肃	979	1110	1179	1306	1443	1488	1530	1489
青 海	400	378	365	398	411	488	495	492
宁 夏	498	537	509	543	558	568	562	580
新 疆	770	907	951	978	1083	977	987	1151

按年份各地区公共图书馆总藏量

单位：万册(件)

地　　区	1995年	2000年	2005年	2010年	2015年	2020年	2021年	2022年
总　　计	**32850**	**40953**	**48056**	**61726**	**83844**	**117930**	**126178**	**135959**
北　京	670	767	1121	1715	2425	3133	3317	3492
天　津	677	786	869	1258	1697	2175	2282	2391
河　北	845	1081	1307	1611	2200	3432	3984	4641
山　西	777	867	963	1208	1548	2153	2296	2519
内 蒙 古	621	683	744	940	1513	2050	2145	2314
辽　宁	1786	1970	2326	2953	3736	4533	4670	4822
吉　林	921	1030	1202	1380	1768	2258	2401	2545
黑 龙 江	1094	1186	1291	1644	1827	2357	2430	2507
上　海	1586	5500	6049	6809	7568	8092	8222	8240
江　苏	2420	2669	3179	4370	6847	10546	11161	11507
浙　江	1511	1715	2324	3761	6250	9867	10619	11545
安　徽	752	787	847	1236	1942	3546	3770	4203
福　建	902	985	1274	1682	2821	4606	5251	5623
江　西	1070	1122	1282	1520	2159	2857	3111	3403
山　东	1724	1989	2746	3636	4727	6975	7526	8180
河　南	1062	1239	1429	1837	2472	4065	4106	4577
湖　北	1445	1678	1923	2361	3003	4416	4651	4993
湖　南	1362	1514	1667	1961	2555	3923	4828	5472
广　东	1651	2316	3119	4615	7008	11687	12687	14253
广　西	1243	1312	1491	1881	2606	3003	3027	3168
海　南	137	154	184	285	424	665	697	736
重　庆		811	768	1031	1304	1997	2341	2727
四　川	2356	1722	2002	2599	3328	4350	4613	5066
贵　州	616	681	764	812	1221	1674	1825	1956
云　南	1104	1254	1371	1566	1944	2344	2419	2547
西　藏	51	60	42	53	162	249	263	264
陕　西	733	837	887	1127	1506	2155	2295	2502
甘　肃	670	745	860	1042	1340	1814	1953	2023
青　海	280	286	324	358	415	582	602	622
宁　夏	338	380	378	462	706	803	856	860
新　疆	489	579	817	1113	1303	1513	1601	1934

按年份各地区人均拥有公共图书馆藏量

单位：册(件)

地 区	1995年	2000年	2005年	2010年	2015年	2020年	2021年	2022年
全 国	**0.27**	**0.32**	**0.37**	**0.46**	**0.61**	**0.84**	**0.89**	**0.96**
北 京	0.54	0.55	0.73	0.87	1.12	1.43	1.52	1.60
天 津	0.72	0.79	0.83	0.97	1.10	1.57	1.66	1.75
河 北	0.13	0.16	0.19	0.22	0.30	0.46	0.53	0.63
山 西	0.25	0.26	0.29	0.34	0.42	0.62	0.66	0.72
内 蒙 古	0.27	0.29	0.31	0.38	0.60	0.85	0.89	0.96
辽 宁	0.44	0.46	0.55	0.68	0.85	1.06	1.10	1.15
吉 林	0.36	0.38	0.44	0.50	0.64	0.94	1.01	1.08
黑 龙 江	0.30	0.32	0.34	0.43	0.48	0.74	0.78	0.81
上 海	1.12	3.29	3.40	2.96	3.13	3.25	3.30	3.33
江 苏	0.34	0.36	0.43	0.56	0.86	1.24	1.31	1.35
浙 江	0.35	0.37	0.47	0.69	1.13	1.53	1.62	1.76
安 徽	0.13	0.13	0.14	0.21	0.32	0.58	0.62	0.69
福 建	0.28	0.28	0.36	0.46	0.73	1.11	1.25	1.34
江 西	0.26	0.27	0.30	0.34	0.47	0.63	0.69	0.75
山 东	0.20	0.22	0.30	0.38	0.48	0.69	0.74	0.80
河 南	0.12	0.13	0.15	0.20	0.26	0.41	0.42	0.46
湖 北	0.25	0.28	0.34	0.41	0.51	0.76	0.80	0.85
湖 南	0.21	0.24	0.26	0.30	0.38	0.59	0.73	0.83
广 东	0.24	0.27	0.34	0.44	0.65	0.93	1.00	1.13
广 西	0.27	0.29	0.32	0.41	0.54	0.60	0.60	0.63
海 南	0.19	0.20	0.22	0.33	0.47	0.66	0.68	0.72
重 庆		0.26	0.27	0.36	0.43	0.62	0.73	0.85
四 川	0.21	0.21	0.24	0.32	0.41	0.52	0.55	0.60
贵 州	0.18	0.19	0.20	0.23	0.35	0.43	0.47	0.51
云 南	0.28	0.29	0.31	0.34	0.41	0.50	0.52	0.54
西 藏	0.21	0.23	0.15	0.18	0.50	0.68	0.72	0.73
陕 西	0.21	0.23	0.24	0.30	0.40	0.55	0.58	0.63
甘 肃	0.27	0.29	0.33	0.41	0.52	0.73	0.78	0.81
青 海	0.58	0.55	0.60	0.64	0.70	0.98	1.01	1.05
宁 夏	0.66	0.68	0.63	0.73	1.06	1.11	1.18	1.18
新 疆	0.29	0.30	0.41	0.51	0.55	0.59	0.62	0.75

按年份各地区公共图书馆总流通人次

单位：万人次

地　区	1995年	2000年	2005年	2010年	2015年	2020年	2021年	2022年
总　计	14142	18854	23332	32823	58892	54146	74614	78970
北　京	272	320	715	775	1264	413	724	678
天　津	265	461	483	606	789	759	861	661
河　北	473	736	635	736	1428	857	2157	2937
山　西	227	261	256	374	830	989	1477	1348
内　蒙古	282	270	380	312	649	744	837	895
辽　宁	829	1184	1133	1457	2068	1562	1738	1522
吉　林	385	409	505	503	732	415	510	490
黑龙江	631	608	505	622	968	396	509	375
上　海	687	1225	1249	1853	3931	668	1294	586
江　苏	883	1227	1735	3006	6001	9047	10961	10797
浙　江	555	1140	1398	3454	7942	8461	10999	11632
安　徽	372	561	461	760	1739	2392	4099	5197
福　建	466	647	734	1193	2396	1660	2295	2374
江　西	413	485	534	639	1258	1396	2651	2903
山　东	509	795	1422	1717	2729	3574	4251	4816
河　南	650	713	828	1026	2233	2526	3091	3233
湖　北	559	714	1145	1516	1955	1293	1996	2253
湖　南	618	808	787	1028	1617	3118	4107	5194
广　东	1447	2235	3543	4540	7855	5494	8654	9239
广　西	809	927	896	1343	2065	1163	1790	1975
海　南	94	121	115	172	445	309	437	407
重　庆		266	595	621	1235	1190	1465	1552
四　川	776	554	766	1168	2010	1744	2146	2369
贵　州	462	228	187	369	594	705	1390	1219
云　南	559	654	735	907	1223	1073	1085	1053
西　藏		2	2	3	20	26	34	39
陕　西	242	275	365	519	982	825	1126	1348
甘　肃	225	185	317	468	678	588	801	638
青　海	39	58	68	89	112	106	111	99
宁　夏	140	142	167	163	282	339	368	424
新　疆	140	263	212	350	474	246	485	540

按年份各地区公共图书馆图书外借册次

单位：万册次

地 区	1995年	2000年	2005年	2010年	2015年	2020年	2021年	2022年
总　　计	11814	16913	20269	26392	50896	42087	58730	60719
北　京	283	442	678	804	940	309	630	579
天　津	237	274	380	572	859	459	741	571
河　北	379	673	469	493	972	892	1866	2411
山　西	204	207	272	282	547	728	1023	924
内 蒙 古	239	233	243	312	574	541	477	532
辽　宁	856	1119	1173	1456	1708	1387	1889	1849
吉　林	332	387	794	412	748	363	354	426
黑 龙 江	500	527	789	479	688	288	354	314
上　海	507	970	1028	1461	8681	786	1536	856
江　苏	967	1269	1494	2542	4980	6240	8020	8507
浙　江	550	1054	1233	2924	5727	5546	7399	8099
安　徽	343	455	341	683	1481	1714	2281	2501
福　建	517	779	729	1097	2465	2268	3391	3562
江　西	383	543	723	562	1119	1271	1752	1769
山　东	573	718	1379	1514	2331	2412	3494	3296
河　南	517	695	647	915	1676	1602	2014	2303
湖　北	543	769	927	1846	1816	1211	1731	1859
湖　南	562	735	801	1059	1540	2151	3582	3782
广　东	687	1192	2037	2267	4377	5991	8676	8822
广　西	528	688	761	733	1155	596	869	952
海　南	49	64	28	86	222	158	224	197
重　庆		435	472	706	949	1064	1184	1150
四　川	691	564	651	924	1617	1317	1618	1803
贵　州	133	189	118	222	476	534	753	706
云　南	529	680	701	702	1072	793	907	1002
西　藏		11	4	4	7	7	9	9
陕　西	238	305	264	305	681	569	751	806
甘　肃	173	153	261	345	588	373	578	452
青　海	51	52	58	42	91	65	49	34
宁　夏	125	265	212	182	302	240	222	233
新　疆	91	251	175	317	440	200	325	384

按年份各地区公共图书馆财政拨款

单位：万元

地　区	1995年	2000年	2005年	2010年	2015年	2020年	2021年	2022年
总　　计	65829	139321	277848	583685	1270354	1821282	1782476	1881104
北　京	1683	8734	15554	32746	58565	73607	73605	75113
天　津	1295	2751	10980	18500	37294	48730	49733	43160
河　北	1827	2980	6717	10034	28569	42593	45647	48135
山　西	1184	2150	4862	9838	22710	36189	36707	41268
内　蒙　古	1432	2452	5086	17898	38852	37436	36250	41536
辽　宁	3737	6822	15446	31121	48542	44701	48420	44958
吉　林	1707	3364	5861	12385	28732	31270	28466	31218
黑　龙　江	2088	3104	7752	13616	28784	27606	30151	34503
上　海	5558	22870	30636	56345	85027	188139	130308	126810
江　苏	3620	6729	16075	34240	82558	128116	142201	137621
浙　江	2356	6509	20316	43536	94626	132525	142048	156946
安　徽	1165	2054	5436	10008	24786	40791	41691	54078
福　建	1778	3681	6579	14975	35015	62688	62226	65411
江　西	1184	2022	3780	9726	24660	34008	35595	42576
山　东	2814	6129	12039	22996	54919	75597	71547	87327
河　南	1766	3591	5987	12252	33275	52687	50074	52829
湖　北	1649	2896	6498	29240	47629	57305	58176	67726
湖　南	1816	2550	5376	12154	29914	45329	44705	49216
广　东	6110	11868	28592	58296	127501	235388	236231	233450
广　西	1563	2851	5469	12191	32734	39641	35918	34577
海　南	378	322	631	3373	9758	24580	19710	19345
重　庆		1491	2957	7650	23778	32578	32956	33792
四　川	2591	2877	7229	16955	64020	62218	63170	60885
贵　州	746	1259	3401	5939	15290	39127	43331	29747
云　南	2178	5134	6096	11763	24864	49667	47156	39888
西　藏	72	111	336	1145	6932	8994	6569	7393
陕　西	934	2038	3973	11547	25922	32977	44010	77594
甘　肃	985	1752	4438	9648	22858	27046	26271	29311
青　海	724	678	1237	3096	9340	11784	11551	13360
宁　夏	408	786	1504	5067	12731	11266	12365	16998
新　疆	1062	1476	3360	8089	21635	19024	20236	32063

按年份各地区公共图书馆总支出

单位：万元

地 区	1995年	2000年	2005年	2010年	2015年	2020年	2021年	2022年
总　计	74080	157173	312571	643629	1340481	1883153	1892952	1990741
北　京	1851	5326	16840	26706	59616	71609	74402	76693
天　津	2128	3074	7548	20119	35517	51152	50746	43115
河　北	2044	3458	7208	11062	28024	42382	47519	50185
山　西	1170	2270	5085	10787	23050	43440	35284	39629
内 蒙 古	1458	2536	4959	15124	39865	38309	37347	42631
辽　宁	4392	7783	16225	32183	49577	47535	47852	45117
吉　林	1835	3520	6295	12613	29390	32279	30983	32246
黑 龙 江	2139	3409	8602	13500	31318	27753	28797	32875
上　海	7021	24425	36757	63728	93556	194038	168390	156825
江　苏	4046	8400	20630	37964	86604	129244	145435	148469
浙　江	3082	8500	22905	47316	100338	136592	145727	155941
安　徽	1384	2641	5767	11788	26927	42662	43031	56135
福　建	1710	3916	7446	15517	34971	65034	59679	67930
江　西	1323	2343	4343	10432	25599	35446	40705	44739
山　东	2968	6881	13242	23206	56509	77636	74620	89297
河　南	2140	3902	6377	13452	32060	54013	51806	53426
湖　北	2372	3952	8120	31444	50295	58583	59938	69732
湖　南	2329	3399	6431	13378	30504	47725	62558	70857
广　东	6807	14597	33777	61294	134518	232773	239893	236382
广　西	1769	3077	6288	13369	35915	40367	37218	34907
海　南	369	355	658	4320	9808	24021	19699	19297
重　庆		2026	3856	9335	24115	35355	34752	35015
四　川	3245	3462	8218	17841	59960	63570	65155	62033
贵　州	810	1428	3497	6736	17210	41620	41950	31273
云　南	2234	3928	6786	12632	27661	46813	48225	46158
西　藏	61	110	336	689	5146	8041	7155	6387
陕　西	951	2263	4405	11820	27944	40501	46396	74900
甘　肃	1011	1799	4399	9592	25254	29648	28698	31308
青　海	424	780	1315	3155	9074	12294	12118	13923
宁　夏	430	783	1574	5786	12828	12182	13610	17330
新　疆	1119	1677	3999	8890	26944	20076	21456	32547

按年份各地区公共图书馆新增藏量购置费

单位：万元

地　区	1995年	2000年	2005年	2010年	2015年	2020年	2021年	2022年
总　计	16788	37141	59781	111093	197468	225760	221364	235155
北　京	251	914	3413	4483	8392	7446	7600	6834
天　津	318	563	1527	3267	4870	6986	7499	5229
河　北	302	428	677	1524	4063	4555	5272	4684
山　西	131	292	385	1482	2466	5749	4415	4438
内　蒙　古	86	166	169	939	3209	3690	2985	3307
辽　宁	768	948	2027	5165	6801	4749	4674	4411
吉　林	250	459	777	1312	3877	3315	2890	4015
黑　龙　江	235	395	410	1584	2436	2231	2481	2912
上　海	2204	11210	10342	14950	19127	15410	14850	11199
江　苏	732	1780	3739	8279	15421	15090	16483	15175
浙　江	578	1577	3994	10908	17781	25214	26527	28010
安　徽	262	297	619	1454	4634	7664	6492	8486
福　建	311	716	1599	2801	6229	9299	7848	8447
江　西	99	302	646	1299	2624	4701	6407	6262
山　东	506	978	1868	4000	7665	10275	9656	9484
河　南	255	413	655	1449	4166	6996	6103	6491
湖　北	299	699	1296	1847	8752	7469	7602	8690
湖　南	207	415	900	1672	3933	5243	5682	23446
广　东	1186	2832	7394	12506	23670	31289	32514	33271
广　西	291	520	674	1863	5043	4735	3642	3195
海　南	59	41	92	874	873	1554	1019	1892
重　庆		330	569	1626	3230	3981	3854	3937
四　川	431	485	1095	2129	4912	6176	8292	7102
贵　州	100	166	301	682	1446	2309	3513	3301
云　南	441	538	720	1700	2699	2462	2674	3640
西　藏	14	16	43	119	1176	502	575	527
陕　西	104	117	701	1527	3270	7468	3748	3494
甘　肃	170	289	594	1177	2382	3242	2781	2547
青　海	33	54	72	153	785	1310	1098	1216
宁　夏	41	68	136	501	1355	959	1309	1502
新　疆	91	136	347	925	1480	1007	1652	1516

按年份各地区公共图书馆人均购书费

单位：元

地　　区	1995年	2000年	2005年	2010年	2015年	2020年	2021年	2022年
全　　国	**0.14**	**0.29**	**0.46**	**0.83**	**1.43**	**1.60**	**1.57**	**1.67**
北　京	0.20	0.66	2.22	2.29	3.87	3.40	3.47	3.13
天　津	0.34	0.56	1.46	2.53	3.15	5.04	5.46	3.84
河　北	0.05	0.06	0.10	0.21	0.55	0.61	0.71	0.63
山　西	0.04	0.09	0.12	0.42	0.67	1.65	1.27	1.27
内　蒙　古	0.04	0.07	0.07	0.38	1.28	1.53	1.24	1.38
辽　宁	0.19	0.22	0.48	1.18	1.55	1.12	1.11	1.05
吉　林	0.10	0.17	0.29	0.48	1.41	1.38	1.22	1.71
黑　龙　江	0.06	0.11	0.11	0.41	0.64	0.70	0.79	0.94
上　海	1.56	6.70	5.82	6.49	7.92	6.20	5.97	4.52
江　苏	0.10	0.24	0.50	1.05	1.93	1.78	1.94	1.78
浙　江	0.13	0.34	0.82	2.00	3.21	3.91	4.06	4.26
安　徽	0.04	0.05	0.10	0.24	0.75	1.26	1.06	1.38
福　建	0.10	0.21	0.45	0.76	1.62	2.24	1.87	2.02
江　西	0.02	0.07	0.15	0.29	0.58	1.04	1.42	1.38
山　东	0.06	0.11	0.20	0.42	0.78	1.01	0.95	0.93
河　南	0.03	0.05	0.07	0.15	0.44	0.70	0.62	0.66
湖　北	0.05	0.12	0.23	0.32	1.50	1.29	1.30	1.49
湖　南	0.03	0.06	0.14	0.25	0.58	0.79	0.86	3.55
广　东	0.17	0.33	0.80	1.20	2.18	2.48	2.56	2.63
广　西	0.06	0.12	0.15	0.41	1.05	0.94	0.72	0.63
海　南	0.08	0.05	0.11	1.01	0.54	1.54	1.00	1.84
重　庆		0.11	0.20	0.56	1.07	1.24	1.20	1.23
四　川	0.04	0.06	0.13	0.27	0.60	0.74	0.99	0.85
贵　州	0.03	0.05	0.08	0.20	0.41	0.60	0.91	0.86
云　南	0.11	0.13	0.16	0.37	0.57	0.52	0.57	0.78
西　藏	0.06	0.06	0.16	0.40	3.63	1.38	1.57	1.45
陕　西	0.03	0.03	0.19	0.41	0.86	1.89	0.95	0.88
甘　肃	0.07	0.11	0.23	0.46	0.92	1.30	1.12	1.02
青　海	0.07	0.10	0.13	0.27	1.33	2.21	1.85	2.04
宁　夏	0.08	0.12	0.23	0.80	2.03	1.33	1.81	2.06
新　疆	0.06	0.07	0.17	0.42	0.63	0.39	0.64	0.59

按年份各地区公共图书馆购书费支出占总支出的比重

单位：%

地 区	1995年	2000年	2005年	2010年	2015年	2020年	2021年	2022年
全 国	**22.7**	**23.6**	**19.1**	**17.3**	**14.7**	**12.0**	**11.7**	**11.8**
北 京	13.6	17.2	20.3	16.8	14.1	10.4	10.2	8.9
天 津	14.9	18.3	20.2	16.2	13.7	13.7	14.8	12.1
河 北	14.8	12.4	9.4	13.8	14.5	10.7	11.1	9.3
山 西	11.2	12.9	7.6	13.7	10.7	13.2	12.5	11.2
内 蒙 古	5.9	6.5	3.4	6.2	8.0	9.6	8.0	7.8
辽 宁	17.5	12.2	12.5	16.0	13.7	10.0	9.8	9.8
吉 林	13.6	13.0	12.3	10.4	13.2	10.3	9.3	12.5
黑 龙 江	11.0	11.6	4.8	11.7	7.8	8.0	8.6	8.9
上 海	31.4	45.9	28.1	23.5	20.4	7.9	8.8	7.1
江 苏	18.1	21.2	18.1	21.8	17.8	11.7	11.3	10.2
浙 江	18.8	18.6	17.4	23.1	17.7	18.5	18.2	18.0
安 徽	18.9	11.2	10.7	12.3	17.2	18.0	15.1	15.1
福 建	18.2	18.3	21.5	18.0	17.8	14.3	13.1	12.4
江 西	7.5	12.9	14.9	12.4	10.3	13.3	15.7	14.0
山 东	17.0	14.2	14.1	17.2	13.6	13.2	12.9	10.6
河 南	11.9	10.6	10.3	10.8	13.0	13.0	11.8	12.2
湖 北	12.6	17.7	16.0	5.9	17.4	12.7	12.7	12.5
湖 南	8.9	12.2	14.0	12.5	12.9	11.0	9.1	33.1
广 东	17.4	19.4	21.9	20.4	17.6	13.4	13.6	14.1
广 西	16.4	16.9	10.7	13.9	14.0	11.7	9.8	9.2
海 南	16.0	11.5	14.0	20.2	8.9	6.5	5.2	9.8
重 庆		16.3	14.8	17.4	13.4	11.3	11.1	11.2
四 川	13.3	14.0	13.3	11.9	8.2	9.7	12.7	11.4
贵 州	12.3	11.6	8.6	10.1	8.4	5.5	8.4	10.6
云 南	19.7	13.7	10.6	13.5	9.8	5.3	5.5	7.9
西 藏	23.0	14.5	12.8	17.2	22.8	6.2	8.0	8.3
陕 西	10.9	5.2	15.9	12.9	11.7	18.4	8.1	4.7
甘 肃	16.8	16.1	13.5	12.3	9.4	10.9	9.7	8.1
青 海	7.8	6.9	5.5	4.8	8.7	10.7	9.1	8.7
宁 夏	9.5	8.7	8.6	8.7	10.6	7.9	9.6	8.7
新 疆	8.1	8.1	8.7	10.4	5.5	5.0	7.7	5.2

按年份各地区公共图书馆新购图书册数

单位：万册

地 区	1995年	2000年	2005年	2010年	2015年	2020年	2021年	2022年
总 计	551	692	1535	2956	5151	6732	7407	7733
北 京	11	33	114	125	196	119	152	186
天 津	12	17	35	74	102	119	158	88
河 北	26	15	33	68	122	307	422	411
山 西	7	12	17	45	81	130	165	185
内 蒙 古	7	11	8	67	68	123	120	108
辽 宁	41	39	72	157	179	113	107	149
吉 林	14	14	32	52	96	94	72	145
黑 龙 江	17	17	26	71	88	70	91	76
上 海	44	67	100	176	242	161	187	97
江 苏	41	57	106	259	478	578	604	491
浙 江	33	54	142	337	643	894	769	877
安 徽	9	11	23	61	191	422	245	373
福 建	18	25	71	103	211	352	533	304
江 西	9	15	26	65	91	179	194	196
山 东	23	32	64	133	259	407	466	429
河 南	16	21	30	95	124	252	209	430
湖 北	23	28	43	60	185	185	208	267
湖 南	19	24	54	80	134	293	466	298
广 东	69	77	316	368	557	918	917	1016
广 西	16	20	26	56	149	97	96	90
海 南	6	3	3	25	27	48	30	39
重 庆		12	23	52	104	100	183	302
四 川	25	21	47	95	211	200	256	379
贵 州	5	8	7	27	61	86	141	141
云 南	22	15	26	43	93	62	83	91
西 藏			2	2	39	15	17	28
陕 西	5	6	25	43	79	117	141	214
甘 肃	7	7	12	26	55	72	81	68
青 海	1	2	3	6	19	21	21	22
宁 夏	2	3	5	31	33	70	75	47
新 疆	6	5	15	32	93	57	76	90

按年份各地区公共图书馆阅览室座席数

单位：万个

地 区	1995年	2000年	2005年	2010年	2015年	2020年	2021年	2022年
总　　计	35.2	41.6	48.0	63.1	91.1	126.5	134.4	155.2
北　京	0.5	0.8	1.1	1.3	1.5	1.6	1.8	1.8
天　津	0.5	0.7	1.0	0.9	1.5	2.1	2.2	2.2
河　北	1.4	1.8	2.0	2.2	3.3	4.8	5.7	7.8
山　西	0.9	1.1	1.2	1.6	2.7	4.2	4.3	4.5
内 蒙 古	1.2	1.3	1.4	1.7	2.6	3.6	3.6	4.0
辽　宁	1.7	2.0	2.3	3.0	3.5	4.2	4.1	4.7
吉　林	0.9	1.2	1.2	1.4	1.9	2.3	2.3	2.4
黑 龙 江	1.1	1.1	1.3	1.8	2.3	2.8	2.9	2.9
上　海	1.2	1.5	1.5	1.9	2.2	2.4	2.3	2.8
江　苏	1.8	2.2	2.5	3.9	5.1	7.7	8.0	8.3
浙　江	1.2	1.6	2.5	3.5	6.1	8.6	9.8	10.8
安　徽	0.9	0.8	1.0	1.6	3.3	4.9	5.1	6.3
福　建	1.3	1.3	1.7	2.5	3.2	4.6	4.6	5.2
江　西	1.6	1.6	1.7	2.2	3.1	4.8	5.2	6.0
山　东	1.4	2.0	2.7	3.7	5.6	7.0	7.4	9.1
河　南	1.2	1.6	1.7	2.4	4.2	6.5	6.7	8.1
湖　北	2.1	2.1	2.4	2.7	3.7	5.0	5.1	6.0
湖　南	2.2	2.5	2.3	3.0	3.3	4.6	5.3	6.0
广　东	2.6	3.0	4.0	5.9	9.0	12.5	13.4	15.5
广　西	1.8	2.0	1.8	2.5	2.8	3.7	3.8	4.1
海　南	0.3	0.3	0.3	0.4	0.6	0.7	0.7	0.8
重　庆		0.8	0.8	1.4	2.1	3.2	3.4	3.7
四　川	2.2	2.1	2.3	2.6	4.6	6.3	6.9	8.6
贵　州	0.8	1.0	1.1	1.2	2.0	2.9	3.2	3.8
云　南	1.5	1.9	1.9	2.1	2.6	3.2	3.5	3.9
西　藏					0.3	0.3	0.4	0.4
陕　西	0.9	0.9	1.3	1.4	2.0	3.2	3.4	4.6
甘　肃	0.7	0.8	1.0	1.3	1.9	3.3	3.6	3.9
青　海	0.2	0.2	0.2	0.3	0.4	0.7	0.8	0.9
宁　夏	0.4	0.4	0.5	0.5	0.9	1.4	1.4	1.6
新　疆	0.5	0.7	1.0	1.4	2.3	3.0	3.1	3.9

按年份各地区每万人公共图书馆建筑面积

单位：平方米

地　　区	1995年	2000年	2005年	2010年	2015年	2020年	2021年	2022年
全　　国	**34.3**	**47.3**	**51.8**	**67.2**	**94.7**	**126.5**	**135.5**	**148.6**
北　京	56.7	75.3	99.5	86.6	113.6	136.6	156.8	157.3
天　津	81.6	99.9	162.0	103.1	167.4	313.8	317.7	335.8
河　北	26.9	33.5	38.5	34.6	59.2	81.4	97.1	127.3
山　西	27.6	34.3	45.0	67.8	114.3	162.6	167.2	172.4
内　蒙　古	46.0	53.0	65.8	90.4	135.5	182.5	209.8	213.6
辽　宁	53.8	61.6	81.3	100.8	126.7	144.5	147.0	151.2
吉　林	35.5	39.6	50.1	53.3	98.9	128.4	138.6	142.7
黑　龙　江	33.6	36.6	48.2	65.0	76.6	110.2	116.3	117.6
上　海	85.8	132.6	137.2	160.9	173.2	183.2	177.9	229.9
江　苏	30.3	35.5	57.9	83.1	129.3	190.1	191.0	191.3
浙　江	34.8	57.7	83.7	106.7	171.7	204.0	238.9	247.8
安　徽	14.6	15.9	23.9	37.0	65.0	99.2	104.0	116.5
福　建	42.2	47.5	65.9	117.1	99.1	148.3	159.5	170.4
江　西	38.6	39.9	47.6	61.1	80.1	120.1	129.8	141.8
山　东	22.6	26.9	42.3	49.7	83.8	113.0	119.5	139.4
河　南	21.6	25.9	27.2	34.5	57.9	79.5	84.2	97.1
湖　北	35.1	39.3	49.9	57.3	91.9	126.1	128.2	142.9
湖　南	33.6	38.7	39.7	54.9	61.1	92.0	106.6	126.1
广　东	43.2	132.1	57.8	80.6	115.9	134.5	138.7	151.0
广　西	38.1	46.8	45.1	55.8	72.0	98.6	98.7	101.4
海　南	36.0	41.9	53.1	98.2	88.5	95.6	98.2	103.0
重　庆		37.5	47.2	70.8	97.6	119.4	124.7	127.8
四　川	22.6	27.3	34.2	42.1	68.5	83.4	98.7	112.6
贵　州	23.9	39.7	35.7	44.5	63.7	77.9	100.6	110.4
云　南	44.6	48.5	78.4	65.5	75.1	85.9	91.7	94.6
西　藏	52.1	61.1	104.7	89.6	156.2	169.1	196.4	206.9
陕　西	32.8	33.8	52.7	53.5	64.4	104.5	108.8	143.8
甘　肃	34.5	43.7	41.6	63.2	84.3	149.0	154.0	161.3
青　海	60.5	73.4	68.1	78.9	105.9	188.9	217.7	221.7
宁　夏	78.2	78.3	68.8	133.9	158.8	194.2	204.6	220.9
新　疆	43.1	44.7	54.7	82.0	100.6	139.0	145.8	184.8

	机构数/个	从业人员/人	专业技术人才	正高级职称	副高级职称	中级职称
总　　计	3303	60740	41719	1067	6783	19103
其中：少儿图书馆	146	2696	1769	66	310	806
按隶属关系分：						
中央	1	1337	1207	74	488	586
省区市	37	7732	6823	370	1442	2972
地市	394	16308	12016	412	2182	2694
县市区	2871	35363	21673	211	2671	9851
县图书馆	1558	14849	9558	70	1229	4445

续表 1

	在藏量中		音视频资源总量/千小时	电子文本、图片文献资源总量/TB	线上服务人次/万人次	书架单层总长度/米
	开架书刊	少儿文献				
总　　计	73884.19	18795.84	28098.44	4729671.56	284216.11	17660905
其中：少儿图书馆	3476.52	2732.56	189.52	210008.84	7180.61	463767
按隶属关系分：						
中央	158.18	9.92	0.32	2568.00	58943.87	
省区市	6059.07	1248.84	211.01	21370.46	83191.55	3139349
地市	21631.90	6421.61	1095.77	2113364.40	86609.14	6690518
县市区	46035.04	11115.46	26791.34	2592368.70	55471.55	7870638
县图书馆	15029.95	3496.79	17169.30	988047.52	17378.43	3206298

基本情况

总藏量/万册	图书	盲文图书	古籍	善本	报刊	视听文献	缩微制品	其他
135959.18	110479.58	146.65	2641.94	290.25	10777.11	2776.93	1571.48	7713.92
5644.40	4990.91	5.10	44.74	7.09	263.23	187.77	6.02	151.73
4326.87	1740.73	0.67	199.60	38.33	1657.97	50.22	174.02	504.33
23296.24	15308.59	14.41	1304.21	168.31	2247.18	414.37	1300.01	2721.87
34686.76	29513.25	44.52	667.50	44.92	2681.45	815.76	7.56	1001.40
73649.31	63917.01	87.05	470.63	38.69	4190.51	1496.58	89.89	3486.32
26011.57	22007.06	40.12	197.54	18.06	2108.24	475.58	47.59	1176.54

本年新增藏量/万册	本年新增电子图书/万册	当年购买的报刊种类/种	实际持证读者数/个	总流通人次/万人次	书刊文献外借人次	书刊文献外借册次/万册次	组织各类讲座次数/次
7732.61	14274.88	1003740	122291643	78969.79	24893.96	60718.53	85592
348.44	342.47	37321	3511880	3582.94	1131.08	3636.65	5608
96.72	2.02	14382	6357516	176.50	17.86	31.26	27
675.12	1247.38	139326	14635972	5037.58	964.81	3457.26	2181
1964.80	4225.30	310886	44598346	22045.56	6367.04	18278.83	20414
4995.97	8800.18	539146	56699809	51710.15	17544.25	38951.19	62970
1956.93	3843.29	202881	12931958	19021.90	7321.61	13488.57	25227

续表 2

	为读者举办各种活动					开展基层培训辅导人次/万人次
	参加人次/万人次	举办展览/个	参加人次/万人次	举办培训班/个	培训人次/万人次	
总　　计	2492.62	55537	10434.61	71144	568.09	140.48
其中：少儿图书馆	172.36	2255	510.92	4283	34.03	5.70
按隶属关系分：						
中央	0.70	18	52.27	465	0.62	0.03
省区市	314.00	1441	857.74	2258	33.29	23.78
地市	876.76	10388	3077.82	19257	156.42	16.76
县市区	1301.16	43690	6446.78	49164	377.76	99.91
县图书馆	718.48	21085	2398.18	17314	148.65	53.17

续表 3

	购书专项经费	上级补助收入	事业预算收入	经营收入	附属单位上缴收入	其他收入
总　　计	2053726	78263	217505	3731	806	201066
其中：少儿图书馆	95659	773	2935	2221		6523
按隶属关系分：						
中央	61600		102996	60		37085
省区市	603643	36	78657	881		37964
地市	677476	5445	7455	2734		49859
县市区	711007	72782	28397	56	806	76158
县图书馆	193541	33937	11572	9	805	32864

本单位受训人次/万人次	计算机/台	供读者使用电子阅览室终端数	图书馆网站访问量/人次	本年收入合计/千元	财政拨款预算收入	免费开放资金	中央资金
33.20	222810	137380	3469059268	19312411	18811040	1693043	441311
1.55	8280	4797	64370282	891113	878661	80599	31216
0.98	4123	510	1706557742	662816	522675		
4.59	20575	8908	569377311	4396505	4278967	290002	13730
12.17	52126	28474	664273408	5840820	5775327	659058	126373
15.45	145986	99488	528850807	8412270	8234071	743983	301208
5.46	66636	47694	287022569	2697823	2618636	306855	173320

本年支出合计/千元	基本支出	项目支出	经营支出	在支出合计中			
				工资福利支出	商品和服务支出	差旅费	劳务费
19907407	10750173	8464927	7453	8724348	4959082	36672	466280
940899	463479	451183	1312	372724	212277	4035	17814
734419	385480	348939		287314	252303	113	18224
4571356	2068911	2497112	758	1738836	1153922	4366	49714
5899417	3233588	2573051	1825	2643707	1577166	8613	157761
8702215	5062194	3045825	4870	4054491	1975691	23580	240581
2760983	1756869	809588	906	1419687	435564	11673	54725

续表 4

	福利费	各种税金支出	对个人和家庭补助支出	抚恤金和生活补助	其他资本性支出	各种设备、交通工具、图书购置费
总　计	74480	18482	657671	92735	3705169	2965594
其中：少儿图书馆	3625	1267	29043	3872	132936	123628
按隶属关系分：						
中央	590	8695	34704	1599	154803	77947
省区市	16621	3680	125244	20979	1020022	703400
地市	20961	2094	260809	25015	983905	879597
县市区	36308	4013	236914	45142	1546439	1304650
县图书馆	11374	1784	76793	17559	524165	387214

续表 5

	电子阅览室面积	实际拥有产权面积/万平方米	阅览室坐席数/个	少儿阅览室坐席数	盲人阅览室坐席数	志愿者服务队伍数/个
总　计	69.44	1146.65	1551536	372212	35196	10335
其中：少儿图书馆	2.41	33.23	60873	36429	1169	325
按隶属关系分：						
中央	0.26	27.81	5339	300	12	1
省区市	3.49	150.37	101107	14529	944	981
地市	14.53	302.03	419671	86862	6879	1522
县市区	51.15	666.43	1025419	270521	27361	7831
县图书馆	24.14	300.04	449081	127606	13680	3679

新增藏量购置费	新增数字资源购置费	资产总计/千元	固定资产净值	实际使用公用房屋建筑面积/万平方米	书库面积	阅览室面积	书刊阅览室面积
1972860	378685	143223446	124096706	2098.01	395.78	676.80	517.04
78261	18432	2947434	1987104	71.52	10.62	25.50	18.86
59842	5118	5451496	4918030	27.81	6.93	2.25	1.99
451256	122285	23675907	16949184	220.62	44.39	59.92	49.91
550434	154260	88517282	81624683	605.50	115.69	198.04	161.74
911328	97022	25578761	26604809	1244.07	228.76	416.00	303.39
232019	30279	8754020	7264832	498.74	98.00	168.93	114.56

志愿者服务队伍人数/人	图书馆延伸服务情况				文化创意产品情况		
	流动图书车数/辆	流动服务书刊借阅人次/万人次	流动图书馆车书刊借阅册次/万册次	分馆数量/个	文化创意产品种类/个	文化创意产品销售收入/千元	文化创意产品销售利润/千元
965395	2672	1894.83	3733.82	48537	31602	59397	30676
40789	44	47.23	99.06	1421	162	210	107
500				19	4	906	903
83752	19	30.08	111.07	1227	1542	11274	8977
370114	409	439.83	940.24	6157	2062	45908	19606
511029	2244	1424.92	2682.51	41134	27994	1309	1190
155012	1212	720.39	1138.75	18071	2405	963	1009

2022年各地区公共

地 区	机构数/个	从业人员/人	专业技术人才	正高级职称	副高级职称	中级职称	总藏量/万册
全　国	3303	60740	41719	1067	6783	19103	135959.18
北　京	20	1306	1054	12	96	406	3491.84
天　津	20	1041	804	24	137	373	2390.64
河　北	180	2250	1410	43	236	663	4641.36
山　西	127	1798	1062	23	162	450	2519.13
内 蒙 古	117	1826	1503	37	412	611	2313.96
辽　宁	129	2136	1623	86	263	946	4821.71
吉　林	67	1494	1177	80	312	465	2545.37
黑 龙 江	104	1521	1275	102	351	553	2507.34
上　海	20	2112	1902	56	184	827	8239.78
江　苏	122	3937	2520	68	388	1083	11506.89
浙　江	103	3993	2196	56	273	932	11545.36
安　徽	133	1736	1053	7	116	495	4202.59
福　建	95	1748	1098	17	113	539	5622.50
江　西	114	1461	893	11	91	383	3403.49
山　东	153	3182	2355	58	452	1222	8180.38
河　南	175	3101	1773	35	223	764	4576.78
湖　北	118	2177	1620	28	217	812	4992.61
湖　南	148	2256	1612	19	174	807	5471.61
广　东	150	5444	3393	60	357	1656	14253.48
广　西	116	1821	1375	19	171	655	3168.44
海　南	24	367	255	2	9	125	735.99
重　庆	43	1045	647	40	110	281	2727.01
四　川	209	2578	1539	24	186	675	5065.93
贵　州	99	1258	917	12	128	341	1955.73
云　南	151	1773	1604	20	612	663	2546.55
西　藏	82	202	134	2	10	25	264.30
陕　西	117	2128	1289	9	116	638	2502.21
甘　肃	104	1489	926	18	110	462	2023.48
青　海	50	492	291	7	38	124	621.92
宁　夏	27	580	385	8	67	172	859.56
新　疆	185	1151	827	10	181	369	1934.37

图书馆基本情况

图书	盲文图书	古　籍	善本	报刊	视听文献	缩微制品	其他
110479.58	**146.65**	**2641.94**	**290.25**	**10777.11**	**2776.93**	**1571.48**	**7713.92**
3254.85	0.46	47.06	7.07	66.30	77.84	0.30	45.49
2142.26	1.38	65.17	10.17	79.53	30.69	1.24	71.76
3972.46	7.48	58.08	3.24	274.16	138.47	9.50	188.78
2087.61	4.69	75.43	11.12	270.02	25.90	2.05	58.16
1933.75	6.13	34.61	3.16	183.76	41.28	0.97	119.54
3944.70	3.46	137.21	15.78	339.56	87.13	2.75	310.47
2064.67	3.14	45.43	7.12	190.14	35.42	18.05	191.66
2082.41	3.79	43.34	2.38	277.78	39.14	35.32	29.49
3946.33	2.09	199.34	19.57	418.08	129.22	1235.94	2310.89
10127.90	8.41	353.01	27.58	642.27	190.49	5.70	187.59
10481.18	7.69	191.88	23.85	559.83	239.51	0.93	72.11
3735.46	8.59	62.91	5.42	200.20	71.98	1.16	130.94
4489.89	3.21	46.22	3.62	338.78	147.80	2.97	596.82
2723.93	5.45	79.39	9.92	309.43	46.30	1.09	243.46
7090.07	7.80	141.31	24.90	614.52	82.32	5.16	247.17
3866.43	11.51	110.12	8.47	405.26	112.75	1.66	80.66
4210.00	6.33	94.84	8.33	438.31	62.28	37.28	150.10
4587.05	8.25	117.15	8.51	388.69	267.84	6.06	104.89
12066.04	8.93	75.63	5.19	622.66	376.62	3.31	1109.30
2476.75	1.38	39.40	2.35	499.93	39.65	1.44	111.37
651.79	0.33	1.19	0.06	41.09	39.09	0.82	1.98
2203.81	4.92	67.56	9.34	223.44	105.52	1.25	125.47
4224.01	8.80	143.78	10.11	457.95	64.58	13.75	161.96
1652.16	3.36	16.85	1.23	180.06	18.43	1.00	87.35
1954.92	3.28	49.94	5.58	349.97	110.02	1.28	80.38
221.21	1.01	4.00	0.33	14.58	1.12	0.42	22.93
2153.21	4.15	56.09	6.10	187.15	32.92	0.52	72.40
1602.95	3.40	53.03	9.85	247.61	14.40	1.93	103.62
528.76	1.15	15.46	1.07	41.29	2.68	2.79	30.97
663.07	2.39	4.22	0.14	67.87	56.12	0.15	68.13
1599.22	3.02	12.69	0.36	188.92	39.20	0.67	93.75

续表 1

地 区	在藏量中		音视频资源总量/千万小时	电子文本、图片文献资源总量/TB	线上服务人次/万人次	书架单层总长度/米
	开架书刊	少儿文献				
全 国	73884.19	18795.84	28098.44	4729671.56	284216.11	17660905
北 京	2020.06	499.85	19.32	1843.90	3950.40	312709
天 津	1008.86	317.48	1.71	3384.69	2886.21	243868
河 北	2706.87	541.53	82.98	10766.20	4967.57	493383
山 西	1450.44	298.43	1194.78	697866.05	5817.38	297134
内 蒙 古	1243.13	228.73	127.02	122106.79	2917.98	491662
辽 宁	2728.40	721.28	9.89	70740.01	4748.39	553510
吉 林	936.70	270.29	20.53	886.47	5533.05	282561
黑 龙 江	1321.56	228.93	465.37	420852.05	4469.29	424888
上 海	2457.34	477.83	3.78	7121.46	18951.05	620358
江 苏	6274.38	1659.83	104.60	8652.03	13835.85	1135192
浙 江	7936.23	2426.38	227.41	28635.17	32606.83	1422063
安 徽	2503.54	627.13	1414.33	113506.70	10683.46	469326
福 建	2901.87	983.42	84.80	2340.94	9256.30	439931
江 西	1627.93	441.13	2425.04	3780.97	2293.10	365039
山 东	5591.60	1012.13	908.81	125670.94	22339.92	907271
河 南	2813.70	722.34	2895.63	346411.92	5502.28	534605
湖 北	2510.46	573.53	2446.25	73148.42	11945.19	648869
湖 南	2896.47	809.42	2004.86	1296997.33	5716.28	1277926
广 东	9448.86	3095.49	648.71	39290.68	23860.10	2324878
广 西	1458.84	381.35	65.70	147607.52	9653.75	530747
海 南	507.78	102.75	21.37	798.04	1196.44	95624
重 庆	1624.05	389.44	4433.12	6370.64	5390.14	460420
四 川	2787.89	592.88	6.61	8080.11	3458.55	1546514
贵 州	1314.95	211.89	528.56	54708.38	2214.67	371005
云 南	1271.31	207.47	5874.06	14160.76	1932.17	483054
西 藏	76.67	15.41	6.79	58.40	66.84	23929
陕 西	1470.68	277.38	326.84	66098.62	3514.51	332072
甘 肃	1173.80	286.13	49.79	103608.31	2412.98	223455
青 海	216.17	44.04	80.78	15370.53	775.90	84860
宁 夏	416.48	115.38	1603.42	1695.93	1306.23	108312
新 疆	1028.99	226.65	15.26	934543.60	1069.43	155740

本年新增藏量/万册	本年新增电子图书/万册	当年购买的报刊种类/种	实际持证读者数/个	总流通人次/万人次	书刊文献外借人次	书刊文献外借册次/万册次	组织各类讲座次数/次
7732.61	14274.88	1003740	122291643	78969.79	24893.96	60718.53	85592
185.57	181.86	21991	2446441	677.72	125.40	578.56	968
87.90	527.78	21372	1472861	660.96	197.06	570.50	576
411.12	525.04	26792	2440800	2936.77	1222.52	2410.86	4709
184.93	354.15	18405	2064640	1348.12	479.71	924.23	1978
108.07	364.47	18570	1082972	894.84	237.42	531.89	979
148.65	822.02	38720	2260250	1522.30	406.90	1848.77	2026
144.71	49.13	20022	1238373	490.14	148.59	425.93	1064
76.30	76.45	19002	772560	374.96	132.61	314.32	632
96.90	56.00	41390	6157566	585.54	135.12	855.99	450
491.06	566.55	73524	29606196	10797.46	4804.39	8507.36	4612
876.74	482.24	71687	8534371	11631.93	1848.12	8098.70	11270
373.21	579.40	30992	3555179	5196.92	1239.36	2500.96	4254
303.71	185.82	35221	2649836	2374.25	1039.87	3562.30	2257
196.40	439.80	35205	2179721	2903.47	878.37	1768.53	2357
428.72	847.14	51986	6817504	4816.07	1885.33	3296.46	9141
429.69	1959.41	32221	2988303	3232.83	1323.60	2302.89	5070
267.16	1164.45	33387	3055883	2252.51	959.52	1859.09	2121
298.10	563.79	36723	3480812	5194.29	2006.46	3781.80	4648
1016.10	1602.62	103947	18044453	9239.13	2076.72	8822.23	9028
89.82	206.23	28304	2612906	1975.24	435.25	952.42	1521
39.19	198.25	7172	395147	407.34	81.19	196.73	427
301.57	282.94	22952	3050320	1552.09	465.48	1149.50	1551
378.72	896.61	51044	3926172	2369.02	994.26	1802.71	3071
141.43	342.50	20929	1192224	1219.28	422.30	706.24	1228
91.30	117.88	31738	958351	1053.02	378.23	1001.98	3217
27.93	2.85	7337	16373	38.88	3.17	8.68	100
214.23	232.09	27760	900480	1347.51	390.94	805.69	1773
67.91	200.94	17577	612214	637.82	212.83	451.55	1735
22.00	37.45	4867	211158	99.14	19.86	33.94	411
46.79	260.13	9597	385423	423.91	128.63	232.73	243
89.96	146.81	28924	824638	539.83	196.89	383.73	2148

续表 2

地　　区	为读者举办各种活动					开展基层培训辅导人次/万人次
	参加人次/万人次	举办展览/个	参加人次/万人次	举办培训班/个	培训人次/万人次	
全　　国	2492.62	55537	10434.61	71144	568.09	140.48
北　京	16.08	455	118.83	756	8.38	0.81
天　津	4.32	460	114.50	666	1.84	0.66
河　北	70.23	3589	415.51	2733	26.24	8.51
山　西	26.79	1295	189.64	1202	5.57	2.30
内　蒙　古	14.05	934	86.59	457	3.21	2.88
辽　宁	34.09	1187	224.57	1300	9.24	2.28
吉　林	11.84	1057	117.78	695	6.42	1.03
黑　龙　江	4.38	780	32.17	443	2.09	0.40
上　海	5.18	189	73.09	346	1.91	4.63
江　苏	45.93	2968	1359.25	4872	35.63	27.42
浙　江	991.57	7852	1987.81	12992	135.99	6.23
安　徽	125.30	3186	660.71	4285	43.54	9.29
福　建	52.63	1390	218.98	1938	14.82	1.95
江　西	26.05	1502	395.26	1006	8.51	3.68
山　东	156.17	4454	447.14	6634	51.55	9.74
河　南	79.11	2351	320.23	2824	29.87	5.44
湖　北	71.52	2077	291.49	1887	12.94	6.63
湖　南	325.64	1643	471.54	4984	51.43	13.34
广　东	230.64	3959	1357.31	9356	56.81	6.98
广　西	23.45	1640	371.81	1051	6.56	1.46
海　南	5.15	191	36.68	844	1.51	0.82
重　庆	19.24	1288	161.88	1418	9.49	3.56
四　川	31.29	1553	252.46	1440	7.44	8.56
贵　州	21.72	999	121.10	1056	6.09	1.89
云　南	29.19	2340	168.05	1188	7.98	2.05
西　藏	0.78	142	10.88	269	1.00	0.08
陕　西	19.19	2097	128.80	1782	8.31	2.30
甘　肃	16.38	1058	67.83	448	2.56	1.89
青　海	2.97	219	12.62	106	0.62	0.15
宁　夏	2.85	498	34.83	159	1.01	0.64
新　疆	28.19	2166	133.00	1542	8.91	2.85

本 单 位 受训人次/ 万人次	计算机/台	供读者使 用电子阅 览室终端数	图书馆网 站访问量/ 人次	本年收入 合计/千元	财政拨款 预算收入	免费开放 资　金	中央资金
33.20	**222810**	**137380**	**3469059268**	**19312411**	**18811040**	**1693043**	**441311**
0.57	4406	1841	43673423	755305	751130	14717	4315
0.15	4445	2775	28596024	440688	431598	8587	2189
0.77	8551	5951	39075468	491257	481348	49923	20711
1.81	6868	4276	33230210	414358	412681	42558	16983
0.63	6109	3821	28261887	425958	415363	32209	19182
1.09	8962	5505	39877008	452481	449581	53439	9877
0.64	4259	2486	6447756	316120	312184	13192	6720
0.13	4989	2970	18121921	347475	345032	21222	14093
0.76	6565	2720	112235127	1331846	1268097	759	549
0.48	13189	6863	67424918	1388580	1376207	71035	10472
3.58	11645	6824	193335905	1584665	1569461	156317	13140
1.20	8100	5472	119034877	561687	540775	45855	15402
1.48	7079	4415	51978911	676841	654110	50762	9986
0.72	7274	5236	16921362	440156	425763	78511	12513
2.88	11786	7568	82030916	886173	873274	70727	17995
1.02	10435	6950	26622548	536580	528294	43988	22844
1.88	7453	4428	62222091	695681	677258	29949	16599
3.28	8199	5484	57123511	504341	492163	47141	16475
3.99	20108	12376	343040200	2361339	2334502	464038	12047
0.76	6558	4390	102910315	350353	345774	33583	21219
0.15	1579	976	7309577	193633	193452	11222	3160
0.55	4058	2615	53547433	355702	337924	37518	15250
0.03	10538	7426	37153369	613388	608850	73769	26982
0.35	5352	3520	17980829	306269	297473	41001	14002
0.65	7504	4869	100973406	410725	398880	35530	24268
0.06	1408	1008	145427	73982	73932	19590	12040
1.06	6369	4133	56497962	787142	775940	34497	20993
0.34	5296	3336	4709582	302639	293108	39590	18797
0.04	1869	1082	982829	135456	133597	18160	11883
0.17	2181	1529	2701341	174354	169982	9043	3423
1.00	5553	4025	8335393	334421	320632	44611	27202

续表 3

地 区	购书专项经费	上级补助收入	事业预算收入	经营收入	附属单位上缴收入	其他收入
全 国	**2053726**	**78263**	**217505**	**3731**	**806**	**201066**
北 京	67629		3394			781
天 津	45587	150	5294			3646
河 北	35643	1091	926	45		7847
山 西	41599	411	20	513		733
内 蒙 古	25753	288				10307
辽 宁	47767	1099	738			1063
吉 林	30563		2079			1857
黑 龙 江	25984	661	1615		1	166
上 海	164292		43006	617		20126
江 苏	148438	1140	4185			7048
浙 江	274293	4696	2120	2		8386
安 徽	76156	10309	4436			6167
福 建	80593	4049	745	2221		15716
江 西	56586	6713			300	7380
山 东	82414	4789	4377			3733
河 南	57045	994	1639	101		5552
湖 北	80889	5330	50			13043
湖 南	46319	2193	6751			3234
广 东	317165	10913	7472			8452
广 西	29320	2019	676			1884
海 南	8733	80	30			71
重 庆	39976	2510	12745			2523
四 川	70909	584	938			3016
贵 州	23109	4184	426			4186
云 南	31463	6167	691	172		4815
西 藏	5785	50				
陕 西	35595	3378	2274		500	5050
甘 肃	19246	2975	5130			1426
青 海	7538	189	98		5	1567
宁 夏	7617	1050	1500			1822
新 疆	8120	251	1154			12384

本年支出合计/千元	基本支出	项目支出	经营支出	在支出合计中			
				工资福利支出	商品和服务支出	差旅费	劳务费
19907407	10750173	8464927	7453	8724348	4959082	36672	466280
766933	433572	323358		348616	289075	126	15688
431153	244542	186031		215182	122728	198	6365
501845	293012	192394	505	220677	102248	1057	7985
396289	180307	203138	531	162438	106369	496	15180
426308	292180	123718	8	241198	86444	877	3590
451168	289407	135299	81	242339	116000	363	12665
322455	204705	106845		172402	75549	638	9268
328747	233822	94623		186328	52463	297	2821
1568248	812748	754939	560	654276	389177	194	5501
1484693	833923	642737	161	692077	435916	3170	43863
1559408	784796	756111	9	636403	457047	1412	64156
561349	275821	242440	3502	216044	122795	1274	5780
679295	299054	367632	1312	234443	165498	300	37234
447389	266335	163955		198573	133999	2046	6650
892974	547097	313020	14	461210	183843	1483	19701
534262	337275	170852	178	275286	100603	884	8695
697321	385991	300396	26	320788	152491	1396	18055
708574	328297	160946	66	253414	105773	2142	11711
2363815	1183409	1126564	131	943108	645260	956	56395
349068	223318	121295	12	201896	60851	2707	3722
192968	50280	139391		40857	48857	468	9584
350153	204161	144013		156437	102447	2544	20053
620326	327436	285428		275662	202991	3465	19448
312731	170883	117166	36	145760	67067	808	4159
461575	283669	167894	146	256646	74668	1630	8019
63871	41069	21623		27580	7875	266	200
749001	259994	456957	100	222901	110713	3139	10294
313076	211204	91191	45	155812	50388	1198	6794
139226	77675	58835		61174	29816	134	5883
173300	111529	57172		75459	33395	184	3249
325467	177182	90025	30	142048	74433	707	5348

续表 4

地　区	福利费	各种税金支出	对个人和家庭补助支出	抚恤金和生活补助	其他资本性支出	各种设备购置费
全　国	**74480**	**18482**	**657671**	**92735**	**3705169**	**2965594**
北　京	3916	472	14783	2677	98609	92764
天　津	1568	593	5966	772	55227	55008
河　北	1524	16	35361	2080	95580	57729
山　西	1939	2	8468	737	59867	54546
内　蒙　古	1743	421	13536	2773	56365	48356
辽　宁	269	43	13987	3071	54635	46853
吉　林	2238		6788	1497	47152	44835
黑　龙　江	1037		22838	2577	42547	36139
上　海	5907	801	15820	4577	134227	123833
江　苏	3561	1036	51157	3474	289396	202106
浙　江	23065	946	22507	3971	364712	331059
安　徽	1639	613	21158	2426	137009	131207
福　建	225	69	23295	4224	156791	126257
江　西	2991	1124	9653	819	87201	80608
山　东	1267	114	38921	1961	119196	114317
河　南	1659	41	24992	2265	84419	82038
湖　北	4649	179	21992	1358	158730	142474
湖　南	2291	282	24982	2909	275958	246546
广　东	4751	1532	120161	4209	456864	403469
广　西	447	145	11266	3649	47854	39057
海　南	3	267	631	207	54378	50854
重　庆	958	612	19826	12101	58915	55102
四　川	2103	151	27697	15218	84034	82172
贵　州	363	186	12285	533	53140	50452
云　南	1239	31	9567	3360	46990	42209
西　藏	64		738		7310	5978
陕　西	741	13	3649	1333	308090	47373
甘　肃	1013	2	22693	3452	40009	36271
青　海			6843	695	18858	17810
宁　夏	47	26	4732	477	31055	18850
新　疆	673	70	6675	1734	25248	21375

新增藏量 购置费	新增数字 资源购置费	资产总计/ 千元	固定资 产净值	实际使用 公用房屋 建筑面积/ 万平方米	书库面积	阅览室面积	书刊阅 览室面积
1972860	**378685**	**143223446**	**124096706**	**2098.01**	**395.78**	**676.80**	**517.04**
56647	11690	2440983	1593758	34.36	5.81	9.02	7.55
37386	14906	1311125	1126741	45.77	8.19	12.40	9.03
40186	6656	1768360	1327238	94.44	16.80	35.92	28.89
38782	5595	2476176	2032198	60.01	8.51	20.37	15.64
26708	6366	1399712	1259818	51.29	6.60	17.68	13.04
36392	7717	3264521	2778851	63.45	11.22	18.06	14.06
31876	8274	985145	757911	33.51	5.61	10.81	8.34
24606	4518	1063110	911533	36.44	6.43	11.34	7.36
101938	10048	8582437	7111959	56.90	8.90	13.62	11.38
127866	23879	4598747	3724155	162.87	19.72	46.24	37.45
255017	25083	5069227	4178380	162.98	25.40	51.06	43.86
71790	13066	2947615	2498625	71.35	11.13	25.87	17.80
64270	20197	2842543	2150373	71.38	18.96	27.64	21.89
52373	10247	1606243	1410906	64.22	15.37	20.15	14.37
84856	9985	2422425	1788873	141.69	26.41	38.94	28.64
52289	12624	2043170	1622108	95.85	20.81	27.75	19.18
64245	22652	2702253	2156913	83.52	19.15	29.84	21.20
226567	7889	1182457	924811	83.25	21.33	25.18	19.40
256704	76005	74247266	69746632	191.15	39.71	71.05	57.78
24379	7574	1324270	1079174	51.17	12.20	13.37	9.99
10009	8907	582863	199619	10.58	2.80	3.96	3.19
29342	10030	1144710	669479	41.06	7.65	12.77	8.82
58739	12277	1846027	1541117	94.30	16.73	36.34	28.01
26368	6642	2698726	1890113	42.56	9.61	14.07	8.33
29602	6796	1374677	938046	44.41	11.97	14.01	8.94
5219	55	240463	183909	7.53	1.13	1.81	1.05
27055	7889	1698274	867735	56.89	11.55	19.77	16.11
17599	7867	1435960	666651	40.20	6.49	14.13	9.66
9981	2175	377500	255290	13.19	1.65	5.33	4.18
9882	5139	544868	438306	16.08	2.74	6.11	4.54
14345	819	1550097	1347454	47.80	8.27	19.94	15.37

续表 5

地 区	电子阅览室面积	实际拥有产权面积/万平方米	阅览室座席数/个	少儿阅览室座席数	盲人阅览室座席数	志愿者服务队伍数/个
全 国	**69.44**	**1146.65**	**1551536**	**372212**	**35196**	**10335**
北 京	0.76	15.87	18020	3644	237	98
天 津	0.87	10.25	22107	3562	275	52
河 北	3.61	49.37	77922	16468	1606	317
山 西	2.42	51.45	45478	10837	1239	249
内 蒙 古	2.03	23.97	39644	9154	1469	169
辽 宁	2.47	32.46	47143	10308	927	352
吉 林	1.17	19.65	23974	5210	571	129
黑 龙 江	1.37	16.60	28860	7149	856	198
上 海	1.16	41.21	28401	6010	352	224
江 苏	3.43	66.98	82941	23501	1612	341
浙 江	4.03	59.46	108115	27784	1382	422
安 徽	2.42	45.06	63069	15188	1750	489
福 建	2.08	39.37	51568	13548	987	229
江 西	2.28	39.06	59992	15208	1767	260
山 东	3.60	59.28	91046	20878	2511	574
河 南	3.66	59.23	80824	22321	2423	815
湖 北	3.25	58.94	60005	15080	1495	909
湖 南	3.19	48.67	60196	19270	1388	944
广 东	5.99	97.65	155195	35964	1962	418
广 西	2.01	27.01	40994	10378	824	192
海 南	0.45	7.53	7860	2139	77	72
重 庆	1.25	32.58	36878	7888	933	114
四 川	4.45	55.34	86008	20160	2175	381
贵 州	1.58	25.55	37974	7801	975	142
云 南	2.56	32.86	39326	9503	1451	434
西 藏	0.42	5.07	3651	765	141	292
陕 西	1.83	29.44	45710	8534	1098	313
甘 肃	1.42	25.97	38795	9569	1092	232
青 海	0.48	3.74	8612	1520	254	30
宁 夏	0.85	10.19	16417	3199	448	145
新 疆	2.09	29.03	39472	9372	907	798

志愿者服务队伍人数/人	图书馆延伸服务情况				文化创意产品情况		
	流动图书车数/辆	流动服务书刊借阅人次/万人次	流动图书馆车书刊借阅册次/万册次	分馆数量/个	文化创意产品种类/个	文化创意产品销售收入/千元	文化创意产品销售利润/千元
965395	2672	1894.83	3733.82	48537	31602	59397	30676
30083	15	4.26	68.27	484	42		
17732	13	28.78	55.72	319	75		
24151	99	137.74	167.04	1580	719		
24851	155	40.76	93.05	2539	253		
6770	58	26.60	48.56	1786	162		
22751	22	32.17	78.91	1660	180		
9873	55	16.31	17.60	860	52		
8850	54	22.85	39.75	953	65		
10316	9	93.33	48.10	240	150	9486	8365
80490	48	81.53	117.85	7073	879	239	-44
82526	141	228.91	772.34	3978	654	83	10
43190	31	62.00	108.42	1657	416	13	3
16709	106	35.62	157.25	1055	220		
12154	50	43.86	79.59	1137	791	518	2
100411	71	107.79	179.39	2722	623	104	73
39107	97	124.95	176.23	1945	357	45833	19588
17204	108	124.77	158.92	1447	242	210	107
74154	88	74.81	127.86	2383	311	412	200
222283	414	196.88	562.96	2883	23045	15	7
16295	55	42.11	76.10	681	194		
5498	9	7.52	10.99	170	61		
8023	38	43.95	96.21	1578	220		
26788	198	68.84	118.19	3059	656	194	119
9853	84	53.92	74.19	957	254	230	102
10151	119	68.58	106.77	1643	159	204	100
4087	61	0.63	1.16	18	28	18	800
13351	98	45.41	66.28	1482	353	2	1
7641	263	26.70	39.74	1000	145	930	340
340	43	6.34	6.94	163	10		
3742	12	25.69	45.12	182	55		
15521	58	21.22	34.32	884	227		

2022年各地区省级

地　区	机构数/个	从业人员/人	专业技术人才	正高级职称	副高级职称	中级职称	总藏量/万册
全　国	37	7732	6823	370	1442	2972	23296.24
北　京	1	372	326	8	40	148	967.79
天　津	1	305	288	14	57	152	989.06
河　北	1	189	110	13	46	51	368.29
山　西	1	223	205	13	53	88	395.39
内　蒙　古	1	157	151	11	63	48	447.37
辽　宁	1	214	188	19	46	94	791.97
吉　林	1	226	168	14	42	48	529.71
黑　龙　江	1	177	160	6	27	88	451.94
上　海	2	945	892	54	129	431	5957.44
江　苏	1	528	413	25	126	178	1288.62
浙　江	1	265	252	6	38	16	827.65
安　徽	1	174	151	4	41	65	404.07
福　建	2	215	207	4	31	108	533.80
江　西	1	165	156	8	29	83	483.98
山　东	1	220	215	22	48	112	963.33
河　南	1	212	196	16	47	81	438.53
湖　北	1	306	293	12	62	126	978.38
湖　南	2	313	298	10	58	139	664.90
广　东	1	295	273	8	53	135	970.81
广　西	3	333	314	14	67	145	853.17
海　南	1	108	101	2	5	71	209.43
重　庆	2	295	246	23	56	102	552.83
四　川	1	299	185	10	31	73	591.39
贵　州	1	222	178	9	35	39	370.44
云　南	1	186	178	9	92	48	392.18
西　藏	1	54	44	2	9	14	58.79
陕　西	1	186	165	6	19	93	599.51
甘　肃	1	214	187	12	29	87	509.60
青　海	1	122	81	4	13	28	194.36
宁　夏	1	131	127	7	28	45	213.75
新　疆	1	81	75	5	22	36	297.76

公共图书馆基本情况

图书	盲文图书	古　籍	善本	报刊	视听文献	缩微制品	其他
15308.59	**14.41**	**1304.21**	**168.31**	**2247.18**	**414.37**	**1300.01**	**2721.87**
814.42	0.08	41.87	6.74	48.92	50.06	0.03	12.49
891.07	0.09	58.55	9.78	18.20	19.71	1.24	0.29
296.61	0.54	8.17	0.56	46.48	12.42	2.80	1.81
263.31	0.58	29.68	5.02	94.71	3.03	0.40	4.26
337.94	2.27	22.00	2.00	35.12	2.04	0.52	49.75
653.22	0.45	48.44	12.39	63.75	11.87	0.63	14.06
433.47	0.15	23.14	5.35	56.48	2.22	2.60	11.80
349.30	0.35	13.37	0.66	49.93	4.19	35.15	
1793.97	0.78	192.23	19.24	386.36	40.10	1235.93	2308.86
961.07	0.30	160.00	14.00	118.05	31.01	5.21	13.28
625.57	0.62	82.24	15.01	104.29	14.36	0.48	0.70
329.25	0.18	35.21	3.31	37.76	1.18	0.52	0.15
438.47	0.39	25.34	2.07	54.89	13.44	1.66	
345.91	0.63	38.24	4.21	52.39	2.05	0.21	45.18
640.91	0.28	75.36	20.00	139.00	8.89	0.86	98.30
348.40	0.09	50.66	3.00	36.20	2.92	0.25	0.09
809.65	0.68	46.18	5.87	78.42	31.31	3.56	9.27
502.52	0.99	62.14	5.00	62.76	33.40	0.46	3.62
752.11	0.51	44.02	3.25	139.10	30.16	2.56	2.86
645.06	0.16	26.65	1.65	114.91	15.51	0.20	50.84
197.02	0.19	0.02	0.01	6.61	5.75		0.03
396.12	1.72	45.26	6.99	75.40	8.79	1.05	26.21
430.24	0.36	53.01	6.60	104.80	0.53	2.80	0.01
307.98	0.42	11.76	0.40	46.27	1.68	0.31	2.44
289.93	0.29	17.75	2.50	79.79	4.52	0.12	0.06
48.72	0.05	1.50	0.17	8.53	0.04		
483.98	0.36	32.84	4.37	66.83	7.77	0.03	8.07
405.25	0.59	31.76	6.78	67.11	4.74	0.27	0.47
157.12	0.20	12.07	1.00	22.76	0.47	0.05	1.89
111.57	0.03	3.52	0.12	13.10	50.21	0.08	35.26
248.43	0.08	11.23	0.26	18.26		0.03	19.82

续表 1

地　区	在藏量中		音视频资源总量/千万小时	电子文本、图片文献资源总量/TB	线上服务人次/万人次	书架单层总长度/米
	开架书刊	少儿文献				
全　国	**6059.07**	**1248.84**	**211.01**	**21370.46**	**83191.55**	**3139349**
北　京	127.14	149.46	0.42	300.96	221.57	109297
天　津	285.99	166.12	0.55	562.00	566.63	131704
河　北	125.15	20.81		0.08	145.26	71800
山　西	210.78	31.57	0.37	15.00	3412.33	36505
内 蒙 古	116.98	15.92	0.50	8.35	1530.00	85196
辽　宁	269.24	34.72	0.64	746.00	1693.39	157878
吉　林	67.96	11.62	0.03	50.00	1100.98	101196
黑 龙 江	80.71	12.55	0.03	8.50	3130.52	55611
上　海	890.13	142.77	0.06	943.86	16005.21	425196
江　苏	100.00	10.30	0.25	750.00	2380.87	260000
浙　江	538.12	20.78	0.71	272.00	6591.17	133367
安　徽	119.47	21.56	0.22	613.92	6738.04	60168
福　建	77.58	19.21	0.12	442.00	92.69	8658
江　西	199.21	30.42	0.34	346.54	635.77	8204
山　东	507.29	57.14	0.05	463.50	9749.86	154121
河　南	114.22	46.13	120.92	10360.60	228.03	46016
湖　北	282.20	66.23	3.31	10.00	6331.06	163732
湖　南	189.18	45.78	0.56	358.86	2443.15	91978
广　东	250.43	47.89	0.08	671.00	3461.21	180121
广　西	89.73	41.09	0.24	830.89	8116.54	169819
海　南	145.61	42.33	0.19	550.70	29.97	33947
重　庆	155.87	56.84	1.43	827.99	4233.44	44901
四　川	69.12	9.11	0.55	965.60	75.78	40221
贵　州	285.38	22.53		250.00		185062
云　南	59.99	5.98	0.03	22.41	286.58	129035
西　藏	12.70	2.22	2.80	5.00	3.50	22708
陕　西	209.83	48.35	0.35	444.02	864.56	123118
甘　肃	281.00	28.05	0.91	290.00	1283.60	9975
青　海	56.00	6.76	75.30	86.33	721.41	50642
宁　夏	81.82	14.78	0.04	172.35	733.43	44924
新　疆	60.24	19.82	0.01	2.00	385.00	4249

本年新增藏量/万册	本年新增电子图书/万册	当年购买的报刊种类/种	实际持证读者数/个	总流通人次/万人次	书刊文献外借人次	书刊文献外借册次/万册次	组织各类讲座次数/次
675.12	1247.38	139326	14635972	5037.58	964.81	3457.26	2181
26.57	3.20	6831	1082442	149.84	9.98	49.77	19
47.89	476.73	7675	750814	108.43	37.64	177.98	50
7.49	75.00	4538	317873	55.80	11.38	38.96	9
57.60	53.45	2123	472774	98.66	33.04	99.01	249
12.93	17.00	1760	177038	24.52	8.77	14.79	12
19.63	18.36	5572	334079	299.41	18.72	72.22	15
8.10		4000	185567	63.38	1.34	48.43	34
9.00	46.49	2070	22011	22.96	6.44	27.36	8
34.57	2.85	12753	4096028	265.01	39.44	214.27	80
26.38	7.68	4140	948551	184.73	57.25	58.13	38
44.52	27.53	3508	48041	337.83	71.53	153.36	1
14.75	10.34	2815	281900	164.19	20.95	105.40	53
24.02	16.01	5841	308119	112.34	33.45	269.47	161
31.89	1.02	7165	355581	183.36	26.53	100.57	35
17.21	0.57	6344	159764	107.72	17.91	77.67	119
5.76	9.66	1653	241472	78.24	23.11	80.04	13
36.43	10.00	5691	784143	165.82	39.94	218.95	152
19.44	0.27	2399	394586	130.35	38.71	193.44	304
28.99	147.86	6589	37316	1010.16	191.88	440.17	31
22.58	23.52	7530	1573836	541.14	45.09	179.38	45
6.78	20.27	2072	240492	79.90	19.12	72.27	143
33.41	117.62	4599	600716	196.58	43.15	132.65	84
7.42	9.44	6098	432644	97.65	18.99	59.40	30
55.07		4853	166555	173.69	16.56	50.95	61
11.43	14.32	3584	138740	105.59	70.00	323.48	157
1.81		1422	5571	15.10	0.63	2.47	9
38.06	22.95	4750	52380	112.16	24.54	105.04	31
13.16	3.50	4084	95926	25.65	15.58	23.37	5
3.83	1.88	1273	62710	16.24	1.70	5.43	179
5.20	77.00	3535	82884	65.05	11.56	22.71	6
3.20	32.86	2059	185419	46.08	9.88	40.12	48

续表 2

| 地 区 | 为读者举办各种活动 | | | | | 开展基层培训辅导人次/万人次 |
	参加人次/万人次	举办展览/个	参加人次/万人次	举办培训班/个	培训人次/万人次	
全 国	314.00	1441	857.74	2258	33.29	23.78
北 京	0.07	26	30.11	1	0.01	0.47
天 津	0.17	24	47.11	7	0.05	0.06
河 北	0.46	21	7.53	2	0.01	0.56
山 西	3.81	72	21.18	25	0.34	0.28
内 蒙 古	0.33	6	0.49	8	0.12	0.02
辽 宁	0.08	43	47.78	13	0.04	0.72
吉 林	0.87	68	50.65			0.04
黑 龙 江	0.05	44	6.87	80	0.12	0.03
上 海	0.85	42	19.64	15	0.80	2.29
江 苏	1.10	18	7.07	124	0.18	14.45
浙 江		70	15.14	11	0.03	0.26
安 徽	1.05	42	3.32	561	15.34	0.26
福 建	35.45	139	42.87	94	0.77	0.57
江 西	0.18	17	81.75	7	0.21	0.01
山 东	0.72	39	3.48	188	0.29	0.20
河 南	0.27	35	2.84			
湖 北	0.78	120	52.49	235	0.95	0.42
湖 南	256.20	22	18.82	277	10.75	0.47
广 东	0.42	61	87.56	58	0.15	0.47
广 西	4.62	66	220.75	41	0.36	0.15
海 南	0.57	21	3.23	76	0.33	0.13
重 庆	0.43	37	13.50	248	0.89	1.74
四 川	0.50	2	8.60	19	0.13	0.08
贵 州	0.12	98	0.49	29	0.18	
云 南	2.72	60	3.97	24	0.14	0.11
西 藏	0.03	1	0.02	7	0.06	
陕 西	0.29	24	26.54	19	0.07	0.11
甘 肃	0.09	6	1.20	1		0.15
青 海	1.29	109	1.22	3	0.02	0.02
宁 夏	0.10	99	11.99	7	0.13	0.03
新 疆	0.38	9	19.53	78	0.82	0.15

本 单 位 受训人次／ 万人次	计算机／台	供读者使用 电子阅 览室终端数	图书馆网 站访问量／ 页次	本年收入 合计／千元	财政拨款 预算收入	免费开放 资 金	中央资金
4.59	20575	8908	569377311	4396505	4278967	290002	13730
	904	513	24823152	257750	253647	3136	
0.04	1340	861	22774267	182157	173689	2390	
0.04	409	43	588123	63291	63288	16286	
0.14	670	267	645121	119081	119081	15336	
	576	424	14962470	52786	52742	8125	
0.06	848	484	4099233	132195	130703	31210	2440
0.14	792	405	1114029	72019	70040	1653	
	246	60	12122962	59277	57658	3402	
0.05	3143	1112	100950838	719997	657619		
0.18	1235	178	24595441	227583	224445	11100	
	748	322	114412407	208223	204897	2380	
0.25	320	107	936106	87177	87069	2930	
0.21	445	282	36464039	127521	127057	14407	3300
0.19	705	545	353404	112867	111318	40500	
0.05	525	250	774304	117941	116557	3993	
0.04	265	126	462537	76290	76129	6560	
0.41	1100	360	27203600	167839	165929		
2.07	415	123	17028033	95202	94110	12795	
0.21	1208	255	3497943	228364	225953	1450	
0.30	965	686	87226972	111167	109537	6677	
0.01	290	106	4920481	112589	112518	4000	
	407	153	14233864	113734	98794	9045	
0.03	240	100	3114958	99949	99011	25460	
	500	300		83776	82826	22499	
0.01	426	122	11292285	76579	74937	2500	
	73	54	125000	32655	32655	3574	
0.04	628	217	39543434	446682	445952	7790	
0.06	444	164	702260	74347	73874	15000	
0.01	248	50	21956	46095	45733	7990	7990
0.01	310	178	96756	46283	46185	1937	
0.04	150	61	291336	45089	45014	5877	

续表 3

地 区	购书专项经费	上级补助收入	事业预算收入	经营收入	其他收入
全 国	**603643**	**36**	**78657**	**881**	**37964**
北 京	27541		3392		711
天 津	40568		5294		3174
河 北	8500				3
山 西	5715				
内 蒙 古	8934				44
辽 宁	20000		440		1052
吉 林	10047		1429		550
黑 龙 江	6498		1605		14
上 海	117044		42950	617	18811
江 苏	29370		3002		136
浙 江	58000		1916		1410
安 徽	9500				108
福 建	22647		114		350
江 西	22940				1549
山 东	14994		170		1214
河 南	10690			92	69
湖 北	40770				1910
湖 南	12750		788		304
广 东	28150		2411		
广 西	15650		285		1345
海 南	3150				71
重 庆	16692		12745		2195
四 川	12999		938		
贵 州	9038				950
云 南	19494		691	172	779
西 藏	1600				
陕 西	11732				730
甘 肃	12000		473		
青 海	3800	36			326
宁 夏	2830				98
新 疆			14		61

本年支出合计/千元	基本支出	项目支出	经营支出	在支出合计中			
				工资福利支出	商品和服务支出	差旅费	劳务费
4571356	2068911	2497112	758	1738836	1153922	4366	49714
237025	142229	94795		96003	98869	124	714
166826	89004	77822		77087	45188	4	95
72448	44758	27690		35142	23536	378	2993
101468	49967	48319		45173	19142	92	267
52876	31338	21538		27954	11773	149	477
134945	67895	67049		54625	53725	165	4471
76159	34412	41747		24610	36871	241	2339
59354	33248	26106		24723	13150	34	
955887	364630	590697	560	320105	212248	84	4350
269866	143918	125948		139444	76029	194	6223
178642	94826	83815		74127	29792	223	2429
90800	57794	33005		49300	25335	38	1527
138395	59055	79340		50527	22765	50	4047
120657	47422	73235		44387	49610	196	107
117941	69340	47214		60639	33595	266	2677
78474	43808	34574	92	36452	26565	165	141
166822	73754	93068		64851	51371	78	4178
92473	53711	38762		48974	21207	61	1042
223940	131086	92854		103938	43982	15	285
111705	53632	58072		55525	17091	150	501
112518	18665	93853		13661	23607	147	2537
107871	75215	32656		60282	22826	150	2765
99543	45939	53604		42939	35176	278	412
89673	38903	50770		34375	29985	207	105
76347	33384	42857	106	30622	25910	160	660
29692	18502	11190		12205	1836	153	
389301	32350	356951		28368	40174	38	108
85119	37344	47774		28006	18365	440	2527
45928	23725	22203		20873	13848	17	388
43644	33502	10142		17744	8297	32	899
45017	25555	19462		16175	22054	37	450

续表 4

地　区	福利费	各种税金支出	对个人和家庭补助支出	抚恤金和生活补助	其他资本性支出	各种设备购置费
全　国	16621	3680	125244	20979	1020022	703400
北　京	1250	333	2722	372	39430	35276
天　津	629	429	2275	555	42276	42276
河　北	300		7449	161	6320	6320
山　西	578		4795	499	10971	7538
内　蒙　古	375		1946	65	11179	8934
辽　宁		33	6043	540	20552	15775
吉　林	1463		3281	366	11397	11397
黑　龙　江	523		3459	458	8413	8413
上　海	2387	801	6926	1746	75101	75099
江　苏	93	489	3374	510	51019	46942
浙　江	3675	364	3789	2330	68882	58330
安　徽	449	80	6614	917	9551	9551
福　建			5654	357	45176	39901
江　西	1102	110	364	46	26296	26296
山　东	304		5631	140	17503	15126
河　南	481		4109		11348	11199
湖　北	1408		3678		46922	46922
湖　南		203	4785	135	17505	11951
广　东		21	16070	477	56593	38099
广　西	148	101	3742	869	19759	19759
海　南		3	58	35	42573	41276
重　庆	112	555	6029	4360	18260	18235
四　川	414	139	5561	5029	12999	12999
贵　州			3684	6	21629	21628
云　南	213	17	50		19494	19494
西　藏			675		1208	1208
陕　西	171		361	77	270760	17748
甘　肃	405	2	6425	40	18679	17637
青　海			2862	510	8345	8345
宁　夏			1779	193	6504	6382
新　疆	141		1054	186	3378	3344

新增藏量购置费	新增数字资源购置费	资产总计/千元	固定资产净值	实际使用公用房屋建筑面积/万平方米	书库面积	阅览室面积	书刊阅览室面积
451256	122285	23675907	16949184	220.62	44.39	59.92	49.91
23634	8165	1399770	737730	9.40	1.25	2.52	2.34
32368	8200	693754	649524	13.23	2.03	5.08	2.67
5600		351045	317318	5.06	1.12	0.93	0.86
4243	1472	528163	429018	7.49	1.07	1.71	1.66
6946	1988	290347	273728	3.50	0.58	1.56	1.28
13693	2062	1328090	1027985	10.32	1.74	3.81	3.32
7497	2550	194969	168324	6.30	1.02	2.11	2.05
4498	2000	260962	229615	3.39	0.34	1.28	1.20
70462	3776	6543536	5280599	27.25	5.57	3.80	3.09
28548	4943	959918	864634	10.30	1.03	1.80	1.69
46621	4896	732790	562491	5.52	2.18	1.10	1.06
7104	2030	264680	162345	3.69	0.87	0.97	0.89
14747	9779	714728	416412	2.80	0.55	0.48	0.42
18940	4000	267600	234742	9.62	3.27	1.26	1.16
11984	2994	477703	403834	7.07	1.36	1.14	0.96
6140	3882	194592	162431	3.89	1.04	1.46	1.38
25985	14369	1199726	985921	10.23	1.80	4.20	3.90
8915	2657	240712	183161	4.40	1.36	1.42	1.38
24983	3789	1504355	1162557	9.15	1.84	1.49	1.46
11879	3771	554878	455885	10.59	3.29	1.86	1.68
3150	8372	395902	66236	2.50	0.57	1.72	1.67
10434	6290	591510	243274	5.61	1.07	1.47	1.04
9500	3499	650319	596940	5.19	0.52	1.45	1.38
12850		697647	162289	8.10	2.60	3.00	
15100	4394	242238	200144	3.04	0.75	0.82	0.75
1208		56441	39140	1.90	0.42	0.34	0.26
7403	4329	979745	273678	13.20	1.80	3.78	3.68
7670	4172	572226	6473	6.52	1.13	1.90	1.84
3200	1927	161680	67121	2.40	0.26	1.23	0.76
2610	1979	269545	246110	3.32	0.90	1.33	1.24
3344		356336	339525	5.64	1.06	2.90	2.84

续表 5

地 区	电子阅览室面积	实际拥有产权面积/万平方米	阅览室座席数/个	少儿阅览室座席数	盲人阅览室座席数	志愿者服务队伍数/个
全 国	3.49	150.37	101107	14529	944	981
北 京	0.18		3525	570	49	59
天 津	0.25	0.14	4734	307	12	4
河 北	0.07	5.06	3670	120	20	1
山 西	0.04	7.49	3425	200	23	5
内 蒙 古	0.28	3.50	2793	759	103	3
辽 宁	0.49	9.93	9030	996	80	76
吉 林	0.06	1.38	3308	120	8	14
黑 龙 江		3.05	2385	259	52	8
上 海	0.27	26.35	8424	1447	55	99
江 苏	0.10	3.40	1847	420	12	1
浙 江	0.04	4.99	1385	54	42	4
安 徽	0.04	3.69	1545	320	36	8
福 建	0.04	4.20	1131	756	30	2
江 西	0.11	9.62	6000	411	34	3
山 东	0.10	4.54	1500	160	20	35
河 南	0.08	2.95	2078	932	4	14
湖 北	0.30	10.23	5703	1160	24	1
湖 南	0.04	4.29	3194	1359	28	515
广 东	0.03	7.77	8045	398	33	2
广 西	0.17	7.33	3961	806	36	8
海 南	0.05		1670	380	9	30
重 庆	0.08	5.01	2615	901	32	9
四 川	0.07	5.19	2958	150	8	44
贵 州	0.10		2800	142		
云 南	0.07	3.04	1604	156	50	4
西 藏	0.07	2.97	300	85	13	1
陕 西	0.10		3085	369	14	23
甘 肃	0.06	3.92	2540	150	30	2
青 海	0.04	1.37	1152	132	26	2
宁 夏	0.10	3.32	1700	350	41	1
新 疆	0.06	5.64	3000	160	20	3

志愿者服务队伍人数/人	图书馆延伸服务情况				文化创意产品情况		
	流动图书车数/辆	流动服务书刊借阅人次/万人次	流动图书馆车书刊借阅册次/万册次	分馆数量/个	文化创意产品种类/个	文化创意产品销售收入/千元	文化创意产品销售利润/千元
83752	19	30.08	111.07	1227	1542	11274	8977
11936		0.01	1.89	15			
1905	1	0.03	0.04	58			
4475	1			5	138		
4529				295	34		
430				132	10		
4957	3	3.80	6.99	8			
620				1			
101				94	22		
1513	1	3.15	6.59	1	69	9486	8365
368		2.43	3.34	2	18	219	-52
917				47			
809				18			
211	2	0.08	55.66	67	41		
884				39	448	12	2
3057		5.92	11.86	2	84	2	2
258	1			41			
1535	1	0.36	1.20	20	47		
28580				14	197	408	200
2085				95	11		
1564	2	5.06	7.26	21	113		
3100				12	8		
1257	1	5.01	10.08	41	22		
3518				33	177	194	119
1177				102	12	3	
49	1	0.02	0.11		6	18	
1242	1	0.06	0.17	26	65	2	1
690	1			8	18	930	340
48	1			7			
126	1	4.15	5.88		2		
1811	1			23			

2022年各地区地市级

地　　区	机构数/个	从业人员/人	专业技术人　才	正高级职称	副高级职称	中级职称	总藏量/万册
全　　国	**394**	**16308**	**12016**	**412**	**2182**	**2694**	**34686.76**
北　　京							
天　　津							
河　　北	12	656	450	26	94	204	1149.37
山　　西	10	601	260	7	49	89	744.86
内　蒙　古	12	507	454	14	119	193	584.88
辽　　宁	23	908	753	60	139	429	2402.10
吉　　林	10	496	416	43	147	149	971.96
黑　龙　江	13	557	427	45	106	187	1009.67
上　　海							
江　　苏	17	1241	791	27	125	385	3208.07
浙　　江	11	1132	795	29	107	361	2937.44
安　　徽	23	569	365	2	38	184	1266.27
福　　建	13	649	391	9	41	207	1727.68
江　　西	11	361	266	2	39	116	739.08
山　　东	16	949	762	34	179	387	2290.61
河　　南	21	905	668	17	98	235	1646.33
湖　　北	16	643	567	16	101	257	1553.98
湖　　南	18	619	447	5	73	234	1172.32
广　　东	26	1849	1517	41	212	827	5455.41
广　　西	15	669	489	5	67	219	865.74
海　　南	4	75	56		3	27	164.41
重　　庆							
四　　川	22	702	434	9	88	208	1525.79
贵　　州	10	352	288	3	54	122	403.91
云　　南	19	463	422	10	128	195	587.75
西　　藏	6	41	31		1	5	80.31
陕　　西	10	297	193	1	31	106	501.22
甘　　肃	18	361	262	2	34	144	515.54
青　　海	8	139	98	2	16	45	222.18
宁　　夏	5	120	101	1	17	40	212.38
新　　疆	25	447	313	2	76	139	747.50

公共图书馆基本情况

图书	盲文图书	古　籍	善本	报刊	视听文献	缩微制品	其他
29513.25	44.52	667.50	44.92	2681.45	815.76	7.56	1001.40
892.76	2.26	44.04	2.21	116.15	20.65	4.51	71.25
670.82	2.10	17.01	1.43	42.63	11.18		3.26
518.34	1.93	9.53	0.76	47.48	8.17		1.36
1897.59	1.32	85.47	2.91	226.97	49.23	1.37	141.50
826.70	0.80	21.03	1.73	73.47	16.69	0.14	33.92
803.17	1.38	29.56	1.71	143.04	28.57	0.06	5.28
2756.74	2.34	128.23	9.91	254.25	68.60	0.02	0.25
2597.23	2.52	57.68	5.55	145.70	133.07	0.01	3.77
1149.99	2.12	15.57	1.71	65.96	18.82	0.13	15.80
1278.17	1.41	9.65	0.70	131.86	24.92	0.02	283.06
632.22	1.06	16.39	1.84	72.36	9.11	0.04	8.99
2007.91	1.45	42.50	2.47	199.94	10.01	0.18	30.06
1350.26	2.05	44.63	4.21	156.32	72.44	0.69	21.99
1322.33	2.68	35.51	1.42	146.17	14.34	0.13	35.53
1067.24	3.68	13.95	0.57	70.67	17.38	0.13	2.97
4818.16	4.45	19.59	0.69	229.01	220.26	0.03	168.36
721.87	0.57	6.32	0.54	117.02	10.53	0.01	9.99
145.72	0.08	0.58	0.01	14.50	2.49	0.02	1.09
1244.21	2.66	46.66	2.07	141.86	32.70	0.03	60.35
357.50	1.03	2.35	0.16	37.98	4.28		1.78
486.70	1.05	7.09	0.38	83.33	5.25		5.36
73.03	0.62	0.03	0.03	0.39	0.05		6.80
463.51	0.95	3.61	0.76	24.40	4.13		5.55
407.00	1.28	9.19	1.03	47.78	2.96	0.01	48.63
202.78	0.40	0.44	0.05	8.90	0.47	0.02	9.57
183.24	0.24	0.13		20.82	0.53		7.66
638.06	2.09	0.76	0.07	62.49	28.93	0.01	17.27

续表 1

地　区	在藏量中		音视频资源总量/千万小时	电子文本、图片文献资源总量/万TB	线上服务人次/万人次	书架单层总长度/米
	开架书刊	少儿文献				
全　国	21631.90	6421.61	1095.77	2113364.40	86609.14	6690518
北　京						
天　津						
河　北	831.76	178.64	3.99	2565.72	2199.01	150845
山　西	505.82	139.82	51.28	1520.78	2166.82	112061
内　蒙　古	356.19	68.92	0.57	452.86	894.88	73150
辽　宁	1491.67	412.92	1.09	975.18	2492.18	235472
吉　林	317.69	146.24	2.99	400.69	4312.18	89883
黑　龙　江	516.62	89.01	0.65	778.73	1228.30	263750
上　海						
江　苏	1858.25	628.66	0.73	1197.19	7645.01	325077
浙　江	1644.52	716.75	2.42	2464.84	12505.69	602893
安　徽	856.68	207.30	3.82	9852.87	2779.80	158764
福　建	951.72	365.38	0.38	480.02	7142.36	190459
江　西	346.67	96.43	20.80	599.05	702.40	57308
山　东	1621.85	328.06	47.12	2229.37	10344.36	363122
河　南	1122.64	317.53	269.42	266582.48	4342.71	224804
湖　北	951.40	147.01	1.71	1305.10	4417.79	232192
湖　南	772.80	218.34	1.49	850550.47	1536.75	506563
广　东	3913.75	1570.39	490.50	4229.69	13381.33	1456856
广　西	602.92	189.05	0.38	60374.34	1247.91	150465
海　南	126.89	23.72	21.18	118.47	1077.43	20789
重　庆						
四　川	795.41	196.86	3.82	1983.13	1390.96	995346
贵　州	316.07	75.70	1.65	659.42	1208.43	69347
云　南	333.85	48.54	158.52	895.94	512.51	119922
西　藏	52.65	5.55	0.60	44.40	48.39	18
陕　西	376.89	36.31	4.10	1042.10	1994.73	70422
甘　肃	313.84	70.99	0.24	300.19	474.56	96799
青　海	102.80	19.48	5.11	425.00	25.29	9954
宁　夏	87.29	29.14	0.14	562.91	100.11	20622
新　疆	463.26	94.87	1.07	900773.46	437.25	54035

本年新购藏量/万册	本年新增电子图书/万册	当年购买的报刊种类/种	有效借书证数/个	总流通人次/万人次	书刊文献外借人次	书刊文献外借册次/万册次	组织各类讲座次数/次
1964.80	**4225.30**	**310886**	**44598346**	**22045.56**	**6367.04**	**18278.83**	**20414**
33.87	31.68	7295	982409	901.47	237.14	523.50	431
59.54	227.77	6473	1129952	555.43	247.78	403.87	312
20.07	112.10	4905	387936	283.73	52.83	165.13	223
83.13	783.49	21147	1089796	639.86	216.45	1414.23	806
65.44	13.06	9185	824045	180.03	48.35	162.81	288
38.17	15.22	7145	411375	193.75	63.52	141.76	201
126.38	53.37	27483	11848593	3124.06	1165.48	2090.37	1337
164.45	94.25	17132	2571922	2166.12	358.98	1710.73	1908
119.16	224.46	11296	1764253	2299.32	303.20	813.36	1340
109.07	62.82	10355	1178380	861.81	425.05	1340.20	426
25.55	57.01	6428	747832	580.38	151.33	348.68	707
130.87	344.05	17846	2491890	1567.23	463.64	995.11	2124
233.44	148.60	14614	1252004	1152.05	341.69	696.98	1170
49.06	968.12	11825	1310614	778.44	333.18	643.97	595
76.06	77.04	8082	1226842	704.85	291.85	755.87	839
350.72	545.30	57136	11366947	3002.66	853.04	4277.01	3185
34.06	83.74	7301	630696	854.11	137.91	336.22	599
7.90	0.13	1871	68148	101.63	21.01	52.44	40
68.48	129.31	17066	1548776	611.02	257.54	492.85	763
15.59	112.25	4586	315678	250.24	75.20	148.07	177
26.70	21.82	7876	220882	277.75	70.50	197.21	672
4.50	1.20	979	7736	16.70	0.56	2.38	25
41.62	6.14	9943	363925	377.47	73.10	163.13	170
12.47	32.69	4877	235620	223.74	60.78	180.46	845
11.31	10.45	1778	120749	22.83	8.58	14.51	96
11.24	19.70	1957	117409	125.56	30.83	75.36	92
45.95	49.53	14305	383937	193.32	77.52	132.62	1043

续表 2

| 地 区 | 为读者举办各种活动 | | | | | 开展基层培训辅导人次/万人次 |
	参加人次/万人次	举办展览/个	参加人次/万人次	举 办培训班/个	培训人次/万人次	
全 国	876.76	10388	3077.82	19257	156.42	16.76
北 京						
天 津						
河 北	8.32	378	119.74	266	2.35	0.63
山 西	4.32	163	108.09	503	1.53	0.44
内 蒙 古	4.58	194	34.81	76	0.74	0.39
辽 宁	19.27	369	104.36	701	5.43	0.74
吉 林	7.67	262	36.74	508	5.19	0.14
黑 龙 江	1.32	254	9.64	119	0.98	0.07
上 海						
江 苏	7.11	774	311.60	1245	4.27	0.77
浙 江	359.48	1156	300.84	3558	34.42	0.69
安 徽	70.93	775	361.71	1212	5.89	2.58
福 建	3.87	278	80.66	717	8.84	0.26
江 西	6.46	165	42.73	72	0.42	0.28
山 东	86.18	1012	212.49	1948	26.02	1.20
河 南	14.50	473	178.60	820	4.48	1.04
湖 北	50.43	399	93.78	833	3.67	0.62
湖 南	12.60	191	130.56	2013	19.90	0.61
广 东	161.46	824	555.66	2902	20.90	3.64
广 西	8.78	489	77.72	329	2.48	0.34
海 南	2.65	33	6.29	46	0.31	0.05
重 庆						
四 川	9.50	233	124.92	180	0.99	0.53
贵 州	4.88	194	28.72	82	0.42	0.38
云 南	6.71	352	44.33	162	1.32	0.29
西 藏	0.34	11	3.25	101	0.25	0.03
陕 西	3.39	241	29.21	160	0.90	0.28
甘 肃	2.73	297	17.87	124	0.75	0.15
青 海	0.82	31	2.36	23	0.16	0.01
宁 夏	1.09	166	12.24	30	0.14	0.12
新 疆	17.37	674	48.90	527	3.67	0.48

本 单 位 受训人次/ 万人次	计算机/台	供读者使 用电子阅 览室终端数	图书馆网 站访问量/ 页次	本年收入 合计/千元	财政拨款 预算收入	免费开放 资　金	中央资金
12.17	52126	28474	664273408	5840820	5775327	659058	126373
0.29	1865	1124	8928763	178069	174857	7652	3541
1.42	1691	778	28539596	152538	151906	4900	3000
0.44	1106	425	6159343	153886	153751	5804	4755
0.69	2870	1538	33000834	179858	179855	8790	3209
0.43	986	444	2519730	120078	119309	4205	2904
0.03	1263	558	5406391	141294	141242	5244	3969
0.23	4141	1613	16940149	526583	524336	30280	7200
0.62	2815	1390	70209680	489886	486870	64501	4257
0.32	2322	1439	36020231	199807	195955	22099	6200
1.06	2918	1620	6243786	317766	308069	13827	2514
0.20	1089	738	9058587	120753	120399	18504	3350
1.63	3390	1912	39212172	354503	354301	27607	9619
0.42	2830	1561	18348001	234087	229213	10849	6000
0.93	1924	1086	21508558	278673	272638	9266	5695
0.41	2012	1130	15487241	163142	157401	9305	4985
1.21	6495	3830	292747933	1177584	1171505	338362	4111
0.34	1696	1069	12952098	123492	123336	7793	5893
0.06	386	223	1630412	33842	33842	1525	1060
	1942	1139	13446375	224410	223370	15447	8830
0.20	1023	388	9928614	104543	101304	4592	3681
0.24	1690	863	7028068	128761	128287	10343	7073
	377	310	18922	20504	20504	2796	2400
0.25	982	460	1820183	87347	86533	5000	4183
0.11	1185	702	914521	79025	78849	8556	6667
0.02	608	391	745092	53474	53232	3766	1632
0.07	615	438	134521	41522	41082	3000	1600
0.55	1905	1305	5323607	155393	143381	15045	8045

续表 3

地 区	购书专项经费	上级补助收入	事业预算收入	经营收入	其他收入
全 国	**677476**	**5445**	**7455**	**2734**	**49859**
北 京					
天 津					
河 北	10086		89		3123
山 西	29996			513	119
内 蒙 古	8800				135
辽 宁	23467				3
吉 林	16749		650		119
黑 龙 江	15399		10		42
上 海					
江 苏	53140		110		2137
浙 江	77584	278	204		2534
安 徽	34902				3852
福 建	28166		537	2221	6939
江 西	9800	80			274
山 东	40141				202
河 南	20385	28			4846
湖 北	21485	1350	20		4665
湖 南	15091	308	4695		738
广 东	201614	2351			3728
广 西	7728	89			67
海 南	2920				
重 庆					
四 川	26386				1040
贵 州	7212	680			2559
云 南	6720				474
西 藏	2448				
陕 西	5588				814
甘 肃	2900	176			
青 海	1430	105			137
宁 夏	2010				440
新 疆	5329		1140		10872

本年支出合计/千元	基本支出	项目支出	经营支出	在支出合计中			
				工资福利支出	商品和服务支出	差旅费	劳务费
5899417	3233588	2573051	1825	2643707	1577166	8613	157761
180880	123486	57394		84856	51422	275	1268
152634	45280	106231	513	39155	61446	200	11561
153987	101768	52091		81203	46081	225	705
176809	109204	52377		99776	36049	88	5356
120793	73507	39486		67847	22670	129	3447
140452	92436	48015		71927	22367	81	1437
529106	302246	220128		253456	177755	1459	21767
490849	249981	240868		203432	155083	421	21525
196420	98052	89864		77410	56745	354	1747
314139	113479	199348	1312	88067	89374	108	19363
120126	72387	44175		55832	41587	159	2290
355302	232112	123189		191928	84381	163	9573
236920	137249	99631		114966	51884	190	5882
280984	143811	135819		114803	63686	484	6893
167025	108582	51231		87877	33337	425	4617
1179470	627931	536174		500152	292922	372	7446
123812	77558	45607		75595	25832	990	1112
33842	11453	21306		10538	12608	37	3697
226264	112575	113688		91303	78263	663	7420
105543	62398	43143		52896	28768	189	1974
180358	90223	90135		81419	25221	604	2376
18089	9063	8463		7926	5109	17	62
89977	47996	39281		44082	36635	75	5580
78146	60671	17222		39195	17175	298	2500
54212	25556	26597		23115	9734	58	4041
43335	28201	15134		24129	8407	71	545
149943	76383	56454		60822	42625	478	3577

续表 4

地 区	福利费	各种税金支出	对个人和家庭补助支出	抚恤金和生活补助	其他资本性支出	各种设备购置费
全 国	**20961**	**2094**	**260809**	**25015**	**983905**	**879597**
北 京						
天 津						
河 北	505	15	18980	1071	20254	16640
山 西	851		1991	28	32657	31631
内 蒙 古	707		4403	1277	15282	15253
辽 宁	140	10	3189	938	24543	22773
吉 林	715		2600	603	22365	22208
黑 龙 江	425		10474	1011	25296	19597
上 海						
江 苏	963	33	19125	1681	67439	61070
浙 江	7196	6	6721	92	93476	90992
安 徽	523	457	8129	211	41613	38398
福 建	127	32	9405	1736	65177	47505
江 西	428	1	5073	120	14840	13797
山 东	311	61	21664	1235	47298	47298
河 南	883	33	14753	922	31949	31091
湖 北	1327	52	10526	560	79713	67603
湖 南	830		12238	1309	23545	23184
广 东	2115	1286	69869	1873	253144	227375
广 西	148	5	3567	1235	16382	9451
海 南	3	1	310	149	4928	4200
重 庆						
四 川	885	11	11449	5198	30293	29367
贵 州	319	44	6428	225	13253	13007
云 南	625	14	4165	1089	16006	12191
西 藏	64		58		2415	1764
陕 西	236		703	393	7264	5926
甘 肃	267		7350	558	5265	4325
青 海			2115	5	7465	6766
宁 夏		23	1707	275	8139	5403
新 疆	368	10	3817	1221	13904	10782

新增藏量购置费	新增数字资源购置费	资产总计/千元	固定资产净值	实际使用公用房屋建筑面积/万平方米	书库面积	阅览室面积	书刊阅览室面积
550434	154260	88517282	81624683	605.50	115.69	198.04	161.74
10655	2779	457928	352883	25.10	3.30	7.88	6.95
26083	3607	1507435	1248202	20.92	2.17	7.68	6.04
7972	3349	656586	611546	18.34	1.57	5.19	4.53
17119	5019	1068417	941484	25.97	4.83	6.77	4.88
15633	4924	467125	339254	12.24	1.80	3.55	2.87
13727	2249	516959	461578	14.86	3.09	4.00	2.60
41239	8923	1630544	1411249	48.02	6.62	14.67	13.65
69569	12717	1570438	1262859	35.70	6.46	10.65	9.33
30171	6754	1829429	1642473	26.36	4.48	10.49	7.71
23483	6966	1343561	1085235	31.36	8.37	15.34	12.95
7807	4367	233932	197111	14.54	3.86	5.02	3.79
34348	4104	1016371	705255	48.57	9.36	13.94	11.99
16324	6044	1126260	871472	41.37	8.86	9.54	6.96
18052	5626	692968	517145	28.02	8.47	10.18	7.47
15861	1520	353918	299852	20.52	5.79	6.93	5.46
142345	59275	70265781	66721649	68.72	13.59	23.19	20.53
6017	1911	486201	402303	19.64	3.41	5.07	3.93
2782	150	77303	44327	1.71	0.60	0.39	0.31
19019	4307	454935	348832	24.36	4.38	8.53	7.34
4347	4329	363435	333105	9.99	1.58	2.94	2.75
7142	1249	563550	275470	13.40	3.65	4.62	2.87
1764		111715	85915	2.69	0.34	0.56	0.38
3494	563	246712	192565	12.45	2.95	5.29	4.96
2395	1438	401165	323888	12.25	1.95	5.53	2.95
4698	196	131200	114352	5.88	0.65	2.41	2.19
2218	1524	62449	45801	4.05	0.49	1.24	1.07
6170	370	880965	788878	18.47	3.07	7.04	5.28

续表 5

地 区	电子阅览室面积	实际拥有产权面积/万平方米	阅览室座席数/个	少儿阅览室座席数	盲人阅览室座席数	志愿者服务队伍数/个
全 国	14.53	302.03	419671	86862	6879	1522
北 京						
天 津						
河 北	0.80	10.51	18135	3845	261	36
山 西	0.55	16.03	14634	3146	169	49
内 蒙 古	0.35	8.60	10406	1527	330	31
辽 宁	0.72	10.60	17622	4021	304	113
吉 林	0.29	8.05	7454	1166	103	29
黑 龙 江	0.30	5.31	8950	1612	88	16
上 海						
江 苏	0.60	24.96	25118	5318	390	109
浙 江	0.66	11.21	21186	4992	177	143
安 徽	0.50	15.28	25027	5116	446	84
福 建	0.82	13.32	20726	3525	225	42
江 西	0.40	5.78	11038	2833	301	21
山 东	0.87	23.93	26639	5072	393	58
河 南	0.87	27.21	31438	7901	515	51
湖 北	0.68	14.98	18690	3869	354	47
湖 南	0.58	10.18	13902	3465	231	119
广 东	1.84	30.28	44515	9723	381	89
广 西	0.59	5.66	13851	3046	209	32
海 南	0.08	2.06	1587	352	15	6
重 庆						
四 川	0.51	12.30	21297	3645	370	36
贵 州	0.16	4.97	8653	1889	188	14
云 南	0.62	8.56	11056	2025	486	39
西 藏	0.17	1.18	1271	257	61	4
陕 西	0.29	7.67	10261	1586	183	24
甘 肃	0.34	7.71	12737	2782	239	23
青 海	0.15	0.89	3958	385	84	5
宁 夏	0.16	2.73	4732	1048	52	6
新 疆	0.63	12.07	14788	2716	324	296

志愿者服务队伍人数/人	图书馆延伸服务情况				文化创意产品情况		
	流动图书车数/辆	流动服务书刊借阅人次/万人次	流动图书馆车书刊借阅册次/万册次	分馆数量/个	文化创意产品种类/个	文化创意产品销售收入/千元	文化创意产品销售利润/千元
370114	**409**	**439.83**	**940.24**	**6157**	**2062**	**45908**	**19606**
6195	5	3.88	11.07	118	100		
11061	12	8.09	34.13	176	90		
1360	4	1.76	2.91	240	19		
11478	4	16.82	46.47	631	124		
6283	3	0.67	1.63	83	13		
4235	3	15.45	25.98	161	26		
48702	16	18.38	22.10	501	237		
27775	17	66.24	157.54	483	197	83	10
13856	4	11.04	26.28	256	110	13	3
7965	8	10.68	30.45	329	46		
1461	5	1.40	3.07	116	40		
75014	16	22.96	47.32	412	188		
4872	9	26.39	38.48	191	119	45797	19586
5406	11	30.62	43.08	375	61		
14315	7	13.74	30.24	477	21		
93707	245	95.70	258.19	747	247	15	7
10565	4	12.08	18.94	101	36		
212		0.61	2.55	35	6		
9437	10	17.59	24.78	183	90		
2949	2	14.36	21.57	52	51		
1123	1	17.99	23.50	135	11		
59			0.09	3			
4169	4	1.33	3.23	149	31		
3122	1	7.63	20.36	43	55		
83	8	2.50	2.87	14	5		
1204	2	13.55	28.81	14	12		
3506	8	8.37	14.60	132	127		

2022年各地区县市级

地　区	机构数/个	从业人员/人	专业技术人　才	正高级职称	副高级职称	中级职称	总藏量/万册
全　国	2871	35363	21673	211	2671	9851	73649.31
北　京	19	934	728	4	56	258	2524.05
天　津	19	736	516	10	80	221	1401.58
河　北	167	1405	850	4	96	408	3123.70
山　西	116	974	597	3	60	273	1378.88
内蒙古	104	1162	898	12	230	370	1281.71
辽　宁	105	1014	682	7	78	423	1627.64
吉　林	56	772	593	23	123	268	1043.70
黑龙江	90	787	688	51	218	278	1045.73
上　海	18	1167	1010	2	55	396	2282.34
江　苏	104	2168	1316	16	137	520	7010.20
浙　江	91	2596	1149	21	128	555	7780.27
安　徽	109	993	537	1	37	246	2532.25
福　建	80	884	500	4	41	224	3361.02
江　西	102	935	471	1	23	184	2180.43
山　东	136	2013	1378	2	225	723	4926.44
河　南	153	1984	909	2	78	448	2491.92
湖　北	101	1228	760		54	429	2460.25
湖　南	128	1324	867	4	43	434	3634.39
广　东	123	3300	1603	11	92	694	7827.26
广　西	98	819	572		37	291	1449.53
海　南	19	184	98		1	27	362.15
重　庆	41	750	401	17	54	179	2174.18
四　川	186	1577	920	5	67	394	2948.75
贵　州	88	684	451		39	180	1181.38
云　南	131	1124	1004	1	392	420	1566.62
西　藏	75	107	59			6	125.20
陕　西	106	1645	931	2	66	439	1401.48
甘　肃	85	914	477	4	47	231	998.34
青　海	41	231	112	1	9	51	205.38
宁　夏	21	329	157		22	87	433.43
新　疆	159	623	439	3	83	194	889.11

公共图书馆基本情况

图书	盲文图书	古　籍	善本	报刊	视听文献	缩微制品	其他
63917.01	**87.05**	**470.63**	**38.69**	**4190.51**	**1496.58**	**89.89**	**3486.32**
2440.43	0.38	5.19	0.33	17.38	27.78	0.27	33.00
1251.19	1.29	6.62	0.39	61.33	10.98		71.47
2783.09	4.68	5.87	0.47	111.53	105.40	2.19	115.72
1153.48	2.01	28.74	4.67	132.68	11.69	1.65	50.64
1077.47	1.93	3.08	0.40	101.16	31.07	0.45	68.43
1393.89	1.69	3.30	0.48	48.84	26.03	0.75	154.91
804.50	2.19	1.26	0.04	60.19	16.51	15.31	145.94
929.94	2.06	0.41	0.01	84.81	6.38	0.11	24.21
2152.36	1.31	7.11	0.33	31.72	89.12	0.01	2.03
6410.09	5.77	64.78	3.67	269.97	90.88	0.47	174.06
7258.38	4.55	51.96	3.29	309.84	92.08	0.44	67.64
2256.22	6.29	12.13	0.40	96.48	51.98	0.51	114.99
2773.25	1.41	11.23	0.85	152.03	109.44	1.29	313.76
1745.80	3.76	24.76	3.87	184.68	35.14	0.84	189.29
4441.25	6.07	23.45	2.43	275.58	63.42	4.12	118.81
2167.77	9.37	14.83	1.26	212.74	37.39	0.72	58.58
2078.02	2.97	13.15	1.04	213.72	16.63	33.59	105.30
3017.29	3.58	41.06	2.94	255.26	217.06	5.47	98.30
6495.77	3.97	12.02	1.25	254.55	126.20	0.72	938.08
1109.82	0.65	6.43	0.16	268.00	13.61	1.23	50.54
309.05	0.06	0.59	0.04	19.98	30.85	0.80	0.86
1807.69	3.20	22.30	2.35	148.04	96.73	0.20	99.26
2549.56	5.78	44.11	1.44	211.29	31.35	10.92	101.60
986.68	1.91	2.74	0.67	95.81	12.47	0.69	83.13
1178.29	1.94	25.10	2.70	186.85	100.25	1.16	74.96
99.46	0.34	2.47	0.13	5.66	1.03	0.42	16.13
1205.72	2.84	19.64	0.97	95.92	21.02	0.49	58.78
790.70	1.53	12.08	2.04	132.72	6.70	1.65	54.52
168.86	0.55	2.95	0.02	9.63	1.74	2.72	19.51
368.26	2.12	0.57	0.02	33.95	5.38	0.07	25.21
712.73	0.85	0.70	0.03	108.17	10.27	0.63	56.66

续表 1

地 区	在藏量中		音视频资源总量/千万小时	电子文本、图片文献资源总量/万TB	线上服务人次/万人次	书架单层总长度/米
	开架书刊	少儿文献				
全　国	46035.04	11115.46	26791.34	2592368.70	55471.55	7870638
北　京	1892.92	350.39	18.90	1542.94	3728.83	203412
天　津	722.87	151.36	1.16	2822.69	2319.58	112164
河　北	1749.96	342.08	78.99	8200.40	2623.30	270738
山　西	733.84	127.04	1143.13	696330.27	238.23	148568
内　蒙　古	769.96	143.89	125.95	121645.58	493.10	333316
辽　宁	967.49	273.64	8.16	69018.83	562.82	160160
吉　林	551.05	112.43	17.51	435.78	119.89	91482
黑　龙　江	724.23	127.37	464.69	420064.82	110.47	105527
上　海	1567.21	335.06	3.72	6177.60	2945.84	195162
江　苏	4316.13	1020.87	103.62	6704.84	3809.97	550115
浙　江	5753.59	1688.85	224.28	25898.33	13509.97	685803
安　徽	1527.39	398.27	1410.29	103039.91	1165.62	250394
福　建	1872.57	598.83	84.30	1418.92	2021.25	240814
江　西	1082.05	314.28	2403.90	2835.38	954.93	299527
山　东	3462.46	626.93	861.64	122978.07	2245.70	390028
河　南	1576.84	358.68	2505.29	69468.84	931.54	263785
湖　北	1276.86	360.29	2441.23	71833.32	1196.34	252945
湖　南	1934.49	545.30	2002.81	446088.00	1736.38	679385
广　东	5284.68	1477.21	158.13	34389.99	7017.56	687901
广　西	766.19	151.21	65.08	86402.29	289.30	210463
海　南	235.28	36.70		128.87	89.04	40888
重　庆	1468.18	332.60	4431.69	5542.65	1156.70	415519
四　川	1923.36	386.91	2.24	5131.38	1991.81	510947
贵　州	713.50	113.66	526.91	53798.96	1006.24	116596
云　南	877.47	152.94	5715.51	13242.41	1133.08	234097
西　藏	11.32	7.64	3.39	9.00	14.95	1203
陕　西	883.96	192.72	322.39	64612.50	655.22	138532
甘　肃	578.96	187.09	48.64	103018.12	654.82	116681
青　海	57.37	17.80	0.37	14859.20	29.20	24264
宁　夏	247.37	71.46	1603.24	960.67	472.69	42766
新　疆	505.49	111.96	14.18	33768.14	247.18	97456

本年新购藏量/万册	本年新增电子图书/万册	当年购买的报刊种类/种	实际持证读者数/个	总流通人次/万人次	书刊文献外借人次	书刊文献外借册次/万册次	组织各类讲座次数/次
4995.97	8800.18	539146	56699809	51710.15	17544.25	38951.19	62970
159.00	178.66	15160	1363999	527.88	115.42	528.79	949
40.01	51.05	13697	722047	552.53	159.42	392.52	526
369.76	418.36	14959	1140518	1979.50	974.00	1848.40	4269
67.79	72.93	9809	461914	694.03	198.89	421.35	1417
75.07	235.37	11905	517998	586.59	175.82	351.97	744
45.89	20.17	12001	836375	583.03	171.73	362.32	1205
71.17	36.07	6837	228761	246.73	98.90	214.69	742
29.13	14.74	9787	339174	158.25	62.65	145.20	423
62.33	53.15	28637	2061538	320.53	95.68	641.72	370
338.30	505.50	41901	16809052	7488.67	3581.66	6358.86	3237
667.77	360.46	51047	5914408	9127.98	1417.61	6234.61	9361
239.30	344.60	16881	1509026	2733.41	915.21	1582.20	2861
170.62	106.99	19025	1163337	1400.10	581.37	1952.63	1670
138.96	381.77	21612	1076308	2139.73	700.51	1319.28	1615
280.64	502.52	27796	4165850	3141.12	1403.78	2223.68	6898
190.49	1801.15	15954	1494827	2002.54	958.80	1525.87	3887
181.67	186.33	15871	961126	1308.25	586.40	996.17	1374
202.60	486.48	26242	1859384	4359.09	1675.90	2832.49	3505
636.39	909.46	40222	6640190	5226.31	1031.80	4105.05	5812
33.18	98.97	13473	408374	579.99	252.25	436.82	877
24.51	177.85	3229	86507	225.81	41.06	72.02	244
268.16	165.32	18353	2449604	1355.51	422.33	1016.85	1467
302.82	757.86	27880	1944752	1660.35	717.73	1250.46	2278
70.77	230.25	11490	709991	795.35	330.54	507.22	990
53.17	81.74	20278	598729	669.68	237.73	481.30	2388
21.62	1.65	4936	3066	7.08	1.98	3.83	66
134.55	203.00	13067	484175	857.88	293.30	537.52	1572
42.28	164.75	8616	280668	388.43	136.47	247.72	885
6.86	25.12	1816	27699	60.07	9.58	14.00	136
30.35	163.43	4105	185130	233.30	86.24	134.66	145
40.81	64.48	12560	255282	300.43	109.49	210.99	1057

续表 2

地　区	为读者举办各种活动					开展基层培训辅导人次／万人次
	参加人次／万人次	举办展览／个	参加人次／万人次	举　办培训班／个	培训人次／万人次	
全　国	**1301.16**	**43690**	**6446.78**	**49164**	**377.76**	**99.91**
北　京	16.01	429	88.72	755	8.37	0.34
天　津	4.15	436	67.39	659	1.79	0.60
河　北	61.45	3190	288.24	2465	23.88	7.32
山　西	18.66	1060	60.37	674	3.70	1.58
内　蒙　古	9.14	734	51.29	373	2.35	2.47
辽　宁	14.74	775	72.43	586	3.77	0.82
吉　林	3.30	727	30.39	187	1.23	0.85
黑　龙　江	3.01	482	15.66	244	0.99	0.30
上　海	4.33	147	53.45	331	1.11	2.34
江　苏	37.72	2176	1040.58	3503	31.18	12.20
浙　江	632.09	6626	1671.83	9423	101.54	5.28
安　徽	53.32	2369	295.68	2512	22.31	6.45
福　建	13.31	973	95.45	1127	5.21	1.12
江　西	19.41	1320	270.78	927	7.88	3.39
山　东	69.27	3403	231.17	4498	25.24	8.34
河　南	64.34	1843	138.79	2004	25.39	4.40
湖　北	20.31	1558	145.22	819	8.32	5.59
湖　南	56.84	1430	322.16	2694	20.78	12.26
广　东	68.76	3074	714.09	6396	35.76	3.34
广　西	10.05	1085	73.34	681	3.72	0.97
海　南	1.93	137	27.16	722	0.87	0.64
重　庆	18.81	1251	148.38	1170	8.60	1.82
四　川	21.29	1318	118.94	1241	6.32	7.95
贵　州	16.72	707	91.89	945	5.49	1.51
云　南	19.76	1928	119.75	1002	6.52	1.65
西　藏	0.41	130	7.61	161	0.69	0.05
陕　西	15.51	1832	73.05	1603	7.34	1.91
甘　肃	13.56	755	48.76	323	1.81	1.59
青　海	0.86	79	9.04	80	0.44	0.12
宁　夏	1.66	233	10.60	122	0.74	0.49
新　疆	10.44	1483	64.57	937	4.42	2.22

本 单 位 受训人次／ 万人次	计算机／台	供读者使 用电子阅 览室终端数	图书馆网 站访问量／ 页次	本年收入 合计／千元	财政拨款 预算收入	免费开放 资 金	中央资金
15.45	145986	99488	528850807	8412270	8234071	743983	301208
0.57	3502	1328	18850271	497555	497483	11581	4315
0.11	3105	1914	5821757	258531	257909	6197	2189
0.44	6277	4784	29558582	249897	243203	25985	17170
0.25	4507	3231	4045493	142739	141694	22322	13983
0.19	4427	2972	7140074	219286	208870	18280	14427
0.34	5244	3483	2776941	140428	139023	13439	4228
0.07	2481	1637	2813997	124023	122835	7334	3816
0.10	3480	2352	592568	146904	146132	12576	10124
0.71	3422	1608	11284289	611849	610478	759	549
0.07	7813	5072	25889328	634414	627426	29655	3272
2.96	8082	5112	8713818	886556	877694	89436	8883
0.63	5458	3926	82078540	274703	257751	20826	9202
0.21	3716	2513	9271086	231554	218984	22528	4172
0.33	5480	3953	7509371	206536	194046	19507	9163
1.20	7871	5406	42044440	413729	402416	39127	8376
0.56	7340	5263	7812010	226203	222952	26579	16844
0.54	4429	2982	13509933	249169	238691	20683	10904
0.80	5772	4231	24608237	245997	240652	25041	11490
2.57	12405	8291	46794324	955391	937044	124226	7936
0.12	3897	2635	2731245	115694	112901	19113	15326
0.08	903	647	758684	47202	47092	5697	2100
0.55	3651	2462	39313569	241968	239130	28473	15250
	8356	6187	20592036	289029	286469	32862	18152
0.15	3829	2832	8052215	117950	113343	13910	10321
0.39	5388	3884	82653053	205385	195656	22687	17195
0.06	958	644	1505	20823	20773	13220	9640
0.77	4759	3456	15134345	253113	243455	21707	16810
0.17	3667	2470	3092801	149267	140385	16034	12130
0.01	1013	641	215781	35887	34632	6404	2261
0.09	1256	913	2470064	86549	82715	4106	1823
0.41	3498	2659	2720450	133939	132237	23689	19157

续表 3

地　　区	购书专项经费	上级补助收入	事业预算收入	经营收入	附属单位上缴收入	其他收入
全　　国	**711007**	**72782**	**28397**	**56**	**806**	**76158**
北　　京	40088		2			70
天　　津	5019	150				472
河　　北	17057	1091	837	45		4721
山　　西	5888	411	20			614
内　蒙　古	8019	288				10128
辽　　宁	4300	1099	298			8
吉　　林	3767					1188
黑　龙　江	4087	661			1	110
上　　海	47248		56			1315
江　　苏	65928	1140	1073			4775
浙　　江	138709	4418		2		4442
安　　徽	31754	10309	4436			2207
福　　建	29780	4049	94			8427
江　　西	23846	6633			300	5557
山　　东	27279	4789	4207			2317
河　　南	25970	966	1639	9		637
湖　　北	18634	3980	30			6468
湖　　南	18478	1885	1268			2192
广　　东	87401	8562	5061			4724
广　　西	5942	1930	391			472
海　　南	2663	80	30			
重　　庆	23284	2510				328
四　　川	31524	584				1976
贵　　州	6859	3504	426			677
云　　南	5249	6167				3562
西　　藏	1737	50				
陕　　西	18275	3378	2274		500	3506
甘　　肃	4346	2799	4657			1426
青　　海	2308	48	98		5	1104
宁　　夏	2777	1050	1500			1284
新　　疆	2791	251				1451

本年支出合计/千元	基本支出	项目支出	经营支出	在支出合计中			
				工资福利支出	商品和服务支出	差旅费	劳务费
8702215	**5062194**	**3045825**	**4870**	**4054491**	**1975691**	**23580**	**240581**
529908	291343	228563		252613	190206	2	14974
264327	155538	108209		138095	77540	194	6270
248517	124768	107310	505	100679	27290	404	3724
142187	85060	48588	18	78110	25781	204	3352
219445	159074	50089	8	132041	28590	503	2408
139414	112308	15873	81	87938	26226	110	2838
125503	96786	25612		79945	16008	268	3482
128941	108138	20502		89678	16946	182	1384
612361	448118	164242		334171	176929	110	1151
685721	387759	296661	161	299177	182132	1517	15873
889917	439989	431428	9	358844	272172	768	40202
274129	119975	119571	3502	89334	40715	882	2506
226761	126520	88944		95849	53359	142	13824
206606	146526	46545		98354	42802	1691	4253
419731	245645	142617	14	208643	65867	1054	7451
218868	156218	36647	86	123868	22154	529	2672
249515	168426	71509	26	141134	37434	834	6984
449076	166004	70953	66	116563	51229	1656	6052
960405	424392	497536	131	339018	308356	569	48664
113551	92128	17616	12	70776	17928	1567	2109
46608	20162	24232		16658	12642	284	3350
242282	128946	111357		96155	79621	2394	17288
294519	168922	118136		141420	89552	2524	11616
117515	69582	23253	36	58489	8314	412	2080
204870	160062	34902	40	144605	23537	866	4983
16090	13504	1970		7449	930	96	138
269723	179648	60725	100	150451	33904	3026	4606
149811	113189	26195	45	88611	14848	460	1767
39086	28394	10035		17186	6234	59	1454
86321	49826	31896		33586	16691	81	1805
130507	75244	14109	30	65051	9754	192	1321

续表 4

地 区	福利费	各种税金支出	对个人和家庭补助支出	抚恤金和生活补助	其他资本性支出	各种设备购置费
全 国	36308	4013	236914	45142	1546439	1304650
北 京	2666	139	12061	2305	59179	57488
天 津	939	164	3691	217	12951	12732
河 北	719	1	8932	848	69006	34769
山 西	510	2	1682	210	16239	15377
内 蒙 古	661	421	7187	1431	29904	24169
辽 宁	129		4755	1593	9540	8305
吉 林	60		907	528	13390	11230
黑 龙 江	89		8905	1108	8838	8129
上 海	3520		8894	2831	59126	48734
江 苏	2505	514	28658	1283	170938	94094
浙 江	12194	576	11997	1549	202354	181737
安 徽	667	76	6415	1298	85845	83258
福 建	98	37	8236	2131	46438	38851
江 西	1461	1013	4216	653	46065	40515
山 东	652	53	11626	586	54395	51893
河 南	295	8	6130	1343	41122	39748
湖 北	1914	127	7788	798	32095	27949
湖 南	1461	79	7959	1465	234908	211411
广 东	2636	225	34222	1859	147127	137995
广 西	151	39	3957	1545	11713	9847
海 南		263	263	23	6877	5378
重 庆	846	57	13797	7741	40655	36867
四 川	804	1	10687	4991	40742	39806
贵 州	44	142	2173	302	18258	15817
云 南	401		5352	2271	11490	10524
西 藏			5		3687	3006
陕 西	334	13	2585	863	30066	23699
甘 肃	341		8918	2854	16065	14309
青 海			1866	180	3048	2699
宁 夏	47	3	1246	9	16412	7065
新 疆	164	60	1804	327	7966	7249

新增藏量购置费	新增数字资源购置费	资产总计/千元	固定资产净值	实际使用公用房屋建筑面积/万平方米	书库面积	阅览室面积	书刊阅览室面积
911328	97022	25578761	26604809	1244.07	228.76	416.00	303.39
33013	3525	1041213	856028	24.96	4.56	6.50	5.21
5018	6706	617371	477217	32.54	6.16	7.32	6.36
23931	3877	959387	657037	64.28	12.38	27.11	21.08
8456	516	440578	354978	31.60	5.27	10.98	7.94
11790	1029	452779	374544	29.45	4.45	10.93	7.23
5580	636	868014	809382	27.16	4.65	7.48	5.86
8746	800	323051	250333	14.97	2.79	5.15	3.42
6381	269	285189	220340	18.19	3.00	6.06	3.56
31476	6272	2038901	1831360	29.65	3.33	9.82	8.29
58079	10013	2008285	1448272	104.55	12.07	29.77	22.11
138827	7470	2765999	2353030	121.76	16.76	39.31	33.47
34515	4282	853506	693807	41.30	5.78	14.41	9.20
26040	3452	784254	648726	37.22	10.04	11.82	8.52
25626	1880	1104711	979053	40.06	8.24	13.87	9.42
38524	2887	928351	679784	86.05	15.69	23.86	15.69
29825	2698	722318	588205	50.59	10.91	16.75	10.84
20208	2657	809559	653847	45.27	8.88	15.46	9.83
201791	3712	587827	441798	58.33	14.18	16.83	12.56
89376	12941	2477130	1862426	113.28	24.28	46.37	35.79
6483	1892	283191	220986	20.94	5.50	6.44	4.38
4077	385	109658	89056	6.37	1.63	1.85	1.21
18908	3740	553200	426205	35.45	6.58	11.30	7.78
30220	4471	740773	595345	64.75	11.83	26.36	19.29
9171	2313	1637644	1394719	24.47	5.43	8.13	5.58
7360	1153	568889	462432	27.96	7.56	8.58	5.31
2247	55	72307	58854	2.94	0.37	0.91	0.41
16158	2997	471817	401492	31.24	6.80	10.70	7.47
7534	2257	462569	336290	21.43	3.41	6.70	4.87
2083	52	84620	73817	4.91	0.74	1.69	1.23
5054	1636	212874	146395	8.71	1.35	3.54	2.23
4831	449	312796	219051	23.69	4.14	10.00	7.25

续表 5

地　　区	电子阅览室面积	实际拥有产权面积/万平方米	阅览室座席数/个	少儿阅览室座席数	盲人阅览室座席数	志愿者服务队伍数/个
全　　国	**51.15**	**666.43**	**1025419**	**270521**	**27361**	**7831**
北　京	0.58	15.87	14495	3074	188	39
天　津	0.62	10.11	17373	3255	263	48
河　北	2.74	33.80	56117	12503	1325	280
山　西	1.83	27.93	27419	7491	1047	195
内 蒙 古	1.40	11.87	26445	6868	1036	135
辽　宁	1.26	11.93	20491	5291	543	163
吉　林	0.82	10.22	13212	3924	460	86
黑 龙 江	1.07	8.24	17525	5278	716	174
上　海	0.89	14.86	19977	4563	297	125
江　苏	2.73	38.62	55976	17763	1210	231
浙　江	3.33	43.26	85544	22738	1163	275
安　徽	1.88	26.09	36497	9752	1268	397
福　建	1.22	21.85	29711	9267	732	185
江　西	1.77	23.66	42954	11964	1432	236
山　东	2.63	30.81	62907	15646	2098	481
河　南	2.71	29.07	47308	13488	1904	750
湖　北	2.27	33.73	35612	10051	1117	861
湖　南	2.57	34.20	43100	14446	1129	310
广　东	4.12	59.60	102635	25843	1548	327
广　西	1.25	14.02	23182	6526	579	152
海　南	0.32	5.47	4603	1407	53	36
重　庆	1.17	27.57	34263	6987	901	105
四　川	3.87	37.85	61753	16365	1797	301
贵　州	1.32	20.58	26521	5770	787	128
云　南	1.86	21.25	26666	7322	915	391
西　藏	0.18	0.92	2080	423	67	287
陕　西	1.44	21.77	32364	6579	901	266
甘　肃	1.02	14.34	23518	6637	823	207
青　海	0.29	1.48	3502	1003	144	23
宁　夏	0.59	4.14	9985	1801	355	138
新　疆	1.40	11.32	21684	6496	563	499

志愿者服务队伍人数/人	图书馆延伸服务情况				文化创意产品情况		
	流动图书车数/辆	流动服务书刊借阅人次/万人次	流动图书馆车书刊借阅册次/万册次	分馆数量/个	文化创意产品种类/个	文化创意产品销售收入/千元	文化创意产品销售利润/千元
511029	**2244**	**1424.92**	**2682.51**	**41134**	**27994**	**1309**	**1190**
18147	15	4.25	66.38	469	42		
15827	12	28.75	55.68	261	75		
13481	93	133.86	155.97	1457	481		
9261	143	32.67	58.92	2068	129		
4980	54	24.84	45.65	1414	133		
6316	15	11.55	25.45	1021	56		
2970	52	15.64	15.97	776	39		
4514	51	7.40	13.77	698	17		
8803	8	90.18	41.51	239	81		
31420	32	60.72	92.41	6570	624	20	8
53834	124	162.67	614.80	3448	457		
28525	27	50.96	82.14	1383	306		
8533	96	24.86	71.14	659	133		
9809	45	42.46	76.52	982	303	506	
22340	55	78.91	120.21	2308	351	102	71
33977	87	98.56	137.75	1713	238	36	2
10263	96	93.79	114.64	1052	134	210	107
31259	81	61.07	97.62	1892	93	4	
126491	169	101.18	304.77	2041	22787		
4166	49	24.97	49.90	559	45		
2186	9	6.91	8.44	123	47		
6766	37	38.94	86.13	1537	198		
13833	188	51.25	93.41	2843	389		
6904	82	39.56	52.62	905	203	230	102
7851	118	50.59	83.27	1406	136	201	100
3979	60	0.61	0.96	15	22		800
7940	93	44.02	62.88	1307	257		
3829	261	19.07	19.38	949	72		
209	34	3.84	4.07	142	5		
2412	9	7.99	10.43	168	41		
10204	49	12.85	19.72	729	100		

主要统计指标解释

1．**藏量**：指本馆已编目的古籍、图书、期刊和报纸的合订本、小册子、手稿以及缩微制品、录像带、录音带、光盘等视听文献资料数量之和。

对同一书名，但分若干册（卷）的图书，按每一册（卷）作为一册统计。期刊和报纸均以每一合订本为一册统计。至本年鉴统计数据时，尚未装订成册编目的期刊和报纸不统计在内。

2．**图书**：指装订成册，不少于 49 页，并在"古籍"范围以外的纸介质图书。装订成册但不足 49 页的，按小册子统计到"其他"类中。

3．**盲文图书**：指供盲人读者阅读的图书。

4．**报刊**：指刊登当前事件的专题或综合新闻，每周至少出版一张并按年、月、日顺序或按编号排列的连续出版物，或者是同一刊名下，按顺序号或按年、月、日出版的定期或不定期的连续出版物。包括报纸和期刊。

5．**古籍、善本**：实际成书和出版年代在 1911 年（含 1911 年）以前的线装、卷轴装、经折装、蝴蝶装、包背装等书籍为古籍。其中清乾隆六十年即 1795 年以前（含 1795 年）的古籍为善本，1795 年至 1911 年间的具有历史文献性、学术资料性和印刷装帧艺术代表性的也归为善本。

6．**视听文献**：包括各类型声频文献（唱片、录音带、盒式磁带等）、视频文献（例如幻灯片、透明正片等）和声频与视频混合文献（例如有声电影、录像片等）。

7．**缩微文献**：指所有经过缩微处理制成缩微胶卷和缩微平片，使用时需要放大的文献资料。

8．**其他**：指馆藏文献资源中，不在以上任何一类文献中的内容。

9．**开架书刊**：指图书馆总藏量中已上架并可用于外借或馆内阅读的图书、报刊等。

10．**少儿文献**：是指供少儿阅读的文献，包括图书、绘本、画册、连环画等，不论其是否装订成册，或页数是否达到 49 页，均按 1 个"册（件）"计算在内。"少儿文献"不纳入"总藏量"加总计算，在图书、报刊、视听文献、缩微制品中，涉及少儿文献的，仍然分别统计在原类别中。

11．**电子图书**：指本馆通过购买方式取得当前使用权的电子图书，以及本馆自建或与其他机构合作建设的电子图书。

本馆自建电子图书：指本馆通过数字化加工、网络采集、依法保存等方式获得，并在本地存储和保管的电子图书。

本馆外购电子图书：指本馆付费获得使用权不少于 12 个月的电子图书。

从其他机构免费共享的电子图书：指其他机构通过 VPN 共享、本地镜像或硬存储等方式免费授权给本馆使用的电子图书。

12．**书架单层总长度**：指馆藏实际占用书架、书柜单层单面长度之和。

13．**本年度新购藏量**：是指本年度内，通过购买、征集、竞拍等各种方式新入藏的各类型文献资源总量（不包括电子图书）。

14．新增电子图书：指图书馆本年度自建、购买（获得使用权不少于 12 个月）的电子图书总量。

15．当年购买的报刊种类：指图书馆当年购买的期刊和报纸种类之和。

16．有效借书证数：是指由本馆或本馆所在总分馆体系中其他图书馆发放，并在当年内在本馆、本馆所辖分馆或本馆派出的各类馆外服务设施中使用过至少一次的借书证数。

17．总流通人次：指本年度内到图书馆场馆接受图书馆服务的总人次，包括借阅书刊、咨询问题以及参加各类读者活动等。

18．书刊文献外借人次：指通过本馆或本馆所辖分馆以及本馆派出的各类馆外服务设施将本馆各类型文献资源借出阅读的读者人次。

19．书刊文献外借册次：指读者通过由本馆或本馆所辖分馆以及本馆派出的各类馆外服务设施借出阅读的本馆各类型文献册次。

20．组织各类讲座次数、参加人次：指由本馆举办或与其他机构联合举办的各类讲座次数及参加这些讲座的人次。

21．举办展览个数、参观人次：指本馆举办或与外机构联合举办的在馆内或馆外展览的展览个数及参观人次。个数按展览的内容计算。同一内容的展览不论在哪些地点展出和展出时间多久，只计算一个。

22．举办训练班班次、培训人次：指本馆举办或与其他机构联合举办的各种科普、文化、艺术等训练班，按截止到年底办完的班数及培训人数分别计算班次及培训人次。截止到年底未办完的班数和人数均在下一年度统计。

23．为少儿举办的专场活动：是指专门以少年儿童为受众组织的展览、讲座、读书、培训等活动，含亲子阅读类活动。

24．图书馆网站访问量：指本年度中图书馆网站中所有网页（含文件及动态网页）被访客浏览的总次数。图书馆网站指有独立域名的 Web 站点，其中包括 cn 和通用顶级域名下的 Web 站点。

25．计算机台数：指图书馆内列入固定资产管理并正在使用的计算机终端台数。

26．供读者使用的终端数：指图书馆内放置可供读者使用的计算机台数。

27．新增藏量购置费：指本馆本年购进图书、报刊、缩微制品、视听文献等藏品所用经费之和。

28．新增电子图书购置费：指图书馆本年度专门用于自建、购买电子图书的经费。

29．少儿阅览室座席数：指图书馆中专门提供给少年儿童使用的座位数。

30．盲人阅览室座席数：指图书馆中专门提供给盲人使用，并配置有专门的辅助阅读、视听设备的坐席数。

31．流动服务书刊借阅人次／册次：指图书馆利用流动服务方式开展书刊借阅服务的读者人次和册次。

32．分馆数量：指在以本馆为中心馆的总分馆体系中，接受本馆统一管理，具有独立馆舍、一定数量的馆藏、专职管理人员的图书馆数量。总馆对分馆负有业务指导职责，并且总、分馆之间实现文献资源共建共享、通借通还。

群众文化

按年份全国群众文化机构基本情况

年　份	机构数/个	从业人员/人	举办展览个数/个	组织文艺活动次数/次	举办训练班次/次	收入合计/万元	财政拨款	支出合计/万元	实际使用房屋建筑面积/万平方米
1979年	3965		13001	114307		10114	10114	10114	
1980年	7723		23553	202828	20359	11270	11270	11376	
1985年	8746	59599	30998	118888	31842	20835	20835	17686	308.5
1986年	8906	67501	32803	106726	30576	29573	25505	23751	354.8
1990年	9087	67817	34292	99068	37017	49763	36985	37475	457.8
1991年	10507	70319	35498	116618	39568	45874	31066	43559	484.5
1992年	9564	66938	32095	96481	40707	53735	35577	49798	496.1
1993年	10155	68097	29636	86680	34279	62098	37840	57877	538.6
1994年	11276	70489	30224	92167	39296	79167	48906	73174	560.3
1995年	13487	75263	31070	110509	46023	89411	56826	83628	614.1
1996年	45253	127742	76397	247357	130592	139090	74434	137775	1110.0
1997年	43738	129194	87795	278782	119873	160117	92275	158861	1176.0
1998年	45834	129842	86960	267351	125872	178165	96416	173207	1195.3
1999年	45837	128216	94270	280373	138195	111089	108656	177528	1195.2
2000年	45321	128420	91670	276574	143370	186896	118430	188437	1229.9
2001年	43397	120156	89392	284316	156089	210181	141754	210860	1213.8
2002年	42516	119072	92917	301792	137350	241050	165163	235593	1203.6
2003年	41816	123458	93514	327306	154502	271704	190424	265751	1431.3
2004年	41402	121441	116639	401818	165823	313104	227641	310850	1408.4
2005年	41588	122500	111300	391439	190194	365887	279033	358641	1507.0
2006年	40088	123465	141150	497779	218696	428962	322773	412430	1622.8
2007年	40601	128096	90900	546477	242055	548301	432311	575722	1667.4
2008年	41156	131142	100877	473613	299791	660111	528838	653613	1931.0
2009年	41959	137484	110251	555052	304955	807244	681147	794190	2193.6
2010年	43382	141002	117353	576799	358719	944397	803918	931951	2526.7
2011年	43675	147732	107785	620586	339883	1285601	1122872	1267505	2982.6
2012年	43876	156228	114774	688482	387201	1453601	1300692	1467803	3171.7
2013年	44260	164355	138225	740611	390758	1667594	1478439	1635395	3389.4
2014年	44423	170299	131728	845421	469300	1901726	1623756	1828632	3686.4
2015年	44291	173499	139792	959901	536328	2077606	1856374	2014894	3848.3
2016年	44497	182030	150128	1065287	590516	2272289	2086646	2183721	3991.0
2017年	44521	180911	154106	1114261	675852	2533892	2384631	2562411	4106.8
2018年	44464	185636	158742	1231269	768995	2955019	2806290	3057577	4283.1
2019年	44073	190068	163968	1359460	889247	2998761	2816884	3094571	4518.2
2020年	43687	185076	137945	1088949	668940	2828093	2716535	2871598	4677.9
2021年	43531	190007	167497	1391490	920740	3067449	2958998	3186376	4974.1
2022年	43619	194832	176532	1597455	867002	3301865	3104363	3334989	5223.0

注：1996年以前数据未包括其他部门所属乡镇综合文化站，1996—1998年包括其他部门所属乡镇文化站，1999年以后，其他部门所属乡镇文化站划归文化部门管理。以下各表同。

按年份各地区群众文化机构数

单位：个

地 区	1995年	2000年	2005年	2010年	2015年	2020年	2021年	2022年
总 计	13487	45321	41588	43382	44291	43687	43531	43619
北 京	35	268	328	337	349	356	356	357
天 津	19	306	217	256	260	262	272	274
河 北	183	2257	2149	2319	2402	2458	2460	2467
山 西	130	1851	1355	1533	1540	1541	1491	1431
内 蒙 古	547	1712	1329	1017	1179	1205	1201	1201
辽 宁	1522	1520	1522	1550	1543	1477	1478	1477
吉 林	410	894	821	965	979	989	990	990
黑 龙 江	266	1201	1015	1654	1641	1387	1395	1398
上 海	45	340	249	240	237	242	241	237
江 苏	1180	1771	1534	1442	1396	1371	1381	1366
浙 江	1986	1932	1592	1612	1417	1446	1451	1463
安 徽	351	1898	1677	1509	1559	1628	1628	1635
福 建	249	1085	1116	1190	1222	1220	1210	1207
江 西	113	2000	1546	1924	1881	1859	1854	1854
山 东	158	2581	1926	2013	1971	1979	1979	1981
河 南	224	2479	2395	2466	2533	2683	2692	2705
湖 北	1280	1695	1258	1376	1399	1424	1428	1427
湖 南	137	2667	2617	2561	2677	2379	2355	2316
广 东	1100	2042	1725	1738	1742	1763	1761	1761
广 西	115	1408	1254	1284	1291	1300	1300	1300
海 南	21	327	243	230	228	242	242	242
重 庆		1248	1086	1041	1045	1071	1072	1072
四 川	246	3865	4716	4652	4785	4438	4295	4289
贵 州	693	1030	1401	1524	1665	1701	1721	1702
云 南	1687	1734	1684	1517	1564	1603	1608	1611
西 藏	60	94	208	321	774	779	779	779
陕 西	133	2065	1732	1827	1591	1483	1477	1467
甘 肃	98	1432	1190	1417	1455	1450	1453	1458
青 海	139	250	244	409	414	442	442	444
宁 夏	199	309	252	250	266	272	272	272
新 疆	161	1060	1207	1208	1286	1237	1247	1436

按年份各地区文化馆机构数

单位：个

地 区	1995年	2000年	2005年	2010年	2015年	2020年	2021年	2022年
总　计	3259	3297	3226	3264	3315	3321	3316	3503
北　京	23	23	22	20	20	20	19	18
天　津	19	19	19	19	19	17	17	17
河　北	181	178	175	177	180	180	180	181
山　西	130	130	131	131	131	130	130	129
内 蒙 古	115	117	115	116	119	120	118	118
辽　宁	128	125	132	122	124	123	123	123
吉　林	58	102	81	77	78	79	80	80
黑 龙 江	137	133	144	146	148	142	141	141
上　海	43	48	33	27	25	24	23	19
江　苏	122	121	117	118	115	116	116	116
浙　江	95	96	99	101	102	102	101	102
安　徽	113	117	118	120	122	123	123	123
福　建	90	90	90	95	97	98	97	95
江　西	113	113	113	115	118	120	117	117
山　东	158	159	158	158	157	158	158	158
河　南	224	214	204	202	205	205	207	208
湖　北	192	147	124	113	122	125	126	126
湖　南	137	140	140	140	143	146	146	149
广　东	136	140	139	144	146	144	144	144
广　西	112	114	115	122	123	125	125	124
海　南	20	21	21	21	21	23	23	23
重　庆		47	42	41	41	41	41	41
四　川	236	198	201	204	207	207	206	206
贵　州	93	93	95	95	98	99	99	99
云　南	147	147	149	148	148	149	149	149
西　藏	33	59	41	82	82	82	82	82
陕　西	122	122	121	120	122	122	122	122
甘　肃	98	98	100	102	103	104	105	106
青　海	51	52	52	51	55	54	54	54
宁　夏	26	26	25	26	26	27	27	27
新　疆	107	108	110	111	118	116	117	306

按年份各地区文化站机构数

单位：个

地 区	1995年	2000年	2005年	2010年	2015年	2020年	2021年	2022年
总 计	10228	42024	38362	40118	40976	40366	40215	40116
北 京	12	255	306	317	329	336	337	339
天 津	343	287	198	237	241	245	255	257
河 北	2	2079	1974	2142	2222	2278	2280	2286
山 西		1721	1224	1402	1409	1411	1361	1302
内 蒙 古	432	1595	1214	901	1060	1085	1083	1083
辽 宁	1394	1395	1390	1428	1419	1354	1355	1354
吉 林	352	792	740	888	901	910	910	910
黑 龙 江	129	1068	871	1508	1493	1245	1254	1257
上 海	2	292	216	213	212	218	218	218
江 苏	1058	1650	1417	1324	1281	1255	1265	1250
浙 江	1741	1836	1493	1511	1315	1344	1350	1361
安 徽	238	1781	1559	1389	1437	1505	1505	1512
福 建	159	995	1026	1095	1125	1122	1113	1112
江 西		1887	1433	1809	1763	1739	1737	1737
山 东		2422	1768	1855	1814	1821	1821	1823
河 南		2265	2191	2264	2328	2478	2485	2497
湖 北	1088	1548	1134	1263	1277	1299	1302	1301
湖 南		2527	2477	2421	2534	2233	2209	2167
广 东	964	1902	1586	1594	1596	1619	1617	1617
广 西	3	1294	1139	1162	1168	1175	1175	1176
海 南	1	306	222	209	207	219	219	219
重 庆		1201	1044	1000	1004	1030	1031	1031
四 川	10	3667	4515	4448	4578	4231	4089	4083
贵 州	600	937	1306	1429	1567	1602	1622	1603
云 南	1347	1587	1535	1369	1416	1454	1459	1462
西 藏	27	35	167	239	692	697	697	697
陕 西	11	1933	1611	1707	1469	1361	1355	1345
甘 肃		1334	1090	1315	1352	1346	1348	1352
青 海	88	198	192	358	359	388	388	390
宁 夏	173	283	227	224	240	245	245	245
新 疆	54	952	1097	1097	1168	1121	1130	1130

按年份各地区群众文化机构从业人员数

单位：人

地 区	1995年	2000年	2005年	2010年	2015年	2020年	2021年	2022年
总　计	75263	128420	122500	141002	173499	185076	190007	194832
北　京	914	1558	1998	2359	2602	3692	4233	4273
天　津	847	1367	1085	1027	1208	1598	1733	1732
河　北	3305	5950	5592	6336	7138	7326	7543	8284
山　西	2218	4236	3730	4229	4442	4491	4457	4335
内　蒙　古	2966	4460	3900	3872	5274	4869	4936	5003
辽　宁	4924	4310	4424	4898	5966	4513	4462	4244
吉　林	2429	3404	3318	3437	4534	4313	4285	4190
黑　龙　江	2311	3167	2947	4324	5193	5175	5052	5256
上　海	1617	3874	3832	4702	4835	4862	4819	4804
江　苏	4723	6695	5542	6457	6980	7763	7476	7498
浙　江	6366	6082	5147	5881	6998	8186	9304	9951
安　徽	2237	4945	4684	5295	5892	6260	6141	6246
福　建	1442	2255	2219	2655	3761	4019	4054	4010
江　西	1933	4432	4191	4360	5987	6215	6303	6521
山　东	3265	6359	6148	7598	8568	8515	9168	9122
河　南	3798	6840	7565	10500	10967	11399	11737	13104
湖　北	5429	5928	5269	4921	4869	5355	5484	5495
湖　南	2207	6198	5857	6937	8062	8964	11171	10946
广　东	4012	8863	8953	9696	11445	13481	14197	15352
广　西	1605	3387	3803	4075	5285	5288	5608	5602
海　南	281	661	615	660	720	804	797	767
重　庆		3071	2808	3726	5021	5030	4975	4988
四　川	3631	8522	7682	8181	10650	11190	11056	11462
贵　州	1751	2142	3577	4790	5957	7493	6844	6851
云　南	4012	4350	4693	5181	7198	7505	7577	7620
西　藏	317	340	254	311	2824	5930	5567	5501
陕　西	2246	5184	5040	5802	7384	6883	6838	6846
甘　肃	1315	5058	2910	3416	6400	6084	5993	5806
青　海	607	705	616	772	1197	1651	1590	1664
宁　夏	867	1093	979	1012	1341	1327	1410	1270
新　疆	1688	2984	3122	3592	4801	4895	5197	6089

按年份各地区群众文化机构组织文艺活动次数

单位：次

地 区	1995年	2000年	2005年	2010年	2015年	2020年	2021年	2022年
总　计	110509	276574	391439	576799	959901	1088949	1391490	1597455
北　京	1186	5382	11378	24237	27175	27418	31331	30971
天　津	3883	3069	3234	5067	9391	13718	16055	17984
河　北	3668	17997	23880	27408	41732	40653	76745	72957
山　西	1462	4527	9107	13905	22560	39817	33244	30563
内蒙古	4282	11294	9977	11127	17072	16284	20702	21954
辽　宁	7539	10365	27868	26261	31635	15570	16132	13289
吉　林	3138	3745	4939	7482	14977	10142	9824	9104
黑龙江	3463	8149	7720	17351	21569	13785	15499	14207
上　海	1021	7629	35027	35600	64393	40235	54652	29596
江　苏	13698	17058	20548	32586	55298	83206	100570	145767
浙　江	19063	20121	23580	36619	67323	122326	147958	314596
安　徽	2416	5181	5661	11937	36210	44633	45064	49716
福　建	3545	7689	7464	9691	15940	16144	16447	16329
江　西	1142	5816	6853	11781	20079	28047	63729	50724
山　东	2722	16033	21673	41194	73897	117743	145666	166539
河　南	1792	9203	13405	35713	48646	63711	92901	96037
湖　北	7190	11588	11031	18100	22979	27991	35247	40320
湖　南	1218	9352	15898	25945	29555	31846	87566	99347
广　东	5377	22969	23132	32352	50270	54739	70161	72639
广　西	1429	8349	10592	19775	28663	31729	32108	27681
海　南	167	1454	1422	2351	2438	3111	3177	3157
重　庆		10491	7958	15840	25658	27026	27309	26595
四　川	2628	17536	23760	30194	66118	56093	53305	47990
贵　州	2581	4202	5759	8544	18490	19394	25493	21805
云　南	11257	12437	17983	21665	30717	24937	25505	27838
西　藏	455	346	439	1458	5575	20561	22347	23053
陕　西	1205	8612	8282	13306	21539	24667	26693	29159
甘　肃	694	5101	11095	9792	14721	17593	17919	15876
青　海	433	1043	1429	2600	5067	6913	6750	6007
宁　夏	454	4247	2490	6351	12126	10172	11009	10000
新　疆	1401	5589	17855	20567	58088	38745	60382	65655

按年份各地区群众文化机构举办训练班次

单位：次

地　区	1995年	2000年	2005年	2010年	2015年	2020年	2021年	2022年
总　计	46023	143370	190194	358719	536328	668940	920740	867002
北　京	505	2546	8708	22836	37433	26421	45562	34411
天　津	656	3062	1516	4753	9201	13674	13935	9756
河　北	1282	15233	11798	13852	16189	17908	49353	38144
山　西	518	1405	2248	6886	12076	14223	15961	12558
内 蒙 古	1091	5552	4099	4082	8734	7852	10216	8726
辽　宁	4767	4712	8200	47452	20402	13859	23566	14828
吉　林	3393	1586	2649	4029	8096	5899	14114	5771
黑 龙 江	1091	3109	3546	6129	7620	9070	8565	9009
上　海	659	3007	23313	21078	51408	38415	68778	18784
江　苏	3698	6488	7048	18950	22725	61386	74775	108227
浙　江	8058	9960	11354	18539	43279	95271	118779	139633
安　徽	2235	2132	2526	9481	19436	25947	33019	34966
福　建	1159	4885	9956	11096	14366	13417	14118	16103
江　西	480	3376	2757	8217	12311	13985	33745	17743
山　东	1793	17666	8280	21787	29447	47471	61924	54129
河　南	898	5552	7609	11837	24281	26276	32385	30763
湖　北	1548	3080	15320	10654	12870	15414	26087	26332
湖　南	736	2810	4953	10505	15833	22308	41828	63949
广　东	3949	11932	14288	29041	45679	73294	81114	79610
广　西	1314	4557	4798	8747	12507	10480	12524	13585
海　南	159	779	832	1123	1801	3204	4523	6140
重　庆		2236	2467	7285	14827	22083	26185	21360
四　川	1785	8693	12053	19052	32833	28291	28664	24803
贵　州	654	991	1089	4285	8840	9207	17171	14080
云　南	1765	3220	4585	10183	15536	13091	15907	17136
西　藏	7	25	50	313	1858	3759	6243	2912
陕　西	595	6320	5305	9665	11801	12946	15716	16526
甘　肃	238	4533	2900	4960	7644	9719	10449	7883
青　海	175	290	970	1180	1643	3272	1795	1341
宁　夏	327	994	1124	3138	2478	3895	3526	3355
新　疆	488	2639	3853	7584	13174	6903	10213	14439

按年份各地区群众文化机构培训人次

单位：人

地 区	1995年	2000年	2005年	2010年	2015年	2020年	2021年	2022年
总 计	6.6	493.9	666.5	1805.6	3868.0	3931.3	6119.0	6776.0
北 京	0.2	15.4	48.5	130.7	170.1	129.2	235.5	139.1
天 津	0.3	7.6	5.1	25.7	46.6	67.9	81.7	76.9
河 北	0.4	51.7	49.6	70.1	103.7	104.9	360.8	379.8
山 西	0.2	6.8	11.0	38.7	79.9	69.9	79.2	62.7
内 蒙 古	0.1	19.2	14.8	21.8	46.6	51.3	53.6	65.4
辽 宁	0.5	14.7	43.7	97.1	144.3	78.9	91.5	63.7
吉 林	0.3	7.2	6.8	24.9	63.7	39.5	89.5	59.2
黑 龙 江	0.2	15.3	8.2	32.5	55.9	61.9	53.2	39.6
上 海	0.1	6.8	63.1	116.4	341.7	184.4	261.8	84.8
江 苏	0.4	29.9	25.3	132.0	176.8	412.2	837.0	1170.5
浙 江	0.6	30.5	46.4	103.4	294.0	502.5	740.1	1094.6
安 徽	0.1	7.0	12.0	49.9	140.2	164.5	177.8	215.2
福 建	0.2	11.3	15.9	39.8	78.0	57.5	64.4	61.5
江 西	0.2	8.9	6.8	25.9	77.6	84.5	213.8	155.9
山 东	0.3	16.1	43.3	142.3	261.1	353.7	383.2	444.3
河 南	0.3	24.9	32.4	83.1	171.4	167.8	225.4	236.8
湖 北	0.2	9.4	12.7	54.3	97.6	115.6	230.9	246.3
湖 南	0.2	9.3	16.2	48.1	122.8	160.0	576.0	997.7
广 东	0.5	55.8	52.6	126.1	451.9	361.1	439.6	376.1
广 西	0.3	15.0	17.3	37.6	77.9	74.8	64.5	88.2
海 南		1.8	2.1	11.8	19.7	14.2	18.8	22.1
重 庆		5.1	7.9	50.6	131.0	144.7	159.5	123.2
四 川	0.6	28.4	50.0	111.1	224.3	126.7	119.3	85.0
贵 州		5.0	3.2	22.6	59.7	56.5	187.4	108.5
云 南	0.1	17.8	22.6	63.8	135.2	102.1	101.0	109.1
西 藏				2.2	12.3	11.5	15.8	9.8
陕 西	0.1	23.6	12.7	53.0	99.4	96.8	103.8	101.0
甘 肃	0.1	11.1	12.3	35.6	61.5	75.0	72.5	57.7
青 海		10.8	0.7	4.2	10.6	11.3	8.4	8.1
宁 夏		14.0	7.5	20.6	19.1	17.4	31.2	27.8
新 疆	0.1	13.5	15.4	29.8	93.3	33.0	42.1	65.8

按年份各地区群众文化机构财政拨款

单位：万元

地 区	1995年	2000年	2005年	2010年	2015年	2020年	2021年	2022年
总　计	**56826**	**118430**	**279033**	**803918**	**1856374**	**2716535**	**2958998**	**3206734**
北　京	1375	2594	8145	22326	63262	90416	96775	94670
天　津	1249	1422	3076	10026	22909	22687	27659	26515
河　北	1894	5161	9767	21144	49400	60558	61541	67273
山　西	1370	2674	5571	16870	31222	38566	35079	42644
内 蒙 古	1282	3388	7068	23539	45663	49160	50120	53134
辽　宁	2349	5054	9121	26868	45596	37244	34405	35476
吉　林	1533	3384	5989	26601	49116	48171	42368	44676
黑 龙 江	1458	3541	6193	17656	40424	45056	49114	53508
上　海	6950	5020	22327	55999	127035	188673	246425	223862
江　苏	4238	8521	19063	50067	128663	191884	203241	198570
浙　江	3233	9446	29490	78833	168027	272241	334446	388439
安　徽	1418	3609	7803	21148	44324	60272	64152	63707
福　建	1731	2895	5168	21289	34617	58938	50528	61977
江　西	1150	2504	4714	14710	36506	53031	52684	54096
山　东	3621	7295	12633	40821	86921	105075	121170	117737
河　南	2151	4630	8194	26726	57791	82680	82023	82679
湖　北	2105	3832	6284	19951	48843	82753	135190	90663
湖　南	1869	3571	7570	22824	53579	85641	86764	104721
广　东	4227	12113	40125	85211	181570	373343	428356	417795
广　西	1248	2639	6056	15349	43343	62194	59619	61423
海　南	222	645	1260	3924	8971	17706	35914	32572
重　庆		2202	4069	21531	60580	84487	83581	80015
四　川	3771	4730	12246	45296	122902	133428	133798	121976
贵　州	540	1657	4797	14770	45418	97670	62913	54403
云　南	1812	5950	10958	23797	72391	106444	110693	274535
西　藏	92	556	1098	5340	21921	48774	50170	52523
陕　西	1183	3027	5296	20919	52313	60588	79309	98519
甘　肃	776	1980	4620	12488	38453	56877	46120	45095
青　海	306	829	1531	13508	12322	28137	25679	28332
宁　夏	367	879	1901	5380	17644	20477	19381	36722
新　疆	1306	2683	6902	19004	44647	53364	49783	98479

按年份各地区群众文化机构总支出

单位：万元

地　区	1995年	2000年	2005年	2010年	2015年	2020年	2021年	2022年
总　　计	83628	188437	358641	931951	2014894	2871598	3186376	3433837
北　京	1566	4681	10119	25593	87751	122250	92274	95196
天　津	1376	2633	4133	10948	22775	22665	31540	26495
河　北	2713	5711	10549	25437	49542	59967	61357	68390
山　西	1824	3151	6016	18865	30779	38424	37348	42337
内　蒙　古	1932	3799	7478	23762	46239	49651	53016	53946
辽　宁	4552	6172	10126	28175	49010	38434	34996	38361
吉　林	2101	3748	6394	23338	46690	53870	46137	45597
黑　龙　江	2219	3804	6485	17356	41041	44723	50197	54118
上　海	6752	14985	38967	70650	141808	198405	257992	231616
江　苏	8509	16394	25920	60193	136572	197045	208513	202265
浙　江	7101	17194	39851	101392	193532	285887	349293	415061
安　徽	1934	4302	8976	23550	50686	64118	67590	66995
福　建	2199	4135	6763	27568	39942	60585	55371	63180
江　西	1493	3167	6265	17285	36937	50776	57179	57608
山　东	3317	8909	14358	46221	91746	109263	135814	132603
河　南	2737	5647	8810	28402	58814	84091	84985	91966
湖　北	3885	7841	10072	26264	51708	86697	139069	94347
湖　南	2575	5696	9603	27914	62330	96622	91583	103623
广　东	5937	27213	57669	101362	193291	402269	440483	417373
广　西	1877	3425	6842	16646	49440	63830	65650	64732
海　南	364	887	1329	4084	9510	18083	36559	32835
重　庆		4889	6627	32342	67563	87527	87037	83196
四　川	5327	8927	14375	49182	128087	137046	137291	124378
贵　州	989	1976	5123	15666	51031	109592	87361	57748
云　南	4191	7312	11933	25343	76901	111007	172210	380876
西　藏	429	607	1169	5937	24044	47403	49098	48929
陕　西	1569	3648	5775	26052	57491	63454	83449	100681
甘　肃	1189	2251	4995	12960	41794	57023	47448	46335
青　海	537	870	1629	13203	13204	31759	28909	31921
宁　夏	651	1202	2096	5925	17926	24657	45731	32155
新　疆	1785	3261	8194	20338	46711	54476	50895	128974

按年份各地区每万人拥有群众文化设施建筑面积

单位：平方米

地　区	1995年	2000年	2005年	2010年	2015年	2020年	2021年	2022年
全　国	**50.7**	**97.2**	**115.3**	**188.6**	**280.0**	**331.3**	**352.1**	**375.2**
北　京	44.2	80.3	224.3	217.8	329.2	447.8	448.6	454.5
天　津	61.6	138.9	130.4	174.1	205.0	357.6	439.5	467.4
河　北	23.6	62.6	67.7	105.4	163.7	192.2	211.4	250.9
山　西	45.4	53.4	58.1	210.6	267.3	284.2	279.2	279.6
内　蒙古	98.0	144.4	132.4	182.6	300.8	404.1	433.7	451.6
辽　宁	84.1	79.0	102.6	201.2	283.6	267.9	269.9	271.5
吉　林	38.2	42.2	38.3	81.5	185.3	275.7	288.1	275.6
黑　龙江	26.2	38.5	43.2	140.2	214.0	299.7	302.8	306.3
上　海	71.9	216.2	379.1	485.0	567.7	596.8	598.0	600.7
江　苏	97.8	168.6	181.3	302.8	475.2	726.8	833.9	694.7
浙　江	135.2	190.7	276.0	432.5	677.4	795.4	853.4	894.2
安　徽	17.1	23.6	44.4	93.2	166.0	217.6	230.4	251.5
福　建	61.3	98.8	117.4	240.9	325.7	309.8	324.7	326.7
江　西	38.0	79.5	98.4	131.2	235.3	267.4	283.4	290.4
山　东	22.1	41.7	71.8	218.3	255.8	285.3	290.3	300.8
河　南	21.9	39.0	52.2	94.7	142.4	169.2	178.2	184.7
湖　北	80.5	149.5	140.6	180.6	206.2	272.7	275.5	284.1
湖　南	29.8	63.7	80.6	125.2	223.4	263.3	348.9	386.9
广　东	52.1	222.4	258.2	258.5	359.0	355.0	360.5	377.3
广　西	33.5	76.4	100.9	122.9	157.7	159.8	169.2	172.6
海　南	13.8	86.4	71.3	121.3	117.8	142.4	148.8	152.0
重　庆		99.4	96.5	201.4	305.9	308.5	315.3	324.8
四　川	32.1	107.9	83.9	166.3	262.6	273.4	276.5	283.6
贵　州	26.1	28.7	40.5	81.2	217.8	240.9	250.5	249.9
云　南	126.7	126.2	137.1	163.2	222.6	241.1	243.6	247.8
西　藏	145.4	164.1	238.3	437.9	1164.2	1149.4	1151.9	1154.4
陕　西	52.4	79.1	110.5	150.2	231.8	255.2	258.2	257.9
甘　肃	62.8	103.0	148.8	175.7	279.1	327.6	327.8	341.1
青　海	118.1	96.5	90.2	153.4	261.3	375.4	387.2	451.9
宁　夏	156.5	170.8	179.5	188.9	391.7	443.6	465.7	467.4
新　疆	60.7	116.4	149.3	288.4	434.9	421.9	432.0	1197.0

2022年全国群众文化

	机构数/个	从业人员/人	专业技术人才	正高级职称	副高级职称	中级职称	组织品牌节庆活动/个	提供文化服务次数/次
总　计	43691	194832	77128	1139	6729	18262	7834	2683479
文化馆	3503	55753	41820	1139	6729	18262	7834	775466
其中：省级	33	1809	1507	149	424	599	130	6877
地市级	371	10587	8775	504	1962	3873	1315	126439
县市级	3099	43357	31538	486	4343	13790	6389	642150
其中：县文化馆	1584	21533	16014	175	2112	6889	2923	254837
文化站	40116	139079	35309					1908013
其中：乡镇文化站	32312	108234	30248					1314852

续表 1

	举办展览个数/个	参观人次/万人次	组织公益性讲座次数/次	参加人次/万人次	计算机/台	本单位受训人次/万人次	线上群众文化活动次数/次	线上服务人次/人次
总　计	176532	19861.94	42490	762.01	361432	175.28	2809580	1563018052
文化馆	39368	8758.06	42490	762.01	62373	35.27	2809580	1563018052
其中：省级	376	133.87	384	6.31	2494	0.36	66750	348887006
地市级	4214	1441.27	5546	95.34	11315	4.25	29613	350223297
县市级	34778	7182.92	36560	660.36	48564	30.66	2713217	863907749
其中：县文化馆	15322	2496.64	12689	253.25	20833	7.83	696233	231592406
文化站	137164	11103.88			299059	140.01		
其中：乡镇文化站	102883	7330.66			232898	102.38		

机构基本情况

文化服务惠及人次/万人次	组织文艺活动次数/次	为老年人组织专场	为未成年人组织专场	为残障人士组织专场	为农民工组织专场	组织文艺活动参加人次/万人次	举办训练班班次/次	培训人次/万人次	对业余文化队伍开展培训人次
95783.41	1597455	37543	22966	4797	14563	68380.12	867002	6775.98	2643.64
40674.26	308703	37543	22966	4797	14563	28748.71	384905	2403.25	824.14
365.83	1013	46	55	4	11	188.16	5104	37.48	7.27
4797.38	25612	2450	2674	560	871	2748.04	91067	512.61	177.99
35511.05	282078	35047	20237	4233	13681	25812.51	288734	1853.16	638.88
15904.22	138227	12103	8681	1964	5882	12530.99	88599	622.19	222.75
55109.15	1288752					39631.41	482097	4372.73	1818.90
38720.16	910083					28693.69	301886	2694.38	1194.58

本年收入合计/千元	财政拨款预算收入	免费开放资金	中央资金	业务活动专项经费	上级补助收入	事业预算收入	经营收入	附属单位上缴收入	其他收入
34047572	32067342	3476780	1606028	9191098	146185	66080	11576	220	1756169
15027647	14533807	1119893	467524	3228380	146185	66080	11576	220	269779
1494820	1433504	99672	28190	389742	120	17797	6894		36505
3759380	3655055	358741	104058	847086	26148	7913	2306		67958
9773447	9445248	661480	335276	1991552	119917	40370	2376	220	165316
3580131	3434549	316291	179015	561397	54048	25503		218	65813
19019925	17533535	2356887	1138504	5962718					1486390
12867475	12453869	1819977	934861	3619157					413606

续表 2

	本年支出合计	基本支出	项目支出	经营支出	在支出合计中		
					工资福利支出	商品和服务支出	差旅费
总　计	**34338369**	**19442557**	**12080370**	**12865**	**14687354**	**3785381**	**70199**
文化馆	**15043583**	**9265231**	**5210016**	**12865**	**7426982**	**3785381**	**70199**
其中：省级	1460421	519660	929223	6894	377222	476522	6918
地市级	3768322	2266473	1446053	2335	1771830	1129775	15229
县市级	9814840	6479098	2834740	3636	5277930	2179084	48052
其中：县文化馆	3590745	2626669	730892	505	2232176	669914	27087
文化站	**19294786**	**10177326**	**6870354**		**7260372**		
其中：乡镇文化站	13117741	7370465	4169446		5305074		

续表 3

	业务用房面积	实际拥有产权面积/万平方米	流动舞台车演出情况			志愿者服务队伍数/个	志愿者服务队伍人数/人
			流动舞台车数量/辆	利用流动舞台车演出场次/场次	利用流动舞台车演出观众人次/万人次		
总　计	**3640.97**	**2715.67**	**1796**	**29970**	**1705.77**	**471201**	**15062851**
文化馆	**979.40**	**615.51**	**1796**	**29970**	**1705.77**	**43801**	**2072792**
其中：省级	20.08	19.95	7	6	0.06	3509	124958
地市级	178.49	112.42	56	566	32.04	5078	343682
县市级	780.83	483.14	1733	29398	1673.67	35214	1604152
其中：县文化馆	331.47	245.22	1221	20589	1174.18	17033	632503
文化站	**2661.57**	**2100.16**				**427400**	**12990059**
其中：乡镇文化站	1918.19	1676.41				318838	8729481

劳务费	福利费	各种税金支出	对个人和家庭补助支出	抚恤金和生活补助	其他资本性支出	各种设备、交通工具、图书购置费	资产总计/千元	固定资产净值	实际使用房屋建筑面积/万平方米
454294	63888	10746	762102	148288	932299	432554	135504647	88750484	5222.99
454294	63888	10746	762102	148288	932299	432554	55074795	27431214	1600.28
32865	5751	786	61397	5022	230239	19388	2142801	899783	30.82
132301	15785	1508	257869	31854	222594	91298	20797065	3330201	426.90
289128	42352	8452	442836	111412	479466	321868	32134929	23201230	1142.56
108521	13045	1850	156314	45252	73778	31133	12060496	6088109	472.19
							80429852	61319270	3622.71
							50195381	40510275	2545.50

分馆数量/个	由本馆指导的单位						文化创意产品情况		
	馆办文艺团体/个	演出场次/场	观众人次/万人次	馆办老年大学/个	群众业余文艺团队/个	群众业余团队人数/人	文化创意产品种类/个	文化创意产品销售收入/千元	文化创意产品销售利润/千元
19484	9322	103178	5442.22	643	462920	3901730	6859	105154	26250
19484	9322	103178	5442.22	643	107938	3901730	6859	105154	26250
4	95	432	134.01	9	501	17434	4		
658	1208	7274	387.49	60	8141	375816	2541	4244	1199
18822	8019	95472	4920.72	574	99296	3508480	4314	100910	25051
9276	3440	51428	2409.80	320	43321	1502074	2842	99188	24610
					354982				
					271731				

2022年各地区群众

地　　区	机构数/个	从业人员/人	专业技术人才	正高级职称	副高级职称	中级职称	组织品牌节庆活动/个	提供文化服务次数/次
总　　计	43619	194832	77128	1139	6729	18262	7834	2683479
北　京	357	4273	725	11	45	292	85	67279
天　津	274	1732	537	6	66	241	62	29234
河　北	2467	8284	2625	41	271	711	404	125674
山　西	1431	4335	1811	24	165	578	56	46721
内 蒙 古	1201	5003	2431	51	359	723	199	33560
辽　宁	1477	4244	1811	55	215	684	120	31193
吉　林	990	4190	2521	109	408	645	131	16582
黑 龙 江	1398	5256	2523	142	435	699	217	25909
上　海	237	4804	1116	6	60	300	57	50841
江　苏	1366	7498	3166	77	350	821	384	280550
浙　江	1463	9951	3927	113	340	774	834	490873
安　徽	1635	6246	2997	13	131	510	293	92402
福　建	1207	4010	1307	14	152	330	243	36202
江　西	1854	6521	2110	22	150	650	320	74166
山　东	1981	9122	4300	56	534	1276	678	233597
河　南	2705	13104	3368	24	163	813	495	141062
湖　北	1427	5495	2737	42	177	685	295	73611
湖　南	2316	10946	3565	22	199	727	358	177268
广　东	1761	15352	4114	63	267	811	511	161998
广　西	1300	5602	3033	27	226	892	230	43799
海　南	242	767	219	4	18	69	37	9791
重　庆	1072	4988	1639	30	104	293	161	53875
四　川	4289	11462	4033	29	281	908	289	81509
贵　州	1702	6851	2696	26	182	534	210	39572
云　南	1611	7620	5692	45	663	1020	178	49651
西　藏	779	5501	3583	2	25	64	21	26796
陕　西	1467	6846	2552	22	210	811	268	51110
甘　肃	1458	5806	1738	17	175	517	111	27742
青　海	444	1664	644	7	56	159	35	8091
宁　夏	272	1270	670	18	91	171	109	14210
新　疆	1436	6089	2938	21	211	554	443	88611

文化机构基本情况

文化服务 惠及人次/ 万人次	组织文艺 活动次数/次	为老年人 组织专场	为未成年人 组织专场	为残障人士 组织专场	为农民工 组织专场	文化活动 观众人次/ 万人次	举办训练 班班次/次	培训人次/ 万人次	对业余文化 队伍开展培 训人次
95783.41	1597455	37543	22966	4797	14563	68380.12	867002	6775.98	2643.04
738.86	30971	166	80	15	29	473.15	34411	139.05	54.37
550.91	17984	244	53	6	7	409.48	9756	76.94	41.93
5076.95	72957	2502	1267	351	595	3601.76	38144	379.75	227.17
1425.25	30563	569	364	120	245	1100.12	12558	62.72	28.65
1239.58	21954	955	463	67	236	1040.76	8726	65.42	36.43
569.06	13289	529	215	41	115	425.84	14828	63.68	33.08
466.07	9104	267	135	25	42	319.99	5771	59.22	18.09
443.37	14207	857	365	77	193	345.23	9009	39.59	18.60
1064.48	29596	118	92	4	33	650.34	18784	84.76	38.06
14007.82	145767	1805	1631	179	578	7557.48	108227	1170.46	436.97
18308.53	314596	7051	3097	730	2638	13818.87	139633	1094.58	358.72
3466.28	49716	1175	927	113	384	2732.55	34966	215.19	74.36
833.51	16329	366	798	58	354	581.27	16103	61.46	24.95
4004.06	50724	1129	690	174	417	3140.63	17743	155.90	64.14
5758.09	166539	7310	2474	622	1460	4603.12	54129	444.27	176.36
4512.06	96037	1899	1275	332	781	3474.68	30763	236.77	124.56
3235.09	40320	1208	584	171	419	2469.99	26332	246.26	103.21
11573.99	99347	1924	1038	213	493	7798.34	63949	997.67	362.93
4559.63	72639	933	2295	272	414	2969.12	79610	376.12	118.29
1441.06	27681	617	552	34	253	1223.84	13585	88.18	27.13
446.13	3157	105	85	15	86	355.42	6140	22.09	3.38
1223.72	26595	222	199	79	135	844.00	21360	123.18	42.82
1739.27	47990	904	571	164	481	1267.06	24803	84.99	37.91
2073.02	21805	495	547	90	333	1669.69	14080	108.54	49.45
1595.95	27838	1087	708	148	473	1238.77	17136	109.06	49.45
502.86	23053	112	126	34	476	469.19	2912	9.77	6.52
1781.96	29159	828	565	190	405	1388.86	16526	100.96	34.40
776.48	15876	441	289	82	282	519.91	7883	57.66	20.72
328.39	6007	196	74	28	236	283.87	1341	8.11	1.59
442.63	10000	335	249	36	322	341.78	3355	27.83	7.10
1598.35	65655	1194	1158	327	1648	1265.01	14439	65.82	21.70

续表 1

地 区	举办展览 个数/个	参观人次/ 万人次	组织各类 理论研讨和 讲座次数/次	参加人次/ 万人次	计算机/台	本单位 受训人次/ 万人次	线上群众 文化活动 次数/次	线上服务 人次/人次
总　　计	176532	19861.94	42490	762.01	361432	175.28	2809580	1563018052
北　京	1224	91.60	673	35.07	5885	6.20	1438	45210481
天　津	1150	62.48	344	2.01	3704	0.30	1113	16266306
河　北	10918	1016.04	3655	79.24	12615	2.77	12211	37398712
山　西	2934	252.95	666	9.34	10476	7.16	9385	43092038
内 蒙 古	2226	126.00	654	7.29	7153	1.63	3556	11606019
辽　宁	1697	70.79	1379	8.68	9240	1.79	2385	7350425
吉　林	1203	77.94	504	8.75	6078	2.24	3256	12365614
黑 龙 江	1596	52.29	1097	6.07	8801	1.73	7964	2892459
上　海	2244	328.57	217	0.80	5740	2.02	6176	40183566
江　苏	24432	5243.60	2124	36.31	16051	7.70	6869	107758428
浙　江	24570	3202.40	12074	192.62	18200	31.06	11393	249747814
安　徽	6777	478.50	943	39.98	18460	5.61	2233	38582128
福　建	3191	184.11	579	6.55	9185	3.84	123254	69011535
江　西	4864	686.29	835	21.11	10925	10.49	5047	38912667
山　东	10285	651.61	2644	58.87	22879	12.72	11365	43405116
河　南	12451	765.95	1811	34.38	20762	4.19	11844	45612943
湖　北	5957	493.03	1002	25.65	10528	5.99	4760	76373683
湖　南	11846	2714.29	2126	63.56	17174	23.46	2940	76690338
广　东	7872	1196.79	1877	17.50	25114	9.97	7913	307756904
广　西	2160	119.90	373	8.93	10421	1.14	2257	6160117
海　南	354	66.83	140	1.76	1983	0.58	406	15224259
重　庆	5400	247.14	520	9.38	12854	4.56	1835415	50185574
四　川	7762	378.21	954	8.81	32313	0.41	7484	33140944
贵　州	2854	280.31	833	14.37	11729	2.52	1775	22886686
云　南	4070	241.78	607	6.17	16164	14.14	708862	73546745
西　藏	750	23.02	81	0.82	5141	0.82	489	3486966
陕　西	4654	278.72	771	13.27	10796	3.97	7153	44026734
甘　肃	3430	184.12	553	14.74	9267	1.71	5070	9697803
青　海	652	35.34	91	1.00	2100	0.29	1364	15389729
宁　夏	559	68.03	296	4.96	3315	0.69	1421	7056666
新　疆	6450	243.34	2067	24.02	6379	3.58	2782	11998653

本年收入合计/千元	财政补贴收入	免费开放资金	中央资金	业务活动专项经费	上级补助收入	事业收入	经营收入	附属单位上缴收入	其他收入
34047572	32067342	3476780	1606028	9191098	146185	66080	11576	220	1756169
962276	946696	92863	18643	318761		619			14961
269671	265147	15641	2891	50290		1084			3440
683691	672728	128407	81984	155613	525	3730			6708
428131	426444	91398	58352	95167	861				826
540003	531339	69655	53742	85076	1582	5102			1980
360231	354755	46577	19882	52338	923	818			3735
456000	446761	48362	27881	85104	44	4202			4993
539035	535077	65156	53127	80258	1540	1208			1210
2337456	2238624	85215	12673	1195556		3720		2	95110
2027679	1985700	125091	20370	524649	9818	3729	2183		26249
3982938	3884385	224529	34668	1275896	10556	627			87370
668660	637074	113219	41786	162923	10769	1493			19324
648494	619765	82978	18872	174805	2677	753			25299
574520	540959	103636	42948	119654	14870	2211	123		16357
1215090	1177372	107572	20988	370213	2628	2069			33021
837915	826788	162281	101197	164554	1068	1976			8083
949604	906632	78862	35275	226517	12234	3034			27704
1080156	1047212	189085	66496	288414	7689	6537			18718
4263063	4177946	431680	58234	1527186	21541	680	2376		60520
629500	614234	89564	67362	119490	4921	1600			8745
327187	325720	17237	9545	72428	461				1006
818044	800153	85861	59746	201120	801	4400			12690
1235728	1219762	267877	197604	427456	680	1005			14281
573128	544026	81112	46588	89165	9970	2416			16716
3824458	2745348	208977	171951	574317	5312	1332		10	1072456
540530	525234	56846	35897	73250	670	1320			13306
1007349	985187	95592	74432	175423	5269	497			16396
463315	450946	88297	55338	72437	4226	1180			6963
308002	283315	28749	15763	139332	2427	3124		208	18928
394026	367220	60606	5447	143905	7390	1976			17440
1101692	984793	133855	96346	149801	4733	3638	6894		101634

续表 2

| 地　区 | 本年支出合计 | 基本支出 | 项目支出 | 经营支出 | 在支出合计中 | | | |
					工资福利支出	商品和服务支出	差旅费	劳务费
总　　计	34338369	19442557	12080310	12865	14687354	3785381	70199	454294
北　京	951963	451439	421655		318176	180958	50	11608
天　津	264947	197132	61615		152101	54827	250	4523
河　北	683895	489483	158798	15	385456	77381	1304	6819
山　西	423374	264444	143295		225690	57906	1071	4923
内　蒙　古	539464	412267	100959		326139	72711	851	6638
辽　宁	383608	292244	56376	8	234166	50024	1032	4604
吉　林	455974	351707	91345	103	308837	52413	950	6780
黑　龙　江	541177	400944	133318		334551	75342	2188	7269
上　海	2316158	909873	1340286		640102	217622	128	6272
江　苏	2022647	1247970	741305	2173	743736	294107	3995	40529
浙　江	4150610	1644635	2162148	6	824918	383409	3630	53505
安　徽	669945	465644	154886	2	318992	80400	1278	11575
福　建	631797	318483	284466		219117	128288	868	21313
江　西	576082	429792	111733	46	310156	87826	3138	14443
山　东	1326026	852814	321454	40	644597	151697	2029	12887
河　南	919656	682121	143353	62	509095	77410	1503	9474
湖　北	943469	585725	300431	10	407970	130519	2853	22439
湖　南	1036234	729050	227596	160	493087	116296	2868	15613
广　东	4173729	1658342	2315795	2226	1387206	532016	1373	36854
广　西	647321	466645	99924		375941	71067	4909	6397
海　南	328345	47252	268265		41631	46211	641	15142
重　庆	831962	575325	221497		321537	91319	3065	26158
四　川	1243778	696373	526252		472995	235324	14035	36084
贵　州	577482	397100	98903	70	317896	47399	1235	8956
云　南	3808764	2669966	477433	5	2802269	103150	5009	13419
西　藏	489294	337637	74983	5	313996	20821	807	689
陕　西	1006812	555507	381866	80	408015	117242	3278	12402
甘　肃	463352	329481	58484	106	270696	46264	1944	8674
青　海	319214	223608	91140		101206	51558	671	12400
宁　夏	321547	158232	154557		107644	46646	499	5924
新　疆	1289743	601322	356252	7748	369435	87228	2747	9981

福利费	各种税金支出	对个人和家庭补助支出	抚恤金和生活补助	其他资本性支出	各种设备购置费	资产总计/千元	固定资产净值	实际使用房屋建筑面积/万平方米
63888	10746	762102	148288	932299	432554	135504647	88750484	5222.99
2115	42	18708	3532	13742	9736	1092167	767359	99.27
2153	365	11499	2100	705	345	901168	796526	63.70
1060	165	54727	6245	9928	4235	1580902	1300669	186.14
1254	1473	10306	2131	8068	2261	1582273	1206191	97.33
1203	91	17479	3255	8794	2832	1209262	904379	108.42
1169	182	10680	2675	5393	3268	1040031	832075	113.93
673		11594	4613	4756	3959	881764	738432	64.72
630	63	35922	3577	9424	3871	800099	621508	94.93
3432		17771	6880	18656	15058	12255056	6495835	148.68
3502	154	64404	4535	41105	14233	7474614	6404069	591.50
20459	3446	37348	6038	33320	12361	9778703	7755938	588.14
1458	310	29615	4202	6222	2633	2945102	2210845	154.07
79	169	20251	4680	97405	3652	1972561	1504507	136.82
1775	567	16813	2987	12585	9237	2920872	2479036	131.51
1301	266	45212	4455	9144	3140	3982838	3376230	305.66
1426	229	25837	4159	15499	1919	1513736	1302965	182.29
4145	314	29540	2619	12631	5626	4575717	2705864	166.01
2731	439	29363	4229	6607	3716	13255313	11675297	255.50
2849	425	73887	4721	293177	283397	9183671	5803880	477.56
579	36	16487	6112	3289	1608	961250	789387	87.13
82	572	1932	642	204068	725	757970	218799	15.61
983	428	39377	21947	3211	2291	2490920	2033764	104.37
3060		47327	21021	9407	2360	4078954	3277217	237.45
853	454	21973	2302	5224	4589	1498182	1142176	96.37
1355	44	18126	6600	5368	1920	11799367	10269213	116.27
1	4	1813	908	7760	4567	1062058	886634	42.02
860	131	8111	2362	3932	1762	3591270	2558842	102.01
1602	60	16461	4092	5207	1396	2418915	1621676	85.00
287	23	8801	1017	17551	1436	432570	334045	26.89
	76	8202	1226	14750	2723	24393307	4419920	34.03
812	218	12536	2426	45371	21698	3074035	2317206	309.66

续表 3

地 区	业务用房面积	实际拥有产权面积/万平方米	流动舞台车演出情况			志愿者服务队伍数/个	志愿者服务队伍人数/人	分馆数量/个
			流动舞台车数量/辆	利用流动舞台车演出场次/场次	利用流动舞台车演出观众人次/万人次			
总　计	3640.97	2715.67	1796	29970	1705.77	471201	15062851	19484
北　京	77.85	38.33	7	79	0.53	8009	377460	204
天　津	49.84	12.24	5	54	0.67	5292	187288	140
河　北	140.16	98.83	126	3087	196.59	27639	642151	967
山　西	73.13	84.85	160	1574	64.95	9291	257691	958
内　蒙古	71.12	41.74	60	732	41.39	9368	174708	789
辽　宁	66.23	44.93	14	83	3.25	8944	240556	311
吉　林	39.38	34.96	73	715	27.79	8269	188916	202
黑龙江	61.03	31.76	52	577	16.62	7456	221702	443
上　海	110.42	93.24	2	30	0.30	4970	216714	108
江　苏	464.40	248.03	30	1465	86.94	19897	1376449	703
浙　江	423.97	318.38	7	339	59.83	32080	1646780	1222
安　徽	116.53	114.01	32	609	37.03	17364	635948	557
福　建	102.08	67.99	11	109	3.84	12540	457654	298
江　西	90.10	77.07	47	1245	77.74	14131	293011	480
山　东	211.87	133.36	90	4240	175.04	51704	1163480	1141
河　南	135.82	102.08	102	2154	117.34	38348	927778	1173
湖　北	112.46	107.35	53	1080	71.53	20157	636553	742
湖　南	152.29	155.44	77	2221	179.71	30714	1125577	1431
广　东	361.43	206.20	8	25	0.30	22406	846362	1372
广　西	57.69	50.62	44	345	13.90	10931	358735	431
海　南	11.89	9.90	5	30	1.55	1647	44185	85
重　庆	78.91	73.84	25	151	19.76	14197	737355	728
四　川	183.53	139.73	145	1133	42.36	21339	457560	1069
贵　州	68.68	65.94	102	1176	172.78	12737	454582	847
云　南	86.63	96.54	104	1737	78.89	14030	360094	1174
西　藏	28.84	23.37	67	874	27.99	5655	96351	32
陕　西	71.35	69.10	99	834	56.75	11584	264245	655
甘　肃	60.74	54.95	69	661	39.66	11321	188532	343
青　海	18.09	15.56	40	549	23.02	1817	31610	98
宁　夏	18.58	14.78	13	376	14.95	3071	99335	99
新　疆	95.93	90.55	127	1686	52.77	14293	353489	682

由本馆指导的单位						文化创意产品情况		
馆办文艺团体/个	演出场次/场	观众人次/万人次	馆办老年大学/个	群众业余文艺团队/个	群众业余团队人数/人	文化创意产品种类/个	文化创意产品销售收入/千元	文化创意产品销售利润/千元
9322	103178	5442.22	643	462920	3901730	6859	105154	26250
87	644	22.27	5	10732	55973			
88	312	16.94	2	5070	44340	5		
560	4149	257.70	30	25977	196498	1704	2291	148
288	3268	70.41	13	12019	114237	41	2620	370
273	1811	115.05	34	9771	133873	212	2	
398	1664	86.02	19	10538	92171	721	10	5
172	1432	48.65	11	7204	71652	4		
306	2027	66.57	16	8005	149892	4		
129	185	22.87	3	8232	15151	14		
411	7163	361.26	32	19228	152929	459		
527	8205	667.51	16	42697	548693	360	140	45
429	2684	204.10	17	14923	71959	28		
185	1389	45.54	10	8612	53479	5		
235	3604	287.25	26	12830	86726	114	312	114
604	13126	372.38	45	33514	171266	49	197	120
569	6448	220.53	42	33667	178797	292	10660	3360
336	2523	193.20	25	20075	209149	108	53010	10627
337	4007	371.57	52	27846	337967	23	21300	7280
485	3409	353.92	18	18230	113539	36		
286	3462	289.46	21	17106	135009	15	100	10
152	300	72.83	2	2185	32102	34		
152	1840	70.70	20	8717	55631	160		
145	1714	53.80	28	23570	133303	225	372	40
477	2691	385.28	42	12845	102644	45	11	4
658	4919	227.31	39	30600	334140	296	560	181
10	537	17.89		4077	10030	5		
308	3716	157.47	27	12456	105183	99	878	313
254	2274	62.26	15	10123	86038	1134	6592	1617
117	7409	100.39	4	1732	27825	102	1000	500
50	1604	54.78	3	2425	28558	339	4357	1249
294	4662	166.30	26	7914	52976	226	742	267

2022年各地区省级

地 区	机构数/个	从业人员/人	专业技术人才	正高级职称	副高级职称	中级职称	组织品牌节庆活动/个	提供文化服务次数/次
总　计	33	1809	1507	149	424	599	130	6877
北　京	1	62	35	4	7	9	1	29
天　津	1	52	41	3	7	21	20	123
河　北	1	81	66	3	24	26		100
山　西	1	68	61	5	15	28	6	150
内　蒙古	1	32	31	4	9	14	2	24
辽　宁	1	38	35	5	9	16	2	200
吉　林	1	51	47	6	11	18	2	39
黑龙江	1	29	25	1	8	9	2	31
上　海	1	73	64	3	15	29	1	371
江　苏	1	50	48	11	18	15	1	29
浙　江	1	52	50	10	16	19		257
安　徽	1	37	37	4	7	15	4	30
福　建	1	31	29	2	10	12	13	128
江　西	1	61	52	4	16	24	4	63
山　东	1	65	61	8	12	33	15	122
河　南	1	64	39	3	11	15	1	58
湖　北	1	83	73	4	15	26	1	53
湖　南	1	67	53	6	14	27	13	98
广　东	1	46	44	7	15	15	3	1394
广　西	1	80	78	13	35	26	9	187
海　南	1	39	21	2	8	10	5	91
重　庆	1	70	56	6	16	22		52
四　川	1	99	63	10	24	15	5	68
贵　州	1	64	58	4	15	30		64
云　南	1	58	48	1	12	17	5	2563
西　藏	1	47	38	1	6	11		22
陕　西	1	68	58	5	15	29		20
甘　肃	1	42	40	4	17	10		9
青　海	1	49	44	3	10	18	3	145
宁　夏	1	57	42	3	12	15	7	200
新　疆	3	94	70	4	15	25	5	157

文化馆基本情况

文化服务惠及人次/万人次	组织文艺活动次数/次	为老年人组织专场	为未成年人组织专场	为残障人士组织专场	为农民工组织专场	文化活动观众人次/万人次	举办训练班班次/次	培训人次/万人次
365.83	1013	46	55	4	11	188.16	5104	37.48
1.70	22					0.66	4	0.04
3.69	12					0.49	92	0.17
10.12	60					7.55	23	0.22
6.26	45	5	2	2	10	3.90	58	0.64
3.80	15					1.20	1	
35.34	158	6	5	1		33.60	31	0.47
3.66	27					2.86	6	0.02
0.13	4					0.06	25	0.05
3.94	17					0.52	335	2.27
5.03	6					0.25	3	0.02
35.28	24		1			8.30	146	15.29
4.38	8		1			1.60	5	0.10
27.77	98					15.15	10	0.02
5.26	25		2			2.00	24	0.31
3.02	35	2	10		1	0.71	53	0.41
9.41	12	1	2			0.20	36	0.23
4.47	10		2			0.62	25	0.08
7.11	26	2	3			1.28	13	0.50
4.09	5					0.22	1364	2.70
60.43	13					59.07	157	0.18
3.78	10		1			0.47	63	0.19
3.28	17					0.68	20	0.05
8.40	7					2.09	30	0.07
0.72	7		2			0.21	7	0.08
21.26	120	10	5			6.05	2432	11.62
0.78	5	1				0.18	12	0.20
0.37	5					0.17	11	0.04
1.28	7					1.25	2	0.03
17.14	92	1	1	1		15.50	38	0.10
53.07	77	3	4			20.00	11	0.07
20.86	44	15	14			1.32	67	1.31

续表 1

地　区	对业余文化队伍开展培训人次	举办展览个数/个	参观人次/万人次	组织各类理论研讨和讲座次数/次	参加人次/万人次	计算机/台	本单位受训人次/万人次	线上群众文化活动次数/次
总　　计	7.27	376	133.87	384	6.31	2494	0.36	66750
北　京	0.02	3	1.00				81	76
天　津	0.15	19	3.03				101	117
河　北		17	2.35				146	53
山　西	0.51	11	1.17	36	0.55		69	64
内　蒙　古		8	2.60				92	40
辽　宁	0.08	6	1.20	5	0.07		88	0.03	152
吉　林		5	0.78	1			52		122
黑　龙　江		2	0.02				62		663
上　海		8	1.10	11	0.05				230
江　苏		18	4.71	2	0.05		53	0.01	9
浙　江	0.28	33	11.32	54	0.37		92		27
安　徽		13	2.60	4	0.08		37	0.02	232
福　建	0.03	11	12.58	9	0.02		5		4
江　西	0.01	10	2.90	4	0.05		69	0.01	17
山　东	1.85	27	1.85	7	0.05		91	0.01	47
河　南		9	8.98	1			135	0.02	136
湖　北		7	3.63	11	0.14		121		539
湖　南	0.12	27	4.70	32	0.63			0.01	344
广　东	2.70	18	1.07	7	0.10		124		69
广　西	0.03	5	1.00	12	0.18		58	0.05	32
海　南	0.05	6	2.66	12	0.46		112	0.01	17
重　庆		15	2.55				159	0.01	5912
四　川		31	6.24				355		5
贵　州		9	0.17	41	0.26				
云　南		11	3.59				92	0.01	56684
西　藏	0.20	4	0.40	1			30		246
陕　西		4	0.16				38	0.14	12
甘　肃							41		8
青　海		7	1.52	8	0.02			0.01	12
宁　夏	0.01	11	30.00	101	3.00		95		788
新　疆	1.23	21	18.00	25	0.23		96	0.02	93

线上服务人次/人次	本年收入合计/千元	财政补贴收入	免费开放资金	中央资金	业务活动专项经费	上级补助收入	事业收入	经营收入
348887006	1494820	1433504	99672	28190	389742	120	17797	6894
9927748	55658	54816			18743			
12370000	24549	22928	1181		4616		1084	
50700	58408	57139	7000		29267			
17613600	25879	25828	1527		7711			
32995	12874	12842	2000		4550			
3025703	20996	20996	2050	1050	400			
5703000	16017	15979	3200	3200	4546			
178230	14917	14917	961		1461			
9181100	93919	60584	14327	6509	14327		3286	
43290000	44625	43849	505	500	25798		776	
25784919	41293	41641	6105	3980	18431			
11600000	22468	20998	760					
46590000	38164	38104	5946		5946			
5061000	25033	25033	6205	1550	7835			
2400000	38659	37055	947		17194		1570	
1792040	20699	20420	1920		8175		274	
34180387	46249	45107			23991	120	957	
15760000	38962	34193	2200		4854		4769	
2556682	49767	49449	2110		26441		168	
613000	34747	34117	3899		13267			
2105236	222078	222076			22166			
6180000	33127	28721	5971	3584	12919		4400	
2600000	38219	37862	2606		21696		26	
	19856	19856	3684	1377	3684			
46897055	36853	36639	2413		15833		137	
2800000	63064	63064	1700	1700	1700			
19640000	254931	254126	1200		34126		350	
2124300	10055	10055	1400		2040			
13000000	29273	28625	4740	4740	14120			
715613	21848	21747	595		6413			
5113698	41633	34738	12520		17492			6894

续表 2

地 区	其他收入	本年支出合计	基本支出	项目支出	经营支出	在支出合计中	
						工资福利支出	商品和服务支出
总　　计	36505	1460421	519660	929223	6894	377222	476522
北　京	842	60005	20967	39038		18110	32384
天　津	537	24688	14824	9864		12557	11084
河　北	1269	58266	27855	30411		19916	21756
山　西	51	26421	17762	8659		14188	9919
内 蒙 古	32	12958	7117	5841		5738	6198
辽　宁		19895	17845	2050		6007	1599
吉　林	38	16007	11748	4258		7802	6582
黑 龙 江		14918	6533	8385		4355	8478
上　海	30049	85116	40600	44516		26535	56879
江　苏		43311	18459	24852		14479	25826
浙　江	-348	42852	23564	18623		13645	21989
安　徽	1470	24567	17347	7219		12753	7400
福　建	60	32109	9512	22597		7292	20981
江　西		30350	18398	11952		10980	6600
山　东	34	40279	19861	20418		16264	20094
河　南	5	22646	13258	9387		9656	1292
湖　北	65	45430	21116	24314		15594	26466
湖　南		36050	23242	12808		12501	21392
广　东	150	43736	23009	20727		17161	22384
广　西	630	35028	21544	13484		17516	14687
海　南	2	222076	7113	214963		6055	12422
重　庆	6	34895	15788	15490		1514	1709
四　川	331	38219	16166	21696		14706	17431
贵　州		21010	14213	6797		10750	6617
云　南	77	36747	10522	26225		9673	25739
西　藏		40333	16259	24074		15117	1141
陕　西	455	249903	11351	238552		9091	24877
甘　肃		9904	7695	2208		5814	2618
青　海	648	31420	14477	16943		11797	13802
宁　夏	101	19650	15190	4459		12428	5037
新　疆	1	41632	16325	18413	6894	17228	21139

差旅费	劳务费	福利费	各种税金支出	对个人和家庭补助支出	抚恤金和生活补助	其他资本性支出	各种设备购置费	资产总计／千元
6918	32865	5751	786	61397	5022	230239	19388	2142801
45	865	199		1610	335	7901	7901	24679
15	705	300	100	983	300	64	64	146152
816	1229	162		7441				157663
164	561	74		2287	20	25	25	45352
10	767	102		974		48		3581
40	510	992	57	228	210	60	60	21060
275	151	122		1525	204	98		34106
82	10	114		2084	402			1777
8	1519	336		750		952		172289
778	1898		31	2600		406		41804
354	2001	953		2189	1346	716	501	24839
137	164	92		4022	12			4336
184	2718			1702		2134	142	36539
289	36	87	40	511		6408	6408	20125
256	1829		13	2676	33	1245	845	16097
51	21	254	8	2252		58	58	5465
392	1894	615	204	2194	365	1176	1176	6534
244	911	614	240	2118	99	39	39	126787
160	1010		74	4041		150	150	57454
363	220	65	11	2564	297	261	261	68353
141	5910			223	37	203376	57	500683
59	1250			2244	42			120085
355	1	95		1765	197			30994
196	421		6	3085	96	558	558	5541
453	363		2	406		223	223	34790
80								41306
71				672				245679
37	284	75		1311	71	161	161	4266
51	4422	287		2842	671	2979		27228
51	184			2022	95	12		10007
761	1011	213		2076	190	1189	759	107230

续表 3

地 区	固定资产净值	实际使用房屋建筑面积/万平方米	业务用房面积	实际拥有产权面积/万平方米	流动舞台车演出情况		
					流动舞台车数量/辆	利用流动舞台车演出场次/场次	利用流动舞台车演出观众人次/万人次
总　　计	899783	30.82	20.08	19.95	7	6	0.06
北　京	188	0.18					
天　津	143977	1.30	1.03				
河　北	125456	1.90	1.23		1		
山　西	17382	0.76	0.55	0.48			
内　蒙　古	2997	0.32	0.30				
辽　宁	5160	0.85	0.80	0.41	1		
吉　林	29698	0.88	0.58	1.20			
黑　龙　江	1373	0.16	0.10				
上　海	135768	1.91	1.91	1.91			
江　苏	24830	0.64	0.41				
浙　江	12503	0.83	0.83	0.32			
安　徽	2478	0.25	0.12	0.25			
福　建	20499	0.35	0.31	0.35			
江　西	11615	0.62	0.60	2.52			
山　东	7637	2.04	1.40	0.77	1	6	0.06
河　南	3034	0.98	0.78		1		
湖　北	3308	0.37	0.18	0.37			
湖　南	107943	2.00	1.31	2.00	1		
广　东	42398	0.81	0.67				
广　西	65352	0.40	0.36				
海　南	19374	0.38	0.16				
重　庆	8731	2.40	2.00	2.40			
四　川	6887	1.09	0.38	1.52			
贵　州	2024	0.40	0.15	0.36			
云　南	15673	1.45	1.33	1.45			
西　藏	19847	1.22	0.47				
陕　西	9389	0.96	0.50	0.96	1		
甘　肃	698	0.15	0.10	0.15	1		
青　海	8783	1.88	0.23	0.75			
宁　夏	4598	0.88					
新　疆	40183	2.46	1.29	1.78			

志愿者服务队伍数/个	志愿者服务队伍人数/人	分馆数量/个	由本馆指导的单位					
			馆办文艺团体/个	演出场次/场	观众人次/万人次	馆办老年大学/个	群众业余文艺团队/个	群众业余团队人数/人
3509	124958	4	95	432	134.01	9	501	17434
41	50622							
181	3520		2	2	0.05		170	3400
1	30		5	13	0.15	1	12	500
1	10		2	80	2.00	1	20	1200
2	70		4	13	0.83		7	360
1	920		3	5	0.15		19	830
			3	1	0.03		30	600
1			1				1	
1	100							
4	1120							
2	37		2	2	0.10			
501	15015		1	22	1.30		26	1000
1	60		2	4	0.20		2	60
2	130	1	8	35	0.10	1	8	250
64	3057	2	2				13	70
7	145					1		
70	15028		2	4	0.29	1	12	1275
22	849		5	2	0.08	1	19	725
13	1557		5	28	118.60			
6	180		4	1	0.06		9	497
2333	18796		4	20	0.90		28	1300
4	721		1				22	800
137	9621		19	115	5.60	1		
1	186						1	300
			1	1	0.02		5	450
			8	32	0.51			
20	1538	1	8	40	2.69	1	31	1960
27	252							
66	1394		3	12	0.36		67	1857

2022年各地区地市级

地　　区	机构数/个	从业人员/人	专业技术人才	正高级职称	副高级职称	中级职称	组织品牌节庆活动/个	提供文化服务次数/次
总　　计	371	10587	8775	504	1962	3873	1315	126439
北　　京								
天　　津								
河　　北	11	473	414	28	92	154	32	3070
山　　西	11	304	268	15	54	118	9	1591
内　蒙　古	12	446	396	25	90	185	43	1163
辽　　宁	21	507	414	33	97	192	39	5043
吉　　林	13	422	373	34	104	129	41	2010
黑　龙　江	16	369	325	62	80	121	44	2541
上　　海								
江　　苏	15	482	369	36	90	172	71	14257
浙　　江	11	455	378	39	81	168	79	11350
安　　徽	17	304	241	5	46	115	73	6324
福　　建	9	194	152	10	31	65	44	4344
江　　西	13	488	416	12	61	200	51	2502
山　　东	16	618	551	29	175	253	135	8459
河　　南	18	494	417	18	69	197	73	4303
湖　　北	12	420	373	17	57	146	65	6107
湖　　南	15	436	353	13	72	150	35	12979
广　　东	21	609	479	27	114	212	96	15287
广　　西	14	463	415	14	98	214	62	3274
海　　南	3	78	42	2	4	17	6	717
重　　庆								
四　　川	21	610	469	15	96	205	30	1869
贵　　州	9	378	348	14	81	145	38	1825
云　　南	16	454	426	15	127	205	35	2461
西　　藏	7	107	80		14	35	1	196
陕　　西	11	417	309	11	56	152	45	4944
甘　　肃	16	329	267	8	45	127	27	2068
青　　海	8	178	112	4	27	48	11	709
宁　　夏	5	125	105	10	27	36	38	2019
新　　疆	30	427	283	8	74	112	92	5027

文化馆基本情况

文化服务惠及人次/万人次	组织文艺活动次数/次	为老年人组织专场	为未成年人组织专场	为残障人士组织专场	为农民工组织专场	文化活动观众人次/万人次	举办训练班班次/次	培训人次/万人次
4797.38	25612	2450	2674	560	871	2748.04	91067	512.61
165.37	986	53	31	7	11	45.75	1800	26.78
230.57	218	32	12	23	10	91.77	1244	4.43
69.36	520	169	72	7	46	51.70	519	6.58
118.16	537	73	79	3	5	87.23	3816	9.53
170.15	498	46	61	3	2	109.03	1329	36.23
55.65	561	144	51	6	7	38.98	1711	6.05
362.43	1230	113	148	2	13	80.81	12296	62.69
154.95	1189	85	88	19	69	71.12	8484	21.42
345.43	1592	103	131	6	8	248.40	4460	13.83
95.67	517	46	131	7	28	43.07	3607	11.83
116.79	879	65	63	9	15	81.21	1384	8.13
524.36	1984	206	296	47	165	347.39	5907	69.00
223.78	1683	182	113	29	46	155.54	2030	11.94
147.99	682	105	53	29	32	76.47	5236	31.95
462.63	953	147	71	10	10	357.06	11802	46.67
352.09	4614	144	563	180	86	144.38	9876	30.34
262.63	967	52	149	12	28	192.32	2077	35.26
47.83	257	37	43	12		39.55	387	1.42
109.51	431	26	24	2	6	26.20	1123	3.56
66.19	393	55	42	8	15	31.77	1298	10.29
96.15	693	116	37	4	20	56.84	1597	9.31
16.09	156	2	5	1	14	14.52	26	0.53
147.07	716	29	64	18	11	82.01	3951	13.95
80.26	481	60	65	28	33	47.79	1381	10.50
38.39	505	4	4	2	4	33.04	149	2.50
67.48	670	46	35	5	83	39.35	1264	14.33
270.40	1700	310	243	81	104	154.74	2313	13.54

续表 1

地　　区	对业余文化队伍开展培训人次	举办展览个数/个	参观人次/万人次	组织各类理论研讨和讲座次数/次	参加人次/万人次	计算机/台	本单位受训人次/万人次	线上群众文化活动次数/次
总　　计	177.99	4214	1441.27	5546	95.34	11315	4.25	29613
北　　京								
天　　津								
河　　北	36.15	124	68.23	160	24.61	369	0.05	1144
山　　西	1.72	60	132.65	69	1.71	463	0.04	287
内　蒙　古	3.16	82	10.24	42	0.83	406	0.09	994
辽　　宁	6.53	110	17.91	580	3.47	303	0.13	714
吉　　林	9.54	70	20.26	113	4.61	428	1.31	429
黑　龙　江	3.85	109	10.08	160	0.53	344	0.01	1288
上　　海								
江　　苏	0.78	530	215.15	201	3.78	494	0.03	2427
浙　　江	6.40	319	55.83	1358	6.56	638	0.09	648
安　　徽	3.04	173	78.44	99	4.75	359	0.01	649
福　　建	3.70	150	38.73	70	2.03	166	0.01	504
江　　西	2.20	109	26.22	130	1.23	502	0.04	1915
山　　东	23.26	356	104.22	212	3.77	609	0.28	2119
河　　南	4.81	265	50.93	325	5.38	671	0.10	4006
湖　　北	22.28	124	37.17	65	2.41	439	0.32	1171
湖　　南	11.07	99	57.42	125	1.48	482	0.63	507
广　　东	5.95	266	171.84	531	5.54	936	0.25	3841
广　　西	3.42	144	29.62	86	5.40	398	0.22	512
海　　南	0.28	53	6.75	20	0.10	93	0.01	154
重　　庆								
四　　川	0.71	176	78.72	139	1.00	492		634
贵　　州	5.76	102	23.98	32	0.17	356	0.13	168
云　　南	5.59	117	28.68	54	1.31	628	0.12	1958
西　　藏	1.75	11	1.02	3	0.01	55		27
陕　　西	3.25	164	47.08	113	4.03	433	0.19	1237
甘　　肃	6.35	127	19.40	79	2.57	345	0.01	977
青　　海	0.22	28	2.58	27	0.26	69	0.10	448
宁　　夏	2.68	70	13.62	15	0.17	301	0.05	303
新　　疆	3.54	276	94.49	738	7.63	536	0.03	552

线上服务人次/人次	本年收入合计/千元	财政补贴收入	免费开放资金	中央资金	业务活动专项经费	上级补助收入	事业收入	经营收入
350223297	3759380	3655055	358741	104058	847086	26148	7913	2306
5819381	130933	129086	5985	3248	6740			
4991702	113775	113774	5789	3267	16662			
5973864	107509	107393	4948	4140	9325			
2662204	94836	93577	6561	2572	8295	559	700	
3830180	87533	82939	3826	2203	8336		4162	
706593	91270	91134	5364	3634	10521		5	
17500245	202963	198481	11901	990	43234	188	539	2183
19687222	267911	265878	5466	2072	94117	1078	134	
12937709	99193	96176	6788	3495	30074	346		
13655206	185022	182844	4514	1889	47344	315		
17718494	124341	114582	9407	3650	24620	6410		123
11410636	245951	243946	15866	5734	79699	693		
19873042	128387	127601	8773	5400	28385	476		
10701248	135999	133348	6367	3210	34493	10	182	
16954242	130698	125666	10789	3880	21491	380	967	
139661429	482217	462097	175369	4969	158879	11139		
1810853	111643	109647	6938	5669	21083	1941		
2774720	24124	24124	1152	600	17170			
18790181	203916	202045	13922	9630	56416			
284929	95083	93133	4699	3596	10262			
6066485	130278	129310	7388	5852	21752			
325690	72117	72117	3367	1722	12848			
10577032	120133	115891	5000	4143	28251	1349		
1524046	72548	72123	8461	6433	6017	176		
923677	57938	54812	3990	540	17184	346	1224	
274666	55507	53412	2155	880	18041			
2787621	187555	159919	13956	10640	15847	742		

续表 2

地 区	其他收入	本年支出合计	基本支出	项目支出	经营支出	在支出合计中	
						工资福利支出	商品和服务支出
总　　计	67958	3768322	2266473	1446053	2335	1771830	1129775
北　京							
天　津							
河　北	1847	136196	120373	13592		78567	20550
山　西	1	112623	50654	61968		42837	20154
内　蒙古	116	108906	83694	25203		67008	27935
辽　宁		95274	75027	15257		64091	21715
吉　林	432	86984	63050	23750		53972	24466
黑　龙江	131	93072	68259	24813		54528	24988
上　海							
江　苏	1572	202382	141046	58910	2173	98911	77848
浙　江	821	267982	125036	130525		100843	129426
安　徽	2671	98321	69960	28343		47139	22099
福　建	1863	181214	40279	140935		32290	48442
江　西	3226	119301	94750	22395		75030	20372
山　东	1312	246309	162947	83360		124555	79271
河　南	310	129409	90771	38619		73397	25349
湖　北	2459	137600	89203	48223		72946	44963
湖　南	3685	130398	95531	30411		70356	32910
广　东	8981	476804	197811	275806		152757	204119
广　西	55	111649	79868	31256		71065	25749
海　南		24203	6865	17338		6389	16535
重　庆							
四　川	1871	207047	128596	78449		98426	79111
贵　州	1950	101747	73904	27824		56315	20748
云　南	968	131497	95370	36115		77487	36505
西　藏		69704	33990	30218		33186	16036
陕　西	2893	121855	85257	35845		78693	32460
甘　肃	249	72308	55512	8700		42812	13604
青　海	1556	60910	37505	22436		18828	19663
宁　夏	2095	56442	31065	24115		25620	14556
新　疆	749	69385	48740	20553		37431	15451
新疆兵团	26894	188185	70150	111647	162	53782	30201

差旅费	劳务费	福利费	各种税金支出	对个人和家庭补助支出	抚恤金和生活补助	其他资本性支出	各种设备购置费	资产总计/千元
15229	132301	15785	1508	257869	31854	222594	91298	20797065
219	908	499	150	28633	1507	2778	1682	96301
315	735	414		3835	347	4854	92	248348
469	1217	601	27	4552	656	2728	749	422907
208	2814	4	2	2109	543	1822	84	157409
92	3319	545		4405	952	1703	1611	222340
837	2444	367		9182	1070	2992	1690	81285
857	10828	961	40	16635	931	4815	2141	237053
731	12880	4182	681	8848	541	4746	3550	610348
258	3757	194	25	10455	1097	771	590	132185
367	9618	6	40	7056	861	92183	2108	424147
773	2542	220	27	9698	1255	1184	185	49889
704	3820	272	231	20025	1571	2064	361	189553
219	2611	642	7	10091	1177	6943	1481	81138
680	10286	1356	35	10958	181	2038	1499	115640
420	4865	962	67	15334	971	4052	2590	77013
458	8809	1075	49	34841	2112	60188	56112	359220
938	2084	125	25	5688	2544	1486	453	64316
54	5131	1	1	967	279	310	310	53888
2473	15108	1476		17816	4782	5611	928	429561
183	4123	627	1	13150	1148	2925	2517	41351
1166	3196	623	23	6849	3623	989	927	150226
212	485	1	4	353	74	4809	3232	39570
750	6089	76		3173	891	516	404	145748
457	2830	339		5166	1351	1472	324	160124
359	4920		23	1805	25	3058	1248	44975
168	2078		4	3366	571	2645	1643	15664382
507	2611	195	46	2219	318	1522	1517	69957
862	4804	217	46	2879	794	2912	2787	498148

续表 3

地　　区	固定资产净值	实际使用房屋建筑面积/万平方米	业务用房面积	实际拥有产权面积/万平方米	流动舞台车演出情况		
					流动舞台车数量/辆	利用流动舞台车演出场次/场次	利用流动舞台车演出观众人次/万人次
总　　计	3330201	426.90	178.49	112.42	56	566	32.04
北　　京							
天　　津							
河　　北	66818	6.58	4.26	3.27	1		
山　　西	25204	6.00	3.86	7.51	6	9	1.60
内　蒙　古	320242	10.49	5.57	1.95	5	63	2.17
辽　　宁	95879	7.70	3.99	2.38	3		
吉　　林	196069	6.68	4.01	4.73	1		
黑　龙　江	44206	5.48	4.08	2.43	2		
上　　海							
江　　苏	197473	17.44	7.71	7.76	4	60	2.74
浙　　江	358639	15.02	5.61	12.97	1	70	4.80
安　　徽	107942	15.30	10.84	3.44			
福　　建	196075	9.45	7.75	2.18			
江　　西	15091	13.65	7.52	6.71	1	4	0.18
山　　东	127054	18.91	14.96	5.29	5	24	4.99
河　　南	44769	18.74	16.96	4.56	2	20	2.30
湖　　北	83216	9.03	6.71	5.76	2	5	0.30
湖　　南	45109	10.43	6.67	1.91	1	3	0.80
广　　东	268857	15.19	12.02	2.97			
广　　西	21756	12.73	3.36	2.93	1		
海　　南	30273	1.80	1.41		1	22	1.05
重　　庆							
四　　川	206656	13.27	10.48	3.71	4	14	0.45
贵　　州	19328	5.12	3.89	3.43	2		
云　　南	140435	8.30	6.93	2.59	1	30	1.80
西　　藏	24281	2.88	1.22	1.55			
陕　　西	109224	7.14	4.04	3.44	2	42	3.25
甘　　肃	136774	9.23	8.21	1.85	1		
青　　海	24464	6.16	4.10	3.20			
宁　　夏	20430	6.01	2.26	2.69	1	6	0.18
新　　疆	403937	168.17	10.07	11.21	9	194	5.43

志愿者服务队伍数/个	志愿者服务队伍人数/人	分馆数量/个	由本馆指导的单位			馆办老年大学/个	群众业余文艺团队/个	群众业余团队人数/人
			馆办文艺团体/个	演出场次/场	观众人次/万人次			
5078	343682	658	1208	7274	387.49	60	8141	375816
194	7740	18	48	171	9.05	1	295	8752
86	2928	1	25	56	3.56		217	7822
152	5163	21	41	228	9.69	3	259	12302
177	14767	21	75	492	14.22	2	273	12466
508	8215	11	38	577	18.58	1	203	7166
203	9003	25	58	326	19.03		463	21974
35	13424	5	52	174	7.11	4	230	9558
59	4828	15	57	282	12.77	1	394	20266
134	5570	6	43	132	10.14	1	198	5462
327	5700	7	19	69	2.70		144	7396
79	4573	9	39	269	29.25	3	434	19310
329	12325	35	94	858	41.71	4	298	12485
438	16462	5	54	271	18.61	7	434	18974
158	11297	51	31	92	7.50	5	363	22687
313	26217	9	43	156	11.12	4	1268	81366
519	134105	265	75	266	16.34	2	382	11559
62	3710	9	55	374	30.61	3	345	14465
11	367	8	6	14	0.76	1	24	750
87	15635	14	15	94	4.94	2	461	21976
192	6713	15	78	192	13.00	1	235	11262
140	7159	45	88	289	19.43	7	378	14394
16	454	1	3	5	0.50		6	184
108	4642	6	22	247	9.64	1	150	8030
122	7073	11	47	179	12.46	1	209	8668
309	3020		8	367	31.54	1	120	3860
14	969	3	27	445	14.65	3	111	5079
306	11623	42	67	649	18.59	2	247	7603

2022年各地区县市级

地　　区	机构数/个	从业人员/人	专业技术人才	正高级职称	副高级职称	中级职称	组织品牌节庆活动/个	提供文化服务次数/次
总　　计	3099	43357	31538	486	4343	13790	6389	642150
北　　京	17	920	587	7	38	283	84	15536
天　　津	16	704	427	3	59	220	42	3837
河　　北	169	1683	1237	10	155	531	372	41476
山　　西	117	1468	1064	4	96	432	41	12097
内　蒙　古	105	1381	1135	22	260	524	154	9277
辽　　宁	101	1180	838	17	109	476	79	8930
吉　　林	66	1706	1354	69	293	498	88	3447
黑　龙　江	124	1825	1450	79	347	569	171	9335
上　　海	18	815	670	3	45	271	56	6182
江　　苏	100	1717	1403	30	242	634	312	54881
浙　　江	90	1922	1440	64	243	587	755	126409
安　　徽	105	1157	846	4	78	380	216	20878
福　　建	85	704	575	2	111	253	186	10163
江　　西	103	1423	1029	6	73	426	265	20123
山　　东	141	2310	1969	19	347	990	528	75818
河　　南	189	2690	1195	3	83	601	421	21666
湖　　北	113	1748	1209	21	105	513	229	20229
湖　　南	133	1652	1200	3	113	550	310	33933
广　　东	122	1979	1329	29	138	584	412	31648
广　　西	109	1624	1343		93	652	159	11611
海　　南	19	192	109		6	42	26	5870
重　　庆	40	862	625	24	88	271	161	11430
四　　川	184	2480	1783	4	161	688	254	12120
贵　　州	89	1160	905	8	86	359	172	13558
云　　南	132	1893	1723	29	524	798	138	12410
西　　藏	74	414	302	1	5	18	20	3553
陕　　西	110	2113	1311	6	139	630	223	12033
甘　　肃	89	1256	790	5	113	380	84	5758
青　　海	45	545	275		19	93	21	3362
宁　　夏	21	363	283	5	52	120	64	4780
新　　疆	273	1471	1132	9	122	417	346	19800

文化馆基本情况

文化服务惠及人次/万人次	组织文艺活动次数/次	为老年人组织专场	为未成年人组织专场	为残障人士组织专场	为农民工组织专场	文化活动观众人次/万人次	举办训练班班次/次	培训人次/万人次
35511.05	**282078**	**35047**	**20237**	**4233**	**13681**	**25812.51**	**288734**	**1853.16**
190.16	1752	166	80	15	29	74.67	12933	28.22
79.74	1211	244	53	6	7	43.17	2031	9.46
2686.68	18405	2449	1236	344	584	1966.38	17233	119.89
712.81	5977	532	350	95	225	624.80	4847	26.03
723.28	4365	786	391	60	190	626.31	3813	30.39
218.57	2053	450	131	37	110	153.28	5495	26.41
159.38	1427	221	74	22	40	101.46	1339	10.59
224.39	4229	713	314	71	186	174.17	3589	17.02
334.62	2181	118	92	4	33	94.21	3517	13.78
2694.59	19845	1692	1483	177	565	1301.25	29651	186.06
6887.15	48047	6966	3008	711	2569	4577.41	60349	364.16
1500.03	7480	1072	795	107	376	1199.10	11524	54.36
345.69	3294	320	667	51	326	274.79	5691	15.72
1980.74	11333	1064	625	165	402	1568.02	7041	58.30
2518.42	52067	7102	2168	575	1294	2158.26	19517	132.16
1191.96	11024	1716	1160	303	735	921.44	7263	39.76
1566.67	8078	1103	529	142	387	1241.08	9735	86.42
3940.16	14168	1775	964	203	483	2786.64	16484	255.60
1216.55	7820	789	1732	92	328	808.63	21064	118.13
533.97	5455	565	403	22	225	455.83	5391	29.24
334.70	1111	68	41	3	86	264.22	4516	15.29
429.57	2850	222	199	79	135	310.67	7444	29.98
433.77	5985	878	547	162	475	322.78	4359	14.88
1422.18	5831	440	503	82	318	1168.28	6263	57.80
752.40	7562	961	666	144	453	637.64	3541	27.91
165.74	2850	109	121	33	462	155.92	458	2.67
861.02	5150	799	501	172	394	678.26	5237	32.66
343.61	2814	381	224	54	249	226.53	1753	13.26
209.55	2718	191	69	25	232	183.21	420	2.82
212.94	3467	286	210	31	239	185.96	1048	7.17
640.01	11529	869	901	246	1544	528.14	5188	27.01

续表 1

地　区	对业余文化队伍开展培训人次	举办展览个数/个	参观人次/万人次	组织各类理论研讨和讲座次数/次	参加人次/万人次	计算机/台	本单位受训人次/万人次	线上群众文化活动次数/次
总　计	**638.88**	**34778**	**7182.92**	**36560**	**660.36**	**48564**	**30.66**	**2713217**
北　京	9.75	178	52.20	673	35.07	827	1.13	1362
天　津	4.79	251	25.08	344	2.01	644	0.12	996
河　北	62.50	2343	545.67	3495	54.63	1868	0.21	11014
山　西	13.23	712	54.80	561	7.08	1003	5.29	9034
内　蒙　古	16.82	487	60.06	612	6.46	1046	0.12	2522
辽　宁	12.79	588	33.70	794	5.14	1105	0.12	1519
吉　林	2.05	291	43.11	390	4.14	942	0.48	2705
黑　龙　江	5.77	580	27.55	937	5.54	2396	1.57	6013
上　海	4.22	278	225.85	206	0.75	1008	0.21	5946
江　苏	67.27	3464	1174.79	1921	32.48	2037	0.10	4433
浙　江	104.58	7351	1759.86	10662	185.69	2006	3.13	10718
安　徽	14.58	1034	211.37	840	35.15	1827	0.20	1352
福　建	6.98	678	50.60	500	4.50	963	0.16	122746
江　西	33.11	1048	334.48	701	19.83	1301	1.99	3115
山　东	37.11	1809	172.85	2425	55.05	2155	1.57	9199
河　南	28.15	1894	201.62	1485	29.00	2464	0.19	7702
湖　北	19.37	1490	215.98	926	23.10	1508	2.26	3050
湖　南	72.21	1312	836.40	1969	61.45	4830	4.57	2089
广　东	29.09	1425	277.86	1339	11.86	3542	1.99	4003
广　西	13.04	490	45.45	275	3.35	1471	0.29	1713
海　南	1.24	135	53.99	108	1.20	288	0.03	235
重　庆	5.78	616	79.51	520	9.38	1436	1.20	1829503
四　川	4.41	961	88.17	815	7.81	2898		6845
贵　州	27.28	704	182.10	760	13.94	1143	0.18	1607
云　南	15.56	754	81.90	553	4.86	1464	1.50	650220
西　藏	1.19	168	6.30	77	0.81	1256	0.22	216
陕　西	12.35	988	140.79	658	9.24	1842	0.14	5904
甘　肃	2.38	717	91.58	474	12.17	1011	0.03	4085
青　海	0.50	168	22.78	56	0.72	468		904
宁　夏	1.45	85	17.99	180	1.79	456		330
新　疆	9.33	1779	68.54	1304	16.16	1359	1.66	2137

线上服务人次/人次	本年收入合计/千元	财政补贴收入	免费开放资金	中央资金	业务活动专项经费	上级补助收入	事业收入	经营收入
863907749	**9773447**	**9445248**	**661480**	**335276**	**1991552**	**119917**	**40370**	**2376**
35282733	356030	355056	7076	1467	104191		619	
3896306	189409	186779	5720	1208	18222			
31528631	248801	243355	26900	18085	42363	525	3730	
20486736	194548	192994	23428	13818	25244	861		
5599160	247388	240536	18568	14940	24940	1582	5102	
1662518	151556	151074	12748	4010	18545	364	118	
2832434	238835	235943	9618	3609	43048	44	40	
2007636	278620	275636	17048	13452	25768	1540	1203	
31002466	486384	470633	2995	1463	138081		434	
46968183	624470	603147	27104	4548	113639	9630	2414	
204275673	760383	741374	31159	5364	241734	9478	493	
14044419	240978	223073	30856	7908	47075	10423	1493	
8766329	207582	189753	14012	4780	41930	2362	753	
16133173	275272	257490	17971	7237	33963	8460	2211	
29594480	433495	424255	35606	8137	89754	1935	499	
23947861	282417	278886	34768	21758	38547	592	1702	
31492048	361054	339175	19426	8458	46641	12104	1895	
43976096	341564	328050	22245	10395	88699	7309	801	
165538793	1018250	993666	55752	9273	280957	10402	512	2376
3736264	224712	219707	20802	15979	42505	2980	1600	
10344303	52127	51571	7989	3966	23024	461		
44005574	288268	283595	23733	15546	61287	801		
11750763	442995	437196	33540	21528	109920	680	979	
22601757	164406	150318	19713	12696	23422	9970	2416	
20583205	338642	329884	21421	15880	54192	5312	1195	
361276	65699	63669	15810	10460	9173	670	1320	
13809702	342731	334571	22875	17585	68769	3920	147	
6049457	187932	180899	17005	11847	20990	4050	1180	
1466052	119539	99952	8185	5376	27491	2081	1900	
6066387	124063	111209	4091	1910	22531	7390	1976	
4097334	485297	451802	53316	42593	64907	3991	3638	

续表 2

地 区	附属单位上缴收入	其他收入	本年支出合计/千元	基本支出	项目支出	经营支出	在支出合计中 工资福利支出	在支出合计中 商品和服务支出
总 计	220	165316	9814840	6479098	2834740	3636	5277930	2179084
北 京		355	376251	236623	136202		190630	148574
天 津		2630	191515	152747	38765		131740	43743
河 北		1191	246789	176848	58067	15	153658	35075
山 西		693	194723	144621	41908		134800	27833
内 蒙 古		168	248099	194593	41665		160086	38578
辽 宁			165715	126894	24511	8	101501	26710
吉 林		2808	238573	199307	37646	103	176764	21365
黑 龙 江		241	281114	227112	49243		190476	41876
上 海	2	15315	490149	326195	162448		241864	160743
江 苏		9279	621001	437159	178928		321082	190433
浙 江		9038	766201	472973	285633	6	381240	231994
安 徽		5989	242883	177771	54518	2	134704	50901
福 建		14714	206359	141424	54527		101978	58865
江 西		7111	275818	219135	44728	46	168085	60854
山 东		6806	435095	329935	68955	40	284185	52332
河 南		1237	278987	218702	36815	62	177533	50769
湖 北		7880	361472	247678	98810	10	195259	59090
湖 南		5404	340849	237536	86926	160	161112	61994
广 东		11294	1020273	386243	612527	2226	319652	305513
广 西		425	221578	175404	34381		156616	30631
海 南		95	55887	21203	29414		20548	17254
重 庆		3872	291490	197545	92236		130821	89610
四 川		4140	448256	308483	134105		251362	138782
贵 州		1702	162940	110493	29394	70	98730	20034
云 南	10	2241	338287	257947	55123	5	241968	40906
西 藏		40	60605	50234	6271	5	42175	3644
陕 西		4093	347809	231588	75621	80	224281	59905
甘 肃		1803	191756	134209	27160	106	123407	30042
青 海	208	15398	125441	81675	43229		61633	18093
宁 夏		3488	119370	79582	36190		52994	27053
新 疆		25866	469555	177239	158794	692	147046	35888

差旅费	劳务费	福利费	各种税金支出	对个人和家庭补助支出	抚恤金和生活补助	其他资本性支出	各种设备购置费	资产总计/千元
48052	289128	42352	8452	442836	111412	479466	321868	32134929
5	10743	1916	42	17098	3197	5841	1835	322125
235	3818	1853	265	10516	1800	641	281	435880
269	4682	399	15	18653	4738	7150	2553	366377
592	3627	766	1473	4184	1764	3189	2144	640659
372	4654	500	64	11953	2599	6018	2083	222741
784	1280	173	123	8343	1922	3511	3124	268772
583	3310	6		5664	3457	2955	2348	248153
1269	4815	149	63	24656	2105	6432	2181	239933
120	4753	3096		17021	6880	17704	15058	582696
2360	27803	2541	83	45169	3604	35884	12092	827672
2545	38624	15324	2765	26311	4151	27858	8310	377828
883	7654	1172	285	15138	3093	5451	2043	262704
317	8977	73	129	11493	3819	3088	1402	220942
2076	11865	1468	500	6604	1732	4993	2644	350325
1069	7238	1029	22	22511	2851	5835	1934	423809
1233	6842	530	214	13494	2982	8498	380	400846
1781	10259	2174	75	16388	2073	9417	2951	363501
2204	9837	1155	132	11911	3159	2516	1087	8541797
755	27035	1774	302	35005	2609	232839	227135	1539870
3608	4093	389		8235	3271	1542	894	212952
446	4101	81	571	742	326	382	358	72781
3006	24908	983	428	37133	21905	3211	2291	282149
11207	20975	1489		27746	16042	3796	1432	715967
856	4412	226	447	5738	1058	1741	1514	303463
3390	9860	732	19	10871	2977	4156	770	3499009
515	204			1460	834	2951	1335	182295
2457	6313	784	131	4266	1471	3416	1358	716175
1450	5560	1188	60	9984	2670	3574	911	587132
261	3058			4154	321	11514	188	160688
280	3662		72	2814	560	12093	1080	7459872
1124	4166	382	172	7581	1442	41270	18152	1305816

续表 3

地 区	固定资产净值	实际使用房屋建筑面积/万平方米	业务用房面积	实际拥有产权面积/万平方米	流动舞台车演出情况		
					流动舞台车数量/辆	利用流动舞台车演出场次/场次	利用流动舞台车演出观众人次/万人次
总　计	23201230	1142.56	780.83	483.14	1733	29398	1673.67
北　京	191732	15.33	11.72	5.48	7	79	0.53
天　津	380389	21.12	16.26	0.57	5	54	0.67
河　北	268781	60.20	42.72	26.90	124	3087	196.59
山　西	559113	29.42	22.43	27.47	154	1565	63.35
内　蒙　古	149705	26.40	18.42	9.72	55	669	39.22
辽　宁	204822	22.54	13.00	7.73	10	83	3.25
吉　林	172263	16.28	9.46	6.89	72	715	27.79
黑　龙　江	131587	24.50	16.11	7.11	50	577	16.62
上　海	430105	18.34	9.73	9.62	2	30	0.30
江　苏	662744	123.26	92.22	42.20	26	1405	84.20
浙　江	183144	94.08	63.45	23.87	6	269	55.03
安　徽	202739	32.98	24.84	14.07	32	609	37.03
福　建	163130	36.95	26.81	13.52	11	109	3.84
江　西	270673	34.61	21.42	14.97	46	1241	77.56
山　东	306268	62.15	44.07	23.18	84	4210	169.99
河　南	293949	47.93	33.25	22.30	99	2134	115.04
湖　北	202859	40.38	25.16	24.71	51	1075	71.23
湖　南	8324187	58.48	35.89	33.88	75	2218	178.91
广　东	601283	81.81	49.59	20.23	8	25	0.30
广　西	150611	22.64	14.54	10.94	43	345	13.90
海　南	55221	5.81	4.55	3.72	4	8	0.50
重　庆	190368	27.92	19.66	14.61	25	151	19.76
四　川	429798	56.90	43.86	22.97	141	1119	41.91
贵　州	220005	25.89	17.73	14.42	100	1176	172.78
云　南	3169040	29.15	21.08	17.43	103	1707	77.09
西　藏	158489	9.33	5.91	4.75	67	874	27.99
陕　西	160840	28.19	20.50	15.82	96	792	53.50
甘　肃	324515	18.69	12.33	12.32	67	661	39.66
青　海	121170	6.47	4.53	3.85	40	549	23.02
宁　夏	3608312	8.05	5.55	2.42	12	370	14.77
新　疆	913388	56.76	34.04	25.47	118	1492	47.34

志愿者服务队伍数/个	志愿者服务队伍人数/人	分馆数量/个	由本馆指导的单位					
			馆办文艺团体/个	演出场次/场	观众人次/万人次	馆办老年大学/个	群众业余文艺团队/个	群众业余团队人数/人
35214	**1604152**	**18822**	**8019**	**95472**	**4920.72**	**574**	**99296**	**3508480**
153	13377	204	87	644	22.27	5	2430	55973
208	6426	140	86	310	16.89	2	1566	40940
2378	97316	949	512	3978	248.65	29	5002	187746
800	38737	957	258	3199	66.70	12	2528	105915
966	44062	768	230	1503	103.36	30	3348	120371
1144	36014	290	319	1159	70.97	17	2187	79345
406	22117	191	131	850	29.92	10	894	63656
1941	76821	418	245	1700	47.51	16	1969	127318
89	8153	108	128	185	22.87	2	507	15151
784	44277	698	359	6989	354.15	28	4039	143371
3698	311799	1207	470	7923	654.75	15	13347	528427
1253	120168	551	384	2550	193.86	16	1948	66497
359	12236	291	165	1298	41.54	10	841	45083
747	28854	471	194	3331	257.81	23	2108	67356
1462	42729	1105	502	12233	330.57	40	4662	158531
3560	132306	1166	513	6177	201.92	35	5007	159753
1947	68876	691	305	2431	185.70	19	5111	186462
1254	82337	1422	292	3847	360.16	47	5800	255326
1128	109092	1107	405	3141	337.51	15	2690	101255
967	29022	422	226	3060	140.25	18	5029	120544
96	6283	77	142	285	72.01	1	499	30855
1933	38111	728	148	1820	69.80	20	1303	54331
1396	67651	1055	129	1620	48.87	26	3276	110527
911	27338	832	399	2499	372.28	41	3241	91382
943	22731	1129	551	4515	202.28	31	12021	319746
598	3788	31	7	532	17.39		537	9546
855	26657	649	285	3468	147.81	26	2485	96703
341	8776	332	199	2063	49.29	14	1804	77370
191	3887	97	101	7002	66.16	2	517	22005
193	6747	96	23	1159	40.13		707	23479
2513	67464	640	224	4001	147.35	24	1893	43516

2022年各地区

地　区	机构数/个	从业人员/人	专职人员	在编人员	专业技术人员	提供文化服务次数/次	文化服务惠及人次/万人次
总　计	**40116**	**139079**	**82310**	**82016**	**35308**	**1908013**	**55109.15**
北　京	339	3291	2319	1218	103	51714	547.00
天　津	257	976	567	401	69	25274	467.48
河　北	2286	6047	3391	4138	908	81028	2214.78
山　西	1302	2495	1344	1073	418	32883	475.61
内 蒙 古	1083	3144	1629	1797	869	23096	443.14
辽　宁	1354	2519	1446	1595	524	17020	196.99
吉　林	910	2011	1363	1579	747	11086	132.88
黑 龙 江	1257	3033	1668	2212	723	14002	163.20
上　海	218	3916	2853	1545	382	44288	725.92
江　苏	1250	5249	3693	2777	1346	211383	10945.77
浙　江	1361	7522	4712	3137	2059	352857	11231.15
安　徽	1512	4748	3392	3215	1873	65170	1616.44
福　建	1112	3081	1575	1499	551	21567	364.38
江　西	1737	4549	2455	2453	613	51478	1901.27
山　东	1823	6129	4108	3802	1719	149198	2712.29
河　南	2497	9856	6271	7019	1717	115035	3086.91
湖　北	1301	3244	2305	1497	1082	47222	1515.96
湖　南	2167	8791	5005	4928	1959	130258	7164.09
广　东	1617	12718	7568	4944	2262	113669	2986.90
广　西	1176	3435	1916	2973	1197	28727	584.03
海　南	219	458	228	295	47	3113	59.82
重　庆	1031	4056	2821	3233	958	42393	790.87
四　川	4083	8273	3488	4516	1718	67452	1187.59
贵　州	1603	5249	2572	3970	1385	24125	583.93
云　南	1462	5215	3627	4457	3495	32217	726.14
西　藏	697	4933	2696	4033	3163	23025	320.25
陕　西	1345	4248	2388	2638	874	34113	773.50
甘　肃	1352	4179	2193	2359	641	19907	351.33
青　海	390	892	273	243	213	3875	63.31
宁　夏	245	725	405	415	240	7211	109.14
新　疆	1130	4097	2039	2855	1453	63627	667.08

文化站基本情况

组织文艺 活动次数/次	参加人次/ 万人次	举办训练 班班次/次	培训人次/ 万人次	对业余文化 队伍开展 培训人次	举办展览 个数/个	参观人次/ 万人次	接受戏曲 进乡村活动 服务次数/次
1288752	39631.41	482097	4373.08	1818.90	137164	11104.66	434730
29197	397.82	21474	110.78	44.60	1043	38.40	3462
16761	365.82	7633	67.30	36.99	880	34.36	1282
53506	1582.08	19088	232.91	128.52	8434	399.79	11798
24323	379.65	6409	31.63	13.19	2151	64.33	10727
17054	361.55	4393	28.46	16.45	1649	53.13	3319
10541	151.73	5486	27.25	13.68	993	18.01	1162
7152	106.64	3097	12.38	6.50	837	13.86	2522
9413	132.02	3684	16.50	8.98	905	14.68	1700
27398	555.61	14932	68.71	33.84	1958	101.60	2553
124686	6175.17	66277	921.69	368.92	20420	3848.91	57063
265336	9162.04	70654	693.73	247.46	16867	1375.38	26121
40636	1283.45	18977	146.89	56.74	5557	186.10	22779
12420	248.26	6795	33.92	14.24	2352	82.20	4748
38487	1489.40	9294	89.16	28.82	3697	322.71	22060
112453	2096.76	28652	242.74	114.14	8093	372.79	88756
83318	2397.50	21434	184.88	91.60	10283	504.53	25910
31550	1151.82	11336	127.87	61.56	4336	236.27	23422
84200	4653.36	35650	694.90	279.53	10408	1815.83	15172
60200	2015.89	47306	224.93	80.55	6163	746.08	8362
21246	516.62	5960	23.50	10.64	1521	43.91	10149
1779	51.18	1174	5.20	1.81	160	3.44	911
23728	532.65	13896	93.13	37.04	4769	165.09	5415
41567	915.99	19291	66.49	32.79	6594	205.11	14482
15574	469.43	6512	40.37	16.41	2039	74.13	3475
19463	538.24	9566	60.26	28.30	3188	127.64	30253
20042	298.57	2416	6.38	3.38	567	15.30	3638
23288	628.42	7327	54.37	18.80	3498	90.71	11514
12574	244.34	4747	33.86	11.99	2586	73.13	5235
2692	52.12	734	2.70	0.87	449	8.49	2529
5786	96.47	1032	6.25	2.96	393	6.42	8590
52382	580.81	6871	23.94	7.60	4374	62.33	5621

续表 1

地　区	服务惠及人次/万人次	藏书/万册	计算机/台	本单位受训人次/万人次	本年收入合计/千元	财政补贴收入	免费开放资金
总　　计	9505.20	33549.24	299059	140.01	19019925	17533535	2356887
北　京	36.37	914.86	4977	5.07	550588	536824	85787
天　津	25.70	144.26	2959	0.18	55713	55440	8740
河　北	487.85	1150.32	10232	2.51	245549	243148	88522
山　西	259.94	535.84	8941	1.83	93929	93848	60654
内 蒙 古	79.91	427.14	5609	1.42	172232	170568	44139
辽　宁	19.13	843.77	7744	1.51	92843	89108	25218
吉　林	38.31	376.55	4656	0.45	113615	111900	31718
黑 龙 江	32.12	541.49	5999	0.15	154228	153390	41783
上　海	24.12	1293.65	4732	1.81	1757153	1707407	67893
江　苏	1298.60	3563.11	13467	7.56	1155621	1140223	85581
浙　江	749.89	2753.74	15464	27.84	2913351	2835492	181799
安　徽	574.50	727.71	16237	5.38	306021	296827	74815
福　建	63.28	633.44	8051	3.67	217726	209064	58506
江　西	550.40	971.43	9053	8.45	149874	143854	70053
山　东	1879.75	2387.84	20024	10.86	496985	472116	55153
河　南	862.77	1428.67	17492	3.88	406412	399881	116820
湖　北	327.00	1051.30	8460	3.41	406302	389002	53069
湖　南	653.52	2502.13	11862	18.25	568932	559303	153851
广　东	210.06	4063.37	20512	7.73	2712829	2672734	198449
广　西	188.00	714.89	8494	0.58	258398	250763	57925
海　南	29.27	107.38	1490	0.53	28858	27949	8096
重　庆	105.76	713.34	11259	3.35	496649	487837	56157
四　川	286.80	1728.20	28568	0.41	550598	542659	217809
贵　州	83.04	1084.90	10230	2.21	293783	280719	53016
云　南	150.43	807.77	13980	12.51	3318685	2249515	177755
西　藏	44.06	212.53	3800	0.60	339650	326384	35969
陕　西	244.49	558.13	8483	3.50	289554	280599	66517
甘　肃	87.21	577.49	7870	1.67	192780	187869	61431
青　海	16.56	99.77	1563	0.18	101252	99926	11834
宁　夏	24.43	159.03	2463	0.64	192608	180852	53765
新　疆	71.93	475.19	4388	1.87	387207	338334	54063

中央资金	业务活动专项经费	本年支出合计/千元	基本支出	项目支出	工资福利支出	资产总计/千元	固定资产原值
1138504	**5962718**	**19294786**	**10177326**	**6870354**	**7260372**	**80429853**	**61319270**
17176	195827	515707	193849	246415	109436	745363	575439
1683	27452	48744	29561	12986	7804	319136	272160
60651	77243	242644	164407	56728	133315	960561	839614
41267	45550	89607	51407	30760	33865	647914	604492
34662	46261	169501	126863	28250	93307	560033	431435
12250	25098	102724	72478	14558	62567	592790	526214
18869	29174	114410	77602	25691	70299	377165	340402
36041	42508	152073	99040	50877	85192	477104	444342
4701	1043148	1740893	543078	1133322	371703	11500071	5929962
14332	341978	1155953	651306	478615	309264	6368085	5519022
23252	921614	3073575	1023062	1727367	329190	8765688	7201652
30383	85774	304174	200566	64806	124396	2545877	1897686
12203	79585	212115	127268	66407	77557	1290933	1124803
30511	53236	150613	97509	32658	56061	2500533	2181657
7117	183566	604343	340071	148721	219593	3353379	2935271
74039	89447	488614	359390	58532	248509	1026287	961213
23607	121392	398967	227728	129084	124171	4090042	2416481
52221	173370	528937	372741	97451	249118	4509716	3198058
43992	1060909	2632916	1051279	1406735	897636	7227127	4891342
45714	42635	279066	189829	20803	130744	615629	551668
4979	10068	26179	12071	6550	8639	130618	113931
40616	126914	505577	361992	113771	189202	2088686	1834665
166446	239424	550256	243128	292002	108501	2902432	2633876
28919	51797	291785	198490	34888	152101	1147827	900819
150219	482540	3302233	2306127	359970	2473141	8115342	6944065
22015	49529	318652	237154	14420	223518	798887	684017
52704	44277	287245	227311	31848	95950	2483668	2279389
37058	43390	189384	132065	20416	98663	1667393	1159689
5107	80537	101443	89951	8532	8948	199679	179628
2657	96920	126085	32395	89793	16602	1259046	786580
43113	51555	590371	337608	67398	151380	1162841	959698

续表 2

地 区	实际使用房屋建筑面积/万平方米	文化活动用房面积	实际拥有产权面积/万平方米	本站指导群众业余文艺团队/支	志愿者服务队伍个数/个
总　计	3622.71	2661.57	2110.16	354982	427400
北　京	83.76	66.13	32.85	8302	7815
天　津	41.28	32.55	11.67	3334	4903
河　北	117.46	91.95	68.66	20680	25067
山　西	61.15	46.29	49.39	9262	8404
内　蒙　古	71.21	46.83	30.07	6144	8249
辽　宁	82.84	48.44	34.41	8071	7621
吉　林	40.88	25.33	22.14	6088	7354
黑　龙　江	64.79	40.74	22.22	5543	5312
上　海	128.43	98.78	81.71	7725	4880
江　苏	450.16	364.06	198.07	14959	19077
浙　江	478.21	354.08	281.22	28956	28319
安　徽	105.54	80.73	96.25	12777	15975
福　建	90.07	67.21	51.94	7601	11353
江　西	82.63	60.56	52.87	10286	13304
山　东	222.56	151.44	104.12	28546	49911
河　南	114.64	84.83	75.22	28213	34286
湖　北	116.23	80.41	76.51	14601	18045
湖　南	184.59	108.42	117.65	20766	29077
广　东	379.75	299.15	183.00	15139	20737
广　西	51.36	39.43	36.75	11732	9889
海　南	7.62	5.77	6.18	1653	1534
重　庆	74.05	57.25	56.83	7386	9931
四　川	166.19	128.81	111.53	19811	19852
贵　州	64.96	46.91	47.73	9369	11634
云　南	77.37	57.29	75.07	18201	12810
西　藏	28.59	21.24	17.07	3533	5040
陕　西	65.72	46.31	48.88	9816	10621
甘　肃	56.93	40.10	40.63	8110	10858
青　海	12.38	9.23	7.76	1064	1297
宁　夏	19.09	10.77	9.67	1607	2837
新　疆	82.27	50.53	52.09	5707	11408

志愿者服务 队伍人数/人	辖区内社 区个数/个	辖区内行 政村个数/个	辖区内村 综合文化 服务中心/个	辖区内村 综合文化 服务中心 面积/ 万平方米	室内面积/ 万平方米
12990059	123480	488385	783810	33959.64	8884.33
313461	3440	3615	3238	296.01	123.15
177342	1850	3507	11314	158.79	83.76
537095	4317	48073	47745	2262.95	658.64
215996	2866	18556	20287	604.47	170.26
125473	2482	10904	10739	506.91	109.48
189705	6285	10157	56737	659.76	97.52
157664	1914	10100	8835	577.35	78.51
135878	2990	9021	8278	975.92	79.36
208561	4121	1545	1506	95.71	53.82
1318648	7044	13686	13680	1571.72	891.44
1329033	4961	22815	57131	2409.27	1083.58
510173	4378	12977	24711	661.63	187.86
424703	2893	15798	35553	389.91	172.93
259524	3651	16186	27820	377.92	133.27
1108296	11445	56853	128047	2495.63	923.06
775953	6963	45234	44817	3133.84	487.84
556235	4700	19873	49046	1078.50	278.92
1001995	5675	23736	25042	8859.68	1302.37
602316	6892	19468	20370	2239.20	602.93
324446	1956	13944	14433	971.04	262.02
37355	548	2539	2702	80.10	24.85
680448	3312	7896	16390	255.31	101.31
373553	8395	26195	24755	663.91	191.39
420531	4565	14762	23548	367.60	105.75
320583	5153	12455	21098	502.27	150.71
91923	1154	5451	4407	38.74	17.15
232946	3237	14854	47479	626.37	171.44
172683	1822	13552	18123	429.69	73.82
23165	479	2757	3874	38.95	12.20
91367	801	2503	2057	143.03	20.53
273008	3191	9373	10048	487.46	234.46

2022年各地区乡镇

地　区	机构数/个	从业人员/人	专职人员	在编人员	专业技术人员	提供文化服务次数/次	文化服务惠及人次/万人次
总　　计	32312	108234	63615	68427	30248	1314852	38720.16
北　京	177	1377	917	586	38	24586	226.08
天　津	128	515	338	180	39	13108	359.42
河　北	1983	5199	2920	3572	792	66129	1845.88
山　西	1088	2061	1172	865	361	26221	405.33
内　蒙　古	869	2363	1295	1433	759	16940	360.87
辽　宁	920	1562	912	1135	433	8020	122.19
吉　林	623	1460	1068	1267	663	7447	98.82
黑　龙　江	898	2133	1327	1825	633	9789	123.57
上　海	106	2451	1689	1031	192	23185	399.42
江　苏	825	3466	2468	2131	1077	123390	6611.14
浙　江	930	4696	2855	2095	1393	231221	7287.69
安　徽	1275	4061	2988	2908	1732	55301	1484.75
福　建	933	2508	1269	1295	480	15683	300.80
江　西	1564	4015	2117	2207	552	36290	1384.80
山　东	1198	3980	2666	2565	1189	93460	1753.78
河　南	1891	7972	5218	5876	1526	92375	2591.92
湖　北	1029	2509	1813	1153	925	33900	1234.86
湖　南	1810	7364	4243	4260	1754	92878	5240.09
广　东	1159	9236	5203	3726	1564	61500	1666.32
广　西	1124	3295	1829	2895	1173	27382	563.98
海　南	198	420	211	282	45	2838	57.04
重　庆	812	3021	2137	2479	759	29207	565.84
四　川	3558	6726	2720	3778	1454	47726	905.20
贵　州	1350	4436	2204	3412	1268	19373	490.27
云　南	1297	4354	3049	3893	3074	25091	578.17
西　藏	689	4895	2676	4002	3148	22793	318.46
陕　西	1145	3593	2047	2252	784	27498	653.46
甘　肃	1228	3841	2079	2159	627	17402	322.25
青　海	361	732	268	210	212	3497	61.87
宁　夏	201	619	350	389	221	5538	87.47
新　疆	943	3774	1567	2566	1381	55084	618.42

文化站基本情况

组织文艺活动次数/次	参加人次/万人次	举办训练班班次/次	培训人次/万人次	对业余文化队伍开展培训人次	举办展览个数/个	参观人次/万人次	接受戏曲进乡村活动服务次数/次
910083	28693.69	301886	2695.04	1194.58	102883	7331.43	379721
14720	162.23	9378	47.01	15.84	488	16.84	3149
8792	288.37	3842	43.85	26.93	474	27.20	866
43646	1318.28	15279	184.67	111.03	7204	342.93	11084
19477	320.14	4893	26.65	11.18	1851	58.54	9937
12350	292.49	3259	22.13	12.25	1331	46.25	3138
5575	97.31	1905	13.01	4.44	540	11.87	926
4676	78.75	2210	9.72	5.24	561	10.35	2400
6543	99.69	2615	13.18	7.60	631	10.70	1667
13253	287.37	8785	41.18	21.28	1147	70.87	2108
77153	4053.56	34221	473.95	186.29	12016	2083.63	50116
181560	6164.00	39071	340.06	141.85	10590	783.63	17360
35241	1178.07	15028	129.93	49.75	5032	176.75	21976
9282	204.38	4405	22.73	7.69	1996	73.69	4374
27078	1074.95	6134	60.33	22.24	3078	249.52	21154
71769	1378.37	16495	142.61	69.10	5196	232.80	68382
66905	2005.04	16802	156.51	77.38	8668	430.37	22925
21975	921.23	8292	110.39	54.32	3633	203.24	22164
61129	3486.55	23630	423.68	206.29	8119	1329.86	13082
32302	1119.99	24860	107.37	32.89	4338	438.96	6453
20214	498.15	5676	22.42	10.24	1492	43.41	10066
1602	48.78	1085	4.86	1.55	151	3.40	897
16722	388.86	8701	60.93	21.16	3784	116.05	4383
29286	690.35	13035	46.23	21.43	5405	168.62	13584
12557	393.77	5125	33.33	13.29	1691	63.17	2813
15357	428.47	7005	46.08	23.51	2729	103.62	29737
19821	296.83	2409	6.37	3.38	563	15.26	3583
18392	527.97	6039	45.76	15.37	3067	79.73	10232
10810	220.99	4213	31.31	11.38	2379	69.95	5146
2366	50.89	699	2.61	0.82	432	8.37	2505
4487	77.34	751	4.45	2.21	300	5.68	8202
45043	540.52	6044	21.73	6.65	3997	56.17	5312

续表 1

地　区	服务惠及人次/万人次	藏书/万册	计算机/台	本单位受训人次/万人次	本年收入合计/千元	财政补贴收入	免费开放资金
总　计	8093.66	24532.40	232898	102.38	12867475	12453869	1819977
北　京	32.46	472.24	2589	2.40	328665	316862	45044
天　津	21.33	79.56	1467	0.11	37947	37894	5279
河　北	462.97	1020.58	8624	2.07	213300	211613	77684
山　西	238.77	436.85	7581	1.46	79477	79399	51223
内 蒙 古	76.13	316.32	4211	1.04	141335	140277	35422
辽　宁	16.08	476.73	5397	0.74	64059	61672	17024
吉　林	35.70	284.87	3359	0.22	88013	87441	23380
黑 龙 江	31.74	419.93	4116	0.13	102903	102143	30678
上　海	20.26	602.11	2645	1.03	957680	922921	42498
江　苏	1057.60	2349.07	8670	5.08	824731	815167	53647
浙　江	536.30	1830.23	10212	19.61	1706017	1655350	125518
安　徽	556.11	592.58	14459	4.76	272873	264178	64612
福　建	57.21	515.41	6352	2.73	155599	149288	52074
江　西	514.58	876.87	7957	7.56	134045	128319	63467
山　东	1407.25	1578.25	12443	7.79	333050	311472	25805
河　南	777.17	1115.01	13265	3.13	327058	323540	88512
湖　北	288.31	853.00	6535	2.19	302433	287283	42134
湖　南	562.91	1894.85	9285	12.04	399429	392339	110141
广　东	168.45	2682.85	14744	5.04	1860922	1831016	147819
广　西	185.42	673.58	8215	0.54	251394	244101	55378
海　南	28.85	99.42	1382	0.33	26645	25771	7211
重　庆	90.65	530.57	8730	1.27	349203	342634	43900
四　川	266.40	1373.65	23955	0.28	404909	399224	185639
贵　州	74.79	925.61	8872	1.67	252140	241467	45087
云　南	134.84	710.73	12413	11.84	1970515	1876038	123286
西　藏	43.61	208.74	3752	0.60	337789	324827	35529
陕　西	216.53	470.03	7247	3.02	256342	247871	56677
甘　肃	85.84	507.59	7235	1.39	183056	178200	56331
青　海	16.15	90.62	1433	0.17	74608	73941	10273
宁　夏	21.16	132.26	1964	0.45	97906	96286	52860
新　疆	68.09	412.29	3789	1.69	333432	285335	45845

中央资金	业务活动专项经费	本年支出合计/千元	基本支出	项目支出	工资福利支出	资产总计/千元	固定资产原值
934861	3619157	13117741	7370465	4169446	5305074	50195381	40510275
15470	102310	293390	102202	152122	53022	453204	378545
1207	19466	34295	21101	8688	5506	224861	190651
53620	67344	212065	143915	49650	114941	848011	738979
34635	39198	76251	44321	25487	29512	611695	570844
27575	36500	139648	103972	22829	78517	443554	351997
7469	17547	74256	54922	8884	49361	353183	319728
14135	22375	88137	60395	19128	55805	285212	260792
26102	31395	101268	68985	30659	66394	346049	330890
4596	427808	935222	410076	497872	304740	2103844	1517321
10342	211670	823137	489834	314859	216878	3598444	3091343
16096	548464	1814544	622177	1052182	186142	5659285	4779296
26733	75329	272253	182970	53927	113026	1878860	1641054
9906	60216	152856	93940	45647	67378	1075557	961869
28165	47338	134487	86638	29612	51128	1737284	1473191
5115	134722	430785	225421	110441	160438	2152246	1943213
56375	70019	325046	252129	42977	205558	880158	829658
19345	68191	298290	163447	101646	104513	3380042	1928698
45068	108520	397791	268191	81858	170289	3352947	2548014
37934	763453	1822630	755804	941743	596642	4670340	3129025
43700	40671	232696	184232	20190	127676	592025	529316
4378	9155	24867	11248	6253	8427	117808	102237
32028	87149	357375	260998	73026	137290	1538330	1322677
145788	171520	406260	186078	209228	86130	2291204	2073595
24416	41967	250148	174035	25917	132510	1002485	794218
101678	166742	1958910	1442759	58622	1620803	5277466	4468928
21695	49443	317325	235922	14325	222437	773172	659408
44914	38214	254026	205260	25651	81097	1550380	1357933
33533	40364	180360	125535	19188	94926	1186733	963075
3888	63738	72990	67957	2313	7141	185045	168926
2427	14343	96729	30552	62791	15207	871256	426842
36528	43986	539704	295449	61731	141640	754701	658012

续表 2

地　　区	实际使用房屋建筑面积/万平方米	文化活动用房面积	实际拥有产权面积/万平方米	本站指导群众业余文艺团队/支	志愿者服务队伍个数/个
总　　计	2545.50	1918.19	1676.41	271731	318838
北　京	46.10	36.11	21.65	4028	2870
天　津	18.88	15.75	7.56	1757	2508
河　北	96.94	76.76	61.70	18176	22382
山　西	51.26	39.63	45.90	7507	6543
内　蒙　古	47.44	33.30	24.95	4784	5889
辽　宁	42.44	30.10	20.76	4983	4162
吉　林	23.03	17.25	18.69	4498	5209
黑　龙　江	34.11	27.21	18.19	4172	3640
上　海	76.28	55.28	55.73	4648	2517
江　苏	300.34	249.28	148.27	9520	12418
浙　江	329.00	246.84	210.25	19043	17683
安　徽	84.80	68.98	82.08	10961	13929
福　建	70.89	53.64	45.41	5934	9123
江　西	71.81	53.53	47.89	8770	11203
山　东	136.70	95.35	69.65	19240	34979
河　南	80.46	62.82	66.76	23580	29059
湖　北	91.90	63.54	65.98	11294	12622
湖　南	145.16	84.62	97.31	17434	24590
广　东	245.47	193.95	130.53	9316	9381
广　西	48.55	37.86	36.12	11313	9334
海　南	6.70	5.08	5.68	1611	1308
重　庆	49.06	38.03	42.72	4822	6232
四　川	127.78	99.11	93.53	14897	14477
贵　州	51.64	38.72	42.49	7886	9748
云　南	64.18	46.37	65.47	15825	10852
西　藏	28.08	20.85	16.71	3496	5007
陕　西	53.79	37.55	42.71	7970	8541
甘　肃	46.18	35.70	37.49	7408	9848
青　海	9.02	7.99	6.22	987	1087
宁　夏	13.39	8.65	7.54	1200	2358
新　疆	54.12	38.34	40.47	4671	9339

志愿者服务 队伍人数/人	辖区内社 区个数/个	辖区内行 政村个数/个	辖区内村 综合文化 服务中心/个	辖区内村 综合文化 服务中心 面积/ 万平方米	室内面积/ 万平方米
8729481	**57837**	**450486**	**730786**	**31025.68**	**7937.48**
60618	919	3460	3088	288.57	118.05
94608	326	3244	11086	148.07	77.85
446242	1481	47328	47043	2228.09	639.33
157212	1184	17839	19599	576.11	159.61
86688	1252	10748	10596	501.71	107.78
80846	934	8617	55266	604.30	83.43
94065	626	8660	8432	554.38	72.16
80266	1454	8734	8040	955.12	76.22
88466	1870	1313	1210	87.68	47.25
1000817	2941	12264	12260	1333.71	761.88
676625	1386	18671	38005	1860.17	839.01
420647	2612	12694	24434	643.37	183.65
333339	1352	15263	34988	370.91	165.86
206142	1963	15573	27023	369.11	128.51
679919	5397	44757	115749	1891.01	694.54
592462	3171	43101	42802	2994.89	457.48
291157	2268	18016	45799	1005.22	254.35
712324	3252	22810	24012	8256.94	1246.62
397251	2583	17757	18242	1987.07	537.30
308582	1606	13813	14025	961.82	259.10
26386	407	2528	2692	79.91	24.79
400302	1528	7059	15559	222.42	88.60
253638	4687	24705	23296	607.02	170.77
291781	2707	13122	22789	350.56	99.08
277087	3717	11550	20462	470.39	135.66
91464	1120	5440	4396	38.72	17.13
159589	1598	13473	46018	549.37	153.39
119935	1118	13502	18093	427.03	73.44
12172	357	2717	3802	38.24	11.64
78229	457	2480	2038	141.39	20.23
210622	1564	9248	9942	482.38	232.77

主要统计指标解释

1. **组织品牌活动**：指由文化馆负责长期组织开展，当地群众广泛参与，在一定区域内具有较大影响，对当地文化生活及经济社会发展产生积极影响的群众文化活动。

2. **组织文艺活动次数**：指本馆组织或与其他机构联合组织各种文艺演出（包括调演、汇演）次数，不论地点和内容，每组织一次则计为一次。

3. **举办训练班班次**：指本馆举办或与其他机构联合举办的各种文化、艺术、科普（包括图书、讲演、创作、表演、音乐、舞蹈、美术、文学、摄影等）训练班，按截止到年底办完的班数计算班次。

4. **举办展览个数**：指本馆举办或与其他机构联合举办的在馆内或者馆外展览的个数。个数按展览的内容计算。同一内容的展览不论在哪些地点展出和展出时间多久，只计算一个。

5. **组织公益性讲座次数**：指由本馆组织的公益性讲座的次数总和。

6. **业务活动专项经费**：指本馆报告期内财政拨款中用于开展群众文化活动的专项经费。

7. **馆办文艺团体**：指由本馆人员组成的为群众提供文艺演出的演出团队。

8. **馆办文艺团体演出场次**：指由本馆人员组成的为群众提供文艺演出的演出团队演出场次。

9. **馆办老年大学**：指由本馆举办的专对老年人进行文艺培训的场所。

10. **群众业余文艺团队**：指业务上受本馆指导的城镇和农村各种业余文艺演出团队。

11. **主体建筑建成年份**：根据填报机构公用房屋建筑的具体建成年份填报，填报机构如有分属不同年份的房屋建筑，按照主体建筑的具体建成年份填报。

艺　术

按年份各地区艺术表演团体机构数

单位：个

地　区	1995年	2000年	2005年	2010年	2015年	2020年	2021年	2022年
总　计	2682	2619	2805	6864	10787	17581	18370	19739
北　京	22	20	20	18	395	393	495	456
天　津	19	16	16	36	86	113	112	111
河　北	138	138	126	284	596	770	874	921
山　西	162	159	156	342	456	827	814	766
内蒙古	118	116	109	123	175	204	221	229
辽　宁	89	77	66	239	263	186	184	150
吉　林	68	65	61	68	49	104	114	114
黑龙江	92	89	84	89	51	82	97	103
上　海	31	29	85	89	180	315	298	282
江　苏	136	133	129	408	369	620	704	634
浙　江	83	79	273	471	1024	1236	1357	1247
安　徽	92	92	92	1255	1617	2334	2870	3806
福　建	91	96	91	449	397	558	545	671
江　西	81	79	79	99	236	380	395	356
山　东	118	118	117	119	623	1566	1572	1971
河　南	216	205	199	371	824	2391	2249	2323
湖　北	105	100	99	204	282	441	415	602
湖　南	89	90	91	201	273	631	675	655
广　东	134	138	139	397	391	475	447	545
广　西	117	118	118	141	92	78	72	74
海　南	23	21	22	67	66	102	127	137
重　庆		38	29	381	730	1265	1286	1190
四　川	140	98	84	348	543	725	663	734
贵　州	30	28	26	52	95	200	133	126
云　南	134	129	135	142	276	270	312	284
西　藏	25	26	27	37	87	87	89	86
陕　西	117	118	113	127	177	591	577	533
甘　肃	78	76	76	82	191	347	392	370
青　海	14	14	12	32	54	122	116	105
宁　夏	15	15	23	45	40	30	43	30
新　疆	87	88	91	132	132	122	110	119

按年份全国文化和旅游部门执行事业会计制度的艺术表演团体基本情况

年　份	机构数/个	演出场次/万场次	农村演出	观众人次/万人	平均每团演出场次/场	总收入/万元	财政拨款	演出收入	总支出/万元	经费自给率/%
1949年	1000	30			300					
1952年	2084	66		2312	317					
1958年	3181	205		120290	644					
1964年	3302	171	82	84293	518	19030	5290		19817	69.3
1978年	3143	65	22	79395	206	32086	19644	11079	30049	41.4
1980年	2183	54	20	61519	245	34687	22503	10685	29524	41.3
1985年	3295	74	49	72322	226	48568	30942	13091	47292	37.3
1990年	2788	49	32	51012	176	71535	43759	18041	67514	41.1
1991年	2760	45	29	46411	162	71756	42638	17798	76065	38.3
1992年	2744	43	28	46338	155	80959	46617	19559	87797	39.1
1993年	2698	41	26	42530	151	92770	51093	21756	100106	41.6
1994年	2691	40	26	40935	149	127628	75583	27276	134508	38.7
1995年	2676	41	26	43166	154	151388	86620	34382	160654	40.3
1996年	2656	42	27	47934	158	184240	109781	39870	183534	40.6
1997年	2651	42	26	46361	157	206794	125300	40716	202789	40.2
1998年	2640	42	26	53486	161	218546	139913	41730	223877	35.1
1999年	2622	42	26	46904	161	242645	155609	48967	242797	35.8
2000年	2619	41	26	46168	157	263664	172864	51650	268886	33.8
2001年	2590	42	24	47385	163	311852	210018	57448	312601	32.6
2002年	2577	42	24	45980	161	365331	246661	64884	363312	32.7
2003年	2601	38	22	39163	147	400867	269640	71781	397890	33.0
2004年	2512	41	24	37907	165	459183	313068	86125	459369	31.8
2005年	2472	40	23	35752	159	500262	342807	92603	488472	32.2
2006年	2456	41	24	40766	167	565018	387812	103431	558540	31.7
2007年	2455	42	25	45404	170	691050	487842	120396	670009	30.3
2008年	2465	41	25	41272	167	803030	573623	133077	777735	29.5
2009年	2481	42	25	43127	169	889046	631197	142227	860603	30.0
2010年	2421	42	24	44290	175	946742	654258	155743	917143	31.9
2011年	2249	40	24	38209	176	1058959	777590	162684	1029564	27.3
2012年	1804	32	20	29796	179	1076060	824265	132713	1043740	24.1
2013年	1588	29	18	26067	182	998200	773381	123340	969206	23.2
2014年	1581	29	18	24294	183	1074246	843859	116572	1059017	21.8
2015年	1548	28	19	24261	178	1209567	969712	127431	1183497	20.3
2016年	1520	27	18	24004	181	1285603	1016972	132320	1220720	22.0
2017年	1530	28	19	25619	183	1363606	1087389	138645	1387283	19.9
2018年	1527	29	20	23306	190	1495504	1185661	154131	1475031	21.0
2019年	1499	29	28	22353	190	1778141	1340036	164430	1586550	27.6
2020年	1418	19	13	13061	131	1378612	1169495	95404	1369728	15.3
2021年	1363	20	13	13058	145	1440709	1187522	120486	1451203	17.6
2022年	1348	17	11	12124	128	1484490	1273781	91895	1463871	14.2

按年份各地区文化和旅游部门执行事业会计制度的艺术表演团体演出场次

单位：万场

地　　区	1995年	2000年	2005年	2010年	2015年	2020	2021年	2022年
总　　计	41.2	41.0	39.9	42.4	27.6	18.5	19.8	17.3
北　　京	0.4	0.6	0.7	0.3	0.2	0.1	0.2	0.1
天　　津	0.3	0.2	0.2	0.3	0.4	0.2	0.2	0.1
河　　北	3.0	2.7	3.2	2.3	1.4	0.9	0.8	0.7
山　　西	4.4	3.4	2.7	2.9	1.9	1.0	1.1	0.9
内　蒙　古	1.3	1.4	1.5	1.7	1.3	1.0	1.2	0.9
辽　　宁	1.0	0.9	0.9	0.8	0.3	0.1	0.1	0.1
吉　　林	1.1	0.7	0.5	0.8	0.1	0.1	0.1	0.1
黑　龙　江	1.4	1.2	1.1	1.1	0.3	0.2	0.2	0.2
上　　海	1.0	1.3	0.9	1.1	0.7	0.1	0.1	0.0
江　　苏	3.8	4.0	3.6	3.3	3.2	1.7	2.2	1.7
浙　　江	1.1	1.3	1.2	1.2	0.6	0.5	0.6	0.7
安　　徽	0.7	1.3	1.1	1.1	0.2	0.2	0.2	0.1
福　　建	1.5	1.4	1.2	1.6	1.0	0.7	0.8	0.7
江　　西	0.7	0.9	1.0	1.7	0.7	0.5	0.4	0.4
山　　东	1.7	2.1	2.0	2.2	2.3	1.7	1.9	1.5
河　　南	5.0	3.7	3.9	4.4	4.2	3.2	3.1	2.6
湖　　北	1.3	1.5	1.6	2.2	1.6	1.1	1.1	1.1
湖　　南	1.2	1.5	2.2	1.9	1.2	0.8	0.9	0.9
广　　东	1.7	1.8	1.5	1.1	0.5	0.3	0.2	0.2
广　　西	1.1	1.3	1.2	1.2	0.2	0.2	0.1	0.1
海　　南	0.2	0.2	0.2	0.2	0.1	0.1	19.8	17.1
重　　庆		0.2	0.3	0.4	0.2	0.1	0.1	0.1
四　　川	0.9	1.0	0.9	1.1	0.4	0.3	0.2	0.2
贵　　州	0.2	0.2	0.3	0.6	0.3	0.2	0.2	0.1
云　　南	1.5	1.0	0.9	1.1	0.6	0.6	0.5	0.6
西　　藏	0.2	0.2	0.2	0.2	0.6	0.7	0.6	0.6
陕　　西	2.3	2.2	2.0	1.8	1.1	0.9	0.8	0.7
甘　　肃	1.3	1.4	1.5	1.6	0.3	0.2	0.2	0.2
青　　海	0.2	0.2	0.2	0.2	0.1	0.1	0.1	0.1
宁　　夏	0.2	0.2	0.2	0.2	0.0			
新　　疆	0.7	0.9	1.1	1.4	1.4	1.0	1.5	1.4

按年份各地区文化和旅游部门执行事业会计制度的
艺术表演团体演出观众人次

单位：万人次

地　区	1995年	2000年	2005年	2010年	2015年	2020年	2021年	2022年
总　　计	43166	46168	35752	44290	24261	13061	13058	12124
北　京	249	680	246	145	115	43	74	50
天　津	277	242	159	242	255	124	105	34
河　北	3384	3728	2275	2527	1416	710	612	548
山　西	6362	4913	2748	3554	1423	743	705	547
内　蒙　古	969	1147	1035	1419	956	505	556	543
辽　宁	982	1169	961	542	216	38	38	67
吉　林	1032	958	346	858	50	18	19	18
黑　龙　江	839	993	688	814	160	84	73	61
上　海	506	501	343	550	189	14	20	6
江　苏	1600	1818	1617	1708	1485	991	916	758
浙　江	1281	1512	1524	1262	811	462	431	379
安　徽	644	841	984	912	139	99	73	55
福　建	2304	1773	997	1304	652	276	299	248
江　西	589	1058	1105	1441	489	391	344	238
山　东	2497	2438	2154	2421	2023	1320	1325	1101
河　南	5399	5073	4650	6326	5125	2703	2638	2481
湖　北	1668	2121	1656	2829	1706	866	1038	1312
湖　南	700	1096	1340	1525	868	639	798	751
广　东	1961	2427	2102	1829	663	330	227	137
广　西	987	1618	1290	1384	282	153	90	74
海　南	298	283	190	213	168	78	94	73
重　庆		347	258	247	166	46	64	27
四　川	838	782	705	974	317	146	141	178
贵　州	149	461	258	520	331	137	192	178
云　南	1295	1329	1113	1515	821	484	371	538
西　藏	189	305	176	362	390	398	368	393
陕　西	2900	3046	1916	2839	1220	648	683	633
甘　肃	2436	2064	1821	2228	295	173	129	119
青　海	219	186	131	185	80	44	86	65
宁　夏	137	318	223	263	56			
新　疆	385	694	534	850	1136	329	475	414

按年份各地区文化和旅游部门执行事业会计制度的艺术表演团体演出收入

单位：万元

地　区	1995年	2000年	2005年	2010年	2015年	2020年	2021年	2022年
总　　计	34382	51650	92603	155743	127431	95404	120486	91895
北　京	1068	2265	5195	6800	8058	5406	9295	8000
天　津	347	547	1335	2195	3858	4934	5884	4128
河　北	1754	2279	3853	5536	4170	2954	2708	2686
山　西	2528	2683	4151	9410	7519	4856	6679	4844
内　蒙　古	606	497	914	1458	1039	362	820	552
辽　宁	1209	2185	3298	4220	1539	1609	1060	1786
吉　林	778	1051	2658	2762	431	673	729	408
黑　龙　江	866	959	887	1804	738	791	608	210
上　海	3023	4527	9526	16127	11339	4740	7102	3739
江　苏	2332	4142	7018	11661	9445	8014	9614	8386
浙　江	1648	2768	5106	10634	7364	9050	9739	9107
安　徽	507	993	2017	2088	1140	677	727	774
福　建	1953	2382	3158	7024	7605	4295	5494	5341
江　西	381	438	717	2342	1505	1472	1196	1169
山　东	1500	2963	4202	6130	5264	5784	6452	4496
河　南	2647	3104	4743	8464	10842	5813	7955	5311
湖　北	1075	1610	2790	4833	4236	3911	3833	3434
湖　南	630	1137	2151	3238	2231	1827	1616	1544
广　东	3861	6282	8955	9697	8206	6743	7149	4784
广　西	507	717	1468	2037	260	784	1146	724
海　南	476	367	550	1854	2069	581	4385	856
重　庆		433	464	1044	745	789	1197	464
四　川	604	732	1725	5064	1167	1539	1710	1501
贵　州	119	142	313	387	694	1477	1598	1472
云　南	353	455	1515	1407	551	679	270	505
西　藏	27	12	28	3	104	1021	1028	442
陕　西	1245	1804	2685	3214	3075	2651	2706	2407
甘　肃	446	579	1652	3548	881	852	727	850
青　海	63	70	215	830	404	480	517	450
宁　夏	52	122	212	299	62			
新　疆	386	775	761	575	1504	302	495	547

按年份各地区文化和旅游部门所属艺术表演场馆机构数

单位：个

地　区	1995年	2000年	2005年	2010年	2015年	2020年	2021年	2022年
总　　计	1958	1900	1866	1461	1264	1111	1075	1052
北　京	23	24	39	7	8	6	6	6
天　津	30	32	28	27	29	25	12	11
河　北	99	96	95	75	71	68	65	62
山　西	53	49	44	87	90	73	71	67
内　蒙　古	35	30	27	22	18	17	14	11
辽　宁	79	71	59	42	32	30	30	30
吉　林	60	52	73	32	28	22	22	21
黑　龙　江	49	56	45	44	34	26	25	24
上　海	43	43	160	82	22	12	11	11
江　苏	140	142	87	86	91	98	101	105
浙　江	100	95	125	69	65	58	55	59
安　徽	110	104	90	55	44	37	33	33
福　建	78	80	76	51	54	37	36	30
江　西	69	61	58	53	44	38	37	35
山　东	116	105	94	90	87	81	76	71
河　南	169	166	156	138	140	131	127	123
湖　北	87	78	66	61	48	45	44	44
湖　南	104	94	83	62	61	55	58	61
广　东	79	75	68	63	42	40	44	44
广　西	34	31	23	22	16	11	9	10
海　南	3	18	13	6	8	7	7	7
重　庆		25	17	18	15	19	19	18
四　川	124	94	65	54	44	35	35	35
贵　州	15	14	12	7	6	5	6	6
云　南	44	40	38	32	17	12	12	11
西　藏	9	20	24	17	13	13	13	13
陕　西	109	112	107	89	81	63	61	57
甘　肃	47	46	30	26	23	18	17	17
青　海	3	2	1	18	13	11	11	11
宁　夏	17	19	12	7	3	3	3	3
新　疆	26	22	47	14	13	11	11	11

按年份全国文化和旅游部门执行事业会计制度的艺术表演场馆基本情况

年　份	机构数/个	演出场次/万场次	艺术场次	观众人次/万人	收入合计/万元	财政拨款	艺术演出收入	总支出/万元
1985年	1377	99	12		11630	1506	1776	9519
1986年	1928	203	15	88670	19547	2233	2488	16786
1990年	1995	302	9	89157	43491	2865	3375	37402
1991年	2009	367	9	77613	47406	5505	3760	44260
1992年	1987	288	7	53188	51123	4037	4487	48185
1993年	1972	245	6	43278	60204	4688	4635	56846
1994年	1947	221	5	27552	68000	5359	5268	66234
1995年	1918	205	5	24252	79507	5723	6481	77136
1996年	1892	256	5	59057	86147	5034	7611	87204
1997年	1898	231	5	16572	88540	6559	8387	89732
1998年	1882	206	5	15368	84956	6800	8869	88735
1999年	1864	168	6	11581	75675	7588	10187	80731
2000年	1863	136	6	12982	81081	8643	10735	82040
2001年	1840	115	7	20544	83431	13112	11601	89815
2002年	1819	74	7	11421	83643	12033	13186	89374
2003年	1900	56	7	8087	103274	15703	21425	104384
2004年	1552	44	7	11286	99402	15467	21477	101157
2005年	1427	41	7	6328	94363	16792	29958	89301
2006年	1390	38	6	6528	117975	19603	37552	117871
2007年	1330	39	6	5906	115036	24067	38414	117321
2008年	1355	40	5	5596	123572	28116	28649	111036
2009年	1248	27	6	5045	113851	32074	23954	112603
2010年	1176	31	6	6003	132109	45333	25935	130900
2011年	1119	30	4	3945	159185	65871	22004	154849
2012年	1004	27	5	3525	136324	60356	11652	171124
2013年	931	26	3	3236	147259	71838	12812	146031
2014年	917	27	3	2922	167387	81671	10333	169466
2015年	928	30	4	3522	196280	102043	18302	195679
2016年	925	32	5	3299	167208	76847	19418	163172
2017年	909	48	5	3319	208839	104787	24259	194983
2018年	888	35	4	3370	211422	101084	20885	197802
2019年	858	32	4	2980	237089	135988	19752	273503
2020年	749	10	2	1110	144984	97936	5453	164615
2021年	705	16	3	1427	139971	90296	8069	145399
2022年	670	10	3	1129	312572	95900	5281	303320

按年份各地区文化和旅游部门执行事业会计制度的艺术表演场馆演出场次

单位：万场

地　区	1995年	2000年	2005年	2010年	2015年	2020年	2021年	2022年
总　计	204.8	135.5	40.6	30.7	30.0	10.1	15.8	10.4
北　京	2.8	2.3	2.1	0.6	1.0	0.1	0.3	0.2
天　津	6.8	4.0	1.8	0.5	1.0	0.3	0.1	0.1
河　北	8.2	6.4	1.7	1.1	1.6	1.5	3.0	2.1
山　西	3.6	3.1	2.6	2.7	2.7	0.5	1.0	0.9
内　蒙　古	1.9	1.8	0.6	0.8	1.4	0.7	0.6	0.7
辽　宁	6.6	4.9	1.1	0.5	0.3	0.1	0.1	0.1
吉　林	3.2	2.7	0.4	1.4	2.0	0.8	1.5	0.9
黑　龙　江	1.5	1.9	0.5	0.3	0.1			
上　海	4.7	3.9	1.8	1.5	0.9	0.1	0.2	0.1
江　苏	26.6	12.6	0.2	0.3	0.1	0.2		
浙　江	14.2	7.3	1.6	2.1	1.9	0.5	0.6	0.5
安　徽	16.9	8.2	1.3	0.5	0.1	0.1	0.1	0.1
福　建	6.4	4.9	2.1	3.0	3.4	0.9	2.1	0.2
江　西	4.9	2.0	0.7	0.9	0.4	0.2	1.8	1.6
山　东	11.6	9.5	0.7	1.1	0.7	0.1	0.3	0.3
河　南	16.4	10.3	7.8	2.2	0.9	0.2	0.3	0.2
湖　北	11.8	8.9	1.4	2.7	3.1	1.5	1.4	1.0
湖　南	10.9	7.6	1.9	1.3	1.8	0.4	0.4	0.3
广　东	15.6	9.0	2.1	0.6	0.7	0.1	0.5	0.5
广　西	3.7	1.8	1.2	1.8	0.5	0.2		
海　南	0.3	0.8	0.2	0.1	0.1			
重　庆		1.6	0.3	0.1				
四　川	6.0	2.4	1.2	0.6	0.2	0.1	0.1	0.1
贵　州	1.4	1.0	1.1	0.1			0.1	0.1
云　南	6.3	4.8	0.6	0.7				
西　藏	2.1	2.1	0.7	0.3				
陕　西	3.9	4.2	1.1	0.4	0.3	0.4	0.2	0.2
甘　肃	2.9	3.2	0.6	0.3	0.6	0.3	0.3	0.2
青　海	0.4	0.2		0.2	0.1	0.1	0.3	0.1
宁　夏	2.2	1.2	0.1			0.2		
新　疆	0.7	0.9	1.4	2.0	4.0	0.3	0.4	

按年份各地区文化和旅游部门执行事业会计制度的艺术演出场馆观众人次

单位：万人次

地　区	1995年	2000年	2005年	2010年	2015年	2020年	2021年	2022年
总　计	24252	12982	6328	6003	3522	1110	1427	1129
北　京	430	238	231	59	66	20	34	17
天　津	368	150	56	189	118	21	47	10
河　北	673	493	270	192	119	36	50	52
山　西	662	329	230	595	189	76	78	68
内　蒙　古	325	198	195	149	89	43	40	28
辽　宁	808	369	407	223	63	17	15	17
吉　林	244	227	106	114	137	15	30	14
黑　龙　江	210	549	128	169	38	8	10	7
上　海	823	381	503	461	185	15	27	8
江　苏	3266	1257	29	70	62	18	15	12
浙　江	1447	597	269	442	269	69	66	51
安　徽	785	328	211	123	14	13	11	7
福　建	743	547	265	201	178	17	40	7
江　西	543	180	178	161	121	70	100	65
山　东	1028	1051	166	371	150	75	141	110
河　南	2335	881	610	326	212	81	131	102
湖　北	895	2194	377	746	168	34	76	78
湖　南	846	452	232	248	397	210	209	247
广　东	1887	553	243	189	154	41	63	42
广　西	447	205	162	132	44	8	6	3
海　南	74	124	19	14	49	2	2	3
重　庆		27	120	54	5	14	15	11
四　川	520	209	328	199	97	35	38	26
贵　州	190	68	46	34			1	1
云　南	1177	231	123	89	20	6	7	3
西　藏	399	155	138	62	10	1	1	1
陕　西	2106	514	348	196	133	69	48	50
甘　肃	409	212	81	56	42	18	26	11
青　海	98	9		24	51	61	65	65
宁　夏	409	188	45	19	1	11	8	
新　疆	77	56	185	98	342	9	24	13

按年份各地区文化和旅游部门执行事业会计制度的艺术表演场馆演出收入

单位：万元

地　区	1995年	2000年	2005年	2010年	2015年	2020年	2021年	2022年
总　　计	6481	10735	29958	25935	18302	5453	8069	5281
北　京	175	746	2871	523	414	1		
天　津	83	70	110	536	230	234	4	4
河　北	245	317	235	277	493	1025	385	696
山　西	125	144	201	1016	1530	64	55	78
内　蒙　古	40	30	19	309	18		15	2
辽　宁	156	235	646	786	11	631	879	654
吉　林	50	82	212	503	495	368	350	201
黑　龙　江	57	100	167	164	19	629	651	181
上　海	472	913	19122	12035	7831			
江　苏	1093	1617	221	544	252	61	142	122
浙　江	649	1174	1111	2772	416	488	418	332
安　徽	172	221	275	206	47	15	41	44
福　建	185	347	447	234	427	16	106	
江　西	61	252	138	635	177	196	325	238
山　东	478	580	270	215	70	16	67	70
河　南	547	636	809	1199	1334	638	187	161
湖　北	255	309	631	751	612	101	51	18
湖　南	120	551	388	425	657	201	364	188
广　东	926	1393	753	1126	1597	230	3535	2084
广　西	41	123	79	343	40	4	35	21
海　南	12	55	17	2	83	132	13	8
重　庆				10	13	1		
四　川	64	138	403	472	732	387	413	160
贵　州	2	46	56	50				
云　南	164	116	151	208	37			
西　藏	41	2	5	24	23			
陕　西	81	268	273	410	754	12	4	5
甘　肃	66	75	124	60		3	28	17
青　海	5	1		11				
宁　夏	10	33	24	17				
新　疆	29	48	128	72	2			

2022年全国艺术

	剧团数/个	从业人员/人	专业技术人才	演出场次/万场次	国内演出场次	农村演出场次
总　　计	19739	415207	196321	166.07	165.60	74.76
按隶属关系分：						
中央	9	3424	2806	0.12	0.12	
省区市	218	30346	23779	3.28	3.25	0.88
地市	494	37676	29912	6.17	6.03	2.59
县市区	19018	343761	139824	156.50	156.21	71.28
按单位类型分						
公有制	2020	112386	80832	26.22	25.75	15.86
其中：文化和旅游部门	1934	107139	76974	25.22	24.75	15.38
其他部门	86	5247	3858	1.00	1.00	0.48
非公有制	17719	302821	115489	139.85	139.85	58.90
按剧种分：						
话剧、儿童剧、滑稽剧类	247	11097	7224	2.50	2.50	0.25
其中：儿童剧团	91	2073	1078	0.75	0.75	
歌舞、音乐类	2984	88863	46734	28.73	28.55	10.87
京剧、昆曲类	164	9374	6458	1.31	1.30	0.69
其中：京剧	149	8282	5599	1.09	1.09	0.61
地方戏曲类	9927	157596	74904	46.42	46.32	33.25
杂技、魔术、马戏类	776	16901	7544	18.95	18.88	6.92
曲艺类	987	19101	9002	9.42	9.40	5.00
乌兰牧骑	121	4593	3295	1.00	0.98	0.73
综合性艺术表演团体	4533	107682	41160	57.73	57.66	17.12

表演团体情况

国内演出观众人次/万人次	农村观众人次	本年收入合计/千元	财政补贴收入	演出收入	本年支出合计/千元	资产总计/千元	实际使用房屋建筑面积/万平方米
74020.57	25204.38	31784273	23111177	8095228	37304451	96994438	1251.10
118.96	0.24	1563075	1009868	175110	1270430	3050907	21.25
1899.64	317.91	8085530	5803073	975750	8214455	14199480	156.23
6536.49	1621.05	7474083	6171209	662891	7650048	8759683	203.41
65465.48	23265.18	14661585	10127027	6281477	20169518	70984368	870.21
19860.48	9860.11	21740954	16543491	2369957	21850339	31162163	543.85
18786.55	9541.90	20348114	15572179	2127893	20332648	29335909	525.45
1073.93	318.21	1392840	971312	242064	1517691	1826254	18.40
54160.09	15344.27	10043319	6567686	5725271	15454112	65832275	707.25
2356.44	78.76	2167635	1427845	558086	2519788	5483521	51.29
993.11	12.06	347239	201002	62857	389815	902144	12.43
21145.27	3356.08	10812541	6818220	2632802	12652768	29968940	359.16
731.31	410.83	1789315	1429732	139743	2010825	2866004	49.09
657.50	394.17	1352398	1112719	109127	1560902	2594834	42.51
27359.30	14972.88	8188871	6201676	1925129	9760557	15667999	324.75
7571.71	798.83	1305823	692780	498712	1565008	4412766	69.74
2502.55	1157.99	1124305	511921	273140	1228978	6196929	39.18
594.39	233.45	559848	517455	4051	584485	458291	22.90
11759.66	4195.59	5835935	5511548	2063565	6982042	31939988	335.00

2022年全国公有制艺术

	剧团数/个	从业人员/人	专业技术人才	正高级职称	副高级职称
总　　计	2020	112386	80832	5129	14728
按隶属关系分：					
中央	9	3424	2806	576	722
省区市	218	30346	23779	2592	5982
地市	494	37676	29912	1577	5828
县市区	1299	40940	24335	384	2196
按剧种分：					
话剧、儿童剧、滑稽剧类	59	5621	4151	429	963
其中：儿童剧团	8	818	614	60	134
歌舞、音乐类	630	37590	27860	1701	4704
京剧、昆曲类	61	5649	4651	494	1197
其中：京剧	53	4900	4033	432	1043
地方戏曲类	860	40012	27578	1497	4688
杂技、魔术、马戏类	59	4795	2817	209	618
曲艺类	62	2477	1754	136	371
乌兰牧骑	111	4082	2916	64	370
综合性艺术表演团体	178	12160	9105	599	1817

续表

	本年收入合计/千元	财政拨款预算收入	演出收入	本年支出合计/千元	资产总计/千元
总　　计	21740954	16543491	2369957	21850339	31162163
按隶属关系分：					
中央	1563075	1009868	175110	1270430	3050907
省区市	8085530	5803073	975750	8214455	14199480
地市	7474083	6171209	662891	7650048	8759683
县市区	4618266	3559341	556206	4715406	5152093
按剧种分：					
话剧、儿童剧、滑稽剧类	1656444	1159885	278407	1703411	4010577
其中：儿童剧团	226819	168802	17535	226950	441308
歌舞、音乐类	7999382	5860800	944348	7904626	12190708
京剧、昆曲类	1582034	1353987	99453	1670938	2246759
其中：京剧	1218173	1038090	77586	1310876	2054628
地方戏曲类	6347847	5118801	604679	6353490	6436775
杂技、魔术、马戏类	827740	520454	110940	876536	1236091
曲艺类	547341	383322	66620	554956	669261
乌兰牧骑	520725	502448	4046	526006	389756
综合性艺术表演团体	2259441	1643794	261464	2260376	3982236

表演团体基本情况

中级职称	本团原创首演剧目/个	本团拥有知识产权数量/个	演出场次/万场次	国内演出场次	农村演出场次	国内演出观众人次/万人次	农村观众人次
29511	2338	3608	26.22	25.75	15.86	19860.48	9860.11
826	26	25	0.12	0.12		118.96	0.24
8721	296	975	3.28	3.25	0.88	1899.64	317.91
11948	666	785	6.17	6.03	2.59	6536.49	1621.05
8016	1350	1823	16.65	16.35	12.38	11305.39	7920.91
1430	110	175	0.76	0.76	0.13	320.44	38.15
221	14	36	0.11	0.11		37.65	0.77
9539	889	1014	6.51	6.33	3.55	3918.86	1836.13
1808	41	13	0.75	0.75	0.37	430.34	217.73
1561	32	13	0.61	0.61	0.32	381.34	213.16
10261	774	1453	12.39	12.29	8.93	9961.72	6370.45
1168	33	32	1.22	1.15	0.34	2637.54	182.74
679	135	142	1.46	1.44	0.66	689.38	282.25
967	158	250	0.93	0.91	0.71	496.71	227.99
3659	198	529	2.18	2.11	1.24	1405.55	704.70

实际使用房屋建筑面积/万平方米	流动舞台车演出情况			政府采购的公益演出活动情况		
	流动舞台车数量/辆	利用流动舞台车演出场次/万场次	利用流动舞台车演出观众人次/万人次	演出场次/万场次	演出观众人次/万人次	演出补贴收入/千元
543.85	1549	7.53	4859.07	13.20	9897.66	1093398
21.25				0.01	9.78	14496
156.23	59	0.15	84.52	1.03	481.47	229034
203.41	285	0.75	537.47	2.84	3800.24	360095
162.96	1205	6.63	4237.09	9.32	5606.17	489773
32.95	17	0.05	20.23	0.26	93.71	43937
4.58				0.01	5.21	2482
185.74	436	1.13	551.78	2.95	1580.67	411692
38.50	23	0.21	110.98	0.42	192.48	43585
33.31	22	0.21	110.98	0.39	165.73	41225
165.55	749	5.15	3577.73	7.22	5169.45	419256
23.44	20	0.10	46.23	0.34	1679.48	36004
13.35	21	0.12	106.75	0.39	254.80	31978
19.49	139	0.21	79.07	0.59	316.00	18542
64.84	144	0.58	366.33	1.02	611.09	88404

2022年全国文化和旅游部门

	剧团数/个	补贴团数	从业人员/人	专业技术人才	正高级职称	副高级职称
总　　计	1934	1692	107139	76974	4846	13959
按隶属关系分：						
中央	9	9	3424	2806	576	722
省区市	198	173	27071	21083	2326	5304
地市	480	434	36716	29168	1565	5746
县市区	1247	1076	39928	23917	379	2187
按剧种分：						
话剧、儿童剧、滑稽剧类	54	52	5069	3745	385	862
其中：儿童剧团	7	6	672	482	55	110
歌舞、音乐类	596	513	35610	26353	1607	4426
京剧、昆曲类	59	52	5191	4237	447	1079
其中：京剧	52	46	4584	3746	398	963
地方戏曲类	831	731	38576	26574	1428	4517
杂技、魔术、马戏类	57	50	4487	2693	190	580
曲艺类	59	53	2280	1572	130	341
乌兰牧骑	110	108	4069	2916	64	370
综合性艺术表演团体	168	133	11857	8884	595	1784

续表

	农村观众人次	本年收入合计/千元	财政拨款预算收入	演出收入	本年支出合计/千元	资产总计/千元
总　　计	9541.90	20348114	15572179	2127893	20332648	29335909
按隶属关系分：						
中央	0.24	1563075	1009868	175110	1270430	3050907
省区市	304.51	6862216	4926241	779094	6883277	12644927
地市	1588.34	7382057	6107881	653419	7530388	8564149
县市区	7648.81	4540766	3528189	520270	4648553	5075926
按剧种分：						
话剧、儿童剧、滑稽剧类	35.91	1468035	1047730	232716	1483885	3745952
其中：儿童剧团	0.75	174632	121914	15391	174564	417596
歌舞、音乐类	1756.30	7473104	5512527	836975	7343023	11793866
京剧、昆曲类	217.73	1382114	1196556	83323	1477356	1935070
其中：京剧	213.16	1086979	928594	68478	1188326	1778653
地方戏曲类	6215.96	6009362	4851863	565200	5996622	6063520
杂技、魔术、马戏类	180.55	762657	480508	91247	786691	1038456
曲艺类	246.32	506659	352987	58270	503996	511164
乌兰牧骑	227.64	520725	502448	4046	526006	389696
综合性艺术表演团体	661.51	2225458	1627560	256116	2215069	3858185

所属艺术表演团体基本情况

中级职称	本团原创首演剧目/个	本团拥有知识产权数量/个	演出场次/万场次	国内演出场次	农村演出场次	国内演出观众人次/万人次
28026	2250	3017	25.22	24.75	15.38	18786.55
826	26	25	0.13	0.12		118.96
7691	243	463	2.83	2.81	0.83	1225.09
11596	661	760	6.05	5.90	2.53	6460.26
7913	1320	1769	16.21	15.92	12.02	10982.24
1271	101	148	0.70	0.70	0.12	292.43
168	10	9	0.10	0.10		35.64
8945	846	989	6.26	6.08	3.45	3740.95
1635	37	13	0.72	0.72	0.37	406.86
1451	29	13	0.60	0.60	0.32	377.41
9919	752	952	11.98	11.88	8.69	9750.06
1109	32	26	1.17	1.10	0.34	2128.18
640	130	139	1.36	1.35	0.60	618.03
967	158	250	1.04	0.99	0.71	496.36
3540	194	500	2.10	2.03	1.18	1353.75

实际使用房屋建筑面积/万平方米	排练练功用房	实际拥有产权面积/万平方米	流动舞台车演出情况			政府采购的公益演出活动情况		
			流动舞台车数量/辆	利用流动舞台车演出场次/万场次	利用流动舞台车演出观众人次/万人次	演出场次/万场次	演出观众人次/万人次	演出补贴收入/千元
525.45	109.41	267.29	1515	7.42	4736.09	12.78	9616.99	1049681
21.25	2.14	20.97				0.01	9.78	14496
145.34	28.09	81.34	59	0.15	84.53	0.96	436.24	219296
199.99	39.56	84.23	277	0.74	525.41	2.76	3745.54	334501
158.87	39.62	80.75	1179	6.53	4126.16	9.05	5425.43	481388
31.72	4.07	16.75	16	0.03	19.63	0.26	93.18	43802
3.93	0.36	2.30				0.01	5.18	2457
178.02	40.17	85.30	420	1.06	523.03	2.82	1479.43	388178
37.16	5.78	21.53	23	0.21	110.98	0.40	174.34	39297
32.14	5.08	20.86	22	0.21	110.98	0.38	165.41	38817
160.22	34.32	84.97	735	5.13	3496.55	7.04	5058.76	408722
23.06	7.17	14.96	20	0.10	46.23	0.33	1667.00	35024
12.21	2.13	4.52	20	0.11	104.95	0.34	239.14	29062
19.44	5.05	9.15	139	0.21	79.07	0.59	316.00	18542
63.68	10.78	30.13	142	0.55	355.67	0.97	589.19	87054

2022年全国文化和旅游部门执行事业

	剧团数/个	补贴团数	从业人员/人	专业技术人才	正高级职称
总　计	**1348**	**1251**	**71417**	**52229**	**3260**
按隶属关系分：					
中央	8	8	2885	2376	441
省区市	102	99	15391	12402	1479
地市	292	277	22777	18802	1051
县市区	946	867	30364	18649	289
按剧种分：					
话剧、儿童剧、滑稽剧类	19	19	2184	1718	221
其中：儿童剧团	3	3	356	291	44
歌舞、音乐类	416	389	22027	16260	963
京剧、昆曲类	41	37	4010	3421	401
其中：京剧	36	32	3471	2939	353
地方戏曲类	599	549	28611	20217	1113
杂技、魔术、马戏类	33	30	2072	1358	73
曲艺类	46	43	1505	1053	91
乌兰牧骑	110	108	4069	2916	64
综合性艺术表演团体	84	76	6939	5286	334

续表 1

	国内演出观众人次	农村观众人次	线上演出展播次数/万场次	线上演出展播观众人次/万人次	本年收入合计/千元
总　计	**11613.80**	**6800.92**	**6.08**	**152410.17**	**14844902**
按隶属关系分：					
中央	95.36	0.24	0.02	12610.46	1359676
省区市	544.42	152.19	0.28	86352.42	4604389
地市	2809.37	1022.00	0.46	40058.89	5285740
县市区	8164.65	5626.49	5.32	13388.40	3595097
按剧种分：					
话剧、儿童剧、滑稽剧类	106.95	7.37	0.03	7171.80	811338
其中：儿童剧团	17.98	0.21		3020.42	105618
歌舞、音乐类	2535.65	1209.34	0.32	79967.48	5239584
京剧、昆曲类	302.23	166.58	0.06	20957.25	1167507
其中：京剧	273.68	162.51	0.03	14964.60	922882
地方戏曲类	6767.69	4476.34	3.98	27492.37	4879905
杂技、魔术、马戏类	352.08	141.33	0.03	11324.90	350856
曲艺类	330.24	190.11	1.22	2261.57	341753
乌兰牧骑	496.36	227.64	0.23	1000.68	520725
综合性艺术表演团体	722.59	382.21	0.10	2234.13	1533234

会计制度的艺术表演团体基本情况

副高级职称	中级职称	本团原创首演剧目/个	本团拥有知识产权数量/个	演出场次/万场次	国内演出场次	农村演出场次	演出观众人次/万人次
9741	19583	1643	2098	17.27	16.96	10.93	12123.60
609	722	22	12	0.10	0.09		95.36
3365	4758	120	353	1.05	1.05	0.32	742.31
3935	7765	434	455	3.89	3.78	1.62	2916.59
1832	6338	1067	1278	12.23	12.03	8.99	8369.34
447	574	30	10	0.21	0.21	0.02	107.57
76	103	6	2	0.05	0.05		17.98
2808	5833	634	805	4.03	3.92	2.36	2673.93
868	1256	30	10	0.50	0.50	0.24	499.52
755	1077	22	10	0.43	0.43	0.23	470.74
3627	7713	555	576	8.68	8.61	6.32	6820.50
229	581	18	24	0.83	0.76	0.24	416.81
213	458	111	110	1.13	1.12	0.55	342.57
370	967	158	250	1.04	0.99	0.71	528.34
1179	2201	107	313	0.96	0.94	0.56	734.36

财政拨款预算收入	上级补助收入	事业预算收入	演出收入	经营收入	附属单位上缴收入	其他收入	本年支出合计/千元
12737814	325934	1278480	918953	70060	481	432133	14638711
979597	3110	286368	109804	3922		86679	1088118
3968304	71187	404578	301532	12954		147366	4551793
4756074	108843	299730	252429	14523		106570	5276285
3033839	142794	287804	255188	38661	481	91518	3722515
635608	8851	130009	85537	1513		35357	812267
77048	446	23990	2526			4134	105055
4386458	108933	550912	359063	42674	30	150577	5011346
1019268	9279	102250	63228	560		36150	1224098
794796	9256	90162	51483	560		28108	983480
4201214	128371	380303	308801	13576	450	155991	4851849
301429	4779	33228	32568	6275		5145	361307
288948	16394	26024	21191			10387	342507
502448	13184	4656	4046		1	436	526006
1402441	36143	51098	44519	5462		38090	1509331

续表 2

	基本支出	项目支出	经营支出	在支出合计中	
				工资福利支出	商品和服务支出
总　　计	9126685	4738513	133192	8756335	3386034
按隶属关系分：					
中央	178886	904736	4483	595777	362797
省区市	2846858	1639207	15693	2688516	1250669
地市	3569426	1570772	44518	3128481	1171249
县市区	2531515	623798	68498	2343561	601319
按剧种分：					
话剧、儿童剧、滑稽剧类	410258	376816		431517	261940
其中：儿童剧团	23624	81430		61635	39850
歌舞、音乐类	2868094	1712535	43497	2959319	1193079
京剧、昆曲类	796426	416389	1165	770082	325236
其中：京剧	644068	328130	1165	628731	245319
地方戏曲类	3287934	1328968	64062	2926961	1059560
杂技、魔术、马戏类	261731	89794	9752	237308	78515
曲艺类	243533	90091	174	193620	91384
乌兰牧骑	425383	73390	141	384130	69433
综合性艺术表演团体	833326	650530	14401	853398	306887

续表 3

	各种设备、交通工具、图书购置费	资产总计/千元	固定资产净值	实际使用房屋建筑面积/万平方米	排练演功用房
总　　计	196073	18865998	10801197	371.50	76.62
按隶属关系分：					
中央	15031	2795081	899784	20.31	1.89
省区市	103515	7510531	4465820	95.56	18.98
地市	48287	5380514	3100999	131.39	25.01
县市区	29240	3179872	2334594	124.24	30.74
按剧种分：					
话剧、儿童剧、滑稽剧类	10384	2358293	1553268	16.31	1.13
其中：儿童剧团	1385	143971	42483	1.90	0.11
歌舞、音乐类	62072	7564762	4619222	116.28	28.69
京剧、昆曲类	31266	1580624	991382	27.61	4.28
其中：京剧	20286	1460297	921752	24.48	3.68
地方戏曲类	56829	4255999	1926570	128.56	27.07
杂技、魔术、马戏类	2134	262329	141358	11.91	2.48
曲艺类	1045	219680	150027	9.18	1.63
乌兰牧骑	4992	389696	257751	19.44	5.05
综合性艺术表演团体	27351	2234615	1161619	42.20	6.31

差旅费	劳务费	福利费	各种税金支出	对个人和家庭补助支出	抚恤金和生活补助	其他资本性支出
127601	889918	75073	52066	799247	142760	657224
12024	107515	8428	13593	11327	2458	112439
45526	306205	21511	22648	276565	46034	207778
44574	299240	23335	10238	402736	62817	276778
25477	176958	21799	5587	108619	31451	60229
6136	62037	5484	8382	46569	6335	38340
1483	17082	944	456	2059	342	1494
49537	363770	21674	19554	215855	35809	198067
9123	69947	6718	9357	76302	12433	41921
6700	51826	5280	7371	68797	10162	30095
41829	275579	28572	9899	287349	46114	253311
3966	12227	1700	1262	22038	2989	5637
2545	14707	1104	841	35500	7742	5553
4717	19189	869	829	8435	2141	10100
9748	72462	8952	1942	107199	29197	104295

实际拥有产权面积/万平方米	流动舞台车演出情况			政府采购的公益演出活动情况		
	流动舞台车数量/辆	利用流动舞台车演出场次/万场次	利用流动舞台车演出观众人次/万人次	演出场次/万场次	演出观众人次/万人次	演出补贴收入/千元
184.74	1095	5.48	3644.98	8.66	5221.59	576438
19.98				0.01	9.78	14496
49.85	30	0.06	39.56	0.35	159.90	88174
53.82	168	0.47	420.54	1.56	1070.57	192254
61.09	897	4.95	3184.89	6.74	3981.34	281514
8.06	5	0.01	5.22	0.05	16.01	9417
1.49				0.01	4.04	1136
53.72	308	0.71	376.61	1.83	1000.07	177093
17.20	16	0.14	74.92	0.29	127.26	18951
16.53	15	0.14	74.92	0.27	118.33	18471
63.84	517	3.93	2782.29	5.00	3186.62	281952
9.02	14	0.09	44.65	0.21	109.58	17456
2.68	19	0.10	66.95	0.29	132.40	19421
9.15	139	0.21	79.07	0.59	316.00	18542
21.08	77	0.30	215.29	0.44	333.66	33606

2022年全国文化和旅游部门执行企业

	剧团数/个	补贴团数	从业人员/人	专业技术人才	正高级职称
总　计	**586**	**441**	**35722**	**24745**	**1586**
按隶属关系分：					
中央	1	1	539	430	135
省区市	96	74	11680	8681	847
地市	188	157	13939	10366	514
县市区	301	209	9564	5268	90
按剧种分：					
话剧、儿童剧、滑稽剧类	35	33	2885	2027	164
其中：儿童剧团	4	3	316	191	11
歌舞、音乐类	180	124	13583	10093	644
京剧、昆曲类	18	15	1181	816	46
其中：京剧	16	14	1113	807	45
地方戏曲类	232	182	9965	6357	315
杂技、魔术、马戏类	24	20	2415	1335	117
曲艺类	13	10	775	519	39
乌兰牧骑					
综合性艺术表演团体	84	57	4918	3598	261

续表 1

	国内演出观众人次/万人次	农村观众人次	线上演出展播次数/万场次	线上演出展播观众人次/万人次	资产总计
总　计	**7172.75**	**2740.98**	**1.36**	**400776.81**	**10469911**
按隶属关系分：					
中央	23.60			330000.00	255826
省区市	680.67	152.32	0.23	27130.70	5134396
地市	3650.89	566.34	0.61	33235.21	3183635
县市区	2817.59	2022.32	0.52	10410.90	1896054
按剧种分：					
话剧、儿童剧、滑稽剧类	185.48	28.54	0.08	11196.37	1387659
其中：儿童剧团	17.66	0.54	0.03	717.98	273625
歌舞、音乐类	1205.30	546.96	0.13	36570.41	4229104
京剧、昆曲类	104.63	51.15	0.02	5692.38	354446
其中：京剧	103.73	50.65		5532.38	318356
地方戏曲类	2982.37	1739.62	0.90	10732.58	1807521
杂技、魔术、马戏类	1776.10	39.22	0.04	3550.20	776127
曲艺类	287.79	56.21	0.01	872.50	291484
乌兰牧骑					
综合性艺术表演团体	631.16	279.30	0.13	332162.38	1623570

会计制度的艺术表演团体基本情况

副高级职称	中级职称	本团原创首演剧目/个	本团拥有知识产权数量/个	演出场次/万场次	国内演出场次	农村演出场次
4218	8443	607	919	7.95	7.79	4.45
113	104	4	13	0.03	0.03	
1939	2933	123	110	1.78	1.76	0.51
1811	3831	227	305	2.16	2.12	0.91
355	1575	253	491	3.98	3.89	3.03
415	697	71	138	0.49	0.49	0.10
34	65	4	7	0.05	0.05	
1618	3112	212	184	2.23	2.16	1.09
211	379	7	3	0.22	0.22	0.13
208	374	7	3	0.17	0.17	0.09
890	2206	197	376	3.30	3.27	2.37
351	528	14	2	0.34	0.34	0.10
128	182	19	29	0.23	0.23	0.05
605	1339	87	187	1.14	1.09	0.62

资产、负债、所有者权益/千元						营业收入
固定资产原价	本年折旧	负债合计	所有者权益合计	实收资本/股本	国家资本	
5995636	785143	4269055	6200856	5236315	3677206	2353915
243096	4220	64136	191690	283240	283240	173128
2382460	310170	2129341	3005055	1749160	1425068	1185597
2267458	337815	1259173	1924462	1392955	1196201	605567
1102622	132938	816405	1079649	1810960	772697	389623
903365	69296	413303	974356	530202	403563	221091
125627	3957	58904	214721	191008	75369	24141
2400422	319712	1845632	2383472	1562947	1343597	987727
297752	80589	133339	221107	178488	175272	35807
286522	75329	108299	210057	173488	170272	28787
1172748	154369	725680	1081841	1660050	544230	396905
341367	27455	266782	509345	400855	387863	209668
167646	37497	112022	179462	88552	31068	73310
712336	96225	772297	851273	815221	791613	429407

续表 2

	损益/千元				
	演出收入	营业成本	养老、医疗、失业等各种社会保险费	住房公积金和住房补贴	差旅费
总　计	1208940	5513315	515424	194213	43684
按隶属关系分：					
中央	65306	182064	19675	8190	1316
省区市	477562	2288464	224790	85579	23808
地市	400990	2182417	190843	79079	11723
县市区	265082	860370	80116	21365	6837
按剧种分：					
话剧、儿童剧、滑稽剧类	147179	650816	43042	15813	5515
其中：儿童剧团	12865	69509	6915	2181	588
歌舞、音乐类	477912	2273334	211371	85489	23380
京剧、昆曲类	20095	248661	18993	7096	432
其中：京剧	16995	201244	18895	6909	422
地方戏曲类	256399	1076618	117722	42832	7824
杂技、魔术、马戏类	58679	422529	38222	14878	1996
曲艺类	37079	157404	13071	4576	881
乌兰牧骑					
综合性艺术表演团体	211597	683953	73003	23529	3656

续表 3

	工资、福利费、税金/千元		实际使用房屋建筑面积/万平方米	排练练功用房
	本年支付的职工福利费	本年应交税金总额		
总　计	78681	83956	153.95	32.79
按隶属关系分：				
中央	4939	12110	0.94	0.25
省区市	32132	36439	49.78	9.11
地市	26609	27277	68.60	14.55
县市区	15001	8130	34.63	8.88
按剧种分：				
话剧、儿童剧、滑稽剧类	7362	10811	15.41	2.94
其中：儿童剧团	1374	565	2.03	0.25
歌舞、音乐类	32916	30563	61.74	11.48
京剧、昆曲类	2745	1434	9.55	1.50
其中：京剧	2221	1333	7.66	1.40
地方戏曲类	18358	13445	31.66	7.25
杂技、魔术、马戏类	3258	3318	11.15	4.69
曲艺类	1806	3799	3.03	0.50
乌兰牧骑				
综合性艺术表演团体	12236	20586	21.48	4.47

工会经费	营业利润	营业外收入	政府补助/补贴收入	营业外支出	利润总额	本年发放工资总额
33896	-3159400	3149297	2834365	180622	-190725	2417111
1813	-8936	30271	30271	248	21087	87664
15589	-1102867	1072230	957937	43020	-73657	948597
12060	-1576850	1490750	1351807	71686	-157786	978406
4434	-470747	556046	494350	65668	19631	402444
3422	-429725	435606	412122	20802	-14921	247398
416	-45368	44873	44866		-495	26705
14548	-1285607	1245793	1126069	58343	-98157	1007101
997	-212854	178800	177288	4597	-38651	88805
836	-172457	135310	133798	3602	-40749	78937
5950	-679713	732552	650649	68155	-15316	527084
2530	-212861	202133	179079	2855	-13583	168411
1156	-84094	91596	64039	4085	3417	68039
5293	-254546	262817	225119	21785	-13514	310273

实际拥有产权面积/万平方米	流动舞台车演出情况			政府采购的公益演出活动情况		
	流动舞台车数量/辆	利用流动舞台车演出场次/万场次	利用流动舞台车演出观众人次/万人次	演出场次/万场次	演出观众人次/万人次	演出补贴收入/千元
82.55	420	1.94	1091.11	4.12	4395.40	473243
0.99						
31.49	29	0.09	44.97	0.61	276.34	131122
30.41	109	0.27	104.87	1.20	2674.97	142247
19.66	282	1.58	941.27	2.31	1444.09	199874
8.69	11	0.02	14.41	0.21	77.17	34385
0.81					1.14	1321
31.58	112	0.35	146.42	0.99	479.36	211085
4.33	7	0.07	36.06	0.11	47.08	20346
4.33	7	0.07	36.06	0.11	47.08	20346
21.13	218	1.20	714.26	2.04	1872.14	126770
5.94	6	0.01	1.58	0.12	1557.42	17568
1.84	1	0.01	38.00	0.05	106.74	9641
9.05	65	0.25	140.38	0.53	255.53	53448

2022年非公有制艺术

	机构数/个	从业人员/人	专业技术人才	演员数	国内演出场次/万场次	营业性演出场次	农村演出场次
总　计	17719	302821	115489	213715	139.85	65.87	58.90
按剧种分：							
话剧、儿童剧、滑稽剧类	188	5476	3073	2966	1.74	1.08	0.12
其中：儿童剧团	83	1255	464	740	0.64	0.58	
歌舞、音乐类	2354	51273	18874	38493	22.22	13.41	7.32
京剧、昆曲类	103	3725	1807	2349	0.55	0.16	0.32
其中：京剧	96	3382	1566	2172	0.48	0.12	0.29
地方戏曲类	9067	117584	47326	81323	34.03	16.56	24.32
杂技、魔术、马戏类	717	12106	4727	8552	17.72	9.77	6.58
曲艺类	925	16624	7248	11763	7.97	4.84	4.34
乌兰牧骑	10	511	379	424	0.07		0.02
综合性艺术表演团体	4355	95522	32055	67845	55.55	20.05	15.88

续表

	演出收入	营业性演出收入	农村演出收入	旅游演出收入	国外演出收入	营业成本
总　计	5725271	4031373	1649198	73362	11520	15454112
按剧种分：						
话剧、儿童剧、滑稽剧类	279679	270042	7475	427		816377
其中：儿童剧团	45322	44235	304	96		162865
歌舞、音乐类	1688454	1437117	186354	35684	1130	4748142
京剧、昆曲类	40290	25327	11434	77		339887
其中：京剧	31541	18890	10944	76		250026
地方戏曲类	1320450	717466	870209	4169	6070	3407067
杂技、魔术、马戏类	387772	241352	99738	7611	990	688472
曲艺类	206520	147645	59499	1070	370	674022
乌兰牧骑	5	5				58479
综合性艺术表演团体	1802101	1192419	414489	24324	2960	4721666

表演团体基本情况

旅游演出场次	国外演出场次/万场次	国内演出观众人次/万人次	营业性演出观众人次	农村观众人次	旅游演出观众人次	国外演出观众人次/万人次	经营情况/千元	
							营业收入	企业赞助收入
31.17	10.49	54160.09	18106.75	15344.27	7516.73	276.64	10043319	86233
0.43	0.00	2036.00	1004.90	40.61	29.75	1.53	511191	1852
0.01	0.00	955.46	856.98	11.29	7.06	0.03	120420	281
3.06	2.50	17226.41	2834.24	1519.95	2816.47	49.62	2813159	22347
0.02		300.97	77.08	193.10	14.21		207281	203
0.02		276.16	69.59	181.01	9.16		134225	203
1.43	4.71	17397.58	6168.99	8602.43	704.77	83.47	1841024	13084
1.93	0.15	4934.17	2018.92	616.09	879.35	67.46	478083	1583
1.05	2.83	1813.17	967.72	875.74	137.27	54.09	576964	3451
	0.00	97.68	0.11	5.46	5.55		39123	10
23.25	0.30	10354.11	5034.79	3490.89	2929.36	20.47	3576494	43703

养老、医疗、失业等各种社会保险费	本年发放工资总额	本年应交税金总额	营业利润	国外演出利润	营业外收入	政府补贴	资产总计/千元	实际使用房屋建筑面积/万平方米
1252309	7328564	414452	-5410730	38300	7390585	6567686	65832275	707.25
71992	308311	25656	-305184	810	281679	267960	1472944	18.34
13052	63034	2476	-42443		32673	32200	460836	7.85
372266	1988927	139099	-1934987	4710	1065991	957420	17778232	173.42
50664	185798	6018	-132608		76717	75745	619245	10.59
35625	139379	1529	-115803		75545	74629	540206	9.20
320817	2335052	27445	-1566021	22930	1273724	1082875	9231224	159.20
39434	392750	14418	-210383	430	182510	172326	3176675	46.30
47527	242157	15613	-97056	90	374399	128599	5527668	25.83
7659	39009	298	-19356		15007	15007	68535	3.41
341950	1836560	185905	-1145135	9330	4120558	3867754	27957752	270.16

2022年全国艺术

	机构数/个	从业人员/人	专业技术人才	座席数/个	演(映)出场次合计/万场次	艺术演出场次
总　　计	3199	66814	18739	2468261	87.87	58.51
其中：附属剧场	510	14121	3858	341103	15.54	14.46
儿童剧场	41	713	292	32597	0.27	0.14
按单位类型分：						
公有制	1158	24520	6959	916285	31.41	6.33
其中：文化和旅游部门	1052	18724	6065	750192	28.94	4.35
其他部门	106	5796	894	166093	2.47	1.98
非公有制	2041	42294	11780	1551976	56.46	52.18
按机构类型分：						
剧场	1103	32760	10584	1019967	13.61	10.15
影剧院	613	9296	2415	492306	59.92	38.47
书场、曲艺场	49	894	375	8426	1.12	0.90
杂技、马戏场	14	700	186	32971	0.18	0.18
音乐厅	113	2338	622	56078	1.19	1.01
综合性	288	12493	2992	596803	8.27	4.86
其他艺术表演场馆	1019	8333	1565	261710	3.56	2.93
按隶属关系分：						
中央	7	154	33	5563	0.07	0.04
省区市	121	3709	1528	132130	3.40	0.89
地市	321	10368	2636	253177	15.12	3.43
县市区	2750	52583	14542	2077391	69.27	54.14

表演场馆基本情况

惠民演出	观众人次合计/万人次	艺术演出观众	本年收入合计/千元	财政拨款	艺术演出收入	本年支出合计/千元	资产总计/千元	实际使用房屋建筑面积/万平方米	演(映)出业务用房
6.37	9815.88	5855.84	17914208	3505559	4076816	19253886	127937304	1441.31	983.16
0.66	1372.86	944.92	3289157	592964	505874	3748981	19038893	205.96	121.78
0.09	115.11	89.92	176611	66990	25945	163210	361868	38.75	24.36
2.41	4549.51	1778.75	7402045	2074666	1063197	7740804	34270300	952.14	493.99
2.24	3988.17	1424.16	5472761	1682299	732565	5525963	20714337	723.81	374.46
0.17	561.34	354.59	1929284	392367	330632	2214841	13555963	228.33	119.53
3.96	5266.37	4077.09	10512163	1430893	3013619	11513082	93667004	489.17	489.17
2.00	4286.45	3529.07	10171593	2354132	2763746	11060676	66926671	805.05	570.27
1.54	1490.14	725.57	1764088	487667	452670	1780853	8622309	211.67	139.64
0.20	44.84	35.10	70176	1420	53506	83046	182214	2.42	2.12
	1613.97	89.76	154339	11340	45190	173362	1070245	7.28	6.59
0.17	251.72	191.31	477848	152099	156299	487013	2124783	31.67	20.72
1.82	1649.50	938.43	3696163	432298	406630	4135899	40095091	340.82	205.63
0.56	479.23	346.57	1580001	66603	198775	1533037	8915991	42.44	38.22
0.03	27.35	23.35	44785		42389	43474	33259	7.43	3.99
0.17	554.37	428.88	1250566	470676	331385	1397995	7308060	158.17	92.95
0.65	2395.03	450.31	2399313	774028	291800	2653705	15174117	353.63	167.49
5.52	6839.13	4953.30	14219544	2260855	3411242	15158712	105421868	922.08	718.73

2022年全国公有制艺术

	机构数/个	从业人员/人	专业技术人才	正高级职称	副高级职称	中级职称	座席数/个	演(映)出场次合计/万场次
总　　计	**1158**	**24520**	**6959**	**217**	**775**	**2336**	**916285**	**31.41**
其中：附属剧场	194	5607	2009	127	384	834	158393	2.52
儿童剧场	41	713	292	3	40	89	32597	0.27
按机构类型分：								
剧场	567	12006	4150	158	527	1470	475133	4.13
影剧院	424	5300	1391	28	126	505	249928	23.04
书场、曲艺场	7	12	2		1	1	588	0.04
杂技、马戏场	3	57	22		5	6	4593	0.01
音乐厅	14	405	129	1	8	20	18221	0.18
综合性	119	6220	1098	19	76	290	160756	3.86
其他艺术表演场馆	24	520	167	11	32	44	7066	0.13
按隶属关系分：								
中央	7	154	33	1	4	2	5563	0.07
省区市	121	3709	1528	105	301	515	132130	3.40
地市	321	10368	2636	70	312	964	253177	15.12
县市区	709	10289	2762	41	158	855	525415	12.81

2022年全国文化和旅游部门

	机构数/个	从业人员/人	专业技术人才	正高级职称	副高级职称	中级职称	座席数/个	演(映)出场次合计/万场次
总　　计	**1052**	**18724**	**6065**	**171**	**680**	**2072**	**750192**	**28.94**
其中：附属剧场	171	2761	1608	90	308	677	115695	1.06
儿童剧场	36	649	270	3	38	82	29714	0.24
按机构类型分：								
剧场	508	9754	3571	119	447	1276	377534	3.51
影剧院	405	5027	1365	28	126	501	234228	22.82
书场、曲艺场	7	12	2		1	1	588	0.04
杂技、马戏场	3	57	22		5	6	4593	0.01
音乐厅	12	392	127	1	8	18	14819	0.14
综合性	94	3042	815	12	62	228	111930	2.37
其他艺术表演场馆	23	440	163	11	31	42	6500	0.05
按隶属关系分：								
中央	5	80	30		4		3133	0.06
省区市	95	2536	1095	62	227	372	79358	2.89
地市	300	7113	2402	70	298	899	223337	13.52
县市区	652	8995	2538	39	151	801	444364	12.47

表演场馆基本情况

艺术演出场次	惠民演出	观众人次合计/万人次	艺术演出观众	本年收入合计/千元	财政拨款	艺术演出收入	本年支出合计/千元	资产总计/千元	实际使用房屋建筑面积/万平方米
6.33	**2.41**	**4549.51**	**1778.75**	**7402045**	**2074666**	**1063197**	**7740804**	**34270300**	**952.14**
1.87	0.25	527.51	315.43	1252556	408225	124103	1600894	7198180	153.27
0.14	0.09	115.11	89.92	176611	66990	25945	163210	361868	38.75
2.04	0.73	1398.34	1005.38	4717586	1394170	689486	4794904	17970008	513.09
1.87	1.33	894.66	253.24	720874	217196	108873	803930	3372760	156.59
0.02	0.03	2.29	0.82	7146	406	256	8621	7450	0.56
0.01		1512.73	7.35	1940		66	5985	113317	3.90
0.16	0.03	122.55	114.73	192460	62782	68823	186812	450530	21.89
2.11	0.20	521.78	306.22	1693616	356573	183763	1868632	12227853	240.56
0.11	0.01	97.13	90.98	68423	43539	11930	71920	128382	15.59
0.04	0.03	27.35	23.35	44785		42389	43474	33259	7.43
0.89	0.17	554.37	428.88	1250566	470676	331385	1397995	7308060	158.17
3.43	0.65	2395.03	450.31	2399313	774028	291800	2653705	15174117	353.63
1.96	1.56	1572.76	876.21	3707381	829962	397623	3645630	11754864	432.91

所属艺术表演场馆基本情况

艺术演出场次	惠民演出	观众人次合计/万人次	艺术演出观众	本年收入合计/千元	财政拨款	艺术演出收入	本年支出合计/千元	资产总计/千元	实际使用房屋建筑面积/万平方米
4.35	**2.24**	**3988.17**	**1424.16**	**5472761**	**1682299**	**732565**	**5525963**	**20714337**	**723.81**
0.43	0.22	377.65	262.55	558212	341963	64280	672540	2186934	81.43
0.12	0.08	109.33	84.55	138448	59244	24815	130061	324429	35.67
1.61	0.62	1097.26	793.96	3856173	1096872	425416	3835465	11805542	397.61
1.85	1.33	880.77	244.71	676621	203138	103912	757298	3295733	140.92
0.02	0.03	2.29	0.82	7146	406	256	8621	7450	0.56
0.01		1512.73	7.35	1940		66	5985	113317	3.90
0.13	0.03	95.32	91.42	172534	62782	68823	165879	236003	20.59
0.70	0.15	348.47	238.03	701160	284556	122162	691497	5145785	145.83
0.04	0.01	51.31	47.85	57187	34545	11930	61218	110507	14.42
0.02	0.03	17.99	13.99	26115		24329	22845	26411	3.03
0.47	0.14	312.49	230.68	623212	240194	167934	688009	4463554	86.10
2.05	0.60	2236.14	397.47	1464341	689333	252942	1543731	6617601	271.15
1.80	1.47	1421.55	782.02	3359093	752772	287360	3271378	9606771	363.53

2022年全国文化和旅游部门执行事业

	机构数/个	从业人员/人	专业技术人才	正高级职称
总　计	**670**	**8655**	**3309**	**97**
其中：附属剧场	126	1802	1318	65
儿童剧场	17	96	39	
按机构类型分：				
剧场	312	4340	1995	69
影剧院	282	3243	908	24
书场、曲艺场	2	2	2	
杂技、马戏场	1			
音乐厅	6	164	50	
综合性	52	758	263	4
其他艺术表演场馆	15	148	91	
按隶属关系分：				
中央				
省区市	40	1223	689	42
地市	162	2900	1080	30
县市区	468	4532	1540	25

续表 1

	观众人次合计/万人次	艺术演出观众人次	本年收入合计/千元	财政拨款预算收入
总　计	**1128.85**	**677.18**	**3125717**	**959000**
其中：附属剧场	262.48	207.86	313656	280182
儿童剧场	10.30	7.53	9200	5821
按机构类型分：				
剧场	544.95	403.48	2561158	616128
影剧院	453.69	168.10	307750	156566
书场、曲艺场			286	286
杂技、马戏场				
音乐厅	17.08	15.12	45616	18373
综合性	69.18	49.24	198633	160999
其他艺术表演场馆	43.95	41.22	12274	6648
按隶属关系分：				
中央				
省区市	99.67	77.36	265312	174316
地市	241.61	141.52	508427	353451
县市区	787.57	458.30	2351978	431233

会计制度的艺术表演场馆基本情况

副高级职称	中级职称	座席数/个	演(映)出场次合计/万场次	艺术演出场次	惠民演出
392	1289	411817	10.36	2.63	0.89
253	575	64605	0.59	0.30	0.14
2	7	11859	0.03	0.02	
264	835	202686	2.01	0.75	0.27
95	331	151193	8.01	1.69	0.55
1	1				
		541			
4	7	5062	0.03	0.03	0.01
18	91	48026	0.28	0.14	0.03
10	24	4309	0.03	0.03	0.01
144	223	36318	0.22	0.18	0.08
151	505	89515	5.28	1.27	0.13
97	561	285984	4.86	1.18	0.68

上级补助收入	事业预算收入	艺术演出收入	经营收入	附属单位上缴收入	其他收入
170747	110612	52814	1803306	420	81632
1172	16724	10296	12601		2977
100	500		2241		538
147932	41675	24750	1717262	360	37801
14817	36533	7586	62314	60	37460
3607	16896	16896	5961		779
3991	15468	3542	13674		4501
400	40	40	4095		1091
864	52796	31848	30986		6350
11799	22009	12761	86460	350	34358
158084	35807	8205	1685860	70	40924

续表 2

	本年支出合计/千元	基本支出	项目支出	经营支出
总　　计	**3033204**	**1275027**	**1038783**	**262084**
其中：附属剧场	348172	198506	127193	18427
儿童剧场	11631	9161		1642
按机构类型分：				
剧场	2431739	934902	886979	180071
影剧院	345596	213042	47857	65201
书场、曲艺场	286	286		
杂技、马戏场				
音乐厅	50516	37098	11751	1667
综合性	193352	80697	91196	14347
其他艺术表演场馆	11715	9002	1000	798
按隶属关系分：				
中央				
省区市	287400	153102	108181	23657
地市	530513	330995	118851	69068
县市区	2215291	790930	811751	169359

续表 3

	对个人和家庭补助支出	抚恤金和生活补助	其他资本性支出	各种设备、交通工具、图书购置费
总　　计	**359190**	**9990**	**46438**	**11264**
其中：附属剧场	12979	1249	15606	686
儿童剧场	967	136	1457	
按机构类型分：				
剧场	332568	7116	33772	5023
影剧院	21143	2282	7141	1276
书场、曲艺场				
杂技、马戏场				
音乐厅	1027		1519	1519
综合性	4081	453	3903	3366
其他艺术表演场馆	371	139	103	80
按隶属关系分：				
中央				
省区市	10865	1924	5020	4154
地市	46799	2851	13272	1363
县市区	301526	5215	28146	5747

工资福利支出	商品和服务支出	在支出合计中			
		差旅费	劳务费	福利费	各种税金支出
682733	**748823**	**33079**	**84525**	**44686**	**39832**
165922	76787	3901	19669	1544	847
6367	2673	4	670	96	173
408730	583651	31798	60790	41188	33289
177004	76844	876	18994	2170	3864
286					
23569	24401	16	245	561	1680
66027	63304	372	4121	757	939
7117	623	17	375	10	60
125804	106917	3224	17109	1607	5210
255885	127738	1062	17112	3381	3917
301044	514168	28793	50304	39698	30705

资产总计／千元	固定资产净值	实际使用房屋建筑面积／万平方米	演(映)出业务用房	实际拥有产权面积／万平方米
10225989	**7607270**	**286.17**	**152.19**	**145.71**
1397195	593308	43.40	26.59	11.60
127306	75497	5.78	3.65	4.54
5823953	4291807	145.50	78.76	72.05
1958689	1542831	88.24	48.75	54.58
2630	1579	0.41	0.41	
115778	39117	2.72	1.84	
2273611	1718437	46.11	21.02	18.32
51328	13499	3.22	1.43	0.77
962213	395162	25.01	16.17	7.60
3843152	2659436	100.82	48.76	43.78
5420624	4552672	160.34	87.26	94.33

2022年全国文化和旅游部门执行企业

	机构数/个	从业人员/人	专业技术人才	正高级职称	副高级职称	中级职称	坐席数/个	演(映)出场次合计/万场次
总　计	**382**	**10069**	**2756**	**74**	**288**	**783**	**338375**	**18.58**
其中：附属剧场	45	959	290	25	55	102	51090	0.47
儿童剧场	19	553	231	3	36	75	17855	0.21
按机构类型分：								
剧场	196	5414	1576	50	183	441	174848	1.50
影剧院	123	1784	457	4	31	170	83035	14.81
书场、曲艺场	5	10					588	0.04
杂技、马戏场	2	57	22		5	6	4052	0.01
音乐厅	6	228	77	1	4	11	9757	0.11
综合性	42	2284	552	8	44	137	63904	2.09
其他艺术表演场馆	8	292	72	11	21	18	2191	0.02
按隶属关系分：								
中央	5	80	30		4		3133	0.06
省区市	55	1313	406	20	83	149	43040	2.67
地市	138	4213	1322	40	147	394	133822	8.24
县市区	184	4463	998	14	54	240	158380	7.61

续表

	损益/千元							
	营业收入	艺术演出收入	营业成本	养老、医疗、失业等保险费	住房公积金和住房补贴	差旅费	工会经费	营业利润
总　计	**1506344**	**679751**	**2469736**	**160226**	**56305**	**5216**	**7443**	**-963392**
其中：附属剧场	182216	53984	322253	18226	6677	317	1209	-140037
儿童剧场	66016	24815	117533	10000	4436	160	301	-51517
按机构类型分：								
剧场	737868	400666	1389617	87016	29893	2157	4048	-651749
影剧院	293984	96326	407269	34553	11344	465	1098	-113285
书场、曲艺场	6735	256	5707	166	33	1	4	1028
杂技、马戏场	1590	66	5985	574	176		86	-4395
音乐厅	78404	51927	115181	4937	2414	460	556	-36777
综合性	371005	118620	497003	30580	11145	1534	1454	-125998
其他艺术表演场馆	16758	11890	48974	2400	1300	599	197	-32216
按隶属关系分：								
中央	26115	24329	22676	1025	454			3439
省区市	239684	136086	397323	28413	8731	477	1624	-157639
地市	591963	240181	1001091	67289	28044	2049	3535	-409128
县市区	648582	279155	1048646	63499	19076	2690	2284	-400064

会计制度的艺术表演场馆基本情况

艺术演出场次	惠民演出	观众人次合计/万人次	艺术演出观众人次	资产、负债、所有者权益/千元						
				资产总计	固定资产原价	当年提取的折旧总额	负债合计	所有者权益合计	实收资本/股本	国家资本
1.72	**1.35**	**2859.32**	**746.98**	**10488348**	**5651288**	**664447**	**5719565**	**4768783**	**3965764**	**3245119**
0.13	0.08	115.17	54.69	789739	178609	15726	721042	68697	364310	329671
0.10	0.08	99.03	77.02	197123	66363	6866	122046	75077	60879	24869
0.86	0.35	552.31	390.48	5981589	3997804	458554	3054134	2927455	3037690	2541250
0.16	0.78	427.08	76.61	1337044	894791	89535	721386	615658	519305	445082
0.02	0.03	2.29	0.82	7450	9135	530	7592	-142	600	50
0.01		1512.73	7.35	110687	40729	11831	2842	107845	21944	21944
0.10	0.02	78.24	76.30	120225	23783	2125	61210	59015	7797	4797
0.56	0.12	279.29	188.79	2872174	631069	98054	1834235	1037939	365697	219265
0.01		7.36	6.63	59179	53977	3818	38166	21013	12731	12731
0.02	0.03	17.99	13.99	26411	8046	224	12505	13906	5467	5467
0.29	0.06	212.82	153.32	3501341	2082266	186145	1037703	2463638	1337504	1327811
0.78	0.47	1994.53	255.95	2774449	1454400	398485	1549431	1225018	786614	655332
0.62	0.79	633.98	323.72	4186147	2106576	79593	3119926	1066221	1836179	1256509

营业外收入	政府补助/补贴收入	营业外支出	利润总额	工资、福利费、税金/千元			实际使用房屋建筑面积/万平方米	演(映)出业务用房	实际拥有产权面积/万平方米
				本年发放工资总额	本年发放福利费总额	本年应交税金			
840700	**723299**	**23023**	**-145715**	**728704**	**60932**	**84284**	**437.64**	**222.27**	**202.62**
62340	61781	2115	-79812	84675	3396	5238	38.03	25.21	15.49
63232	53423	897	10818	43690	2880	2189	29.89	19.71	8.04
557147	480744	14109	-108711	401517	35007	44471	252.11	124.24	120.53
74887	46572	4433	-42831	123421	8162	11715	52.68	28.40	36.56
125	120	2628	-1475	827	47	345	0.56	0.26	0.20
350			-4045	4489		152	3.49	2.80	1.31
48514	44409	182	11555	32633	1809	5317	17.87	7.96	1.97
131522	123557	1142	4382	142376	15554	21567	99.72	49.43	38.70
28155	27897	529	-4590	23441	353	717	11.20	9.19	3.33
		169	3270	5255	628	1287	3.03	0.79	2.38
118216	65878	3286	-42709	95364	9196	24297	61.09	28.30	17.11
363951	335882	12127	-57304	313181	26320	24908	170.33	89.99	69.69
358533	321539	7441	-48972	314904	24788	33792	203.19	103.19	113.44

2022年非公有制艺术

	机构数/个	从业人员/人	专业技术人才	座席数/个
总　　计	**2041**	**42294**	**11780**	**1551976**
按机构类型分：				
剧场	536	20754	6434	544834
影剧院	189	3996	1024	242378
书场、曲艺场	42	882	373	7838
杂技、马戏场	11	643	164	28378
音乐厅	99	1933	493	37857
综合性	169	6273	1894	436047
其他艺术表演场馆	995	7813	1398	254644

续表

	营业成本	养老、医疗、失业等各种社会保险费	本年发放工资总额	本年应交税金总额
总　　计	**11513082**	**652358**	**3206904**	**523827**
按机构类型分：				
剧场	6265772	368093	1790441	273948
影剧院	976923	72542	287418	46924
书场、曲艺场	74425	6034	33071	3066
杂技、马戏场	167377	7771	52424	6487
音乐厅	300201	14260	106083	8092
综合性	2267267	119469	600009	94296
其他艺术表演场馆	1461117	64189	337458	91014

表演场馆基本情况

演(映)出场次合计/万场次	营业性演出场次	惠民演出场次	观众人次合计/万人次	营业性演出观众人次	经营情况/千元	
					营业收入	营业性演出收入
56.46	52.18	3.96	5266.37	4077.09	8848267	3013619
9.48	8.11	1.27	2888.11	2523.69	4346951	2074260
36.88	36.60	0.21	595.48	472.33	752397	343797
1.08	0.88	0.17	42.55	34.28	61841	53250
0.17	0.17		101.24	82.41	139597	45124
1.01	0.85	0.14	129.17	76.58	194714	87476
4.41	2.75	1.62	1127.72	632.21	1887786	222867
3.43	2.82	0.55	382.10	255.59	1464981	186845

营业利润	营业外收入	政府补贴	资产总计/千元	实际使用房屋建筑面积/万平方米	演出业务用房
-2664811	1663896	1430893	93667004	489.17	489.17
-1918825	1107056	959962	48956663	291.96	291.96
-224524	290817	270471	5249549	55.08	55.08
-12584	1189	1014	174764	1.86	1.86
-27778	12802	11340	956928	3.38	3.38
-105487	90674	89317	1674253	9.78	9.78
-379485	114761	75725	27867238	100.26	100.26
3872	46597	23064	8787609	26.85	26.85

2022年各地区艺术表演团体

地　区	总　计						机构数/个
	机构数/个	从业人员数/人	专业技术人才	正高级职称	副高级职称	中级职称	
总　计	19739	415207	196321	5129	14728	29511	1364
北　京	456	13189	4907	210	373	707	7
天　津	111	4199	2600	212	403	557	13
河　北	921	14686	5913	212	501	1022	74
山　西	766	21928	10072	137	505	1385	63
内　蒙古	229	9100	5896	296	990	1764	92
辽　宁	150	5931	3058	205	452	949	14
吉　林	114	3343	2535	238	456	615	7
黑　龙江	103	5128	3233	235	583	849	27
上　海	282	11026	6251	264	661	998	15
江　苏	634	15443	8891	366	923	1550	86
浙　江	1247	38468	15442	279	676	1087	41
安　徽	3806	40665	14533	113	379	1065	11
福　建	671	14619	8673	147	418	1150	66
江　西	356	8498	3743	28	191	645	26
山　东	1971	29497	12719	173	843	1717	79
河　南	2323	47554	22338	177	605	1549	142
湖　北	602	11678	6536	222	603	1391	64
湖　南	655	16215	7889	103	466	1255	70
广　东	545	13276	6211	156	449	912	29
广　西	74	3054	1566	82	290	494	12
海　南	137	4099	1738	10	46	126	14
重　庆	1190	17442	8316	45	203	370	10
四　川	734	11885	5379	79	458	1019	36
贵　州	126	4650	1793	57	214	332	17
云　南	284	7663	4173	126	581	1165	76
西　藏	86	2626	976	23	106	266	85
陕　西	533	15246	7100	159	564	1243	47
甘　肃	370	11380	5309	60	346	931	16
青　海	105	2638	861	8	97	169	12
宁　夏	30	1551	668	31	82	169	
新　疆	119	5106	4196	100	542	1234	105

机构数和从业人员数

| 按执行会计制度分类 | | | | | | | |
| 事业 | | | | | 企业 | | |
从业人员数/人	专业技术人才	正高级职称	副高级职称	中级职称	机构数/个	从业人员数/人	专业技术人才
73595	54157	3443	10197	20332	18375	341612	142164
1184	874	141	199	356	449	12005	4033
1678	1361	212	403	557	98	2521	1239
2497	1616	114	337	669	847	12189	4297
3506	2501	72	338	907	703	18422	7571
6055	4710	293	925	1694	137	3045	1186
1520	1310	158	310	494	136	4411	1748
988	903	117	204	274	107	2355	1632
1697	1405	143	411	551	76	3431	1828
2430	2087	199	496	796	267	8596	4164
3463	2572	182	483	960	548	11980	6319
2781	2301	182	477	799	1206	35687	13141
641	494	22	87	180	3795	40024	14039
3274	2526	145	413	1137	605	11345	6147
784	636	7	67	227	330	7714	3107
3644	2989	138	620	1241	1892	25853	9730
6665	3252	146	486	1227	2181	40889	19086
3144	2414	76	309	932	538	8534	4122
2845	2214	84	359	899	585	13370	5675
1865	1335	79	206	537	516	11411	4876
811	590	50	158	220	62	2243	976
616	368	6	30	73	123	3483	1370
538	412	17	98	221	1180	16904	7904
2262	1939	71	395	784	698	9623	3440
566	251	14	40	67	109	4084	1542
3050	2382	120	519	1006	208	4613	1791
2626	976	23	106	266	1		
2747	1880	65	299	726	486	12499	5220
1445	996	19	189	444	354	9935	4313
526	495	7	82	132	93	2112	366
					30	1551	668
4862	3992	100	542	1234	14	244	204

续表

地 区	正高级职称	副高级职称	中级职称	文化和旅游部门			
				机构数/个	从业人员数/人	专业技术人才	正高级职称
总　计	**1686**	**4531**	**9179**	**1934**	**107139**	**76974**	**4846**
北　京	69	174	351	16	2549	1790	210
天　津				13	1678	1361	212
河　北	98	164	353	111	3986	2609	212
山　西	65	167	478	122	6363	4213	136
内 蒙 古	3	65	70	93	6242	4872	296
辽　宁	47	142	455	29	2749	2260	205
吉　林	121	252	341	46	2428	2121	238
黑 龙 江	92	172	298	37	2802	2241	235
上　海	65	165	202	4	318	215	16
江　苏	184	440	590	121	6071	4795	366
浙　江	97	199	288	56	4150	3314	279
安　徽	91	292	885	45	2896	2189	110
福　建	2	5	13	68	3374	2541	147
江　西	21	124	418	67	1927	1480	23
山　东	35	223	476	99	4843	3868	172
河　南	31	119	322	158	7748	3930	177
湖　北	146	294	459	82	5044	3764	222
湖　南	19	107	356	99	4113	3086	103
广　东	77	243	375	74	4545	2933	155
广　西	32	132	274	21	1365	1073	64
海　南	4	16	53	18	892	516	10
重　庆	28	105	149	19	1583	1039	45
四　川	8	63	235	49	3101	2513	78
贵　州	43	174	265	33	1580	958	55
云　南	6	62	159	89	3434	2652	126
西　藏				85	2626	976	23
陕　西	94	265	517	80	5289	3455	156
甘　肃	41	157	487	62	3466	2408	60
青　海	1	15	37	14	830	565	8
宁　夏	31	82	169	11	877	455	31
新　疆				104	4846	3976	100

		按单位所属部门分					
		其他部门					
		机构数/个	从业人员数/人	专业技术人才			
副高级职称	中级职称				正高级职称	副高级职称	中级职称
13959	28026	17805	308068	119347	283	769	1485
373	707	440	10640	3117			
403	557	98	2521	1239			
501	981	810	10700	3304			41
500	1367	644	15565	5859	1	5	18
990	1764	136	2858	1024			
452	949	121	3182	798			
456	615	68	915	414			
583	849	66	2326	992			
43	68	278	10708	6036	248	618	930
923	1550	513	9372	4096			
676	1082	1191	34318	12128			5
367	1001	3761	37769	12344	3	12	64
417	1143	603	11245	6132		1	7
171	533	289	6571	2263	5	20	112
821	1658	1872	24654	8851	1	22	59
605	1549	2165	39806	18408			
603	1391	520	6634	2772			
466	1243	556	12102	4803			12
446	893	471	8731	3278	1	3	19
230	394	53	1689	493	18	60	100
46	126	119	3207	1222			
203	370	1171	15859	7277			
457	1016	685	8784	2866	1	1	3
203	277	93	3070	835	2	11	55
571	1123	195	4229	1521		10	42
106	266	1					
561	1239	453	9957	3645	3	3	4
346	930	308	7914	2901			1
97	169	91	1808	296			
82	169	19	674	213			
539	1221	15	260	220		3	13

2022年各地区艺术表演

地 区	总 计	话剧、儿童剧、滑稽剧类	儿童剧	歌舞、音乐类	京剧、昆曲类
总 计	19739	247	91	2984	164
北 京	456	15	9	62	13
天 津	111	9	4	12	4
河 北	921	7	5	78	13
山 西	766	9	5	96	1
内 蒙 古	229			48	1
辽 宁	150	5		46	3
吉 林	114	4	2	27	
黑 龙 江	103	8	4	27	2
上 海	282	34	12	62	6
江 苏	634	13	3	99	12
浙 江	1247	14	2	123	16
安 徽	3806	17	5	209	8
福 建	671	6	3	50	4
江 西	356	5		74	7
山 东	1971	24	14	153	50
河 南	2323	16	7	141	3
湖 北	602	6	3	92	4
湖 南	655	4		154	5
广 东	545	9	3	98	
广 西	74			37	
海 南	137			35	
重 庆	1190	13	4	465	1
四 川	734	6	1	252	1
贵 州	126	3		65	2
云 南	284	5	2	147	1
西 藏	86	1		47	
陕 西	533	4	1	85	2
甘 肃	370	4	1	54	2
青 海	105	1		41	
宁 夏	30	1		6	1
新 疆	119	2		94	1

团体分剧种机构数

京剧	地方 戏曲类	杂技、 魔术、 马戏类	曲艺类	乌兰牧骑	综合性 艺术表 演团体
149	**9927**	**776**	**987**	**121**	**4533**
12	69	6	25		266
4	26	4	17		39
12	588	66	31		138
1	412	3	74		171
1	46	1	7	84	42
3	23	6	7		60
	44	1	5		33
2	13	4	7		42
4	89	8	14		69
6	342	16	49		103
14	783	7	63		241
8	2144	418	94		916
4	525	4	43		39
6	199	2	13		56
50	1228	61	89		366
3	1475	100	239		349
4	370	4	28		98
3	265	7	28		192
	307	13	49		69
	12	2	2		21
	72	1	7		22
1	61	12	23		615
1	222	15	17		221
2	9	4	5		38
1	65	3	2		61
	1			32	5
2	300	2	17		123
2	195	1	17	1	96
	20		13	2	28
1	10	1	1		10
1	12	4	1	2	3

2022年各地区艺术表演

地 区	剧团数/个	从业人员/人	专业技术人才	演出场次/万场次	国内演出场次	农村演出场次
总　计	19739	415207	196321	166.07	165.60	74.76
北　京	456	13189	4907	1.65	1.63	0.61
天　津	111	4199	2600	0.52	0.50	0.06
河　北	921	14686	5913	4.23	4.22	2.38
山　西	766	21928	10072	4.90	4.83	3.52
内　蒙　古	229	9100	5896	1.84	1.83	1.13
辽　宁	150	5931	3058	0.51	0.51	0.13
吉　林	114	3343	2535	0.42	0.41	0.17
黑　龙　江	103	5128	3233	0.53	0.52	0.19
上　海	282	11026	6251	2.28	2.28	0.17
江　苏	634	15443	8891	7.39	7.35	2.68
浙　江	1247	38468	15442	19.30	19.30	4.81
安　徽	3806	40665	14533	33.72	33.72	16.28
福　建	671	14619	8673	7.87	7.87	3.92
江　西	356	8498	3743	2.81	2.78	1.95
山　东	1971	29497	12719	14.58	14.58	6.24
河　南	2323	47554	22338	16.91	16.91	8.36
湖　北	602	11678	6536	4.79	4.76	1.41
湖　南	655	16215	7889	5.44	5.43	3.34
广　东	545	13276	6211	2.91	2.91	1.70
广　西	74	3054	1566	0.72	0.72	0.26
海　南	137	4099	1738	1.11	1.11	0.34
重　庆	1190	17442	8316	11.26	11.26	8.03
四　川	734	11885	5379	3.57	3.57	1.19
贵　州	126	4650	1793	2.10	2.07	0.33
云　南	284	7663	4173	5.83	5.82	0.66
西　藏	86	2626	976	0.60	0.56	0.45
陕　西	533	15246	7100	3.93	3.92	1.99
甘　肃	370	11380	5309	2.04	2.03	1.28
青　海	105	2638	861	0.30	0.29	0.10
宁　夏	30	1551	668	0.41	0.36	0.18
新　疆	119	5106	4196	1.47	1.44	0.91

团体演出及收支基本情况

国内演出观众人次/万人次	农村观众人次	总收入/千元	财政补贴收入	演出收入	总支出/千元	资产总计/千元	实际使用房屋建筑面积/万平方米
74020.57	**25204.38**	**31784273**	**23111177**	**8095228**	**37304451**	**96994438**	**1251.10**
2709.52	92.27	1517261	804659	525307	1624023	6092505	29.09
150.20	12.14	447357	342964	95421	574275	663285	20.94
2156.59	1026.51	737278	444735	178178	764324	1349744	35.01
3437.31	1961.70	912368	505661	317178	1008722	1389042	45.81
896.13	355.01	1137863	1053246	44755	1162648	2435117	39.71
213.08	50.97	520327	382469	96160	615425	2741854	27.09
189.10	74.64	368762	297652	52186	403872	391759	13.42
410.32	56.21	583928	547318	11934	680662	654719	26.58
1037.99	32.66	2182630	1207554	476945	3113465	6862491	26.74
2199.99	877.90	2097514	1285164	426152	2415806	5390076	64.96
4449.10	2271.24	2357614	1099881	930422	2518129	10434104	89.89
5228.52	2478.55	1363880	367031	727293	1341843	4150853	86.96
2128.48	943.11	1621774	1232298	490340	2532275	3625772	54.77
1440.33	1058.20	522442	274690	168750	537588	1759697	24.48
5342.88	2628.59	1408096	4284066	288160	2113331	7182234	72.58
8372.94	3544.47	1311299	663381	506316	1490683	6762241	97.09
16466.55	1051.18	1329914	958008	232262	1611588	4846835	45.86
2418.14	1444.74	1120518	744394	295738	1573741	1986199	81.54
1376.43	584.84	1575854	1136843	354722	1956178	3535953	54.52
280.18	100.88	359816	222670	100226	376741	1104145	10.48
374.07	146.63	373358	124842	127317	716720	5826670	12.71
1448.58	814.78	735003	238121	327096	727418	2382544	35.85
1503.66	437.25	1114872	732550	273867	1161647	1711255	36.11
591.55	239.18	371487	152846	86839	589264	1946849	30.98
4106.39	567.72	942524	597501	231515	969298	1783371	34.15
345.56	242.05	471952	440036	4416	403370	650256	12.75
2533.97	1060.43	947704	534715	326567	1007302	2087169	41.04
1393.63	668.36	539212	339681	168162	730749	2574711	34.91
145.50	59.21	144774	115561	22551	163647	325239	4.72
133.94	81.77	134855	92965	26542	153745	319378	7.77
420.98	240.95	968962	877807	6801	995542	977464	31.34

2022年各地区公有制艺术

地　区	剧团数/个	从业人员/人	专业技术人才	正高级职称	副高级职称	中级职称
总　　计	2020	112386	80832	5129	14728	29511
北　京	16	2549	1790	210	373	707
天　津	13	1678	1361	212	403	557
河　北	115	4105	2660	212	501	1022
山　西	123	6416	4255	137	505	1385
内　蒙　古	93	6242	4872	296	990	1764
辽　宁	29	2749	2260	205	452	949
吉　林	46	2428	2121	238	456	615
黑　龙　江	37	2802	2241	235	583	849
上　海	21	3313	2688	264	661	998
江　苏	121	6071	4795	366	923	1550
浙　江	60	4177	3326	279	676	1087
安　徽	51	3179	2385	113	379	1065
福　建	70	3445	2558	147	418	1150
江　西	81	2290	1722	28	191	645
山　东	101	4987	4012	173	843	1717
河　南	158	7748	3930	177	605	1549
湖　北	82	5044	3764	222	603	1391
湖　南	100	4135	3102	103	466	1255
广　东	76	4671	3007	156	449	912
广　西	24	1645	1296	82	290	494
海　南	19	918	540	10	46	126
重　庆	19	1583	1039	45	203	370
四　川	50	3139	2542	79	458	1019
贵　州	34	1699	1026	57	214	332
云　南	98	3707	2837	126	581	1165
西　藏	85	2626	976	23	106	266
陕　西	83	5376	3475	159	564	1243
甘　肃	65	3554	2416	60	346	931
青　海	25	947	583	8	97	169
宁　夏	11	877	455	31	82	169
新　疆	105	4862	3992	100	542	1234

表演团体基本情况

本团原创 首演剧目/个	演出场次/ 万场次	国内演 出场次	农村演 出场次	国内演出 观众人次/ 万人次	农村观 众人次	本年收入 合计/千元
2338	26.22	25.75	15.86	19860.48	9860.11	21740954
26	0.45	0.44	0.04	124.17	7.73	1073725
5	0.12	0.10	0.01	32.05	2.49	308752
30	0.97	0.97	0.70	772.52	507.59	607272
47	1.81	1.74	1.36	1304.83	966.91	613535
169	0.94	0.93	0.59	545.82	207.73	1055931
33	0.19	0.19	0.05	124.80	24.34	454385
32	0.26	0.25	0.15	147.41	60.12	352100
27	0.23	0.22	0.14	81.96	48.52	497512
56	0.41	0.41	0.04	606.56	9.57	1332518
200	2.31	2.28	1.22	980.58	468.70	1432634
86	1.09	1.09	0.38	553.07	248.37	1167392
76	0.87	0.86	0.53	473.44	269.48	369670
113	0.84	0.84	0.33	294.13	142.93	961933
87	1.14	1.11	0.94	629.07	505.62	368936
111	1.94	1.94	1.38	1348.10	977.84	882271
62	2.87	2.87	2.26	2456.74	1745.73	695514
137	1.47	1.44	0.71	3783.63	663.65	951027
122	1.18	1.17	0.83	1014.31	666.82	744589
87	0.53	0.53	0.24	326.73	138.22	1250047
57	0.29	0.28	0.15	180.55	62.08	316433
28	0.14	0.14	0.11	94.62	64.94	126103
18	0.19	0.19	0.08	117.49	59.18	310298
26	0.35	0.35	0.13	298.04	87.26	794176
31	0.31	0.28	0.14	270.84	95.39	210863
220	0.74	0.73	0.48	676.32	350.23	573882
128	0.60	0.56	0.45	345.56	242.05	471952
82	1.28	1.27	0.81	1009.77	552.33	695248
48	0.77	0.76	0.56	569.86	380.31	369393
21	0.16	0.15	0.06	109.47	34.48	137970
10	0.25	0.20	0.11	63.19	33.16	125419
137	1.40	1.37	0.89	405.89	236.10	926399

续表

地　区	财政补贴收入	演出收入	本年支出合计/千元	资产总计/千元	实际使用房屋建筑面积/万平方米	排练、练功用房
总　　计	16543491	2369957	21850339	31162163	543.85	112.79
北　京	701096	162975	1077502	2566592	10.21	0.85
天　津	247778	41283	314113	304483	10.01	1.65
河　北	437302	86233	623546	1023902	14.96	4.24
山　西	399238	117683	611860	521381	17.82	4.50
内 蒙 古	1036941	5811	1068411	2230090	29.91	6.00
辽　宁	352013	38048	467575	605651	20.42	4.12
吉　林	277863	39761	367484	247851	10.39	2.22
黑 龙 江	476803	6528	535496	370441	20.13	3.60
上　海	925329	213303	1441178	2143106	12.14	2.20
江　苏	888711	203357	1419060	1339430	28.36	5.03
浙　江	844465	187003	1169387	1359613	24.83	3.94
安　徽	198081	84238	407860	760703	9.72	2.77
福　建	763620	61940	942117	1573900	22.73	2.46
江　西	252105	73927	316920	477472	10.90	2.17
山　东	784317	68851	909131	502738	22.42	7.65
河　南	551133	64989	679023	829477	23.37	5.44
湖　北	753280	87190	979213	996694	24.19	5.10
湖　南	614981	58530	735758	672596	27.43	4.67
广　东	962619	138808	1267996	1948392	29.10	5.74
广　西	220384	61307	297635	518406	7.00	1.66
海　南	76000	26491	128318	141404	3.37	0.45
重　庆	187302	28256	321350	449236	8.50	2.84
四　川	668559	74230	819787	1038319	13.23	3.34
贵　州	116421	36754	357629	804264	12.23	1.37
云　南	549962	10467	591194	362419	16.85	6.67
西　藏	440036	4416	403370	650256	12.75	4.89
陕　西	446827	114069	722252	1361431	21.34	3.97
甘　肃	275429	51465	381914	812129	18.08	4.42
青　海	114941	18806	157315	298974	3.29	1.24
宁　夏	92280	22661	136698	247433	6.81	0.46
新　疆	877807	5467	928817	952473	30.11	4.99

实际拥有产权面积/万平方米	流动舞台车演出情况			政府采购的公益演出活动情况		
	流动舞台车数量/辆	利用流动舞台车演出场次/万场次	利用流动舞台车演出观众人次/万人次	演出场次/万场次	演出观众人次/万人次	演出补贴收入/千元
273.51	1549	7.53	4859.07	13.20	9897.66	1093398
5.75				0.06	14.81	8640
2.21	2	0.01	1.56		0.14	
12.35	66	0.24	146.44	0.40	229.71	21615
10.28	115	0.39	249.93	0.98	667.86	69973
15.29	139	0.18	71.83	0.57	350.55	13670
6.41	11	0.02	3.59	0.09	26.09	12500
6.14	56	0.10	57.10	0.10	64.40	18650
3.44	21	0.06	30.48	0.10	29.87	28673
6.23				0.05	25.48	6271
13.79	50	0.44	240.30	0.67	350.85	39814
9.22	6		2.98	0.42	209.48	62364
5.72	43	0.35	179.84	0.49	179.92	24130
10.31	30		9.94	0.50	165.94	59266
2.96	68	0.58	262.17	0.75	340.53	87907
9.05	93	1.07	811.26	1.11	699.38	51487
14.63	189	1.80	1346.36	1.87	1348.34	115620
17.50	98	0.51	412.48	0.89	2718.87	69752
12.98	105	0.67	486.64	0.81	566.80	49291
14.56	11	0.02	6.65	0.19	123.66	90212
1.15	7	0.02	4.85	0.15	66.29	15414
2.19	12	0.01	6.28	0.10	51.30	10925
4.92	4	0.01	34.75	0.09	47.42	6847
8.81	12	0.01	1.83	0.18	107.40	25952
4.28	23	0.04	43.59	0.14	89.26	11341
7.02	64	0.11	78.24	0.24	242.53	23019
7.16	58	0.09	28.41	0.10	48.31	10752
20.22	74	0.32	194.70	0.81	486.43	40690
7.10	57	0.16	70.98	0.39	301.94	42149
1.68	11	0.01	2.12	0.03	20.14	735
1.67	11	0.09	24.49	0.13	41.49	19772
7.52	113	0.21	49.31	0.78	272.69	41471

2022年各地区文化和旅游部门

地 区	剧团数/个	补贴团数	从业人员/人	专业技术人才	正高级职称	副高级职称	中级职称
总　　计	1934	1692	107139	76974	4846	13959	28026
北　京	16	10	2549	1790	210	373	707
天　津	13	13	1678	1361	212	403	557
河　北	111	83	3986	2609	212	501	981
山　西	122	99	6363	4213	136	500	1367
内　蒙　古	93	91	6242	4872	296	990	1764
辽　宁	29	19	2749	2260	205	452	949
吉　林	46	36	2428	2121	238	456	615
黑　龙　江	37	37	2802	2241	235	583	849
上　海	4	4	318	215	16	43	68
江　苏	121	99	6071	4795	366	923	1550
浙　江	56	51	4150	3314	279	676	1082
安　徽	45	39	2896	2189	110	367	1001
福　建	68	65	3374	2541	147	417	1143
江　西	67	54	1927	1480	23	171	533
山　东	99	84	4843	3868	172	821	1658
河　南	158	146	7748	3930	177	605	1549
湖　北	82	79	5044	3764	222	603	1391
湖　南	99	85	4113	3086	103	466	1243
广　东	74	63	4545	2933	155	446	893
广　西	21	18	1365	1073	64	230	394
海　南	18	17	892	516	10	46	126
重　庆	19	15	1583	1039	45	203	370
四　川	49	41	3101	2513	78	457	1016
贵　州	33	24	1580	958	55	203	277
云　南	89	83	3434	2652	126	571	1123
西　藏	85	83	2626	976	23	106	266
陕　西	80	74	5289	3455	156	561	1239
甘　肃	62	50	3466	2408	60	346	930
青　海	14	9	830	565	8	97	169
宁　夏	11	10	877	455	31	82	169
新　疆	104	102	4846	3976	100	539	1221

所属艺术表演团体基本情况

本团原创首演剧目/个	本团拥有知识产权数量/个	演出场次/万场次	国内演出场次	农村演出场次	国内演出观众人次/万人次	农村观众人次	本年收入合计/千元
2250	3017	25.22	24.75	15.38	18786.55	9541.90	20348114
26	18	0.45	0.44	0.04	124.17	7.73	1073725
5	2	0.12	0.10	0.01	32.05	2.49	308752
28	19	0.96	0.95	0.69	769.72	504.89	594356
47	41	1.79	1.72	1.36	1280.99	964.51	610888
169	388	0.93	0.93	0.59	545.82	207.73	1055931
33	19	0.19	0.19	0.05	124.80	24.34	454385
32	122	0.26	0.25	0.15	147.41	60.12	352100
27	1	0.24	0.22	0.14	81.96	48.52	497512
7		0.03	0.03		5.66	0.12	154925
200	166	2.32	2.27	1.22	980.58	468.70	1432634
86	44	1.07	1.07	0.37	540.40	235.80	1166093
67	97	0.74	0.73	0.43	413.77	220.93	347127
113	104	0.79	0.78	0.28	262.93	111.73	958053
83	64	1.01	0.98	0.83	564.40	449.24	349355
110	28	1.91	1.91	1.35	1270.10	919.24	864546
62	164	2.87	2.87	2.26	2456.74	1745.73	695514
137	400	1.47	1.44	0.71	3783.63	663.65	951027
119	152	1.18	1.16	0.82	1008.55	662.18	741600
86	80	0.52	0.51	0.23	324.51	136.74	1231761
53	148	0.23	0.23	0.14	106.90	58.13	270712
27	52	0.14	0.14	0.11	92.02	64.54	124835
18	27	0.19	0.19	0.08	117.49	59.18	310298
26	107	0.35	0.35	0.13	295.98	87.01	785049
30	22	0.30	0.27	0.13	264.84	93.39	200219
212	89	0.69	0.68	0.44	600.78	295.98	549610
128	238	0.60	0.56	0.45	345.56	242.05	471952
80	257	1.25	1.24	0.78	994.01	538.93	687273
47	61	0.76	0.75	0.55	564.96	375.61	363667
19	22	0.14	0.13	0.04	98.08	23.44	133554
10	2	0.25	0.20	0.11	63.19	33.16	125419
137	58	1.40	1.37	0.89	405.59	235.85	922167

续表

地　　区	财政补贴收入	演出收入	本年支出合计/千元	资产总计/千元	固定资产原价	实际使用房屋建筑面积/万平方米
总　　计	**15572179**	**2127893**	**20332648**	**29335909**	**16796833**	**525.45**
北　　京	701096	162975	1077502	2566592	1443469	10.21
天　　津	247778	41283	314113	304483	231538	10.01
河　　北	437052	74053	615398	1019211	311386	14.61
山　　西	396791	117483	609191	520438	327588	17.77
内　蒙　古	1036941	5811	1068411	2230090	1563096	29.91
辽　　宁	352013	38048	467575	605651	358605	20.42
吉　　林	277863	39761	367484	247851	198811	10.39
黑　龙　江	476803	6528	535496	370441	430123	20.13
上　　海	73477	37388	180364	658392	546421	2.32
江　　苏	888711	203357	1419060	1339430	456613	28.36
浙　　江	844465	185716	1168311	1358048	444342	24.71
安　　徽	186152	78538	386495	747917	340173	9.12
福　　建	762720	58960	938202	1573700	860787	22.73
江　　西	246145	66338	297543	442697	286245	8.91
山　　东	769727	68024	889533	492499	338203	21.75
河　　南	551133	64989	679023	829477	375233	23.37
湖　　北	753280	87190	979213	996694	807799	24.19
湖　　南	613762	58514	732829	671619	421899	27.37
广　　东	946821	137395	1248924	1936169	1303565	28.44
广　　西	195404	40566	227271	448567	90819	5.93
海　　南	74830	26473	127068	138404	85902	3.32
重　　庆	187302	28256	321350	449236	290303	8.50
四　　川	662026	71757	809961	1021628	308256	13.15
贵　　州	116421	36091	337477	690036	380544	11.69
云　　南	529638	8456	552311	325590	167835	16.20
西　　藏	440036	4416	403370	650256	565069	12.75
陕　　西	444797	108829	718380	1347921	899066	20.97
甘　　肃	270095	51073	375905	808367	679377	17.41
青　　海	113177	16387	153175	298519	178034	3.18
宁　　夏	92280	22661	136698	247433	153851	6.81
新　　疆	873575	5467	924585	947646	809001	29.57

排练练功用房	实际拥有产权面积/万平方米	流动舞台车演出情况			政府采购的公益演出活动情况		
		流动舞台车数量/辆	利用流动舞台车演出场次/万场次	利用流动舞台车演出观众人次/万人次	演出场次/万场次	演出观众人次/万人次	演出补贴收入/千元
109.41	**267.29**	**1515**	**7.42**	**4736.09**	**12.78**	**9616.99**	**1049681**
0.85	5.75				0.06	14.81	8640
1.65	2.21	2	0.01	1.56		0.14	
4.13	12.00	63	0.20	145.76	0.40	229.36	21565
4.48	10.28	115	0.38	249.94	0.96	644.53	67526
6.00	15.29	139	0.18	71.83	0.57	350.55	13670
4.12	6.41	11	0.01	3.59	0.09	26.08	12500
2.22	6.14	56	0.09	57.10	0.10	64.41	18650
3.60	3.44	21	0.06	30.48	0.10	29.87	28673
0.04	2.22				0.06		483
5.03	13.79	50	0.46	240.30	0.67	350.85	39814
3.90	9.19	6		2.98	0.41	202.31	62364
2.66	5.64	36	0.35	172.13	0.37	151.23	15215
2.46	10.31	30		9.94	0.49	162.94	59006
2.09	2.96	62	0.56	244.22	0.67	298.80	85422
7.60	8.56	92	1.06	739.26	1.08	640.28	49819
5.44	14.63	189	1.82	1346.36	1.87	1348.34	115620
5.10	17.50	98	0.53	412.48	0.89	2718.88	69752
4.67	12.92	104	0.66	486.18	0.80	561.61	49035
5.66	14.48	11	0.02	6.65	0.18	123.00	88632
1.37	1.15	7	0.02	4.85	0.13	46.47	11464
0.42	2.14	11	0.01	5.88	0.10	48.70	10917
2.84	4.92	4	0.01	34.75	0.09	47.42	6847
3.29	8.81	12	0.01	1.83	0.18	106.65	24663
1.33	4.17	23	0.03	43.59	0.14	89.27	11341
6.54	7.01	57	0.09	61.14	0.21	191.88	9048
4.89	7.16	58	0.09	28.41	0.10	48.31	10752
3.90	19.90	71	0.32	190.20	0.79	478.83	40065
4.41	7.04	55	0.14	70.27	0.38	297.39	41724
1.20	1.63	9		0.63	0.03	20.06	735
0.46	1.67	11	0.10	24.49	0.13	41.49	19772
4.92	7.00	112	0.21	49.31	0.78	272.69	41471

2022年各地区非公有制

地 区	机构数/个	从业人员/人	专业技术人才	演员数	国内演出场次/万场次	营业性演出场次	农村演出场次
总　计	17719	302821	115489	213715	139.85	65.87	58.90
北　京	440	10640	3117	8054	1.20	0.44	0.57
天　津	98	2521	1239	1774	0.40	0.24	0.05
河　北	806	10581	3253	7618	3.25	1.59	1.68
山　西	643	15512	5817	10775	3.09	1.50	2.16
内 蒙 古	136	2858	1024	2278	0.90	0.29	0.54
辽　宁	121	3182	798	2431	0.33	0.19	0.08
吉　林	68	915	414	682	0.16	0.08	0.02
黑 龙 江	66	2326	992	1709	0.30	0.09	0.05
上　海	261	7713	3563	4922	1.87	1.56	0.13
江　苏	513	9372	4096	6591	5.08	2.78	1.46
浙　江	1187	34291	12116	24029	18.21	4.05	4.43
安　徽	3755	37486	12148	27707	32.85	18.67	15.75
福　建	601	11174	6115	7322	7.03	3.40	3.59
江　西	275	6208	2021	4630	1.67	0.58	1.01
山　东	1870	24510	8707	16329	12.64	3.24	4.86
河　南	2165	39806	18408	26513	14.04	7.31	6.10
湖　北	520	6634	2772	4639	3.32	0.84	0.70
湖　南	555	12080	4787	8530	4.26	1.81	2.51
广　东	469	8605	3204	5992	2.38	1.15	1.46
广　西	50	1409	270	1143	0.43	0.20	0.11
海　南	118	3181	1198	1950	0.97	0.34	0.23
重　庆	1171	15859	7277	12014	11.07	6.70	7.95
四　川	684	8746	2837	6444	3.22	1.54	1.06
贵　州	92	2951	767	2114	1.78	1.02	0.19
云　南	186	3956	1336	2740	5.09	4.24	0.18
西　藏	1						
陕　西	450	9870	3625	6916	2.65	1.22	1.18
甘　肃	305	7826	2893	5678	1.27	0.61	0.72
青　海	80	1691	278	1477	0.15	0.06	0.04
宁　夏	19	674	213	544	0.16	0.10	0.07
新　疆	14	244	204	170	0.06	0.03	0.02

艺术表演团体基本情况

旅游演出场次	国外演出场次/万场次	国内演出观众人次/万人次	营业性演出观众人次	农村观众人次	旅游演出观众人次	国外演出观众人次/万人次	经营情况/千元	
							营业收入	企业赞助收入
31.17	**10.49**	**54160.09**	**18106.75**	**15344.27**	**7516.73**	**276.64**	**10043319**	**86233**
0.11	0.01	2585.35	409.28	84.54	18.71	1.61	443536	697
0.05		118.15	94.08	9.65	10.56		138605	55
0.48	0.03	1384.07	829.39	518.92	423.85	12.50	130006	2487
0.15	0.10	2132.48	1290.21	994.79	147.67	56.63	298833	1476
0.08		350.31	149.49	147.28	22.76		81932	425
0.06		88.28	41.94	26.63	11.95		65942	136
		41.69	19.70	14.52	0.85		16662	
0.13	0.00	328.36	14.40	7.69	295.69	0.02	86416	43
0.05	0.00	431.43	280.68	23.09	12.77	0.01	850112	7546
0.91	0.03	1219.41	494.38	409.20	309.31	2.23	664880	1887
12.01	0.13	3896.03	1866.81	2022.87	582.47	50.63	1190222	12325
1.76	4.99	4755.08	2689.76	2209.07	579.01	4.14	994210	9125
1.54	0.04	1834.35	686.03	800.18	245.57	30.74	659841	1133
0.35	0.00	811.26	329.89	552.58	186.33	0.15	153506	2950
5.54	1.46	3994.78	1624.85	1650.75	618.77	4.34	525825	18382
2.21	0.57	5916.20	2248.23	1798.74	638.45	61.25	615785	2545
2.03	0.02	12682.92	568.89	387.53	354.86	2.12	378887	1588
0.27	0.03	1403.83	656.56	777.92	306.06	41.38	375929	2676
0.27	1.00	1049.70	397.64	446.62	72.21	1.21	325807	2001
0.16	0.01	99.63	41.79	38.80	41.65		43383	120
0.46		279.45	190.59	81.69	44.37		247255	310
0.47	1.88	1331.09	863.30	755.60	205.46	0.90	424705	1255
0.97	0.01	1205.62	558.79	349.99	339.92	0.04	320696	1868
0.20	0.00	320.71	143.89	143.79	87.18	0.02	160624	10086
0.44	0.00	3430.07	610.96	217.49	1669.02	0.52	368642	660
0.36	0.16	1524.20	650.54	508.10	178.47	5.76	252456	999
0.08	0.01	823.77	278.34	288.05	95.12	0.43	169819	3230
0.01	0.00	36.03	10.23	24.73	1.99	0.01	6804	118
0.01		70.75	60.37	48.61	12.05		9436	110
0.01		15.09	5.74	4.85	3.65		42563	

续表

地　区	演出收入	营业性演出收入	农村演出收入	旅游演出收入	国外演出收入	营业成本	养老、医疗、失业等各种社会保险费
总　　计	**5725271**	**4031373**	**1649198**	**73362**	**11520**	**15454112**	**1252309**
北　京	362332	206273	38122	182	100	546521	68838
天　津	54138	42422	7842	281		260162	43783
河　北	91945	56582	37770	1447	150	140778	14347
山　西	199495	115066	92841	1112	1120	396862	45118
内 蒙 古	38944	32875	5910	2124		94237	9827
辽　宁	58112	55438	802	88		147850	9878
吉　林	12425	10774	1805	19		36388	2071
黑 龙 江	5406	4632	703	17		145166	21105
上　海	263642	239087	11105	176		1672287	123833
江　苏	222795	151698	41577	1831	100	996746	108836
浙　江	743419	508669	204877	10900	4160	1348742	104521
安　徽	643055	421636	274175	2149	800	933983	52491
福　建	428400	283176	241841	3469	2760	1590158	77611
江　西	94823	62889	39721	1312	20	220668	13090
山　东	219309	139538	69443	2239	220	1204200	95886
河　南	441327	344206	101875	6665	270	811660	72448
湖　北	145072	102028	28232	5879	230	632375	37242
湖　南	237208	181966	63449	6051	40	837983	53348
广　东	215914	140703	64018	759		688182	42719
广　西	38919	32640	4564	2528		79106	5929
海　南	100826	78811	22299	313	30	588402	31162
重　庆	298840	213875	130127	3166	10	406068	41171
四　川	199637	107561	65272	4260	280	341860	30708
贵　州	50085	39061	5185	724		231635	38014
云　南	221048	204445	3621	6299	130	378104	33161
西　藏							
陕　西	212498	162884	51139	8920	1000	285050	27053
甘　肃	116697	87480	37102	342	60	348835	37808
青　海	3745	2062	1381	40	40	6332	169
宁　夏	3881	1562	2300	70		17047	595
新　疆	1334	1334	100			66725	9547

本年发放工资总额	本年应交税金总额	营业利润	国外演出利润	营业外收入	政府补贴	资产总计/千元	实际使用房屋建筑面积/万平方米
7328564	414452	-5410730	38300	7390585	6567686	65832275	707.25
258496	20487	-102988	780	107665	103563	3525913	18.88
130075	2558	-121561		98091	95186	358802	10.93
85806	2321	-10763	1170	10837	7433	325842	20.05
206094	5888	-98037	2000	173037	106423	867661	27.99
64588	613	-12304	20	17005	16305	205027	9.80
44660	1947	-81909		32289	30456	2136203	6.67
16269	202	-19727		19851	19789	143908	3.03
87562	460	-58751		85856	70515	284278	6.45
555296	57712	-822172	380	370036	282225	4719385	14.60
432043	19125	-331870	40	599587	396453	4050646	36.60
655947	61646	-158520	600	400057	255416	9074491	65.06
577440	37323	60257	1610	196586	168950	3390150	77.24
1063025	14682	-930316	30	491678	468678	2051872	32.04
90281	4758	-67157	20	28781	22585	1282225	13.58
427753	18937	-678369	16700	3537579	3499749	6679496	50.16
347483	18062	-195871	290	127977	112248	5932764	73.72
224179	16097	-253488	220	210189	204728	3850141	21.67
491255	8860	-462050	3380	146911	129413	1313603	54.11
339474	11581	-362368	130	208157	174224	1587561	25.42
38587	2070	-35723		7207	2286	585739	3.48
165280	33450	-341148		68163	48842	5685266	9.34
231370	17671	18644	130	80337	50819	1933308	27.35
182376	11022	-21165	20	90583	63991	672936	22.88
85220	4257	-71009	550	61331	36425	1142585	18.75
164174	26710	-9460	200	49489	47539	1420952	17.30
164968	8757	-32592	8630	101030	87888	725738	19.70
155270	6710	-179012	1400	68622	64252	1762582	16.83
3337	77	473		900	620	26265	1.43
5488	110	-7611		744	685	71945	0.96
34768	359	-24163		10		24991	1.23

2022年各地区艺术表演

地 区	机构数/个	从业人员/人	专业技术人才	座席数/个	演(映)出场次合计/万场次	艺术演出场次
总　计	3199	66814	18739	2468261	87.87	58.51
北　京	59	1400	463	42116	2.27	1.84
天　津	118	1857	668	69726	2.79	2.48
河　北	130	2314	535	67350	3.54	0.71
山　西	158	1741	476	66423	6.42	1.87
内 蒙 古	27	412	141	24079	0.75	0.09
辽　宁	99	2404	573	43232	4.04	3.98
吉　林	95	877	263	22867	1.52	0.37
黑 龙 江	48	515	215	20793	0.23	0.22
上　海	101	4306	1229	190478	1.36	1.19
江　苏	335	9403	1835	287308	9.75	3.00
浙　江	300	6206	1564	280722	11.64	8.49
安　徽	150	1733	674	70145	3.60	3.38
福　建	75	3116	926	144265	3.44	1.36
江　西	63	845	408	31834	4.56	3.01
山　东	223	4324	1146	228557	14.31	12.63
河　南	237	4896	1183	123697	2.76	2.59
湖　北	95	1788	656	84811	1.37	1.21
湖　南	117	3198	1240	76737	1.89	1.47
广　东	140	4317	1071	211254	1.26	0.49
广　西	38	683	115	16525	1.14	1.05
海　南	34	697	347	14547	0.19	0.18
重　庆	67	1706	465	105243	0.66	0.56
四　川	169	2400	797	105225	1.58	1.52
贵　州	25	650	308	7636	0.32	0.05
云　南	45	1255	176	24995	1.08	0.97
西　藏	14	9		2961	0.01	
陕　西	102	1359	466	48122	3.41	2.28
甘　肃	44	1158	495	21355	0.67	0.49
青　海	50	444	99	9450	0.44	0.29
宁　夏	4	47	12	1720	0.02	0.01
新　疆	30	600	160	18525	0.80	0.73

场馆演出及收支基本情况

观众人次合计/万人次	艺术演出观众	本年收入合计/千元	财政拨款	艺术演出收入	本年支出合计/千元	资产总计/千元	实际使用房屋建筑面积/万平方米
9815.88	5855.84	17914208	3505559	4076816	19253886	127937304	1441.31
203.30	166.17	560974	41714	146028	585202	3856100	16.65
193.08	129.45	617334	2371	51716	745287	3432771	26.68
168.19	118.06	323198	143074	89960	390845	4956091	52.12
288.93	97.68	269573	74923	70067	256459	1131608	47.68
53.46	25.86	53640	9794	14352	53500	944692	15.52
251.60	157.76	421704	84260	130163	480614	2765572	27.20
47.78	23.53	131722	46327	20053	100381	814303	13.45
15.74	14.61	46423	23691	5619	42122	348290	15.04
737.71	714.75	2249303	344336	568849	2488654	11088195	104.08
974.66	481.02	2695325	687328	483961	2839435	15433381	285.63
1136.93	818.82	1852368	365833	619833	1870652	11000071	159.49
221.65	168.99	344600	85768	68447	231386	1642797	33.36
297.65	153.06	733961	205218	172227	752205	3853120	50.09
129.07	87.96	194289	90499	61019	176191	1275384	28.35
405.50	311.20	916196	344066	226369	994834	4992236	120.74
769.78	625.77	530624	103860	181716	618963	5959283	57.37
1801.07	202.19	403353	82088	156218	518369	7176620	36.61
642.94	469.45	704869	221527	166141	1033187	8503010	74.77
318.33	258.20	1199007	300430	283522	1362209	8924460	76.08
94.25	83.97	89889	368	37180	127589	1118739	7.90
142.69	138.62	150419	6703	88162	138232	1379719	11.06
113.75	91.33	299959	41494	45855	356640	3429071	25.47
133.10	88.34	400091	71337	127295	466832	8028560	68.59
51.41	12.14	47115	184	11698	70999	504597	4.50
207.64	186.58	116368	6396	59522	157954	714443	14.93
1.28	0.41	590	590		370	1350	2.40
175.96	117.24	2092494	67656	71659	1913857	7930198	28.87
66.06	59.59	118484	8859	56581	161401	1227727	18.39
79.92	15.23	9431	959	3602	15090	132228	4.14
3.72	2.40	7800	5913	630	4705	5799	0.05
61.38	12.11	288320	37993	15983	256248	5333630	6.67

2022年各地区公有制

地　区	机构数/个	从业人员/人	专业技术人才	正高级职称	副高级职称	中级职称	座席数/个	演(映)出场次合计/万场次	艺术演出场次
总　计	1158	24520	6959	217	775	2336	916285	31.41	6.33
北　京	13	181	50			10	13690	0.45	0.08
天　津	12	182	74		1	9	10316	0.11	0.04
河　北	64	997	371	36	69	131	36507	2.94	0.12
山　西	73	966	303	1	20	107	53263	4.50	0.37
内　蒙　古	11	75	15			4	6643	0.67	0.02
辽　宁	30	332	89	1	5	22	16126	0.10	0.09
吉　林	22	321	99	3	33	33	10887	1.12	0.02
黑　龙　江	24	279	115	14	33	48	13123	0.02	0.02
上　海	31	1359	435	43	71	130	54322	0.50	0.37
江　苏	127	6582	1034	11	50	215	146072	8.57	2.08
浙　江	68	1363	359	1	15	119	95476	2.71	0.38
安　徽	36	775	327	15	52	141	28108	0.22	0.12
福　建	32	375	104		5	30	19947	1.10	0.07
江　西	39	559	309	2	27	122	22761	1.65	0.10
山　东	77	1459	394	1	21	141	52489	1.78	0.32
河　南	124	1939	249	10	8	63	70614	0.35	0.22
湖　北	46	922	257	1	27	95	36108	1.10	1.01
湖　南	63	1588	740	7	67	337	48102	0.61	0.33
广　东	49	1634	455	25	78	136	58935	0.90	0.22
广　西	11	47	20	4	2	11	6383	0.01	0.01
海　南	7	336	196	4	26	62	5276	0.02	0.01
重　庆	18	77	21			3	9473	0.08	0.05
四　川	35	510	348	22	79	152	23360	0.08	0.06
贵　州	6	48	15		1	3	90	0.11	
云　南	11	87	23		1	3	6583	0.03	0.03
西　藏	14	9					2961	0.01	
陕　西	60	694	334	9	44	132	33750	1.25	0.15
甘　肃	17	414	76		13	24	11199	0.19	0.02
青　海	15	58	3			2	6857	0.11	0.01
宁　夏	3	15	6	1		3	1480		
新　疆	13	183	105	5	23	46	9821	0.07	0.01

艺术表演场馆基本情况

观众人次合计/万人次	艺术演出观众人次	总收入/千元	财政拨款	艺术演出收入	总支出/千元	资产总计/千元	实际使用房屋建筑面积/万平方米	演(映)出业务用房	实际拥有产权面积/万平方米
4549.51	1778.75	7402045	2074666	1063197	7740804	34270300	952.14	493.99	471.02
74.91	49.96	39770	13218	481	51769	152196	5.87	2.04	4.56
12.48	8.51	24325	1025	391	25356	116439	7.09	4.30	0.76
67.90	32.80	170807	101771	12536	180129	778827	40.83	26.35	21.14
141.96	55.84	166476	64310	19117	164953	749519	43.85	15.02	14.40
27.67	3.32	15620	9544	15	16558	716967	11.72	8.83	1.82
29.40	26.13	76915	46633	6536	87078	262204	19.64	13.41	13.97
22.16	6.67	50916	40119	2508	51348	71961	9.25	7.34	3.99
6.72	6.61	37523	19929	1805	34251	94339	12.95	3.42	1.44
157.21	146.65	602068	160174	177545	698171	2683794	65.12	43.36	29.23
654.33	310.99	1825757	394691	235341	2036089	12627075	236.84	103.14	133.96
278.65	145.49	516883	198188	140349	544029	2587186	93.37	47.73	54.08
92.29	56.39	93267	40487	17148	98773	997843	22.31	10.55	9.89
39.99	21.82	65099	38053	3123	80508	176347	20.65	7.77	10.32
89.18	50.53	149517	73356	43865	141589	1113508	22.93	14.71	8.70
188.23	141.01	245241	149457	44141	259721	520456	63.98	42.07	19.00
155.62	92.43	124020	77801	1742	121041	593324	36.19	20.17	19.86
1666.26	108.64	158785	48594	61854	217347	848179	26.51	18.53	11.11
345.33	213.56	291065	180135	34087	306475	2153131	56.71	22.79	38.07
150.98	127.22	519315	257640	134577	531251	1961780	62.32	32.03	41.39
3.37	3.18	3817	221	208	4694	25368	4.04	1.93	2.34
10.33	7.09	26727	4787	11942	26056	100325	4.70	0.94	1.31
23.90	17.21	8471	4465	864	10396	23365	9.18	7.78	1.07
34.31	26.15	91863	47709	14813	124966	1201235	20.55	10.47	5.65
1.18	0.03	19809			14912	140307	0.79	0.02	0.74
14.37	14.37	22991	2849	8582	23892	239569	5.23	2.13	2.25
1.28	0.41	590	590		370	1350	2.40	0.19	0.10
97.72	56.79	1924361	53784	45904	1746998	2777098	22.62	14.66	8.66
15.26	11.57	34509	436	1079	45158	253994	7.77	3.65	5.05
72.75	10.42	1725	959	255	4754	113618	3.52	2.13	0.90
		5910	5893		3625	3399	0.02		
46.42	3.61	43118	37848		45073	152338	5.76	2.54	2.88

2022年各地区文化和旅游部门

地　　区	机构数/个	从业人员/人	专业技术人才	正高级职称	副高级职称	中级职称	座席数/个	演(映)出场次合计/万场次	艺术演出场次
总　　计	1052	18724	6065	171	680	2072	750192	28.94	4.35
北　京	6	163	45			9	6258	0.33	0.03
天　津	11	162	74		1	9	8656	0.11	0.04
河　北	62	987	370	36	69	131	34362	2.94	0.12
山　西	67	814	224	1	12	77	46235	4.49	0.36
内　蒙　古	11	75	15			4	6643	0.67	0.02
辽　宁	30	332	89	1	5	22	16126	0.10	0.09
吉　林	21	268	88	3	33	33	8963	1.10	0.02
黑　龙　江	24	279	115	14	33	48	13123	0.02	0.02
上　海	11	282	52		1	9	12348	0.18	0.08
江　苏	105	3348	824	10	37	163	111705	7.07	0.64
浙　江	59	1284	325	1	13	113	60272	2.70	0.36
安　徽	33	667	323	15	52	137	24415	0.17	0.11
福　建	30	358	102		5	30	18778	1.10	0.06
江　西	35	468	284	2	27	117	19936	1.64	0.09
山　东	71	1261	350	1	21	126	44826	1.76	0.31
河　南	123	1859	245	10	7	61	70048	0.27	0.14
湖　北	44	738	252		27	91	34306	1.08	1.00
湖　南	61	1419	707	7	67	334	44909	0.59	0.31
广　东	44	1474	427	25	78	134	53401	0.70	0.21
广　西	10	47	20	4	2	11	5501		
海　南	7	336	196	4	26	62	5276	0.02	0.01
重　庆	18	77	21			3	9473	0.08	0.05
四　川	35	510	348	22	79	152	23360	0.08	0.06
贵　州	6	48	15		1	3	90	0.11	
云　南	11	87	23		1	3	6583	0.03	0.03
西　藏	13	9					2961	0.01	
陕　西	57	661	313	9	43	115	32640	1.24	0.15
甘　肃	17	414	76		13	24	11199	0.19	0.02
青　海	11	28	3			2	4955	0.11	
宁　夏	3	15	6	1		3	1480		
新　疆	11	174	103	5	23	46	8231	0.02	0.01

所属艺术表演场馆基本情况

观众人次合计/万人次	艺术演出观众人次	本年收入合计/千元	财政拨款	艺术演出收入	本年支出合计/千元	资产总计/千元	实际使用房屋建筑面积/万平方米	演(映)出业务用房	实际拥有产权面积/万平方米
3988.17	1424.16	5472761	1682299	732565	5525963	20714337	723.81	374.46	348.33
19.85	11.23	38105	13218	363	49893	147110	3.93	1.94	4.16
12.48	8.51	15999	1025	391	17030	111389	5.17	2.83	0.76
65.21	31.44	163082	101759	12536	171510	776221	39.00	25.94	19.66
137.43	53.43	123647	59074	18951	123527	648827	37.77	11.88	11.83
27.67	3.32	15620	9544	15	16558	716967	11.72	8.83	1.82
29.40	26.13	76915	46633	6536	87078	262204	19.64	13.41	13.97
15.17	6.21	44373	35715	2433	42699	70670	5.55	4.54	3.99
6.72	6.61	37523	19929	1805	34251	94339	12.95	3.42	1.44
28.05	24.54	117986	63671	23106	127060	110499	17.34	8.71	10.92
453.22	227.93	724697	201065	134960	763206	2759007	126.89	65.13	52.21
274.60	141.74	478119	188653	127058	479932	1792895	84.45	41.86	46.14
85.66	53.47	76055	29447	13388	84827	983750	15.51	7.71	9.09
38.79	20.78	62597	37837	3041	76122	174286	20.02	7.62	9.69
82.78	46.29	133420	73356	42604	126029	1103410	20.85	13.22	8.70
181.93	134.95	211042	122009	39552	224586	496349	58.83	38.92	17.64
109.80	49.30	112784	68807	1742	110339	575449	35.02	19.42	19.03
1648.26	97.24	106759	22513	40358	168417	821113	19.95	11.96	11.11
335.27	205.50	246974	179156	34087	265037	2127732	48.22	14.83	37.38
141.01	119.65	480207	250683	121918	490291	1927594	52.93	26.25	36.62
2.59	2.55	3737	141	208	4614	25018	3.75	1.67	2.34
10.33	7.09	26727	4787	11942	26056	100325	4.70	0.94	1.31
23.90	17.21	8471	4465	864	10396	23365	9.18	7.78	1.07
34.31	26.15	91863	47709	14813	124966	1201235	20.55	10.47	5.65
1.18	0.03	19809			14912	140307	0.79	0.02	0.74
14.37	14.37	22991	2849	8582	23892	239569	5.23	2.13	2.25
1.28	0.41	590	590		370	1350	2.40	0.19	0.10
95.35	56.64	1922973	52694	45904	1745609	2758192	22.20	14.28	8.33
15.26	11.57	34509	436	1079	45158	253994	7.77	3.65	5.05
64.95	2.62	960	959		1377	90276	3.12	1.77	0.50
		5910	5893		3625	3399	0.02		
13.36	3.26	42202	37682		43751	151085	5.33	2.35	2.45

2022年各地区非公有制艺术

地　区	机构数/个	从业人员/人	专业技术人才	座席数/个	演(映)出场次合计/万场次	艺术演出场次	惠民演出场次	观众人次合计/万人次	营业性演出观众人次
总　　计	2041	42294	11780	1551976	56.46	52.18	3.96	5266.37	4077.09
北　京	46	1219	413	28426	1.82	1.76	0.06	128.39	116.21
天　津	106	1675	594	59410	2.68	2.44	0.22	180.60	120.94
河　北	66	1317	164	30843	0.60	0.59	0.01	100.29	85.26
山　西	85	775	173	13160	1.92	1.50	0.41	146.97	41.84
内　蒙　古	16	337	126	17436	0.08	0.07	0.01	25.79	22.54
辽　宁	69	2072	484	27106	3.94	3.89	0.04	222.20	131.63
吉　林	73	556	164	11980	0.40	0.35	0.03	25.62	16.86
黑　龙　江	24	236	100	7670	0.21	0.20	0.01	9.02	8.00
上　海	70	2947	794	136156	0.86	0.82	0.02	580.50	568.10
江　苏	208	2821	801	141236	1.18	0.92	0.21	320.33	170.03
浙　江	232	4843	1205	185246	8.93	8.11	0.81	858.28	673.33
安　徽	114	958	347	42037	3.38	3.26	0.10	129.36	112.60
福　建	43	2741	822	124318	2.34	1.29	1.05	257.66	131.24
江　西	24	286	99	9073	2.91	2.91		39.89	37.43
山　东	146	2865	752	176068	12.53	12.31	0.17	217.27	170.19
河　南	113	2957	934	53083	2.41	2.37	0.05	614.16	533.34
湖　北	49	866	399	48703	0.27	0.20	0.06	134.81	93.55
湖　南	54	1610	500	28635	1.28	1.14	0.14	297.61	255.89
广　东	91	2683	616	152319	0.36	0.27	0.04	167.35	130.98
广　西	27	636	95	10142	1.13	1.04	0.09	90.88	80.79
海　南	27	361	151	9271	0.17	0.17		132.36	131.53
重　庆	49	1629	444	95770	0.58	0.51	0.07	89.85	74.12
四　川	134	1890	449	81865	1.50	1.46	0.02	98.79	62.19
贵　州	19	602	293	7546	0.21	0.05	0.16	50.23	12.11
云　南	34	1168	153	18412	1.05	0.94	0.11	193.27	172.21
西　藏									
陕　西	42	665	132	14372	2.16	2.13	0.02	78.24	60.45
甘　肃	27	744	419	10156	0.48	0.47		50.80	48.02
青　海	35	386	96	2593	0.33	0.28	0.04	7.17	4.81
宁　夏	1	32	6	240	0.02	0.01	0.01	3.72	2.40
新　疆	17	417	55	8704	0.73	0.72		14.96	8.50

表演场馆基本情况

经营情况/千元									资产总计/千元	实际使用房屋建筑面积/万平方米	演出业务用房
营业收入	营业性演出收入	营业成本	养老、医疗、失业等各种社会保险费	本年发放工资总额	本年应交税金总额	营业利润/千元	营业外收入/千元	政府补贴			
8848267	3013619	11513082	652358	3206904	523827	-2664811	1663896	1430893	93667004	489.17	489.17
491701	145547	533433	40906	129829	39520	-41729	29503	28496	3703904	10.78	10.78
587165	51325	719931	31839	164204	24593	-132767	5844	1346	3316332	19.59	19.59
98429	77424	210716	10360	50138	13637	-112285	53962	41303	4177264	11.29	11.29
76039	50950	91506	9419	27463	3852	-15472	27058	10613	382089	3.83	3.83
32018	14337	36942	2943	19109	1108	-4923	6002	250	227725	3.80	3.80
301276	123627	393536	20847	88223	21160	-92261	43513	37627	2503368	7.56	7.56
74476	17545	49033	1970	22389	3029	25443	6330	6208	742342	4.20	4.20
5064	3814	7871	1014	4561	49	-2807	3836	3762	253951	2.09	2.09
1417746	391304	1790483	118200	454564	77303	-372741	229489	184162	8404401	38.96	38.96
564511	248620	803346	52783	235228	20157	-238837	305057	292637	2806306	48.79	48.79
1131982	479484	1326623	55198	392022	57908	-194635	203503	167645	8412885	66.12	66.12
205042	51299	132613	8952	50130	12542	72427	46291	45281	644954	11.05	11.05
498254	169104	671697	43652	238548	26912	-173445	170608	167165	3676773	29.44	29.44
27386	17154	34602	2206	12883	954	-7215	17386	17143	161876	5.42	5.42
473038	182228	735113	40463	207127	40907	-262075	197917	194609	4471780	56.76	56.76
376793	179974	497922	35678	130064	17552	-121128	29811	26059	5365959	21.18	21.18
177685	94364	301022	22740	103680	12654	-123335	66883	33494	6328441	10.10	10.10
351058	132054	726712	26828	165108	31856	-375653	62746	41392	6349879	18.06	18.06
633859	148945	830958	31624	227978	23666	-197096	45833	42790	6962680	13.76	13.76
85857	36972	122895	2755	24003	6694	-37040	215	147	1093371	3.86	3.86
117765	76220	112176	8304	33728	10770	5590	5927	1916	1279394	6.36	6.36
251684	44991	346244	29950	145004	5436	-94562	39804	37029	3405706	16.29	16.29
282572	112482	341866	17669	92692	18703	-59295	25656	23628	6827325	48.04	48.04
25311	11698	56087	3517	25939	606	-30776	1995	184	364290	3.71	3.71
88084	50940	134062	11904	51982	4638	-45977	5293	3547	474874	9.70	9.70
148437	25755	166859	4795	31827	29863	-18420	19696	13872	5153100	6.25	6.25
71392	55502	116243	8187	35615	4760	-44850	12583	8423	973733	10.62	10.62
7327	3347	10336	127	6331	246	-3009	379		18610	0.62	0.62
1370	630	1080	30	820	30	290	520	20	2400	0.03	0.03
244946	15983	211175	7498	35715	12722	33772	256	145	5181292	0.91	0.91

2022年艺术展览创作

	机构数/个	从业人员/人	专业技术人才	正高级职称	副高级职称	中级职称
总　计	**851**	**7572**	**4854**	**482**	**968**	**1871**
其中：免费开放	615	5555	3561	307	713	1416
按登记注册类型分：						
国有	779	6978	4718	469	953	1826
集体	7	71	40	1	3	14
其他	65	523	96	12	12	31
按隶属关系分：						
中央	2	212	167	53	52	49
省区市	45	1719	1124	222	230	374
地市	252	2740	1924	165	442	752
县市区	552	2901	1639	42	244	696
按管理部门分：						
文化和旅游部门	802	6984	4699	459	944	1813
其他部门	49	588	155	23	24	58
按机构类型分：						
美术馆	601	5237	3103	214	569	1230
画院	55	725	553	145	126	174
美术馆(画院)	117	1178	825	85	190	326
剧目创作室	78	432	373	38	83	141

机构基本情况

藏品/件(套)	文物藏品数	非文物藏品数	国画	油画	版画	雕塑	水粉、水彩	设计	连环画、漫画
749485	**20177**	**708067**	**156898**	**33355**	**72901**	**7747**	**16103**	**5437**	**17687**
637280	10494	613191	124186	28887	68316	6825	14207	4967	14409
723053	19387	684313	147990	31556	71926	7338	15944	5032	17686
4389	601	3788	459	49	4	1	5		
22043	189	19966	8449	1750	971	408	154	405	1
136962		136962	20231	4072	8661	2464	1208		4255
188593	561	188032	40755	9319	21102	2315	4888	730	4900
188690	4543	175523	57357	10146	19006	1397	5765	3878	6087
235240	15073	207550	38555	9818	24132	1571	4242	829	2445
726516	19837	686554	149072	31442	70997	7297	15834	5334	17681
22969	340	21513	7826	1913	1904	450	269	103	6
631128	19403	599472	106583	27810	65027	6702	14419	4881	17201
46870	506	46344	28871	1561	3093	347	292		154
71477	268	62241	21444	3984	4781	698	1392	556	332
10		10							

续表 1

	民间艺术	书法	摄影、多媒体	漆艺	陶艺	其他	年度展览总量/个
总 计	119089	99873	74176	2045	4543	98213	7572
其中：免费开放	116224	85704	70947	1885	4015	72619	6585
按登记注册类型分：							
国有	118434	93962	73388	2023	3176	95858	7113
集体		3165	100			5	56
其他	655	2746	688	22	1367	2350	403
按隶属关系分：							
中央	75232	3414	2087	314	555	14469	79
省区市	17111	13416	33769	1167	627	37933	580
地市	7485	33603	15977	303	670	13849	2619
县市区	19261	49440	22343	261	2691	31962	4294
按管理部门分：							
文化和旅游部门	118372	97443	73336	2008	3160	94578	7219
其他部门	717	2430	840	37	1383	3635	353
按机构类型分：							
美术馆	113208	76428	70523	1856	4037	90797	6146
画院	1275	6026	972	127	226	3400	
美术馆(画院)	4606	17419	2681	62	280	4006	1398
剧目创作室						10	28

续表 2

	中央资金	收藏专项经费	上级补助收入	事业预算收入	经营收入	附属单位上缴收入
总 计	89267	167010	33008	1469540	111989	856
其中：免费开放	72850	139985	10105	1430112	71075	856
按登记注册类型分：						
国有	88022	166110	13483	1469040	8515	856
集体	240				3878	
其他	1005	900	19525	500	99596	
按隶属关系分：						
中央		16480		90122		
省区市	10846	78632	1000	34613	4933	
地市	40119	50854	5624	1340651	3898	846
县市区	38302	21044	26384	4154	103158	10
按管理部门分：						
文化和旅游部门	87267	154048	30473	137040	72197	856
其他部门	2000	12962	2535	1332500	39792	
按机构类型分：						
美术馆	62259	140585	28860	1426438	108868	856
画院	160	19976	3301	35444	2521	
美术馆(画院)	16022	6449	840	6917	600	
剧目创作室	10826		7	741		

自主办展数量	参观人次/万人次	未成年人参观人次	学术成果			本年收入合计/千元	财政拨款预算收入	免费开放
			专著或图录/册	论文数/篇	学术活动/次			
5352	**3591.41**	**803.10**	**14904**	**1101**	**1243**	**4836421**	**3096357**	**308904**
4654	3035.86	724.27	11969	734	854	3975307	2364604	256429
4990	3089.77	720.49	12074	1080	1125	4645965	3048055	305360
54	47.50	24.61		2		12404	8524	380
308	454.15	58.01	2830	19	118	178052	39778	3164
36	23.73	1.90	21	271	113	217911	125146	30350
333	482.86	72.44	164	365	245	1264231	1207066	121963
1800	1315.70	332.61	10626	295	354	2582064	1148530	86757
3183	1769.12	396.15	4093	170	531	772215	615615	69834
5085	3338.40	768.80	14889	1071	1129	3344108	3002000	302638
267	253.03	34.31	15	30	114	1492313	94357	6266
4429	2921.06	681.34	6100	549	678	3782021	2104884	219913
			5818	240	190	442200	395029	32271
913	667.86	120.60	2964	149	302	465132	454222	45894
10	2.49	1.17	22	163	73	147068	142222	10826

其他收入	本年支出合计/千元	基本支出	项目支出	收藏经费	经营支出	在支出合计中		
						工资福利支出	商品和服务支出	差旅费
124671	**4865247**	**2125791**	**2594792**	**184275**	**97595**	**1609698**	**1392255**	**11544**
98555	4004473	1685469	2204321	150535	78735	1303735	1109945	8713
106016	4652960	2043935	2559308	182928	22935	1562654	1364614	11305
2	10199	5275	1992	70	2762	3573	5674	11
18653	202088	76581	33492	1277	71898	43471	21967	228
2643	208145	123521	84624	19008		87084	87432	490
16619	1267582	464887	789961	85743	9923	339192	530178	4309
82515	2584155	1137429	1436013	56790	2732	920461	598839	4288
22894	805365	399954	284194	22734	84940	262961	175806	2457
101542	3358077	1520117	1711274	169416	81845	1093220	1316715	11231
23129	1507170	605674	883518	14859	15750	516478	75540	313
112115	3775961	1556596	2082781	147562	95107	1176518	949681	6942
5905	417510	230401	184713	26196	2021	170667	166402	1590
2553	530976	248602	278060	10517	467	193510	225237	2281
4098	140800	90192	49238			69003	50935	731

续表 3

	劳务费	福利费	各种税金支出	对个人和家庭补助支出	抚恤金和生活补助	其他资本性支出
总　　计	**101771**	**16284**	**4917**	**117695**	**8213**	**233851**
其中：免费开放	86215	7690	2487	80113	5882	194868
按登记注册类型分：						
国有	101240	10182	3101	116719	8204	219850
集体	100	14	10	577		110
其他	431	6088	1806	399	9	13891
按隶属关系分：						
中央	11806	843	217	9852	1104	17830
省区市	31860	4676	1571	42213	2898	125108
地市	40131	3337	827	55125	2888	49523
县市区	17974	7428	2302	10505	1323	41390
按管理部门分：						
文化和旅游部门	99997	15619	4613	114924	8033	232315
其他部门	1774	665	304	2771	180	1536
按机构类型分：						
美术馆	72406	11347	3906	60211	3723	185760
画院	10806	2749	35	22195	936	35663
美术馆(画院)	14970	1752	545	23233	1656	12171
剧目创作室	3589	436	431	12056	1898	257

续表 4

	公共教育活动		创作情况/个		
	教育活动/次	出版物/种	创作项目数量	参加展览数量	获省部级以上奖项的作品数
总　　计	**7769**	**2587**	**13489**	**6267**	**1295**
其中：免费开放	6858	2496	6152	3732	598
按登记注册类型分：					
国有	6968	2561	12824	6148	1276
集体	39		16	24	13
其他	762	26	649	95	6
按隶属关系分：					
中央	14		3	17	18
省区市	2044	36	3789	1060	422
地市	2390	98	5038	3114	629
县市区	3321	2453	4659	2076	226
按管理部门分：					
文化和旅游部门	6945	2538	12839	6119	1253
其他部门	824	49	650	148	42
按机构类型分：					
美术馆	6540	2524			
画院			5434	2694	510
美术馆(画院)	1207	54	7103	3514	693
剧目创作室	22	9	952	59	92

各种设备、交通工具、图书购置费	资产总计/千元	固定资产净值	实际使用房屋建筑面积/万平方米	展览用房	库房面积	画室面积	实际拥有产权面积/平方米	讲座/次
60461	**13560785**	**8867448**	**329.06**	**117.65**	**15.17**	**17.46**	**92.91**	**2474**
41112	11112312	6954909	259.91	95.16	12.49	10.58	78.74	2016
60316	12500236	7992726	301.30	108.50	13.64	16.34	83.48	2088
110	221468	203701	2.99	0.68	0.10	0.07	2.55	16
35	839081	671021	24.77	8.47	1.43	1.05	6.88	370
2031	1510560	712250	7.68	0.87	0.50	3.86	2.61	3
24013	4566612	3014046	59.65	18.66	3.13	1.56	13.74	243
25689	5268698	3397881	152.22	52.98	5.96	5.24	47.67	585
8728	2214915	1743271	109.51	45.14	5.58	6.80	28.89	1643
60334	12497126	7945349	298.05	108.80	14.19	16.64	85.62	2229
127	1063659	922099	31.00	8.86	0.97	0.82	7.29	245
50348	9282767	5290105	250.98	87.90	11.66	8.30	76.06	1884
7380	1625865	1234663	23.81	5.14	0.85	5.98	5.60	
2607	2621544	2329139	53.26	24.60	2.64	3.18	11.11	494
126	30609	13541	0.98	0.02	0.01		0.14	96

培训情况		志愿者服务队伍个数/个	志愿者服务队伍人数/人	学术研究情况/个			文化创意产品情况		
组织培训次数/次	培训人次/万人次			本年承担课题、项目数	省部级以上课题项目数	结项课题项目数	文化创意产品种类/个	文化创意产品销售收入/千元	文化创意产品销售利润/千元
2041	**21.38**	**1444**	**74118**	**207**	**69**	**124**	**8025**	**15151**	**5113**
1345	19.18	1007	65318	171	55	114	7563	8291	2188
1898	20.81	866	72320	157	67	78	7192	4352	2111
35	0.28	2	30						
108	0.28	576	1768	50	2	46	833	10799	3002
261	0.04	1	135	5	5	1	5526	1478	1109
299	0.96	58	3168	65	28	36	1156	1641	563
666	3.19	374	12919	64	24	26	443	768	94
815	17.19	1011	57896	73	12	61	900	11264	3347
1997	20.15	1063	66889	198	65	119	7598	8386	2362
44	1.23	381	7229	9	4	5	427	6765	2751
		1278	62042	130	39	84	7586	14313	5035
470	0.74	19	767	15	9	5	23	124	7
1360	20.02	130	11118	43	19	28	416	714	71
211	0.62	17	191	19	2	7			

2022年各地区艺术展览

地　区	机构数/个	从业人员/人	专业技术人才	正高级职称	副高级职称	中级职称	藏品/件(套)
全　国	**851**	**7572**	**4854**	**482**	**968**	**1871**	**749485**
北　京	1	73	48	27	9	9	9852
天　津	5	46	24	2	1	11	3295
河　北	32	231	156	7	38	54	7925
山　西	41	268	178	7	21	77	15319
内　蒙　古	28	217	163	12	34	62	13105
辽　宁	6	64	44	13	14	14	2562
吉　林	21	152	120	9	33	37	7095
黑　龙　江	11	120	86	23	19	27	3629
上　海	22	482	240	16	24	73	36196
江　苏	93	931	676	88	158	274	60973
浙　江	24	332	146	19	30	64	46442
安　徽	24	228	139	11	24	34	9932
福　建	19	102	78	8	17	25	8545
江　西	47	471	207	5	30	70	20885
山　东	76	569	483	34	117	223	57034
河　南	13	148	71	6	17	30	19111
湖　北	20	237	176	22	26	65	13426
湖　南	45	311	189	3	31	77	14251
广　东	60	825	379	36	66	154	151409
广　西	6	94	61	6	14	31	3956
海　南							
重　庆	17	132	93	8	22	47	8921
四　川	75	294	228	11	41	98	23924
贵　州	8	123	85	6	16	31	4443
云　南	14	82	71	8	16	27	4777
西　藏							
陕　西	8	103	46	4	5	24	26882
甘　肃	66	449	290	28	55	115	18411
青　海							
宁　夏	1	8	8	2	2	2	1374
新　疆	66	268	202	8	36	67	18849

创作机构基本情况

文物藏品数	非文物藏品数	国画	油画	版画	雕塑	水粉、水彩	设计	连环画、漫画
20177	**708067**	**156898**	**33355**	**72901**	**7747**	**16103**	**5437**	**17687**
505	9347	4392	472	677	13			16
	3295	344	136	624	36	31		4
	7190	1566	472	943	127	258	21	61
618	14655	2875	118	578	61	289	5	160
125	12880	2343	744	366	37	299	63	61
27	2535	816	537	226	13	232	1	84
15	7080	1956	497	159	1	382	511	
240	3629	542	600	1392		26		
941	33463	8722	2694	3232	457	880	43	2621
718	60340	25067	2822	5229	381	1429	30	215
37	46400	9210	2343	6001	535	1297	1146	2028
972	8846	5061	304	310	402	126		90
447	8223	2390	282	1116	143	129	125	143
2450	18767	3216	804	4284	163	665	27	613
2888	36869	12033	1485	2875	372	1027	18	590
	19111	2017	683	1509	200	458	209	18
37	13386	2214	913	1197	376	937	26	406
322	13858	3601	827	325	44	641	34	198
8371	143125	27760	5373	27458	1318	2392	3034	4935
	3956	1282	377	159	18	159		1
16	8905	1320	370	1279	84	296	13	146
892	23032	7296	1240	701	123	937	28	382
	4443	1109	522	438	54	385	16	199
17	4760	444	216	1001	10	257		1
94	26788	1111	647	757	56	133	6	10
200	16646	5104	1017	291	154	515	53	294
	1374	561	26	257	5	1		
245	18202	2315	2762	856	100	714	28	156

续表 1

地　区	民间艺术	书法	摄影、多媒体	漆艺	陶艺	其他	年度展览总量/个
全　国	**119089**	**99873**	**74176**	**2045**	**4543**	**98213**	**7572**
北　京		581	170			3026	
天　津	685	462	396	15	12	550	33
河　北	260	882	1150	1	23	1426	262
山　西	1130	7449	1454	4	19	513	304
内　蒙　古	866	4804	2787	7	122	381	194
辽　宁	74	400	103	7	3	39	50
吉　林	3	2074	81			1416	105
黑　龙　江	208	331	118			412	55
上　海	3978	3288	4343	15	47	3143	176
江　苏	4079	11014	5840	12	1333	2889	709
浙　江	1259	5132	1591	40	121	15697	286
安　徽	258	2182	36	1	5	71	331
福　建	169	1412	406	826	119	963	138
江　西	3425	2887	835	70	433	1345	425
山　东	1396	12836	1678	7	194	2358	800
河　南	2505	6957	1290	16	35	3214	158
湖　北	1296	1728	1826	309	70	2088	159
湖　南	690	4019	699		438	2342	296
广　东	2374	4612	34034	142	413	29280	647
广　西		936	48	2	32	942	103
海　南							
重　庆	541	3144	1158	35	103	416	373
四　川	351	7526	3830	61	306	251	417
贵　州	29	1334	134	13	20	190	44
云　南	76	823	1678			254	98
西　藏							
陕　西	14746	524	91		10	8697	98
甘　肃	1452	4587	2755	125	93	206	436
青　海							
宁　夏		303				221	12
新　疆	2007	4232	3558	23	37	1414	784

自主办展数量	参观人次/万人次	未成年人参观人次	学术成果			本年收入合计/千元	财政拨款预算收入	免费开放资金
			专著或图录/册	论文数/篇	学术活动/次			
5352	3591.41	803.10	14904	1101	1243	4836421	3096357	308904
				50	20	102500	98236	
11	12.14	0.13	4	14		99		
123	69.70	10.38	19	15	45	59388	58739	8981
212	69.82	16.99	540	10	31	75727	75413	8210
150	99.40	19.23	1005	7	25	49764	48028	6366
33	16.25	4.26	62	50	27	20698	20518	3578
69	20.63	0.72	3	13	4	26874	26870	3045
47	21.51	5.07	2	5	1	36735	36688	4478
127	100.86	15.50	28	53	124	322961	261478	778
445	462.20	136.96	57	167	117	415666	392068	21771
202	215.48	32.89	2816	6	38	163779	154198	7819
231	141.29	35.85	16	7	27	67098	65334	6391
100	35.64	11.05	6	2	8	169639	167830	3741
343	195.85	42.23	11	14	30	117404	105582	49544
601	283.60	74.89	32	98	145	228008	220921	20125
136	88.31	30.22	506	31	39	81036	79301	4168
115	124.50	24.23	183	28	38	114256	112046	4003
222	391.19	91.41	31	5	25	106205	101047	8755
444	405.99	76.79	3677	12	81	1959581	472717	12101
95	69.89	15.89	5	14	17	18903	18703	1735
259	85.92	18.56	12	15	30	44860	41684	10493
331	309.51	74.49	25	109	136	126069	125769	9326
28	10.81	1.50	4			56972	53801	41751
69	19.66	6.63	7	19	21	22132	20791	3634
62	119.27	12.24	1	12	10	42305	36110	3050
300	85.29	23.94	5806	61	70	67395	64991	15572
3	0.85	0.20				2603	2462	500
558	112.12	18.95	25	13	21	119853	109886	18639

续表 2

地 区	中央资金	收藏专项经费	上级补助收入	事业预算收入	经营收入	附属单位上缴收入	其他收入
全 国	**89267**	**167010**	**33008**	**1469540**	**111989**	**856**	**124671**
北 京		10000		698	1721		1845
天 津					99		
河 北	3069	2845		102			547
山 西	5400		80	230			4
内 蒙 古	5006		12	1724			
辽 宁	400	500	30				150
吉 林	1377	1530					4
黑 龙 江	1344	4500					47
上 海	50	1953		17962	35651		7870
江 苏	3400	21549	6081	3921	4772		8824
浙 江	1230	15351	268	5438	812		3063
安 徽	2450	5834	669	50			1045
福 建	823	4695	833	178			798
江 西	3823	4836	400	120	3071		8231
山 东	3927	7855		5559	42		1486
河 南	2360	5000	256	1420			59
湖 北	1040	12665	1450	150			610
湖 南	3669	10462	1233	50	2439	856	580
广 东	930	33278	20152	1335948	63382		67382
广 西	1461	263					200
海 南							
重 庆	4200	2837	367	1644			1165
四 川	6318	180	300				
贵 州	11828	200					3171
云 南	2001	73	7	580			754
西 藏							
陕 西	1004	1500		2374			3821
甘 肃	9741	210	620	770			1014
青 海							
宁 夏	400	10					141
新 疆	12016	2404	250	500			9217

本年支出合计/千元	基本支出	项目支出	收藏经费	经营支出	工资福利支出	商品和服务支出	差旅费
4865247	2125791	2594792	184275	97595	1609698	1392255	11544
97889	35483	60685	10150	1721	21260	46362	154
99				99			
61866	39612	21042	4700		26129	16647	344
75885	37245	30350	245		31528	25236	161
51174	27763	23230			24676	16062	56
19874	12868	5939	1094		7566	4525	43
27101	16099	10910	1565	92	14245	7815	164
36758	21417	15340	4500		16537	7763	168
395010	179004	203141	2342	8110	88646	179369	147
414143	245443	153919	29023	12203	179477	156196	1232
167005	65186	100094	16633	531	38803	72804	576
66699	26216	37720	5814		21554	34899	484
167117	19779	147260	446		15532	16747	102
120840	43667	68545	4893	8136	48753	32291	540
225387	117793	106673	7449	42	87255	89744	671
47116	22453	24472	2293		15441	27450	166
115540	41122	73574	12084	775	34353	56683	503
107077	52334	46991	11117	6336	36191	33192	465
1983467	777578	1135548	39190	56500	653713	276210	1490
18934	14812	4122	263		13455	4549	200
43894	22300	19497	2520	830	17850	17766	715
126816	36464	90293	1190		28937	89357	981
42581	15468	27112	3298		14277	21635	194
21156	13137	7627	73		12299	7234	113
42815	14285	27684	1500		11228	3271	163
63139	44105	14659	710	2140	37098	9004	362
2601	1943	658	10		2102	312	21
115119	58694	53083	2165	80	23709	51700	839

续表 3

地 区	劳务费	福利费	各种税金支出	对个人和家庭补助支出	抚恤金和生活补助	其他资本性支出	各种设备、交通工具、图书购置费
全 国	101771	16284	4917	117695	8213	233851	60461
北 京	1441	79	23	2154	552	16113	5386
天 津							
河 北	924	201	52	7611	28	1882	1459
山 西	5282	278		1918	39	1662	1184
内 蒙 古	890	194	108	2701	46	1975	316
辽 宁	244	2		1231	16	819	229
吉 林	2472	137	31	389	85	171	65
黑 龙 江	747	243		2492	264	57	57
上 海	3275	1016	409	1934	561	19914	15221
江 苏	4558	631	236	30945	866	39502	2400
浙 江	9868	1491	299	1050	30	15561	480
安 徽	1954	156	6	1317	104	614	104
福 建	2812	1	16	1682	93	2850	463
江 西	4355	155	228	7930	63	22784	7571
山 东	5644	77	292	10329	910	22612	1534
河 南	2580	348	212	706	11	965	770
湖 北	6345	762	539	2897	220	20516	8535
湖 南	1180	435	99	4098	417	2804	1110
广 东	17289	7038	1860	18561	108	20356	8561
广 西	175	24		917	359	12	9
海 南							
重 庆	4756	119	24	1162	508	1437	526
四 川	3348	185	74	2963	603	1912	463
贵 州	716	1365		1109	191	243	46
云 南	583	59	35	294	254	326	10
西 藏							
陕 西	256	13	34	22	4	18848	47
甘 肃	1651	335	122	998	647	693	499
青 海							
宁 夏	10			90		87	84
新 疆	6610	97	1	343	130	1306	1301

资产总计/千元	固定资产净值	实际使用房屋建筑面积/万平方米	展览用房	库房面积	画室面积	实际拥有产权面积/平方米	讲座/次
13560785	**8867448**	**329.06**	**117.65**	**15.17**	**17.46**	**92.91**	**2474**
304789	195201	2.37	0.55	0.16	0.17	1.08	
288	88	4.94	1.46	0.17	0.02		2
141747	130112	9.14	4.99	0.40	0.55	2.90	71
674034	634227	12.03	5.27	0.61	0.49	1.17	111
822048	762283	12.77	9.35	0.19	0.44	2.81	53
27279	25347	1.43	0.92	0.08	0.06	0.32	41
54728	49783	1.75	0.74	0.09	0.13	0.50	45
55813	52795	2.52	0.56	0.05	0.36	0.74	4
1418691	1146872	12.32	4.88	0.45	0.20	3.73	267
1204354	1057192	54.58	13.74	1.44	2.19	12.86	321
922982	765105	13.42	3.33	0.87	0.46	2.46	130
113262	40061	10.73	3.67	0.46	0.32	0.88	68
243310	54386	3.48	1.57	0.26	0.17	0.60	41
442843	98708	12.71	5.97	0.70	0.83	1.95	255
1011862	671006	28.44	11.31	1.64	1.16	10.47	133
150515	45585	7.52	2.66	0.28	0.04	0.21	38
529233	514736	12.19	4.11	0.49	0.83	6.41	65
255439	185987	9.78	4.65	0.56	0.44	4.27	231
2784903	1013552	49.79	13.72	2.38	1.04	16.93	118
44964	32666	1.20	0.46	0.09	0.07	2.45	10
30653	13618	4.41	1.99	0.22	0.24	0.50	89
89910	59175	14.42	6.22	1.04	0.88	2.48	146
237241	224264	6.46	1.16	0.22	0.31	4.90	6
13740	8348	3.16	2.00	0.40	0.40	1.55	24
111229	106078	3.41	2.58	0.26	0.05	2.63	23
75723	39006	9.31	3.41	0.32	1.02	2.14	111
3477	3410	0.76	0.68	0.01	0.01		
285168	225607	16.34	4.83	0.83	0.72	3.36	68

续表 4

地　区	公共教育活动		创作情况/个			培训情况	
	教育活动/次	出版物/种	创作项目数量	参加展览数量	获省部级以上奖项的作品数	组织培训次数/次	培训人次/万人次
全　国	**7769**	**2587**	**13489**	**6267**	**1295**	**2041**	**21.38**
北　京			421	170		2	0.01
天　津	116		14				
河　北	71	3	106	68	11	10	0.06
山　西	133	11	508	172	91	16	0.05
内 蒙 古	27	1	457	290	22	170	1.55
辽　宁	24	7	7	200	7	20	0.05
吉　林	8		78	43	10	2	
黑 龙 江	21	3	221	44	20	14	0.05
上　海	1129	21	206	225		17	0.04
江　苏	742	17	3734	1200	283	314	1.03
浙　江	309	24	934	73	38	128	1.42
安　徽	247	23	36	72	16	14	0.07
福　建	74	12	40	16		2	
江　西	417	17	445	84	64	161	0.10
山　东	627	25	1782	424	271	270	1.76
河　南	268	9	7	7	1	50	8.75
湖　北	654	2301	882	987	31	20	0.20
湖　南	199	16	285	173	61	138	1.21
广　东	1132	43	445	776	78	41	0.17
广　西	84	4	171	83	44	19	0.33
海　南							
重　庆	299	10	261	116	17	115	3.45
四　川	295	20	606	477	31	138	0.62
贵　州	35		1020	42	12	9	0.06
云　南	54	3	277	59	1	8	0.03
西　藏							
陕　西	70	2	1	14	1	1	0.01
甘　肃	181	13	355	307	159	75	0.19
青　海							
宁　夏	6	1					
新　疆	533	1	187	128	8	26	0.13

志愿者服务队伍个数	志愿者服务队伍人数	学术研究情况/个			文化创意产品情况		
		本年承担课题、项目数	省部级以上课题项目数	结项课题项目数	文化创意产品种类/个	文化创意产品销售收入/千元	文化创意产品销售利润/千元
1444	74118	207	69	124	8025	15151	5113
		1		1	21	114	
1	65	1					
36	876	3	3	3	1		
16	2768	6	3	2	8		
25	842				3		
4	50	4	3	3			
5	60	4					
11	509	2	1				
315	2804	15	1	15	1227	7988	3176
62	2602	19	11	11	100	262	134
56	5987	6	3	2	48		
40	1121				23		
15	876				3		
41	32135	6	6	1	8		
71	1579	36	7	18	102	42	
12	293	2	2		82		
20	930	12	10	6	5	50	20
42	1444	2	1	1	15		
422	3848	7	1	3	124	4254	453
8	530	2		2	8		
23	612	3	3	1	28		
53	2061	15	6	6	330	691	69
6	126	2					
14	256				1		
8	91	49		46	330	45	18
46	750	4	2	2	19	10	7
1	19						
90	10749	1	1		13	217	127

2022年各地区

地 区	机构数/个	从业人员/人	专业技术术人才	正高级职称	副高级职称	中级职称	藏品/件(套)
全 国	**718**	**6415**	**3928**	**299**	**759**	**1556**	**702605**
北 京							
天 津	4	46	24	2	1	11	3295
河 北	31	220	146	6	36	51	7853
山 西	41	268	178	7	21	77	15319
内 蒙 古	27	212	159	12	33	59	11725
辽 宁	5	58	42	13	12	14	2562
吉 林	13	112	87	6	25	27	7095
黑 龙 江	10	111	78	23	18	24	3529
上 海	22	482	240	16	24	73	36196
江 苏	48	597	386	42	94	163	50083
浙 江	23	322	143	19	28	63	46364
安 徽	24	228	139	11	24	34	9932
福 建	17	85	61	5	15	21	7736
江 西	46	446	184	4	26	65	20462
山 东	57	462	383	20	95	174	54561
河 南	11	143	69	6	17	30	19111
湖 北	19	236	175	22	26	64	13426
湖 南	37	254	141	3	20	59	14239
广 东	53	707	315	17	50	134	146763
广 西	4	72	43	1	11	22	3956
海 南							
重 庆	16	120	84	7	19	43	8921
四 川	62	226	172	7	30	76	23924
贵 州	6	75	42		6	22	3441
云 南	9	61	50	7	11	18	4723
西 藏							
陕 西	8	103	46	4	5	24	26882
甘 肃	58	387	252	16	47	106	16487
青 海							
宁 夏	1	8	8	2	2	2	1374
新 疆	65	246	184	5	32	60	18536

美术馆基本情况

文物藏品数	非文物藏品数	国画	油画	版画	雕塑	水粉、水彩	设计	连环画、漫画
19671	661713	128027	31794	69808	7400	15811	5437	17533
	3295	344	136	624	36	31		4
	7118	1536	454	935	127	258	21	61
618	14655	2875	118	578	61	289	5	160
125	11500	2223	724	336	37	249	63	21
27	2535	816	537	226	13	232	1	84
15	7080	1956	497	159	1	382	511	
240	3529	457	600	1392		26		
941	33463	8722	2694	3232	457	880	43	2621
718	49450	17361	2753	5218	381	1370	30	168
37	46322	9182	2334	5997	535	1292	1146	2028
972	8846	5061	304	310	402	126		90
447	7414	1653	282	1116	143	129	125	143
2450	18344	3043	778	4262	162	655	27	613
2888	34396	10281	1435	2869	363	1018	18	590
	19111	2017	683	1509	200	458	209	18
37	13386	2214	913	1197	376	937	26	406
321	13847	3599	827	325	44	641	34	198
8371	138479	25831	4985	25980	1139	2300	3034	4934
	3956	1282	377	159	18	159		1
16	8905	1320	370	1279	84	296	13	146
892	23032	7296	1240	701	123	937	28	382
	3441	725	458	134	47	385	16	199
17	4706	408	212	999	10	257		1
94	26788	1111	647	757	56	133	6	10
200	14742	4224	804	257	154	451	53	294
	1374	561	26	257	5	1		
245	17889	2198	2649	817	98	711	28	156

续表 1

地　区	民间艺术	书法	摄影、多媒体	漆艺	陶艺	其他	年度展览总量/个
全　国	**117814**	**93847**	**73204**	**1918**	**4317**	**94803**	**7544**
北　京							
天　津	685	462	396	15	12	550	33
河　北	260	866	1150	1	23	1426	262
山　西	1130	7449	1454	4	19	513	304
内　蒙古	826	4204	2387	7	42	381	194
辽　宁	74	400	103	7	3	39	50
吉　林	3	2074	81			1416	105
黑　龙江	208	316	118			412	55
上　海	3978	3288	4343	15	47	3143	176
江　苏	3928	8223	5840	12	1333	2833	688
浙　江	1259	5102	1591	40	121	15695	286
安　徽	258	2182	36	1	5	71	331
福　建	169	1340	406	826	119	963	138
江　西	3425	2815	835	64	331	1334	425
山　东	1396	12421	1638	7	192	2168	800
河　南	2505	6957	1290	16	35	3214	158
湖　北	1296	1728	1826	309	70	2088	159
湖　南	681	4019	699		438	2342	296
广　东	2364	4101	33992	142	403	29274	647
广　西		936	48	2	32	942	103
海　南							
重　庆	541	3144	1158	35	103	416	373
四　川	351	7526	3830	61	306	251	411
贵　州	29	1210	134	13	20	71	44
云　南	76	811	1678			254	97
西　藏							
陕　西	14746	524	91		10	8697	98
甘　肃	1452	4314	2435	5	93	206	436
青　海							
宁　夏		303				221	12
新　疆	2007	4193	3558	23	37	1414	784

自主办展数量	参观人次/万人次	未成年人参观人次	学术成果			本年收入合计/千元	财政拨款预算收入	免费开放资金
			专著或图录/册	论文数/篇	学术活动/次			
5342	3588.92	801.93	9064	698	980	4247153	2559106	265807
11	12.14	0.13	4	14		99		
123	69.70	10.38	19	15	45	56523	56098	8981
212	69.82	16.99	540	10	31	75727	75413	8210
150	99.40	19.23	1005	3	22	49568	47832	6366
33	16.25	4.26	62	50	24	20698	20518	3578
69	20.63	0.72	3		1	23191	23189	3045
47	21.51	5.07	2	5	1	35671	35624	4478
127	100.86	15.50	28	53	124	322961	261478	778
437	461.26	136.67	42	119	65	277989	261907	20603
202	215.48	32.89	2816	6	38	158597	149016	7819
231	141.29	35.85	16	7	27	67098	65334	6391
100	35.64	11.05	6	2	8	162661	161030	3741
343	195.85	42.23	11	12	29	106520	97462	49544
601	283.60	74.89	28	77	125	190035	183417	20125
136	88.31	30.22	506	31	39	80751	79016	4168
115	124.50	24.23	183	28	38	114244	112034	4003
222	391.19	91.41	26	5	25	91275	86117	8755
444	405.99	76.79	3677	9	79	1883209	397145	12101
95	69.89	15.89	5	14	17	11811	11681	1735
259	85.92	18.56	12	15	30	39633	37618	10493
330	308.16	73.64	17	22	110	91459	91159	9326
28	10.81	1.50	4			13705	10534	1602
68	19.46	6.60	5	4	19	18561	17227	3634
62	119.27	12.24	1	12	10	42305	36110	3050
300	85.29	23.94	6	23	48	51784	49765	13792
3	0.85	0.20				2603	2462	500
558	112.12	18.95	24	13	20	109574	99607	18639

续表 2

地区	中央资金	收藏专项经费	上级补助收入	事业预算收入	经营收入	附属单位上缴收入	其他收入
全　国	**78281**	**147034**	**29700**	**1433355**	**109468**	**856**	**114668**
北　京							
天　津					99		
河　北	3069	2845		102			323
山　西	5400		80	230			4
内　蒙　古	5006		12	1724			
辽　宁	400	500	30				150
吉　林	1377	1530					2
黑　龙　江	1344	4500					47
上　海	50	1953		17962	35651		7870
江　苏	3400	16946	2780	2629	4772		5901
浙　江	1230	15351	268	5438	812		3063
安　徽	2450	5834	669	50			1045
福　建	823	4695	833				798
江　西	3823	4836	400	120	3071		5467
山　东	3927	7855		5559	42		1017
河　南	2360	5000	256	1420			59
湖　北	1040	12665	1450	150			610
湖　南	3669	10462	1233	50	2439	856	580
广　东	930	28838	20152	1335948	62582		67382
广　西	1461	240					130
海　南							
重　庆	4200	2837	367	1644			4
四　川	6318	180	300				
贵　州	1002	200					3171
云　南	2001	73		580			754
西　藏							
陕　西	1004	1500		2374			3821
甘　肃	9581	180	620	385			1014
青　海							
宁　夏	400	10					141
新　疆	12016	2404	250	500			9217

本年支出合计/千元	基本支出	项目支出	收藏经费	经营支出	在支出合计中		
					工资福利支出	商品和服务支出	差旅费
4306937	1805198	2360841	158079	95574	1370028	1174918	9223
99				99			
59001	36802	20987	4700		24055	16509	324
75885	37245	30350	245		31528	25236	161
50957	27546	23230			24480	16056	50
19092	12136	5889	1094		6884	4475	13
23151	12149	10910	1565	92	10730	7642	157
35694	20353	15340	4500		15526	7759	168
395010	179004	203141	2342	8110	88646	179369	147
279822	152916	113447	21872	12203	108873	123774	562
161787	63183	96879	16369	531	37218	69645	571
66699	26216	37720	5814		21554	34899	484
160073	14482	145513	446		11778	15508	94
108538	36809	63102	4893	8136	42429	30118	415
187234	96386	89927	7449	42	70631	72697	616
46831	22168	24472	2293		15228	27450	166
115528	41110	73574	12084	775	34341	56683	503
91852	39937	44213	11117	6336	27088	29088	431
1906866	732046	1104779	34750	56200	619303	245649	1477
11857	9093	2764	240		8491	2860	113
39388	19274	18017	2520	830	15504	15938	712
92026	24545	67422	1190		19382	65486	707
13445	6160	7284	200		6002	4986	49
17585	9828	7365	73		9459	7014	97
42815	14285	27684	1500		11228	3271	163
51865	35523	12339	520	2140	29332	8264	323
2601	1943	658	10		2102	312	21
104915	53677	47896	2165	80	19111	46403	489

续表 3

地 区	劳务费	福利费	各种税金支出	对个人和家庭补助支出	抚恤金和生活补助	其他资本性支出	各种设备、交通工具、图书购置费
全 国	**87376**	**13099**	**4451**	**83444**	**5379**	**197931**	**52955**
北 京							
天 津							
河 北	924	184	52	7182	20	1882	1459
山 西	5282	278		1918	39	1662	1184
内 蒙 古	890	194	108	2697	46	1970	311
辽 宁	224	2		1231	16	819	229
吉 林	2455	137	31	228	74	156	50
黑 龙 江	747	243		2443	264	57	57
上 海	3275	1016	409	1934	561	19914	15221
江 苏	2403	271	162	16103	390	29775	2306
浙 江	9497	1435	299	1048	30	15089	440
安 徽	1954	156	6	1317	104	614	104
福 建	2781	1	4	1088	93	2850	463
江 西	4019	155	228	7918	63	18991	7571
山 东	5020	77	9	7986	800	22073	1334
河 南	2580	348	212	706	11	965	770
湖 北	6345	762	539	2897	220	20516	8535
湖 南	1038	306	99	2593	296	2784	1107
广 东	15546	6931	1860	10718	105	17973	8154
广 西	110	10		502	280	3	
海 南							
重 庆	4350	99	24	830	327	1437	526
四 川	2705	94		1929	146	1912	463
贵 州	715	17		80		197	
云 南	573	34	35	40		324	10
西 藏							
陕 西	256	13	34	22	4	18848	47
甘 肃	1582	270	122	585	338	372	178
青 海							
宁 夏	10			90		87	84
新 疆	6270	66	1	269	130	1071	1066

资产总计/ 千元	固定资 产净值	实际使用 房屋建筑 面积/ 万平方米	展览用房	库房面积	画室面积	实际拥有 产权面积/ 平方米	讲座/次
11904311	**7619244**	**304.27**	**112.50**	**14.31**	**11.48**	**87.17**	**2378**
288	88	4.94	1.46	0.17	0.02		2
141626	130060	9.13	4.99	0.40	0.55	2.90	71
674034	634227	12.03	5.27	0.61	0.49	1.17	111
821248	761483	12.72	9.32	0.18	0.43	2.81	53
27279	25347	1.38	0.92	0.08	0.06	0.32	41
54426	49700	1.71	0.74	0.09	0.13	0.50	45
55713	52699	2.50	0.55	0.05	0.35	0.74	4
1418691	1146872	12.32	4.88	0.45	0.20	3.73	267
1110022	1031700	46.83	12.03	1.29	1.60	11.49	265
877281	762014	12.28	3.19	0.86	0.42	2.46	130
113262	40061	10.73	3.67	0.46	0.32	0.88	68
225874	41240	2.97	1.33	0.26	0.13	0.19	41
430971	90573	12.22	5.82	0.67	0.76	1.44	255
918470	657382	26.83	10.95	1.53	0.94	10.26	133
150515	45585	7.52	2.66	0.28	0.04	0.21	38
529233	514736	12.17	4.09	0.49	0.83	6.41	65
244436	176199	9.61	4.64	0.56	0.44	4.27	218
2691601	923296	46.71	12.64	2.31	0.41	15.85	118
41263	32526	1.03	0.40	0.09	0.06	2.45	10
30653	13618	4.36	1.99	0.22	0.24	0.50	89
88535	58811	14.29	6.22	1.04	0.88	2.41	121
46223	42992	5.19	0.77	0.21	0.29	4.90	6
11350	7640	3.09	2.00	0.40	0.40	1.48	22
111229	106078	3.41	2.58	0.26	0.05	2.63	23
35197	29247	8.48	3.21	0.26	0.75	2.14	111
3477	3410	0.76	0.68	0.01	0.01		
283010	224730	15.86	4.81	0.83	0.68	3.25	68

续表 4

地　　区	公共教育活动		创作情况/个			培训情况	
	教育活动/次	出版物/种	创作项目数量	参加展览数量	获省部级以上奖项的作品数	组织培训次数/次	培训人次/万人次
全　　国	**7747**	**2578**	**7103**	**3514**	**693**	**1360**	**20.02**
北　　京							
天　　津	116						
河　　北	71	3	106	68	11	9	0.06
山　　西	133	11	508	172	91	16	0.05
内 蒙 古	27	1	453	50	22	169	1.55
辽　　宁	24	7	7	200	7	20	0.05
吉　　林	8		11	43	10		
黑 龙 江	21	3	127	24	20	10	0.04
上　　海	1129	21	206	225		17	0.04
江　　苏	724	12	1099	69	120	45	0.41
浙　　江	309	24	934	73	38	128	1.42
安　　徽	247	23	36	72	16	14	0.07
福　　建	74	12	30	16			
江　　西	417	17	437	63	58	160	0.10
山　　东	627	25	416	189	60	256	1.61
河　　南	268	9	7	7	1	50	8.75
湖　　北	654	2301	879	979	31	20	0.20
湖　　南	199	16	135	173	44	106	1.15
广　　东	1132	43	325	87	25	19	0.04
广　　西	84	4	155	83	44	18	0.32
海　　南							
重　　庆	299	10	233	116	17	113	3.45
四　　川	292	18	574	477	24	127	0.48
贵　　州	35						
云　　南	53	1	200	30		5	0.01
西　　藏							
陕　　西	70	2	1	14	1	1	0.01
甘　　肃	181	13	145	173	52	31	0.08
青　　海							
宁　　夏	6	1					
新　　疆	533	1	79	111	1	26	0.13

志愿者服务队伍个数	志愿者服务队伍人数	学术研究情况/个			文化创意产品情况		
		本年承担课题、项目数	省部级以上课题项目数	结项课题项目数	文化创意产品种类/个	文化创意产品销售收入/千元	文化创意产品销售利润/千元
1408	73160	173	58	112	8002	15027	5106
1	65	1					
36	876	3	3	3	1		
16	2768	6	3	2	8		
24	837				3		
4	50	4	3	3			
4	54	1					
10	489	2	1				
315	2804	15	1	15	1227	7988	3176
53	1996	12	9	7	100	262	134
56	5987	6	3	2	48		
40	1121				23		
13	858				3		
41	32135	2	2	1	8		
64	1481	27	6	13	102	42	
12	293	2	2		82		
20	930	12	10	6	5	50	20
40	1406	1	1	1	15		
420	3839	7	1	3	124	4254	453
8	530	2		2	8		
23	612	3	3	1	28		
51	2033	12	5	6	330	691	69
5	95	1					
12	242				1		
8	91	49		46	330	45	18
41	706				17		
1	19						
89	10708	1	1		13	217	127

主要统计指标解释

1.**本团原创首演剧目**：指由戏曲、话剧、歌剧、舞剧、歌舞剧、木偶、皮影等艺术表演团体原生创作并首演且单个剧目演出时间超过一小时的表演剧目，但不包括音乐、舞蹈、曲艺、杂技等单个小节目的创作演出。

2.**演出场次**：指以场为计量单位的在国内和国外的艺术表演的次数，包括售票、包场等有演出收入的场次和政府采购的公益性演出场次及参加汇演、调演等无演出收入的公开演出场次，包括流动舞台车演出场次，不包括彩排和内部观摩等无演出收入的场次。

场数的计算，通常以售票、发票一次（或在其他地点进行一次艺术表演活动相当于剧场演出一场的时间）为一场。按时收费的，按日场、晚场或早场等一般习惯（约1至2小时）计算。评弹等曲艺演出计算场数，按演出1至2小时为一场的原则进行折算。独幕剧或音乐、舞蹈、曲艺、杂技、木偶戏、皮影戏节目组成专场演出时，不论包括几个独幕剧或节目，一律按一场计算。

3.**农村演出场次及观众人次**：指本团到（乡镇及以下）农村和林区、牧区、渔区的演出，不论在本省或外省，凡到上述地区演出，均计入农村演出。

4.**演出收入**：指艺术表演团体通过售票或包场演出所取得的票房收入，不包括政府采购的公益性演出补贴收入。

5.**政府采购的公益性演出场次、观众人次**：指本团报告期内不进行售票、免费给社会公众演出并从财政部门获取一定场次补贴的公益性演出场次、观众人次。

6.**政府采购的公益性演出补贴收入**：指本团报告期内因进行公益性演出而取得的补贴收入，为财政拨款的其中项。

7.**座席数**：指公开营业艺术表演场馆可向观众售票的实际座席数。

8.**演（映）出业务用房**：指在艺术表演场馆中用于演（映）出服务的设施面积。多功能艺术表演的场所应包括观众厅、门厅、舞台部分（主台、侧台、后台）的建筑面积和辅助设施——休息室、化妆间、服装间、道具间、舞台设备控制间（灯控间、音控间、放映间等）的建筑面积以及配电设施、消防通道的建筑面积。若属非独立建筑的，则按使用面积计算。

文化市场

近年来全国文化市场经营机构基本情况

年 份	机构数/个	从业人员/人	资产总计/万元	营业收入/万元	营业利润/万元
2006年	166406	945418	4515546	4148403	926142
2007年	217643	1197610	12956212	7089004	2444242
2008年	221253	1254641	12532138	7465936	2541012
2009年	223893	1288615	12074316	5736445	3505134
2010年	230659	1375660	13806937	8654903	3744175
2011年	238455	1415526	16540928	9766472	5425871
2012年	231132	1416028	18997555	10337954	6093759
2013年	226584	1451818	44258484	13665714	5657414
2014年	220164	1323902	25641255	16142494	4682893
2015年	231709	1564660	53671039	29656347	10020910
2016年	242686	1609329	66760690	44989191	10345244
2017年	257345	1733235	94634340	96723615	12241695
2018年	237055	1667316	120209428	58884050	7182744
2019年	218447	1557344	248140886	92305502	14102049
2020年	207853	1554753	152415716	99104013	17284149
2021年	191018	1511112	165746698	136905626	16368938
2022年	202845	1339972	194275267	141064354	23499708

近年来全国娱乐场所基本情况

年 份	机构数/个	从业人员/人	资产总计/万元	营业收入/万元	营业利润/万元
2006年	51742	490289	2990424	2101890	329557
2007年	82174	611108	5927457	3546201	583689
2008年	84356	639511	7048155	3709413	659403
2009年	82200	636800	6271305	4130085	1367846
2010年	85854	703520	7635552	4772099	1718734
2011年	92577	758377	9661392	5661798	1939320
2012年	90271	765250	11136779	6048764	1982344
2013年	89652	835658	34317748	8842052	2084672
2014年	84179	729516	16144969	11023662	2606315
2015年	79816	673640	11050577	5570354	1361661
2016年	77071	632527	10510102	5387254	1257926
2017年	78616	600106	10313538	5468701	1306909
2018年	70584	528238	9212288	5209738	1123267
2019年	67358	542514	17277257	5359387	717719
2020年	65439	532538	10394735	4192570	253275
2021年	50504	511075	11615310	4855771	302846
2022年	66506	441730	12473868	4144794	-22541

近年来全国互联网上网服务营业场所（网吧）基本情况

年　份	机构数/个	从业人员/人	资产总计/万元	营业收入/万元	营业利润/万元
2006年	114273	443745	2210843	2016913	329557
2007年	133163	539460	4304405	3434114	1036162
2008年	134267	565707	5307279	3645153	913361
2009年	138048	580749	5585437	3785362	1510735
2010年	140376	584912	5864306	3626809	1490620
2011年	141275	567170	6282208	3754922	1565375
2012年	135683	529362	8818719	3539807	1431362
2013年	131013	478242	8051486	3879399	1425890
2014年	129289	452105	7429194	4477597	1962040
2015年	134847	480260	6939291	4009643	1302975
2016年	141587	488209	7484979	4323160	1312916
2017年	143434	440853	6947788	3825868	1071760
2018年	124266	346686	5592315	2946316	767578
2019年	116807	311859	4858896	2443944	416879
2020年	106165	247148	3853536	1815333	-171908
2021年	101758	201499	3535745	1696309	-229617
2022年	95494	163257	3302334	1273551	-174069

2022年全国文化市场经营机构基本情况

	机构数/个	从业人员/人	资产总计/千元	损益/千元				
				营业收入	营业成本	养老、医疗、失业等保险费	本年发放工资总额	营业利润
总　计	**202845**	**1339972**	**1942752674**	**1410643538**	**1166734913**	**39228133**	**147902255**	**234997082**
按城乡分：								
城市	49226	678911	1675591897	1353229222	1103683203	36565609	125017653	240634266
县城	52083	580888	244496501	49166801	55816170	2457491	15242654	-6649220
县以下	101536	80173	22664276	8247515	7235540	205033	1034912	1012036
按经营范围分：								
娱乐场所	66506	441730	124738676	41447937	41470650	1348289	14131688	-22541
互联网上网服务营业场所(网吧)	95494	163257	33023342	12735513	14476200	308925	4409000	-1740687
非公有制艺术表演团体	17719	302821	65832275	10043319	15454112	1252309	7328564	-5410730
非公有制艺术表演场馆	2041	42294	93667004	8848267	11513082	652358	3206904	-2664811
经营性互联网文化单位	9705	291621	1023731765	798635863	655587580	32917271	95455484	142864761
艺术品经营机构	6393	23984	101921072	42027343	24970694	631922	7361617	8328367
演出经纪机构	4987	74265	499838540	496905296	403262595	2117059	16008998	93642723

2022年全国娱乐

	机构数/个	从业人员/人	资产总计/千元	营业收入	营业成本
总　计	66506	441730	124738676	41447937	41470650
按城乡分：					
城市	17854	227115	59779399	23786528	24701777
县城	16579	164461	51025143	13765284	12992418
县以下	32073	50154	13934134	3896125	3776455
行业分类：					
歌舞娱乐场所	61369	406343	102470981	35521407	35461602
游艺娱乐场所	5137	35387	22267695	5926530	6009048

2022年全国互联网上网服务

	机构数/个	从业人员/人	资产总计/千元	营业收入	网费收入	其他收入	营业成本	养老、医疗、失业等保险费
总　计	95494	163257	33023342	12735513	11346804	2583605	14476200	308925
按城乡分：								
城市	19600	81840	17678350	6978800	5589833	1383525	8411478	184341
县城	14118	55561	9324354	4035865	3165212	870749	4162552	80639
县以下	61776	25856	6020638	1720848	2591759	329331	1902170	43945

场所基本情况

损益/千元				营业利润	游戏游艺设备数量/个	游戏游艺设备进出口数量/个
养老、医疗、失业等保险费	缴纳著作权许可使用费	本年发放工资总额	本年应交税金总额			
1348289	318549	14131688	800958	-22541	545876	58287
866868	150452	7356555	477410	-915176	297294	26920
357598	127533	5294938	251079	772915	199749	23534
123823	40564	1480195	72469	119720	48833	7833
1114960	302455	12673783	691545	59904	187102	45680
233329	16094	1457905	109413	-82445	358774	12607

营业场所(网吧)基本情况

损益/千元						营业利润	终端数量/个	经营面积/万平方米	本年新增投入/千元	门店数量/个
本年发放工资总额	本年应交税金总额	在营业成本中								
		房租	人工成本	宽带费用	其他费用					
4409000	134273	6831195	1949474	1085887	1315824	-1740687	3388489	1307.94	2888311	56198
2475175	83493	2755253	1115005	544090	757916	-1432724	1713938	658.89	1871410	26318
1349504	34228	3596033	570742	299601	391285	-126661	1102624	432.87	734411	17527
584321	16552	479909	263727	242196	166623	-181302	571927	216.18	282490	12353

2022年全国经营性互联网

	机构数/个	从业人员/人	资产总计/千元	损益/千元					营业成本
				营业收入	网络音乐	网络动漫	网络表演	其他	
总　计	9705	291621	1023731765	798635863	1492923	1688608	23239821	674691267	655587580
按城乡分：									
城市	6890	283277	1014063925	787356975	1417941	900704	21841499	665802747	646286662
县城	513	6918	8376455	9512976	74321	676977	1398309	7246953	8415796
县以下	2302	1426	1291385	1765912	661	110927	13	1641567	885122
按经营类别分：									
网络游戏	1218	52617	294332708	328090341	1478373	285377	12720593	279388967	237523925
网络音乐	376	21040	55525042	41285452	12354	506175	2047	27182928	73505635
网络动漫	3730	81580	404513119	261276414	1260	140	2432496	216224938	188864978
网络表演	4381	136384	269360896	167983656	936	896916	8084685	151894434	155693042

续表

	经营面积/万平方米	知识产权/种	拥有自主知识产权网络音乐数	拥有自主知识产权网络动漫数	注册用户数/个	运营网络文化产品数/种	网络音乐数
总　计	424.38	361204	271550	5890398	63483804504	439065042	376073140
按城乡分：							
城市	410.85	354598	270344	5875270	63283146770	438666312	375873075
县城	11.07	5424	1086	14931	177495492	397676	199389
县以下	2.46	1182	120	197	23162242	1054	676
按经营类别分：							
网络游戏	65.23	167490	256251	3563106	24408173923	411677238	357969270
网络音乐	17.88	30102	583	2017302	5086769857	3351592	21778
网络动漫	160.51	64550	10742	12747	30042857675	15363157	12158047
网络表演	180.85	99062	3974	297243	3946003049	8673055	5924045

文化单位基本情况

养老、医疗、失业等保险费	住房公积金和住房补贴	营业利润	营业外收入	政府补助	利润总额	工资、福利费、税金/千元 本年发放工资总额	本年应交税金总额
32917271	3186084	142864761	7628009	3062133	142864761	95455484	45657056
32851143	3156406	140886789	7584584	3031695	140886789	94565699	45295255
49021	25962	1097186	39128	27280	1097186	778323	337015
17107	3716	880786	4297	3158	880786	111462	24786
3205516	963118	90382866	1499181	806716	90382866	37126759	8637116
3192932	517617	-32220188	374731	84145	-32220188	22096782	1864463
24525963	848976	72411457	3574421	1826689	72411457	22966526	17889365
1992860	856373	12290626	2179676	344583	12290626	13265417	17266112

国产网络音乐数量	进口网络音乐数量	网络动漫数	国产网络漫画数量	进口网络动画数量	网络表演主播数	国内网络主播数	国外网络主播数	出口情况 出口额/千元	出口网络文化产品数量/个
166312223	209760831	5890398	5368089	522309	57101504	56987052	114452	5161906	4151
166112175	209760814	5875270	5352962	522308	56917967	56803517	114450	5161906	4059
199387	2	14931	14930	1	183356	183354	2		15
661	15	197	197		181	181			77
162063807	195905377	3563106	3044342	518764	50144862	50031882	112980	884424	1463
21229	549	2017302	2016016	1286	1312512	1312067	445	246609	58
1419258	10738789	12747	11928	819	3192363	3191341	1022	1698577	936
2807929	3116116	297243	295803	1440	2451767	2451762	5	2332296	1694

2022年全国艺术品

	机构数/个	从业人员/人	资产总计/千元	损益/千元	
				营业收入	营业成本
总　计	6393	23984	101921072	42027343	24970694
按城乡分：					
城市	1705	18099	92994371	41114795	23935355
县城	824	3974	7806983	698890	856745
县以下	3864	1911	1119718	213658	178594
按经营类别分：					
画廊	643	2482	36418067	736103	618584
画店	527	1641	1755328	671796	554063
艺术品拍卖企业	109	1591	7675386	7942185	444530
艺术品展览机构	333	3018	14572403	1638837	1521190
艺术品电商平台企业	299	8838	30272442	29710627	20635761
文化产权交易所	817	5724	9623042	1156674	1067138
艺术品鉴定机构	52	578	857792	163108	122512
艺术品评估机构	22	112	746612	8013	6916

续表

	本年应交税金总额	经营面积/万平方米	交易量/件	交易金额/千元
总　计	1202788	188.84	221507	4206911
按城乡分：				
城市	818835	107.25	172632	4150225
县城	372491	48.98	43246	49955
县以下	11462	32.61	5629	6731
按经营类别分：				
画廊	369157	27.23	3397	6712
画店	18507	11.68	13197	15889
艺术品拍卖企业	49118	6.35	156492	3935368
艺术品展览机构	138456	75.29	9745	18434
艺术品电商平台企业	546651	12.24	2252	196671
文化产权交易所	71000	54.57	36281	33807
艺术品鉴定机构	9708	1.17	113	25
艺术品评估机构	191	0.32	30	5

经营机构基本情况

养老、医疗、失业等保险费	住房公积金和住房补贴	差旅费	工会经费	营业利润	工资、福利费、税金/千元	
					本年发放工资总额	本年支付的职工福利费
631922	**322649**	**58678**	**42897**	**8328367**	**7361617**	**112402**
598744	319396	46891	39878	8451157	5550884	81232
19984	2035	8722	1989	-157851	1597778	28720
13194	1218	3065	1030	35061	212955	2450
23593	5856	6434	965	117523	1863698	15247
12959	3984	3894	904	117739	709420	14240
26326	7714	8231	1677	7497654	326513	8660
47860	14461	11332	2311	117654	290359	14598
461691	269557	15313	31690	346569	2272289	26431
51743	15622	10698	4210	89536	1819704	31416
6896	5365	2405	1125	40597	75295	1755
854	90	371	15	1095	4339	55

拍卖情况						
结算数量/件	结算金额/千元	展览/预展场次/次	展览交易数量/件	展览交易金额/千元	艺术品进出口批次/次	艺术品进出口数量/件
1626707	**16267070**	**23677**	**552557**	**14901957**	**2234**	**187997**
948875	9488750	15844	165837	14851316	1364	174849
366916	3669160	6782	47769	42142	336	2913
310916	3109160	1051	338951	8499	534	10235
60495	604950	12064	7753	57087	485	142999
112373	1123730	2036	18355	19218	175	9169
214500	2145000	378	18113	1810471	75	1262
56884	568840	4089	10741	12777577	78	3334
342168	3421680	239	123675	205127	319	5393
839601	8396010	4814	373886	32262	1094	25820
575	5750	57	21	215	8	20
111	1110		13			

2022年全国演出

	机构数/个	从业人员/人	演出经纪人员	资产总计/千元	营业收入
总　计	4987	74265	11660	499838540	496905296
按城乡分：					
城市	3177	68580	10431	491075852	493992124
县城	289	4859	1077	8464287	2262200
县以下	1521	826	152	298401	650972

续表

	本年应交税金总额	演出项目数/个	涉外项目	港澳台项目
总　计	28127862	30975	1796	386
按城乡分：				
城市	27849070	28097	1697	373
县城	244524	2592	90	12
县以下	34268	286	9	1

经纪机构基本情况

损益/千元				工资、福利费、税金/千元
营业成本	养老、医疗、失业等保险费	住房公积金和住房补贴	营业利润	本年发放工资总额
403262595	2117059	726031	93642723	16008998
400347931	2064513	708764	93644220	15069340
2421465	45582	15872	-159268	854048
493199	6964	1395	157771	85610

内地项目	演出场次/万场次	涉外项目演出场次	港澳台项目演出场次	内地项目演出场次	观众人次/人次	经营面积/万平方米
28741	40.01	13.43	0.18	26.37	381965767	896.42
25975	36.52	12.60	0.18	23.71	363295032	819.69
2490	2.61	0.80		1.81	17547776	53.08
276	0.88	0.03		0.85	1122959	23.65

2022年全国各地区文化市场经营机构基本情况

地　区	机构数/个	从业人员/人	资产总计/千元	损益/千元					营业利润
				营业收入	营业成本	养老、医疗、失业等保险费	本年发放工资总额	本年应交税金总额	
全　国	**202845**	**1339972**	**1942752674**	**1410643538**	**1166734913**	**39228133**	**147902255**	**76861216**	**234997082**
北　京	2574	73352	460165565	582186481	440513260	2992835	43439561	17138670	132761339
天　津	1922	16280	45062660	34484313	31709223	245709	1395754	1836518	2775090
河　北	7605	26032	7405456	1041203	1258739	50981	479388	31893	-217538
山　西	4456	28065	6848326	2395960	1802079	70635	977643	25729	593882
内　蒙　古	2083	9567	1572855	977757	1636183	23115	428489	6619	-658421
辽　宁	4603	25556	12154434	2901785	2829155	157690	3249530	259762	72636
吉　林	3115	7754	3094391	722430	714973	20478	221568	21765	7451
黑　龙　江	3575	11774	2440310	748855	817776	49458	317766	12016	-68899
上　海	2975	64776	529030631	318962077	222205228	2908973	10231782	26285429	96756845
江　苏	19682	69981	53271930	23218493	19731547	21554869	6195505	942576	3486978
浙　江	7477	110010	62193578	70277396	67364063	772471	5378654	1983301	2913328
安　徽	15560	67973	12174651	6502960	4606524	150406	1914126	179927	1896467
福　建	6335	58629	35477728	17691116	17254478	660630	4257761	529941	436645
江　西	4442	24698	6221998	3380675	3364389	55442	763359	59277	16300
山　东	17765	53018	64604340	9866262	10231377	692653	3395464	13698053	-365089
河　南	16710	79353	19577673	6319837	6386451	234980	1733260	213678	-66611
湖　北	11565	43413	45577594	25840924	24858694	1342378	5468441	782198	982226
湖　南	8566	68097	88866927	34744306	30640117	380008	4731384	1182798	4104221
广　东	13346	213390	292000900	213253482	229268877	3924311	31352089	2828738	-16015336
广　西	2234	25666	6958043	2198298	2190654	103295	708298	45023	7628
海　南	2595	17056	17655198	16880461	12912702	191747	1102446	955685	3967743
重　庆	5097	43051	81778276	7447236	7000297	1262561	2099643	280180	446935
四　川	17398	73434	35779558	17711792	16133312	988333	3691090	461407	1578512
贵　州	3504	32514	6725789	2806214	2917247	94781	1116850	84406	-111022
云　南	6969	40131	12979174	3150829	3229476	95723	1351596	80450	-78573
西　藏	257	25	6550	2092	2608	112	672		-516
陕　西	4457	24448	9645466	2018973	2066226	82312	10617779	6837568	-47235
甘　肃	3621	20187	13478199	1173932	1500512	66385	510526	27643	-326560
青　海	665	6057	1091222	254830	358165	10352	525458	5263	-103336
宁　夏	679	3147	487342	221681	198332	4799	82309	1400	23347
新　疆	1013	2538	8425910	1260888	1032249	39711	164064	63303	228645

2022年各地区娱乐场所基本情况

| 地 区 | 机构数/个 | 从业人员/人 | 资产总计/千元 | 损益/千元 | | | | | 营业利润 | 游戏游艺设备数量/个 | 游戏游艺设备进出口数量/个 |
				营业收入	营业成本	养老、医疗、失业等保险费	本年发放工资总额	本年应交税金总额			
全　国	66506	441730	124738676	41447937	41470650	1348289	14131688	800958	-22541	545876	58287
北　京	406	4057	1261717	315198	469943	24549	106572	8400	-154741	4384	197
天　津	560	3493	594530	221162	308475	17335	87725	3893	-87314	7481	201
河　北	2374	8845	1318242	534557	506467	15885	228797	9598	28078	16537	2128
山　西	1335	7344	2999028	1681991	931713	8868	146318	7809	750288	11231	1421
内 蒙 古	1056	4028	703595	730255	1359362	6714	100938	3629	-629106	8661	845
辽　宁	2241	8283	1916097	526054	505608	22278	179046	14498	20450	16694	2131
吉　林	1247	3561	738376	219328	214433	5219	84243	3734	4894	9854	1128
黑 龙 江	1850	5192	952279	373508	334771	11448	118143	5750	38750	15713	1045
上　海	999	11804	6740700	1517278	1930064	103862	412034	34027	-412798	13312	852
江　苏	7491	26110	4767759	3011991	2973684	128405	935505	73640	38325	42096	3977
浙　江	2762	38440	10117825	5186170	4926095	167157	1373418	119552	260068	29391	2625
安　徽	4035	14656	3133249	1321963	1289415	37664	491453	23700	32551	31330	3090
福　建	2660	30578	7908849	2849476	2734401	68290	956353	51226	115090	18459	1511
江　西	1531	11182	1858159	977324	928922	14726	400123	17526	48407	14373	2109
山　东	3821	11441	2041824	949175	940413	40477	345022	18260	8773	32127	2293
河　南	2525	12662	1779666	676281	704128	22749	313826	18833	-27849	29005	2547
湖　北	2780	13237	2539202	1200807	1225192	48022	458519	16752	-24388	25572	2514
湖　南	2233	24289	8532802	2127258	2187036	47415	767288	42894	-59770	32401	4340
广　东	4889	67138	34457441	5660301	5929424	264384	2188417	134284	-269101	51990	4831
广　西	945	15434	2838312	1139381	1142496	27465	431480	15921	-3122	13113	1473
海　南	629	5105	929648	333194	350210	15582	145492	7558	-17028	3710	220
重　庆	1546	12611	2129798	1267448	1204938	44365	477491	26380	62510	13445	775
四　川	6371	31974	5027294	3022309	2756165	104708	1082876	45825	266163	36348	4797
贵　州	1870	21779	3745498	1982003	1935467	31015	757802	37077	46546	15715	2493
云　南	4163	29414	6101619	2185469	2202542	39544	972227	37833	-17007	24389	4808
西　藏	168										
陕　西	1209	6036	1255915	512234	500849	10374	200401	8780	11395	12771	2013
甘　肃	1735	8184	7358643	548992	590926	9833	224277	7752	-41924	8559	772
青　海	253	2186	437048	120741	172417	3768	50636	2682	-51676	2093	80
宁　夏	450	1830	320425	172510	139571	3567	61893	1053	32938	2932	701
新　疆	372	837	233136	83579	75523	2621	33373	2092	8057	2190	370

2022年各地区互联网上网服务

地　区	机构数/个	从业人员/人	资产总计/千元	损益/千元			营业成本	养老、医疗、失业等保险费	本年发放工资总额
				营业收入	网费收入	其他收入			
全　国	95494	163257	33023342	12735513	11346804	2583605	14476200	308925	4409000
北　京	230	885	127146	41356	34846	6510	88825	3794	20443
天　津	726	1234	841315	54193	44657	9536	124101	2325	25731
河　北	4191	4538	627006	251808	1410496	41191	299644	4795	83611
山　西	2293	3402	501082	195728	163415	32311	226423	2599	63419
内 蒙 古	789	1885	336380	120372	97789	22583	132918	1915	35765
辽　宁	1378	2629	1352525	152265	125838	26428	255681	4133	52288
吉　林	1432	2037	376943	141665	114015	27635	187078	2418	51153
黑 龙 江	1530	2904	624959	177448	145662	31784	201551	2803	50301
上　海	585	2374	495525	210484	173649	36835	387374	11353	92037
江　苏	9523	10903	1839288	1054886	856429	193612	1161216	28651	336194
浙　江	2388	7844	1341454	845445	695894	149826	938474	26685	305831
安　徽	6970	9387	1688336	851037	638130	212913	874042	15469	271195
福　建	2038	3169	462057	294477	249040	45447	326101	5605	114526
江　西	2346	5521	1337400	489851	369177	120657	500600	9600	164953
山　东	10180	8121	3706531	623952	502090	121862	740347	17245	177439
河　南	9664	12162	1707199	581962	442907	139056	734752	11001	220525
湖　北	6997	7950	1329018	605280	463949	141334	703333	14835	213649
湖　南	5228	14989	3553945	1323264	943114	380179	1331314	22422	423078
广　东	5638	13336	3391134	1202570	1017688	184674	1414351	48453	440514
广　西	934	5105	512696	288670	226024	62541	297294	5345	99195
海　南	776	1326	166942	92343	75715	16629	97845	3910	32179
重　庆	1921	7564	1173293	656122	527687	128436	668457	13278	232575
四　川	9204	16127	2364839	1247776	1017905	229694	1317867	30459	445151
贵　州	1444	5233	928503	428164	348536	79631	451622	6749	148765
云　南	2504	4774	778702	323574	266393	57186	359322	4300	116657
西　藏	87	25	6550	2092	1699	393	2608	112	672
陕　西	2314	3936	655013	252808	213440	39369	338704	4427	105832
甘　肃	1199	1908	400104	119686	98859	20827	161074	1712	43968
青　海	233	1068	239547	48516	37152	11366	87820	1018	20313
宁　夏	208	611	92572	38365	29437	8928	40634	607	14108
新　疆	544	310	65338	19354	15172	4232	24828	907	6933

营业场所(网吧)基本情况

| 本年应交税金总额 | 在营业成本中 | | | | 营业利润 | 终端数量/个 | 经营面积/万平方米 | 本年新增投入/千元 | 门店数量/个 |
	房租	人工成本	宽带费用	其他费用					
134273	6831195	1949474	1085887	1315824	-1740687	3388489	1307.94	2888311	56198
552	38135	9329	7144	4460	-47478	32706	9.91	3073	204
878	55951	15046	9916	8610	-69912	34364	12.84	11266	459
2297	102902	43472	21267	24302	-47835	106159	38.19	39827	1671
2017	77774	30354	17704	18863	-30692	74773	25.70	35382	1210
793	41469	21749	11541	12692	-12545	41723	16.09	24052	659
2018	67288	33491	18193	17541	-103417	64046	23.71	526089	1130
1993	62204	28895	16464	14224	-45414	45384	17.90	28792	640
1292	69868	30454	20674	15140	-24097	69836	26.12	128698	1178
5280	159592	52912	18962	27628	-176894	50182	15.57	36187	845
11050	371595	164362	86559	100830	-106334	222761	87.94	160568	4156
12291	289893	114966	53935	86830	-93039	189527	68.02	133846	3080
9929	249462	125222	62863	80323	-23005	176730	67.98	127314	3250
2015	103533	43097	20246	26504	-31627	65196	26.24	40375	1460
5366	136858	68619	34266	46826	-10750	106668	42.04	90212	1946
8122	219800	106917	107978	60241	-116384	198656	74.01	209837	3638
7274	241201	101085	48754	59431	-152785	246133	89.29	129972	4504
5943	203403	99847	45622	76662	-98051	153325	55.99	125317	3255
11981	353162	200014	85116	143773	-8042	273209	108.75	248987	4489
16119	413539	188818	123960	109157	-211777	367110	154.63	187439	5069
1918	2488232	36777	21159	31217	-8631	72765	30.09	40878	936
1042	27932	12026	7560	8631	-5502	23345	9.12	14793	321
3581	209390	70658	46559	70956	-12340	144454	54.05	101301	1862
9182	391408	172171	82217	131372	-70089	284346	113.68	201592	4966
4058	130038	52504	34571	49860	-23455	85019	35.54	78767	1401
2737	108020	46346	27658	33173	-35744	104229	38.60	67773	1653
	556	570	172	356	-516	454	0.18	1660	8
2903	106506	43990	30801	28056	-85895	80602	32.35	37034	1093
876	62346	16347	12525	15632	-41386	40245	17.61	27659	606
303	31124	11073	6047	7458	-39307	16594	7.75	15481	242
207	10254	4558	3064	3647	-2270	10385	4.61	6999	146
256	7760	3805	2390	1429	-5474	7563	3.44	7141	121

2022年各地区经营性互联网

地 区	机构数/个	从业人员/人	资产总计/千元	损益/千元					营业成本
				营业收入	网络音乐	网络动漫	网络表演	其他	
全 国	**9705**	**291621**	**1023731765**	**798635863**	**1492923**	**1688608**	**23239821**	**674691267**	**655587580**
北 京	1056	40024	243871226	251620772	519805	16131	86635	235902547	163208916
天 津	177	5077	28507543	15089026			5686270	8436633	13157360
河 北	26	178	351897	36442				36402	36339
山 西	11	202	159680	68463				68363	83395
内 蒙 古	10	75	8984	2777	450	420		1087	2095
辽 宁	537	6849	2899764	1378811			70010	1013571	1006485
吉 林	42	316	1006648	172452				171608	137240
黑 龙 江	30	401	87532	36840				30813	32231
上 海	592	30384	312714378	188751561	7148	676839	8050116	171986648	139370837
江 苏	505	11367	19838439	13399278	50	1040	3369	12903323	9695385
浙 江	482	18834	20039740	49984844	612	48259	3690	48880695	47603190
安 徽	272	4416	2801157	2962891		476	117681	2484610	1248377
福 建	511	7931	10792600	11178402	129		16565	10082549	9833120
江 西	113	1097	1361321	1565486	146202	7118	2392	1255706	1535336
山 东	311	2990	5008689	5334890		706	2850	5302707	4280549
河 南	889	7945	3061318	2566018	2	4	4688	2459585	2255511
湖 北	907	11863	18885916	20280993	1172	5568	7091249	9076319	18813969
湖 南	211	8058	32224280	17119317			597856	11953585	14245165
广 东	973	108938	226366503	186950182	549626	3446	214163	126192895	204843651
广 西	224	2170	1209515	465913	109	4144	17934	347565	360917
海 南	771	5364	8214804	14419467	84529	923234	1267128	12107591	10413643
重 庆	157	2371	71541936	4447289	180146		2965	3598607	3911869
四 川	643	11688	10838913	9698597			3415	9340002	8559344
贵 州	7	163	70553	72294				72274	76591
云 南	23	212	306730	68955	50			67024	51313
西 藏									
陕 西	166	1984	644605	393847			845	361068	346969
甘 肃	39	324	161727	117655				111756	116210
青 海	5	33	24216	4449	2893	1223		332	3952
宁 夏	1								
新 疆	14	367	731151	447952				445402	357621

文化单位基本情况

| | | | | | | 工资、福利费、税金/千元 | |
养老、医疗、失业等保险费	住房公积金和住房补贴	营业利润	营业外收入	政府补助	利润总额	本年发放工资总额	本年应交税金总额
32917271	3186084	142864761	7628009	3062133	142864761	95455484	45657056
1805571	858523	88228292	1498896	595681	88228292	36349125	7427636
112566	52467	1931670	74094	32019	1931670	803144	575329
2358	838	103	190		103	9209	5786
2952	562	-14933	19490	18999	-14933	15294	582
714		682			682	2413	89
82636	74441	372330	107357	4495	372330	2083816	165762
6638	2570	35212	210		35212	23369	9398
3635	1834	4608	6434	4993	4608	18504	3002
1922259	656665	49380730	970658	342359	49380730	7632817	14843287
21118263	61598	3703897	102743	65383	3703897	1802757	557186
338256	143591	2381652	408241	65415	2381652	2025866	1369264
29315	8876	1714516	80671	23126	1714516	316397	84397
434329	222548	1345276	114953	61228	1345276	1608866	388758
10590	3716	30152	773863	4155	30152	75496	23263
454315	41060	1054341	228993	223540	1054341	342585	13517896
71102	13956	310502	23415	9760	310502	547827	119830
1119056	191083	1467019	117585	74201	1467019	1810519	482324
133885	45165	2874161	72120	129110	2874161	1618248	675028
3237868	478511	-17893451	2826284	1354634	-17893451	25235021	2286212
11990	4399	104995	13906	1703	104995	71322	12892
112163	87421	4005826	65672	14265	4005826	569226	474981
1106549	27949	535424	15427	10158	535424	811205	100844
757548	91662	1139257	75088	20743	1139257	1612200	296782
1834	338	-4297	1787	1002	-4297	11252	1562
2667	970	17642	915	810	17642	16016	3449
21292	113065	46883	8736	3567	46883	9995839	2210495
1527	369	1444	11	11	1444	10226	636
264	135	496			496	2662	109
15129	1772	90332	20270	776	90332	34263	20277

续表

地 区	经营面积/ 万平方米	知识 产权/种	拥有自主 知识产权 网络音乐数	拥有自主 知识产权 网络动漫数	注册用户 数/个	运营网络 文化产品数/ 种	网络音乐数
全 国	424.38	361204	271550	5890398	63483804504	439065042	376073140
北 京	36.68	39980	19261	25553	16904876584	140313157	137895299
天 津	7.17	3096	585	1570	1552684331	25156678	25001197
河 北	1.67	85			1319908	17	
山 西	2.32	101		2124	1802499	19126	17000
内 蒙 古	0.19			4	5084	16	6
辽 宁	22.52	2507	810	1684	77067418	76167	1053
吉 林	0.54	1407	1	85	207320	299	183
黑 龙 江	1.05	183	1	399	690833	8771	8297
上 海	41.59	54868	7129	3744215	18956532077	39692058	12173668
江 苏	47.69	5347	212	6338	364275736	316195	301076
浙 江	13.02	16785	13234	20862	1165606489	21059890	18502589
安 徽	8.13	7543	6254	1005	24378254	11600	8850
福 建	8.45	26902	982	2014150	682674791	2172224	146270
江 西	1.99	2922	38	869	10295018	7378	267
山 东	4.18	7729	2519	3215	158694991	4870	1070
河 南	18.03	4023	273	1003	22083598	60524	50997
湖 北	16.07	15921	169	3448	1080904695	1041794	321810
湖 南	12.79	19306	647	7701	12671708216	478331	322275
广 东	131.22	115591	211005	16345	9014733931	105389434	78422616
广 西	2.45	525	56	315	1431969	20173	17409
海 南	6.70	6038	747	5454	238616497	255729	2870
重 庆	6.16	1435	338	12671	25261103	98423	79312
四 川	28.29	22190	3642	2182	479207454	102641731	102585526
贵 州	0.37	328	202	13	17803079	547	531
云 南	0.29	992	932	82	405148	1048	951
西 藏							
陕 西	3.59	2670	281	18621	29024729	100030	73727
甘 肃	0.51	1647	1605	89	271904	95191	95058
青 海	0.05	5	4	294	133516	41837	41543
宁 夏							
新 疆	0.67	1078	623	107	1107332	1804	1690

国产网络音乐数量	进口网络音乐数量	网络动漫数	国产网络漫画数量	进口网络动画数量	网络表演主播数	国内网络主播数	国外网络主播数	出口情况	
								出口额/千元	出口网络文化产品数量/个
166312223	**209760831**	**5890398**	**5368089**	**522309**	**57101504**	**56987052**	**114452**	**5161906**	**4151**
63445147	74450152	25553	23355	2198	2392305	2391660	645	36926	1151
25001192	5	1570	1562	8	153911	153911		18100	46
					17	17			
17000		2124	1523	601	2	2			
6		4	4		6	6			
1046	7	1684	1668	16	73430	73403	27	10	1
153	30	85	85		31	31			
8297		399	399		75	75		1780	21
9639866	2533802	3744215	3235121	509094	23774175	23717811	56364	2153796	218
285076	16000	6338	6337	1	8781	8771	10	53789	466
5399274	13103229	20862	19919	943	2536439	2536439		212609	20
8649	201	1005	804	201	1745	1745		601876	21
146207	63	2014150	2014150		11804	11804		263016	24
267		869	869		6242	6242		100	
1060	10	3215	3215		585	585		233	8
50844	153	1003	953	50	8524	8520	4	301051	17
321796	14	3448	3445	3	716536	716499	37	557702	158
322272	3	7701	7583	118	148355	148355		648291	257
15672757	62749859	16345	13232	3113	26950473	26894075	56398	213778	1391
17409		315	315		2449	2449		10	1
2869	1	5454	5453	1	247405	247405			3
79109	203	12671	12671		6440	6434	6		2
45711797	56873729	2182	2182		54023	54023		98667	131
531		13	13		3	3			
951		82	82		15	15			
40358	33369	18621	12660	5961	7682	6723	959		214
95057	1	89	88	1	44	42	2	172	1
41543		294	294						
1690		107	107		7	7			

2022年各地区艺术品

地 区	机构数/个	从业人员/人	资产总计/千元	营业收入	营业成本
全 国	**6393**	**23984**	**101921072**	**42027343**	**24970694**
北 京	235	6328	34165067	28249133	19498283
天 津	43	216	203035	100785	111568
河 北	52	195	176770	14534	22813
山 西	45	466	1878449	40073	34546
内 蒙 古	49	127	46696	5844	6210
辽 宁	79	133	35583	16438	17856
吉 林	170	21	3373	480	532
黑 龙 江	15	35	14872	5028	3963
上 海	300	3131	11535821	9232226	1707832
江 苏	780	2865	6008424	1192481	830778
浙 江	214	1265	3136630	682119	344349
安 徽	326	494	353215	63630	47086
福 建	228	497	392514	211390	194101
江 西	87	80	2603	4790	6737
山 东	1123	1217	36735275	642222	816738
河 南	1004	695	374369	84274	55320
湖 北	101	94	100523	8767	6638
湖 南	154	908	1354796	167426	152376
广 东	508	2270	1934197	974068	836230
广 西	6	14	21136	214	103
海 南	133	76	49813	5266	5433
重 庆	130	669	184897	72759	65324
四 川	170	729	576876	115261	93448
贵 州	29	328	70896	43859	38776
云 南	3	5	800	130	25
西 藏					
陕 西	121	188	74927	39416	32861
甘 肃	244	604	2033134	36332	25672
青 海	36	293	77209	14921	12194
宁 夏					
新 疆	8	41	379172	3477	2902

经营机构基本情况

损益/千元					工资、福利费、税金/千元	
养老、医疗、失业等保险费	住房公积金和住房补贴	差旅费	工会经费	营业利润	本年发放工资总额	本年支付的职工福利费
631922	**322649**	**58678**	**42897**	**8328367**	**7361617**	**112402**
431404	264333	15901	30587	22536	1413813	14660
2479	743	442	45	-10782	12751	406
1444	581	755	108	-8279	6895	749
717	52	1141	201	5528	512414	1176
145	5	187	28	-366	201117	56
2275	125	260	132	-1417	619355	10135
91	9	21	3	-52	282	13
68		58	10	1065	1129	81
71702	19910	10733	2613	7524399	655267	19468
37460	13330	5848	2563	361717	1074288	19383
15860	4980	2118	1393	337775	136906	4653
2110	330	1013	320	16544	181527	640
9411	916	1179	197	17292	29292	937
627	120	145	10	-1947	2882	152
16425	4306	3434	1141	-174516	108360	4671
3232	725	1039	311	28956	21259	842
356	9	1053	190	2130	2838	127
4014	671	1212	122	15050	67752	1922
22055	9800	6212	1418	137837	1807914	7245
81		2		112	291	5
71	3	418	3	-165	1263	95
4043	865	1047	99	7431	19646	1468
3453	132	2054	365	21813	28335	1421
267	46	664	128	5082	7691	10448
10		2		105	60	
752	65	315	102	6557	8021	10289
838	560	676	297	10660	12034	853
268	30	606	445	2727	426811	422
264	3	143	66	575	1424	85

续表

地 区	本年应交税金总额	经营面积/万平方米	拍卖情况		
			交易量/件	交易金额/千元	结算数量/件
全 国	1202788	188.84	221507	4206911	1626707
北 京	161191	13.52	13596	1819876	78416
天 津	1080	1.14	2682	53979	11988
河 北	260	2.66	1	5	9426
山 西	4927	7.95	2167	118	11650
内 蒙 古	110	2.94	320	236	2923
辽 宁	36525	2.28	824	326	2112
吉 林	40	0.09	43	133	305
黑 龙 江	16	0.25	1	56	258
上 海	424038	24.92	70512	1993547	227306
江 苏	78943	25.18	7792	37615	224078
浙 江	235373	6.44	45436	25192	64152
安 徽	2492	2.49	19292	20125	80482
福 建	10181	13.24	706	44929	20679
江 西	14	0.21	51	120	291
山 东	27522	19.12	10148	3493	190822
河 南	2477	7.89	589	4321	120961
湖 北	178	0.49	1465	1444	1803
湖 南	39059	10.60	27886	36188	146373
广 东	33164	19.71	9426	145959	137348
广 西	4	0.07	11	4	16
海 南	26	0.26	17	91	31932
重 庆	99650	6.05	290	1124	128079
四 川	6676	6.45	598	1432	35044
贵 州	33273	6.51	1831	108	15765
云 南		0.03	30	100	32
西 藏					
陕 西	2838	1.01	358	9609	12138
甘 肃	2399	4.82	4823	6651	38650
青 海	274	2.37	612	130	33124
宁 夏					
新 疆	58	0.15			554

结算金额/ 千元	展览/预展 场次/次	展览交易 数量/件	展览交易 金额/千元	艺术品进 出口批次/次	艺术品进 出口数量/件
16267070	23677	552557	14901957	2234	187997
784160	219	12508	1825293	18	130
119880	60	47	80	63	177
94260	21	13	329		
116500	111	2710	862	16	287
29230	35	20839	715	28	310
21120	42	1255	370	3	121
3050	16	62	12	3	3
2580	7	95	490	10	215
2273060	10642	127931	269410	76	1427
2240780	1547	10024	12736697	778	6401
641520	249	936	10102	17	33
804820	761	5349	9294	2	1231
206790	157	1369	2757	219	149952
2910	14	21	100	2	3
1908220	1853	16979	7004	24	2096
1209610	348	8601	3215	23	15411
18030	215	2640	2584		
1463730	1346	20011	15957	63	166
1373480	801	2051	2511	504	8558
160	21	5	2		
319320	43	42	73	27	458
1280790	1837	311488	4429	5	124
350440	632	1798	2415	14	40
157650	186	1958	413	107	180
320					
121380	123	1554	3193	1	7
386500	2320	2011	2691	80	367
331240	67	260	949	150	150
5540	4		10	1	150

2022年各地区演出

地 区	机构数/个	从业人员/人	演出经纪人员	资产总计/千元	营业收入
全　国	4987	74265	11660	499838540	496905296
北　京	161	10199	574	173510592	301024785
天　津	212	2064	587	11241103	18293377
河　北	90	378	88	428435	-24573
山　西	44	364	97	60337	34833
内 蒙 古	27	257	64	44448	4559
辽　宁	178	2408	517	1310894	460999
吉　林	83	348	127	82801	97367
黑 龙 江	60	680	200	222439	64551
上　海	168	6423	491	184420421	116982670
江　苏	662	6543	1265	13961068	3330466
浙　江	212	4493	719	10070553	11256614
安　徽	88	576	131	163590	104187
福　建	254	2539	428	10193063	1999276
江　西	66	324	96	218414	162332
山　东	314	1874	439	5960745	1317160
河　南	350	3126	517	1356398	1418724
湖　北	211	2769	210	12544353	3188505
湖　南	131	6163	420	35537622	13280054
广　东	778	10420	1723	17301384	17506695
广　西	48	898	158	697274	174880
海　南	141	1643	372	1329331	1665171
重　庆	123	2348	707	1409338	327229
四　川	192	2280	531	9471375	3024581
贵　州	43	1458	125	403464	93959
云　南	56	602	182	3895497	115975
西　藏	1				
陕　西	155	1769	532	1136168	419775
甘　肃	72	597	190	788276	110056
青　海	23	400	66	268327	52072
宁　夏					
新　疆	44	322	104	1810830	419017

经纪机构基本情况

| 损益/千元 | | | | |
营业成本	养老、医疗、失业等保险费	住房公积金和住房补贴	营业利润	本年发放工资总额
403262595	**2117059**	**726031**	**93642723**	**16008998**
256167339	617773	278515	44857447	5161283
17027626	35382	12571	1265756	172124
41982	1792	339	-66557	14932
37634	962	230	-2800	6641
4419	857	79	141	4559
502139	15643	4025	-41140	182142
90269	2071	294	7095	23863
92223	9385	2976	-27667	37566
75346351	557764	146340	41636321	429767
3270392	80471	31022	60080	1379490
10876590	64794	24635	380027	488664
81008	4405	1074	23177	25984
1904900	21732	7507	94375	247151
137524	4603	2524	24810	16741
1514017	27842	7025	-196859	1787178
1327158	18770	4050	91564	152276
3176165	100127	40206	12339	2655057
11159531	92096	27491	2120525	1198655
14726081	277208	83067	2780620	1112771
187843	49730	13396	-12963	43420
1344993	20555	6435	320170	155278
397397	23205	6509	-70172	182352
2722762	43788	10692	301828	247460
127069	13385	4213	-33113	80181
104108	4137	1005	11868	30480
394934	13619	3888	24837	110891
141552	6480	3107	-31492	29136
65114	4738	1574	-13040	15368
293475	3745	1242	125546	17588

续表

地 区	本年应交税金总额/千元	演 出项目数/个	涉外项目	国内项目	
				港澳台项目	内地项目
全 国	**28127862**	**30975**	**1796**	**386**	**28741**
北 京	9480884	921	76	7	838
天 津	1228187	798	31	2	765
河 北	-2006	79	4	2	73
山 西	654	205	7	6	192
内 蒙 古	277	52	1	1	50
辽 宁	17852	727	98	1	628
吉 林	3369	129	12		117
黑 龙 江	1447	177	3	2	172
上 海	10843782	566	86	7	473
江 苏	182475	3737	160	29	3513
浙 江	127267	3507	279	26	3202
安 徽	9544	664		1	663
福 建	36167	1152	108	11	1033
江 西	7396	179	22	2	155
山 东	66409	875	88	16	771
河 南	29650	2326	16	9	2301
湖 北	248250	395			395
湖 南	373120	937	49	19	869
广 东	323712	4231	347	167	3713
广 西	5524	1068	35		1033
海 南	427858	479	72	5	402
重 庆	26618	1622	47	16	1555
四 川	73217	2918	16	8	2894
贵 州	3573	346	12	1	333
云 南	5083	478	164	7	307
西 藏					
陕 西	4573932	2029	58	40	1924
甘 肃	4510	236	1	1	232
青 海	1572	100	4		96
宁 夏					
新 疆	27539	42			42

演出场次/万场次	涉外项目演出场次	国内项目演出场次		观众人次/人次	经营面积/万平方米
		港澳台项目演出场次	内地项目演出场次		
40.01	**13.43**	**0.18**	**26.37**	**381965767**	**896.42**
1.29	0.56		0.73	11056614	24.12
0.78	0.51		0.27	106761930	14.42
0.09	0.09			84060	2.48
0.11			0.11	482336	7.54
0.11			0.11	518185	3.75
0.96	0.55		0.41	1294683	14.46
0.08	0.05		0.03	72935	1.32
0.20	0.07		0.13	228179	14.12
1.14	0.84	0.03	0.26	610217	24.70
2.83	0.54		2.29	5942967	220.42
3.25	1.88		1.37	8020194	95.74
0.24			0.24	721790	6.25
1.14	0.55		0.59	1476036	30.07
0.11	0.07		0.04	59840	0.76
1.02	0.77		0.25	1122031	35.67
10.66	0.12		10.54	83360656	18.21
0.16			0.16	31218270	17.06
1.58	0.82		0.75	2310216	129.05
5.86	1.99	0.14	3.72	6162785	76.85
1.41	0.31		1.09	1417609	7.10
0.38	0.28		0.11	376126	16.00
1.42	0.81		0.60	975340	24.95
0.80			0.80	112316134	42.34
0.34	0.11		0.24	553906	5.00
2.39	2.14		0.24	562860	15.12
1.35	0.37	0.01	0.98	3495991	13.57
0.23			0.23	314269	8.70
0.07			0.07	341141	4.60
0.01			0.01	108467	22.05

旅　游

按年份旅游业主要发展指标

年　份	国内旅游人数/ 亿人次	国内旅游收入/ 亿元	入境旅游人次/ 万人次	入境旅游收入/ 亿美元	出境旅游人次/ 万人次	旅游总收入/ 万亿元
2010年	21.03	12580	13376	458.14	5739	1.57
2011年	26.41	19305	13542	484.64	7025	2.25
2012年	29.57	22706	13241	500.28	8318	2.59
2013年	32.62	26276	12908	516.64	9819	2.95
2014年	36.11	30312	12850	1053.80	10728	3.73
2015年	39.90	34195	13382	1136.50	11689	4.13
2016年	44.35	39390	13844	1200.00	12203	4.69
2017年	50.01	45661	13948	1234.17	13051	5.40
2018年	55.39	51278	14120	1234.17	14972	5.97
2019年	60.06	57251	14531	1313.00	15463	6.63
2020年	28.79	22286	—	—	—	—
2021年	32.46	29191	—	—	—	—
2022年	25.30	20444	—	—	—	—

注：受新冠疫情影响，2020年以后出入境旅游相关数据不再列出。

按年份国内旅游人数和国内旅游收入

年份	国内旅游人数/ 亿人次	比上年增长/%	国内旅游收入/ 亿元	比上年增长/%
1993	4.10	—	864.00	—
1994	5.24	27.80	1023.51	18.50
1995	6.29	20.0	1375.70	34.40
1996	6.39	1.60	1638.38	19.10
1997	6.44	0.80	2112.70	29.0
1998	6.94	7.80	2391.18	13.20
1999	7.19	3.60	2831.92	18.40
2000	7.44	3.50	3175.54	12.10
2001	7.84	5.40	3522.37	10.90
2002	8.78	12.0	3878.36	10.10
2003	8.70	-0.90	3442.27	-11.20
2004	11.02	26.70	4710.71	36.80
2005	12.12	10.0	5285.86	12.20
2006	13.94	15.0	6229.74	17.90
2007	16.10	15.50	7770.62	24.70
2008	17.12	6.30	8749.30	12.60
2009	19.02	11.10	10183.69	16.40
2010	21.03	10.60	12579.77	23.50
2011	26.41	13.20	19305.39	23.60
2012	29.57	12.0	22706.22	17.60
2013	32.62	10.30	26276.12	15.70
2014	36.11	10.70	30311.86	15.40
2015	39.90	10.50	34195.05	12.80
2016	44.35	11.0	39389.82	15.20
2017	50.01	12.80	45660.77	15.90
2018	55.39	10.80	51278.29	12.30
2019	60.06	8.40	57250.92	11.70
2020	28.79	-52.07	22286.30	-61.07
2021	32.46	12.80	29190.75	31.00
2022	25.30	-22.10	20444.00	-30.00

注:2011年起,国内旅游抽样调查方法发生变化,不能与往年数据进行简单比较。

2022年国内旅游基本情况

	总人次数/亿人次	出游率*/%	总花费/亿元	人均每次花费/元
全国总计	**25.30**	**179.18**	**20444.00**	**808.60**
城镇居民合计	**19.28**	**213.75**	**16881.32**	**875.59**
一季度	6.21	68.85	6233.10	1003.72
二季度	4.70	52.11	3227.40	686.68
三季度	5.08	56.32	4757.47	936.51
四季度	3.29	36.47	2663.35	809.53
农村居民合计	**6.01**	**117.89**	**3562.68**	**592.79**
一季度	2.09	41.00	1433.59	685.93
二季度	1.55	30.40	829.51	535.17
三季度	1.30	25.50	733.99	564.61
四季度	1.07	20.99	565.59	528.59

注：*出游率：即出游人次比率，指城镇居民或农村居民出游人数与其总人口数的比值。

2022年各地区A级旅游景区基本情况

地 区	A级旅游景区总数/ 个	直接从业人员/ 万人	接待人次/ 亿人次	门票收入/ 亿元
总　计	14917	146.58	26.33	336.42
北　京	215	5.36	0.83	14.26
天　津	99	0.76	0.38	3.14
河　北	494	5.29	0.42	4.88
山　西	312	2.60	0.39	6.87
内 蒙 古	428	2.49	0.21	3.20
辽　宁	567	5.56	0.76	6.43
吉　林	275	1.46	0.19	1.51
黑 龙 江	416	3.01	0.20	4.35
上　海	135	1.50	0.63	5.67
江　苏	617	6.83	2.59	18.02
浙　江	929	5.80	2.42	36.24
安　徽	683	3.75	0.98	14.71
福　建	462	3.10	0.82	8.65
江　西	505	4.07	1.47	37.36
山　东	1204	10.21	1.74	21.23
河　南	681	4.52	0.87	14.09
湖　北	570	5.00	0.86	11.98
湖　南	594	13.25	1.35	15.02
广　东	618	8.09	1.58	17.32
广　西	685	4.67	1.14	8.17
海　南	84	2.16	0.21	5.34
重　庆	272	2.39	0.88	11.58
四　川	867	24.47	1.90	23.21
贵　州	556	4.10	0.73	5.86
云　南	562	3.94	0.77	12.57
西　藏	151	0.38	0.03	0.41
陕　西	540	5.10	0.82	12.40
甘　肃	436	1.80	0.41	3.04
青　海	160	0.69	0.17	2.92
宁　夏	133	1.20	0.12	1.36
新　疆	668	3.03	0.46	4.63

2022年各地区分等级A级旅游景区数量

单位：个

地　区	总计	5A	4A	3A	2A	1A
总　计	14917	318	4589	8083	1850	77
北　京	215	8	70	107	29	1
天　津	99	2	33	45	19	
河　北	494	11	151	224	107	1
山　西	312	10	128	155	17	2
内　蒙　古	428	6	145	127	150	
辽　宁	567	6	145	340	68	8
吉　林	275	7	83	133	42	10
黑　龙　江	416	6	113	218	70	9
上　海	135	4	68	63		
江　苏	617	25	227	286	79	
浙　江	929	20	233	570	103	3
安　徽	683	12	210	368	93	
福　建	462	10	115	260	77	
江　西	505	14	212	248	31	
山　东	1204	14	230	715	245	
河　南	681	15	215	353	97	1
湖　北	570	14	182	328	45	1
湖　南	594	11	163	397	22	1
广　东	618	15	192	399	12	
广　西	685	9	335	330	11	
海　南	84	6	33	30	15	
重　庆	272	11	140	83	37	1
四　川	867	16	321	444	84	2
贵　州	556	9	143	361	36	7
云　南	562	9	158	308	75	12
西　藏	151	5	27	77	29	13
陕　西	540	12	162	329	36	1
甘　肃	436	7	134	225	69	1
青　海	160	4	38	100	18	
宁　夏	133	4	31	54	41	3
新　疆	668	17	152	406	93	

2022年各地区旅行社基本情况

地　　区	机构数/个	从业人员/人	营业收入/千元	国内旅游营业收入	入境旅游营业收入	出境旅游营业收入	营业利润/千元
总　　计	32603	243227	160156231	87440604	250211	1094372	-6887541
北　京	1087	12002	16368258	3700858	36815	242388	-1749670
天　津	316	1694	7932821	2753757		103	-105981
河　北	1397	4739	612940	416814			-70749
山　西	862	4723	612352	448032	142	91	-47146
内　蒙　古	1071	4008	432528	409954			-33325
辽　宁	1088	4280	631410	603877	3046	1716	-111523
吉　林	464	3031	326955	224821	9659		-17005
黑　龙　江	686	2840	350715	294423			-50411
上　海	1376	17863	17218946	10218706	54165	539510	-566832
江　苏	2469	16085	42222656	6409765	6826	9381	-683249
浙　江	2581	21936	18099768	16127982	12060	14422	-463906
安　徽	1379	7342	2170315	1929071	7177	54	-74424
福　建	915	9602	4002952	3348315	5137	17252	-126287
江　西	904	5242	1638701	1500851	4498	1	-54383
山　东	2335	10831	2385929	1686301	4625	46	-132505
河　南	979	6111	557841	451637	80	435	-87373
湖　北	1164	9500	4379262	3735553	283	2273	-163782
湖　南	1104	11094	2627367	2220598	548		-119556
广　东	2607	30455	20043399	16226057	62700	250114	-806342
广　西	724	6024	1165309	740229	20943	2323	-69272
海　南	539	4741	1914160	1892052	97		-202348
重　庆	712	9197	3183140	2928504	102	263	-458210
四　川	695	7736	3465759	2300747	301	10713	-104521
贵　州	560	3231	1127976	1079350	32		-86382
云　南	1327	9936	2397728	2155441	13562	1331	-130907
西　藏	201	1426	192909	163880	130		-56396
陕　西	854	7044	2101357	1723930	6354	1955	-137980
甘　肃	833	3425	417431	381207	922		-62488
青　海	468	2559	374688	309723	45		-29455
宁　夏	169	963	217088	187997	21	1	-12036
新　疆	737	3567	983571	870172	-59		-73097

注：表中数据为经过省级文化和旅游部门审核确认过的旅行社数据。

2022年各地区旅行社组织、接待国内游客情况

地　　区	人次数/人次		人天数/人天	
	组织	接待	组织	接待
总　　计	39220100	48116993	90029500	94028980
北　京	1770336	309950	5331904	639490
天　津	257386	22082	380653	28008
河　北	264307	230975	618770	595515
山　西	404276	443072	946387	1535430
内　蒙　古	100777	210402	220828	633742
辽　宁	598590	658461	1469003	1864042
吉　林	160915	439956	384034	680953
黑　龙　江	76468	329769	244152	705346
上　海	1204244	937757	3382076	1777344
江　苏	4137054	4937804	8258461	6975811
浙　江	8113254	6932729	19231335	12967348
安　徽	869304	2411863	2115542	3438851
福　建	1669386	1788560	3290765	3585378
江　西	1733534	947532	2738225	1876222
山　东	964220	674548	2187076	1560278
河　南	555366	404325	912744	521092
湖　北	3054135	6249521	5502955	10343420
湖　南	3089957	3476155	6512311	7211024
广　东	3536171	2586289	7585225	5600693
广　西	373073	1245156	913633	2456480
海　南	157987	1669967	268576	3643664
重　庆	2012229	2025682	6744087	2522322
四　川	1211407	1520460	3526261	2843420
贵　州	548037	2053386	1146865	4567934
云　南	1103765	3298966	2760135	7708487
西　藏	35195	199113	59538	1026969
陕　西	596856	1003693	1847249	1851003
甘　肃	119307	133862	265968	497749
青　海	178782	465067	286024	2227686
宁　夏	168760	127968	339335	321348
新　疆	155022	381923	559383	1821931

注：表中数据为经过省级文化和旅游部门审核确认过的旅行社数据。

2022年各地区星级饭店主要经济指标

地　区	饭店数/个	从业人员数/人	客房数/间(套)	床位数/张	固定资产原价/亿元	营业收入/亿元	客房收入	餐饮收入	其他收入	营业利润/亿元	平均客房出租率/%	平均房价/(元/夜间)
总　计	7337	636889	1114141	2046701	4127.95	1177.69	474.88	467.85	234.70	-181.81	38.35	318.48
北　京	349	44303	79452	124500	521.32	115.17	46.48	25.05	43.64	-36.11	31.37	512.26
天　津	64	5750	10587	16070	47.18	9.81	4.81	2.79	2.22	-1.48	35.36	355.21
河　北	269	27288	46458	78118	146.45	40.13	14.89	18.60	6.64	-12.41	30.89	318.22
山　西	169	15095	20491	35470	70.47	20.21	6.22	9.42	4.57	-4.72	36.37	237.19
内　蒙古	156	10756	21491	37123	93.47	15.30	5.68	7.66	1.97	-2.95	30.69	242.28
辽　宁	220	16349	34218	55494	133.26	25.80	11.38	9.73	4.69	-6.86	32.42	289.86
吉　林	67	4344	9821	17162	30.87	6.00	2.91	2.11	0.98	-1.07	35.04	240.14
黑龙江	104	5640	12844	22206	43.78	7.16	3.94	2.04	1.18	-1.70	32.44	266.13
上　海	151	25698	43021	63062	264.37	77.08	32.22	23.19	21.68	-13.88	38.48	562.59
江　苏	324	44914	59801	91153	305.54	109.28	31.40	53.87	24.01	-10.74	44.19	338.79
浙　江	437	46472	73510	116536	310.91	112.62	40.81	52.53	19.28	-8.18	47.71	327.91
安　徽	219	20593	34820	210332	121.89	35.55	12.74	16.65	6.17	-3.09	39.04	269.98
福　建	233	30731	44283	67787	140.66	57.87	24.32	26.02	7.52	-4.48	43.16	356.47
江　西	258	17659	39047	64014	97.77	24.52	11.98	9.85	2.69	-3.33	41.01	213.98
山　东	403	42552	61034	98571	243.07	76.52	26.70	38.75	11.07	-8.47	39.44	316.93
河　南	281	22280	37579	65071	103.44	24.89	9.65	11.20	4.04	-6.48	32.51	229.76
湖　北	252	17854	37333	60629	123.31	33.11	15.87	12.58	4.66	-4.16	41.72	288.24
湖　南	208	20038	33470	54663	130.41	33.33	14.36	14.32	4.65	-3.43	48.38	254.53
广　东	446	61152	90563	142254	341.69	119.65	47.65	47.53	24.48	-15.85	38.62	391.51
广　西	332	16838	39882	141224	87.04	22.83	10.65	8.24	3.93	-5.08	37.64	205.28
海　南	85	11497	18873	29981	79.20	22.90	13.58	5.69	3.64	0.06	44.37	474.71
重　庆	125	10899	19134	30031	72.82	17.87	9.02	6.40	2.45	-3.25	42.47	312.01
四　川	329	29561	47271	74949	164.06	46.07	19.21	18.18	8.42	-7.50	39.03	304.53
贵　州	190	10557	25270	40701	50.96	19.95	9.48	5.61	4.86	-1.95	40.45	262.68
云　南	334	19076	40749	71421	117.75	24.00	11.60	6.64	5.76	-3.72	34.90	233.30
西　藏	152	1265	3879	6856	10.43	1.96	1.45	0.34	0.17	-0.11	48.11	219.72
陕　西	260	22234	37884	65554	96.04	31.13	13.44	14.65	3.05	-3.35	37.38	277.96
甘　肃	284	14027	32812	58500	63.28	17.54	7.60	6.91	3.04	-2.28	33.97	201.92
青　海	210	4779	12606	25205	20.42	5.92	3.15	2.11	0.66	-1.28	29.67	243.52
宁　夏	63	3175	7939	13931	16.44	4.65	2.10	1.99	0.56	-0.18	38.68	199.68
新　疆	317	11535	32798	58549	64.20	16.05	8.22	6.30	1.54	-3.22	34.07	216.59
新疆兵团	46	1978	5221	9584	15.44	2.80	1.37	0.92	0.51	-0.57	36.93	206.93

注：表中数据为经过省级文化和旅游部门审核确认过的星级饭店数据。

2022年各地区星级饭店机构情况

单位：个

地　区	合计	五星级	四星级	三星级	二星级	一星级
总　计	7337	783	2285	3,487	768	14
北　京	349	51	100	135	62	1
天　津	64	14	26	22	2	
河　北	269	26	111	106	26	
山　西	169	11	45	86	27	
内　蒙　古	156	12	29	77	38	
辽　宁	220	23	60	112	25	
吉　林	67	3	25	38	1	
黑　龙　江	104	6	31	54	13	
上　海	151	57	49	39	6	
江　苏	324	70	128	118	8	
浙　江	437	80	157	165	32	3
安　徽	219	23	103	87	6	
福　建	233	47	111	72	3	
江　西	258	18	119	113	8	
山　东	403	37	139	210	17	
河　南	281	21	77	155	28	
湖　北	252	23	78	119	31	1
湖　南	208	19	56	109	24	
广　东	446	92	115	221	18	
广　西	332	11	103	188	30	
海　南	85	19	29	34	1	2
重　庆	125	27	38	48	12	
四　川	329	33	109	126	61	
贵　州	190	9	72	87	20	2
云　南	334	16	58	173	85	2
西　藏	152	3	41	79	29	
陕　西	260	17	49	165	29	
甘　肃	284	2	81	152	47	2
青　海	210	3	55	123	28	1
宁　夏	63		28	28	7	
新　疆	363	10	63	246	44	

注：表中数据为经过省级文化和旅游部门审核确认过的星级饭店数据。

2022年各地区五星级饭店经营情况

地　　区	饭店数/个	从业人员数/人	客房数/间(套)	床位数/张	固定资产原价/亿元	营业收入/亿元	客房收入	餐饮收入	其他收入	营业利润/亿元
总　　计	783	195272	263893	390354	1772.96	440.72	183.69	172.45	84.54	-74.27
北　京	51	15159	22622	32194	233.00	38.92	16.81	9.04	13.06	-18.42
天　津	14	2292	3143	4227	16.29	3.05	1.79	1.01	0.25	-1.21
河　北	26	6355	7811	12136	53.98	10.03	4.01	4.67	1.36	-4.07
山　西	11	2866	2845	4414	24.19	5.39	1.33	2.16	1.90	-1.10
内　蒙　古	12	2977	4084	5928	37.75	4.50	1.89	1.96	0.66	-1.37
辽　宁	23	4787	8394	11678	35.59	9.50	4.18	3.70	1.63	-2.47
吉　林	3	598	982	1449	8.94	1.16	0.45	0.45	0.26	-0.05
黑　龙　江	6	1131	1698	2516	10.12	1.98	1.10	0.69	0.18	-0.43
上　海	57	15804	23469	33395	177.67	45.72	21.18	16.07	8.47	-8.42
江　苏	70	17650	22069	31427	172.87	54.31	15.34	23.41	15.56	-4.43
浙　江	80	17176	22127	33755	146.65	42.51	15.56	20.02	6.93	-3.70
安　徽	23	4782	7221	10990	35.50	9.37	4.14	3.87	1.37	-0.29
福　建	47	12649	15760	22923	71.72	25.86	11.28	11.68	2.90	-4.47
江　西	18	3805	5431	8146	38.79	5.28	2.38	2.37	0.53	-1.52
山　东	37	9275	11034	16293	82.66	22.10	9.09	10.23	2.79	-0.81
河　南	21	4865	5426	8354	27.60	5.35	2.31	2.51	0.53	-2.06
湖　北	23	5266	8053	11323	38.47	12.53	6.43	4.50	1.59	-1.01
湖　南	19	5281	6469	9953	55.69	10.57	4.14	4.77	1.66	-1.32
广　东	92	26930	34645	52174	219.99	63.89	26.15	26.47	11.27	-7.34
广　西	11	2738	3371	5256	27.74	4.56	1.34	1.72	1.49	-2.07
海　南	19	6857	8745	13254	56.79	16.75	10.17	3.88	2.70	0.75
重　庆	27	4709	7153	10828	37.40	8.99	4.36	3.34	1.29	-1.41
四　川	33	8511	11680	17687	70.56	15.37	6.89	5.75	2.69	-3.54
贵　州	9	1804	2784	4337	14.24	3.60	2.06	1.10	0.45	-0.16
云　南	16	3182	5596	8898	43.94	4.69	2.56	1.67	0.46	-0.80
西　藏	3									
陕　西	17	4744	6626	9168	13.20	8.91	4.35	3.79	0.77	-0.71
甘　肃	2	293	476	762	5.14	1.23	0.15	0.07	1.01	-0.25
青　海	3	888	1376	2383	1.16	1.61	0.76	0.58	0.27	-0.47
宁　夏										
新　疆	10	1898	2803	4506	15.30	2.96	1.48	0.97	0.52	-1.10

注：表中数据为经过省级文化和旅游部门审核确认过的星级饭店数据。

文 物

7

按年份各地区文物业藏品数

单位：件(套)

地　区	1995年	2000年	2005年	2010年	2015年	2020年	2021年	2022年
总　计	11331575	12491531	19964963	28642200	41388558	50891012	55804468	56304279
北　京	167342	181864	1152341	3735879	3678397	4653639	5582440	3001337
天　津	546695	553684	598813	955735	1025328	1105699	1106233	1118707
河　北	617098	668097	527123	554831	613234	578198	599096	615894
山　西	394648	397373	897875	775959	1197673	1834054	1872753	1900887
内　蒙　古	352021	367847	442177	461499	572423	1278889	1319143	1399201
辽　宁	225092	214994	423106	724758	754521	614612	1468786	1543800
吉　林	163694	168976	190796	299574	461091	685391	871955	873794
黑　龙　江	162820	166115	168899	218877	773220	1022374	1004267	929449
上　海	203424	268984	1496698	1444185	3850202	2115495	3464779	6265512
江　苏	771836	803066	1933152	2490474	2601976	2566899	2478972	2491512
浙　江	396543	494206	869053	896263	1331284	1666243	1782954	1808443
安　徽	328780	432385	446566	822095	1021742	963140	981711	971845
福　建	218598	263587	419697	445866	561053	749831	753102	763671
江　西	202575	241239	387165	643335	609512	687073	793978	726436
山　东	591720	792763	811316	1448056	2090547	4875467	4900786	5068598
河　南	1021544	1260014	1435202	1833281	2101398	2119935	2193023	2421621
湖　北	560737	615162	983730	1464517	1947865	2571659	2679736	2692717
湖　南	278609	277841	532768	857677	985246	804243	872678	989099
广　东	456762	498102	988920	1121797	1283237	2658274	2881374	3127747
广　西	232666	211091	301908	347472	508649	440823	496105	506917
海　南	24938	48731	30140	58398	45155	192176	195728	200627
重　庆		237413	301849	754363	689914	672506	806016	814535
四　川	675154	457941	752459	1147088	3679655	4849733	4893470	4952437
贵　州	36892	41579	54690	119594	139048	218920	264434	317615
云　南	214693	244475	299465	453712	1301043	1653623	1697796	1776505
西　藏	127026	68650	212691	143071	262984	393805	274339	426071
陕　西	502005	533192	883408	946083	2885836	4042375	4599006	3511364
甘　肃	249723	280812	429726	546332	609895	773582	801225	813337
青　海	75233	97052	141121	186276	179008	103151	97208	96783
宁　夏	37881	48620	77025	84093	103783	370692	402394	408131
新　疆	72457	94477	107777	150646	241046	239061	245989	316710

按年份各地区博物馆机构数

单位：个

地　区	1995年	2000年	2005年	2010年	2015年	2020年	2021年	2022年
总　计	1194	1384	1581	2435	3852	5452	5772	6091
北　京	17	25	34	41	40	80	79	82
天　津	14	14	18	18	22	71	69	72
河　北	31	43	46	65	107	148	172	185
山　西	69	76	86	89	100	159	182	176
内　蒙　古	17	25	33	54	84	172	168	166
辽　宁	26	30	39	61	64	65	65	65
吉　林	16	16	18	57	76	107	105	105
黑　龙　江	29	41	46	76	158	191	177	177
上　海	12	11	25	27	99	107	116	116
江　苏	72	86	99	213	312	367	366	373
浙　江	59	68	80	100	224	406	425	432
安　徽	30	37	43	120	171	230	223	225
福　建	64	81	82	94	98	132	140	140
江　西	82	81	82	108	137	172	189	203
山　东	56	59	75	114	312	577	629	665
河　南	66	70	79	111	248	336	367	400
湖　北	88	94	91	120	175	214	227	228
湖　南	57	66	73	81	113	122	162	180
广　东	114	128	146	169	177	296	339	340
广　西	37	39	49	64	124	142	169	141
海　南	17	15	16	16	18	35	39	44
重　庆		14	18	37	78	105	111	130
四　川	54	50	55	108	225	258	267	316
贵　州	4	8	11	59	73	92	97	124
云　南	22	30	32	120	86	161	165	178
西　藏	2	2	2	2	7	8	13	15
陕　西	59	67	82	106	249	309	312	321
甘　肃	52	65	69	102	150	226	228	230
青　海	8	14	15	18	23	24	24	24
宁　夏	3	4	6	6	12	54	64	64
新　疆	12	23	28	71	86	81	78	169

2022年全国

	机构数/个	从业人员/人	专业技术人才	正高级职称	副高级职称
总　计	**11340**	**190288**	**58042**	**3222**	**9535**
按单位类型分：					
文物科研机构	129	6501	3193	351	703
文物保护管理机构	2663	32131	8864	174	1240
博物馆	6091	131461	43623	2491	7146
文物行政部门	2149	14286			
其他文物机构	308	5909	2362	206	446
按隶属关系分：					
中央	13	3674	2268	297	612
省区市	310	22543	10346	962	2337
地市	1803	54731	18884	913	3231
县市区	9214	109340	26544	1050	3355
按部门分：					
文物部门	8873	155313	49107	2360	8035
其他部门	2467	34975	8935	862	1500

续表 1

	在藏品数中		本年修复藏品数/件(套)	一级品	二级品
	本年从有关部门接收文物数	本年藏品征集数			
总　计	**111146**	**348019**	**97033**	**633**	**3257**
按单位类型分：					
文物科研机构	862	22	38203	47	458
文物保护管理机构	3132	5901	14445	4	65
博物馆	105670	257554	40120	253	1587
文物行政部门	1406	11537	2396	6	45
其他文物机构	76	73005	1869	323	1102
按隶属关系分：					
中央		3114	3269	329	1178
省区市	26046	112616	21793	122	889
地市	18389	70743	47317	112	683
县市区	66711	161546	24654	70	507
按部门分：					
文物部门	107907	273494	92703	624	3146
其他部门	3239	74525	4330	9	111

文物业基本情况

中级职称	安全保卫人员	登记注册志愿者/人	藏品数/件(套)	一级品	二级品	三级品	本年新增藏品/件(套)
24129	38337	248501	56304279	101919	704243	3924181	926416
1156	427	968	1693953	1789	5019	29183	42757
3857	4704	12442	1588643	8522	34164	151667	23039
18236	33071	234880	46916129	87423	640095	3538136	621275
			1570714	3889	19324	192267	17831
880	135	211	4534840	296	5641	12928	221514
1009	461	2241	3452977	14983	329483	922790	16068
4088	3392	27897	16891024	40197	208335	1437984	172159
8175	11350	87148	11120287	18818	81367	646987	206583
10857	23134	131215	24839991	27921	85058	916420	531606
20711	30769	189221	42909477	96107	688709	3831903	745372
3418	7568	59280	13394802	5812	15534	92278	181044

三级品	基本陈列/个	临时展览/个	参观人次/万人次	未成年人参观人次	境外观众参观人次	门票销售总额/千元	本年收入合计/千元
9079	17399	14958	63973.24	16003.66	337.18	3331123	71012290
535	28	48	360.44	66.19	2.65	34105	4743971
285	660	323	6564.86	956.68	21.71	1143455	9281695
7430	16711	14587	57047.99	14980.82	312.79	2153563	34939987
709							18227729
120							3818908
98	50	90	582.13	78.13	2.94	178217	2266155
2786	574	845	4723.64	1024.34	44.55	534541	13508706
3530	3714	4401	18430.81	4036.47	102.65	884758	22371924
2665	13061	9622	40236.66	10864.72	187.04	1733607	32865505
8519	11239	11678	52109.06	13225.10	279.51	2640247	63889942
560	6160	3280	11864.31	2778.73	57.71	690876	7122348

续表 2

	财政拨款 预算收入	上级补 助收入	事业预 算收入	经营收入	附属单位 上缴收入
总　　计	**58922796**	**1100813**	**3828994**	**1995329**	**9026**
按单位类型分：					
文物科研机构	2787312	35886	1526448	147364	
文物保护管理机构	7836219	249825	691291	126037	1040
博物馆	29927725	813672	1358904	1402919	7986
文物行政部门	17732725				
其他文物机构	638815	1430	252351	319009	
按隶属关系分：					
中央	1480872		488894	69044	
省区市	10180813	26203	2161020	343444	159
地市	20045508	183928	534549	417778	225
县市区	27215603	890682	644531	1165063	8642
按部门分：					
文物部门	54439781	787322	3674057	960197	5241
其他部门	4483015	313491	154937	1035132	3785

续表 3

	劳务费	福利费	各种税 金支出	对个人和 家庭补 助支出	抚恤金和 生活补助
总　　计	**2913362**	**202570**	**233598**	**1223311**	**226653**
按单位类型分：					
文物科研机构	857422	7557	85355	52737	6663
文物保护管理机构	357145	34686	13685	276261	88634
博物馆	1368473	135259	102919	669373	85058
文物行政部门	184619	19982	15593	207120	43427
其他文物机构	145703	5086	16046	17820	2871
按隶属关系分：					
中央	132195	4316	20585	32428	4150
省区市	796203	42968	89043	256622	37223
地市	1276017	72310	53824	616821	118728
县市区	708947	82976	70146	317440	66552
按部门分：					
文物部门	2730154	169925	190173	1034990	140104
其他部门	183208	32645	43425	188321	86549

其他收入	本年支出合计/千元	基本支出	项目支出	经营支出	在支出合计中		
					工资福利支出	商品和服务支出	差旅费
5155332	**76832806**	**25556989**	**38788834**	**1609601**	**21127124**	**22997199**	**295877**
246961	6626641	1120280	3296680	71840	788210	2720793	92433
377283	10762841	4877503	4979191	169315	3399587	2614423	20952
1428781	38103289	16243708	17935896	1242572	12434093	12753024	129691
495004	17837227	2736947	12187910		4128326	4351439	37823
2607303	3502808	578551	389157	125874	376908	557520	14978
227345	2231909	1192421	928088	70	830406	1090350	14946
797067	14938278	4031262	7799954	127904	3207190	5655159	136540
1189936	23123170	7809738	14270688	338167	6084778	7461352	59852
2940984	36539449	12523568	15790104	1143460	11004750	8790338	84539
4023344	67104617	21457454	35905745	834318	18293799	20932394	274320
1131988	9728189	4099535	2883089	775283	2833325	2064805	21557

其他资本性支出	各种设备、交通工具、图书购置费	资产总计/千元	固定资产原值	实际使用房屋建筑面积/万平方米	展览用房	文物库房	实际拥有产权面积/万平方米
7744503	**941170**	**577651747**	**402026623**	**5195.16**	**1810.52**	**285.77**	**3021.35**
369883	80833	7145459	1279596	51.06	11.12		20.80
843720	67925	162394138	148895565	1325.71	102.59	17.81	351.98
3781989	709517	368650737	242519981	3668.23	1680.63	263.93	2532.87
2673735	64883	19060420	6824755	111.21			82.21
75176	18012	20400993	2506726	39.17	16.34	4.08	33.43
135445	63742	6843799	2740780	58.02	11.76	6.93	60.34
1373546	314285	47899784	21044429	374.71	131.30	46.18	238.07
2963542	377016	76224777	40174046	1110.27	471.34	76.62	727.82
3271970	186127	446683387	338067368	3652.16	1196.12	156.04	1995.12
7244401	852607	398903544	266913206	4064.27	1273.34	214.95	2189.97
500102	88563	178748203	135113417	1131.05	537.43	70.88	831.43

2022年全国文物保护

	机构数/个	从业人员/人	编制人员数	在编人员数	专业技术人才
总　计	**2663**	**32131**	**22114**	**19118**	**8864**
按隶属关系分：					
中央					
省区市	10	764	261	252	142
地市	258	10218	7305	6372	2986
县市区	2395	21149	14548	12494	5736
按部门分类：					
文物部门	2608	29456	19793	17171	8491
其他部门	55	2675	2321	1947	373
按机构类型分：					
区域性文物保护管理机构	1751	15750	11074	10200	6038
专门为一处或几处文物保护单位设立的保护管理机构	912	16381	11040	8918	2826

续表 1

		在藏品数中			本年修复文物数/件(套)
	三级品	本年新增藏品/件(套)	本年从有关部门接收文物数	本年藏品征集数	
总　计	**151667**	**23039**	**3132**	**5901**	**14445**
按隶属关系分：					
中央					
省区市	22918	7			37
地市	10222	4387	326	510	6685
县市区	118527	18645	2806	5391	7723
按部门分类：					
文物部门	150004	22754	3132	5901	14445
其他部门	1663	285			
按机构类型分：					
区域性文物保护管理机构	94475	12883	2277	5525	11586
专门为一处或几处文物保护单位设立的保护管理机构	57192	10156	855	376	2859

管理机构基本情况

正高级职称	副高级职称	中级职称	安全保卫人员	登记注册志愿者人数/人	藏品数/件(套)	文物藏品	一级品	二级品
174	1240	3857	4704	12442	1588643	903852	8522	34164
10	27	59	68		230557	438	1301	11764
116	552	1337	1068	3299	150463	93392	316	1033
48	661	2461	3568	9143	1207623	810022	6905	21367
167	1172	3664	4546	12304	1579620	900221	8502	34065
7	68	193	158	138	9023	3631	20	99
116	840	2559	2135	8054	1152887	755781	4582	14888
58	400	1298	2569	4388	435756	148071	3940	19276

一级品	二级品	三级品	基本陈列/个	临时展览/个	参观人次/万人次	未成年人参观人次	境外观众参观人次	举办社会教育活动/次
4	65	285	660	323	6564.96	956.76	21.75	15793
1	26	10			87.74	2.92	0.17	12
	14	20	177	101	2230.73	196.15	2.54	7938
3	25	255	483	222	4246.49	757.69	19.04	7843
4	65	285	653	315	6101.60	934.51	21.74	15667
			7	8	463.35	22.25	0.01	126
3	39	274	439	212	2514.18	383.48	2.82	9725
1	26	11	221	111	4050.79	573.30	18.93	6068

续表 2

	参加活动人次/万人次	未成年人参加人次	门票销售总额/千元	省部级及以上科研课题数/个	专利/个
总　计	340.97	119.18	1143455	26	2
按隶属关系分：					
中央					
省区市	0.72	0.06	85030	2	
地市	88.33	19.94	535602	19	
县市区	251.92	99.18	522823	5	2
按部门分类：					
文物部门	339.68	118.62	913277	26	2
其他部门	1.30	0.56	230178		
按机构类型分：					
区域性文物保护管理机构	195.97	76.30	226077	10	2
专门为一处或几处文物保护单位设立的保护管理机构	145.02	42.90	917378	16	

续表 3

	经营收入	附属单位上缴收入	其他收入	本年支出合计/千元	基本支出
总　计	126037	1040	377283	10762841	4877503
按隶属关系分：					
中央					
省区市			4851	354673	91377
地市	42169		116978	4102873	1671778
县市区	83868	1040	255454	6305295	3114348
按部门分类：					
文物部门	122612	1040	370918	9831516	4478331
其他部门	3425		6365	931325	399172
按机构类型分：					
区域性文物保护管理机构	54752	890	140866	6156880	2188266
专门为一处或几处文物保护单位设立的保护管理机构	71285	150	236417	4605961	2689237

本年完成科研成果								
专著或图录/册	论文数/篇	古建维修、考古发掘报告/册	获国家奖/个	获省、部奖/个	本年收入合计/千元	财政拨款预算收入	上级补助收入	事业预算收入
70	**301**	**228**	**6**	**43**	**9281695**	**7836219**	**249825**	**691291**
3	25		2		331549	135766	2700	188232
52	199	8	2	11	3854777	3370292	42957	282381
15	77	220	2	32	5095369	4330161	204168	220678
67	300	228	6	43	8541721	7122306	243319	681526
3	1				739974	713913	6506	9765
28	183	227	4	18	5997480	5083558	174002	543412
42	118	1	2	25	3284215	2752661	75823	147879

项目支出	经营支出	在支出合计中						
		工资福利支出	商品和服务支出	差旅费	劳务费	福利费	各种税金支出	对个人和家庭补助支出
4979191	**169315**	**3399587**	**2614423**	**20952**	**357145**	**34686**	**13685**	**276261**
257646		80499	241099	572	4012	535	29	2720
2270628	75772	1313319	1286017	8485	237018	21304	9761	221610
2450917	93543	2005769	1087307	11895	116115	12847	3895	51931
4462151	155402	3106202	2351967	20612	319808	33423	13196	164745
517040	13913	293385	262456	340	37337	1263	489	111516
3362499	22926	2058454	1785807	16283	249352	21469	11158	96449
1616692	146389	1341133	828616	4669	107793	13217	2527	179812

续表 4

	抚恤金和生活补贴	其他资本性支出	各种设备、交通工具、图书购置费	资产总计/千元	固定资产原值
总　计	**88634**	**843720**	**67925**	**162394138**	**148895565**
按隶属关系分：					
中央					
省区市	938	10835	8	248956	78380
地市	81030	276126	47606	14992817	5140932
县市区	6666	556759	20311	147152365	143676253
按部门分类：					
文物部门	11922	824166	66315	116932340	104450990
其他部门	76712	19554	1610	45461798	44444575
按机构类型分：					
区域性文物保护管理机构	7813	598721	43671	104057511	99486049
专门为一处或几处文物保护单位设立的保护管理机构	80821	244999	24254	58336627	49409516

续表 5

	进行考古发掘情况				主办刊物/种
	考古发掘面积/万平方米	出土器物/件(套)	原址保护展示面积/万平方米	异地保护展示面积/万平方米	
总　计	**49.86**	**78135**	**161.39**	**0.10**	**38**
按隶属关系分：					
中央					
省区市	1.09	1060			1
地市	19.63	38768	1.22	0.08	31
县市区	29.14	38307	160.17	0.02	6
按部门分类：					
文物部门	49.86	78135	161.39	0.10	38
其他部门					
按机构类型分：					
区域性文物保护管理机构	46.32	68457	2.17	0.10	12
专门为一处或几处文物保护单位设立的保护管理机构	3.54	9678	159.22		26

实际使用房屋建筑面积/万平方米	展览用房	文物库房(含标本室)	实际拥有产权面积/万平方米	文物保护规划和方案设计/个	文物保护维修情况			
					国保单位保护维修项目数/个	保护维修面积/平方米	省保单位保护维修目数/个	市、县保单位保护维修项目数/个
1326.02	102.70	18.02	352.04	969	473	10795656	452	577
1.57	0.32	0.01	4.21		12	64800	7	
89.45	26.20	2.49	108.29	69	83	406038	30	26
1235.00	76.18	15.52	239.54	900	378	10324818	415	551
1307.21	101.42	17.85	348.23	927	466	10788190	450	576
18.82	1.29	0.16	3.81	42	7	7466	2	1
174.51	58.90	10.10	184.05	839	346	9706579	409	567
1151.50	43.82	7.89	168.01	130	127	1089077	43	10

文化创意产品情况			文博单位新媒体情况			
文化创意产品种类/个	文化创意产品销售收入/千元	文化创意产品销售利润/千元	举办线上展览/个	网站年访问量/次	创建微信公众号、微博账号/个	微信公众号、微博账号关注人数/人
2822	16401	7188	147	61330609	6483	8690402
1003	7443	3187		264828	4	667323
1161	3720	1749	44	54382341	295	4454644
658	5238	2252	103	6683440	6184	3568435
2792	15118	6513	145	58737594	6474	6535679
30	1283	675	2	2593015	9	2154723
835	3149	1279	121	53555356	6349	3231526
1987	13252	5909	26	7775253	134	5458876

2022年全国

	机构数/个	从业人员/人	编制人员数	在编人员数	专业技术人才
总 计	**6091**	**131461**	**65968**	**58291**	**43623**
其中：免费开放	5375	105916	51899	45169	36302
按机构类型分：					
综合性	2083	52966	28565	25331	20554
历史类	2078	50121	25499	22721	14043
艺术类	610	7062	2770	2332	2475
自然科技类	234	6549	3350	3116	2549
其他	1086	14763	5784	4791	4002
按隶属关系分：					
中央	5	2994	2636	2447	1883
省区市	138	15531	9880	8613	7368
地市	1164	38239	19708	17902	14409
县市区	4784	74697	33744	29329	19963
按系统分类：					
文物单位管理的国有博物馆	3782	100465	54451	48677	35515
其他行业性国有博物馆	762	17661	8825	7510	4988
非国有	1547	13335	2692	2104	3120

续表 1

		在藏品数中			本年修复文物数/件(套)
	三级品	本年新增藏品/件(套)	本年从有关部门接收文物数	本年藏品征集数	
总 计	**3538136**	**621275**	**105670**	**257554**	**40120**
其中：免费开放	2669637	480073	62970	245402	35380
按机构类型分：					
综合性	1879500	307062	56091	142132	22978
历史类	1038980	111010	11287	63374	11156
艺术类	164801	35459	23305	7683	943
自然科技类	323607	104705	102	20061	3214
其他	131248	63039	14885	24304	1829
按隶属关系分：					
中央	922790	16068		3114	1822
省区市	1259163	129348	25929	87662	8076
地市	598232	157007	17030	55336	15203
县市区	757951	318852	62711	111442	15019
按系统分类：					
文物单位管理的国有博物馆	3449009	460641	102431	202712	35790
其他行业性国有博物馆	74783	108783	2851	22578	2129
非国有	14344	51851	388	32264	2201

博物馆基本情况

正高级职称	副高级职称	中级职称	安全保卫人员/人	登记注册志愿者人数/人	藏品数/件(套)	文物藏品	一级品	二级品
2491	**7146**	**18236**	**33071**	**234880**	**46916129**	**24655843**	**87423**	**640095**
2022	5947	15235	27262	210346	37218242	21191598	67187	308005
1050	3609	8944	14091	103087	19348860	14026840	49613	203275
649	2049	5830	12239	83600	11392795	8639489	28273	355234
284	389	922	1674	10305	2518516	340117	2215	39024
225	450	950	1420	15939	6400878	522839	3135	9293
283	649	1590	3647	21949	7255080	1126558	4187	33269
221	487	883	457	2241	3437627	3393648	14983	329483
637	1656	3005	3169	27620	11212764	7478057	34574	173362
688	2392	6229	9956	83049	9451233	6548735	17986	77465
945	2611	8119	19489	121970	22814505	7235403	19880	59785
1702	5809	15178	25661	175738	33629369	23503293	81651	624836
346	893	2034	3875	38757	5957302	670413	4257	12993
443	444	1024	3535	20385	7329458	482137	1515	2266

一级品	二级品	三级品	基本陈列/个	临时展览/个	参观人次/万人次	未成年人参观人次	境外观众参观人次
253	**1587**	**7430**	**16711**	**14587**	**57047.99**	**14980.82**	**312.79**
231	1288	6784	14933	13258	49920.80	13413.21	288.78
196	1085	4714	6522	7220	21882.24	6259.38	134.10
26	351	2000	4991	3982	24272.78	5746.43	54.52
9	26	77	1424	1369	2461.85	587.42	22.18
5	30	10	813	375	2509.03	936.36	4.19
17	95	629	2961	1641	5922.27	1451.75	97.82
8	106	91	50	90	582.13	78.13	2.94
100	603	2116	562	827	4579.29	1012.80	44.24
81	435	3125	3524	4270	15901.32	3783.35	97.60
64	443	2098	12575	9400	35985.25	10106.54	168.01
244	1476	6870	10558	11315	45647.18	12224.44	255.11
4	104	524	1975	1156	6852.75	1502.87	17.83
5	7	36	4178	2116	4548.19	1253.68	39.88

续表 2

	举办社会教育活动/次	参加活动人次/万人次	未成年人参加人次	门票销售总额/千元	省部级及以上科研课题数/个
总　计	**334277**	**23374.03**	**6735.23**	**2153563**	**771**
其中：免费开放	284393	20642.55	6201.22	526799	638
按机构类型分：					
综合性	117752	8851.75	2846.21	272226	349
历史类	137892	7221.90	2184.98	1091338	196
艺术类	34185	262.40	107.76	178427	20
自然科技类	16258	3841.59	738.18	538992	130
其他	28190	3196.67	858.49	72580	76
按隶属关系分：					
中央	3292	15.74	3.92	178217	10
省区市	25065	6928.85	1856.17	444422	229
地市	78104	4503.93	1555.18	320140	224
县市区	227816	11925.51	3319.96	1210784	308
按系统分类：					
文物单位管理的国有博物馆	245833	18460.96	5325.69	1692865	571
其他行业性国有博物馆	43539	4305.70	1145.88	234021	171
非国有	44905	607.49	263.82	226677	29

续表 3

	财政拨款预算收入		上级补助收入	事业预算收入	经营收入
	中央财政免费开放补助资金	地方财政免费开放补助资金			
总　计	**2745920**	**1173628**	**813672**	**1358904**	**1402919**
其中：免费开放	2732024	1128509	732185	894192	403385
按机构类型分：					
综合性	1162524	615598	314147	462325	186374
历史类	928427	358441	297706	416822	822413
艺术类	20728	30400	34262	276638	101266
自然科技类	49845	22161	57480	120732	102947
其他	584396	147028	110077	82387	189919
按隶属关系分：					
中央	5010			259562	69044
省区市	571493	224521	11503	565742	24064
地市	873218	479157	139281	110137	230918
县市区	1296199	469950	662888	423463	1078893
按系统分类：					
文物单位管理的国有博物馆	2073624	1019246	506687	1213732	371212
其他行业性国有博物馆	670795	116431	176351	141311	814864
非国有	1501	37951	130634	3861	216843

		本年完成科研成果				本年收入合计/千元	财政拨款预算收入
专利/个	专著或图录/册	论文数/篇	古建维修、考古发掘报告/册	获国家奖/个	获省、部奖/个		
363	1225	7184	171	254	885	34939987	29927725
277	1012	5725	156	215	716	27249074	24056217
136	542	3491	117	95	336	14979098	13514569
27	407	2385	27	88	301	13494365	11575623
73	90	300	3	25	76	1673583	947639
51	94	534	13	24	86	1903371	1492748
76	92	474	11	22	86	2889570	2397146
16	104	823	13	2	11	1711316	1277691
92	298	2335	51	80	154	8075647	7346822
57	364	2070	45	78	334	11082216	9982889
198	459	1956	62	94	386	14070808	11320323
188	961	6269	168	194	678	28934539	26183388
50	131	771	2	37	120	5184335	3605634
125	133	144	1	23	87	821113	138703

附属单位上缴收入	其他收入	捐赠收入	本年支出合计/千元	基本支出	项目支出	经营支出	工资福利支出
7986	1428781	135596	38103289	16243708	17935896	1242572	12434093
7876	1155219	62119	29505147	12449871	14217016	382452	9479155
4453	497230	18154	14904334	6412753	7666191	202107	4991820
100	381701	78923	14448940	6287869	7086278	697747	4949623
1921	311857	13057	2044899	712934	1038776	58052	568433
1252	128212	5427	3383886	1007843	1040207	109640	742449
260	109781	20035	3321230	1822309	1104444	175026	1181768
	105019	43091	1673789	914547	759169	70	725646
159	127357	25526	7727357	2758862	4787755	21111	2248174
225	618766	18531	11669854	5077850	6098267	171811	4019152
7602	577639	48448	17032289	7492449	6290705	1049580	5441121
4201	655319	88982	29686679	12552231	15578138	481202	9902526
641	445534	3058	6988439	2972486	2203062	521502	2182476
3144	327928	43556	1428171	718991	154696	239868	349091

续表 4

	在支出合计中				
	商品和服务支出	差旅费	劳务费	福利费	各种税金支出
总　　计	**12753024**	**129691**	**1368473**	**135259**	**102919**
其中：免费开放	9955114	110591	1175278	99859	51463
按机构类型分：					
综合性	5805590	70800	715284	52049	35871
历史类	4903074	34236	456456	46980	41010
艺术类	453619	7773	33056	9288	5251
自然科技类	760660	5664	62360	9181	9722
其他	830081	11218	101317	17761	11065
按隶属关系分：					
中央	810325	2095	94320	4197	14847
省区市	2884599	39756	290006	31394	18499
地市	4330681	34984	517633	43473	18928
县市区	4727419	52856	466514	56195	50645
按系统分类：					
文物单位管理的国有博物馆	10958820	108548	1222612	103906	59983
其他行业性国有博物馆	1655475	7670	125372	20498	36017
非国有	138729	13473	20489	10855	6919

续表 5

	文物库房（含标本室）面积	实际拥有产权面积/万平方米	本年度可移动文物保护情况		国际合作项目数/个
			数字化保护/项	预防性保护/项	
总　　计	**264.29**	**2533.36**	**185109**	**18419**	**207**
其中：免费开放	226.07	2074.84	106811	17495	177
按机构类型分：					
综合性	137.85	960.33	9862	12359	55
历史类	57.35	971.76	104979	2160	45
艺术类	19.72	102.95	1598	592	63
自然科技类	15.70	128.79	64619	428	12
其他	34.12	369.69	4051	2880	32
按隶属关系分：					
中央	6.64	52.11	81735	12	6
省区市	42.70	213.47	2318	5305	90
地市	74.03	583.58	26289	2382	49
县市区	140.92	1684.20	74767	10720	62
按系统分类：					
文物单位管理的国有博物馆	193.72	1717.57	179323	14728	152
其他行业性国有博物馆	21.79	438.53	1507	2133	22
非国有	49.09	377.38	4279	1558	33

对个人和家庭补助支出	抚恤金和生活补贴	其他资本性支出	各种设备、交通工具、图书购置费	资产总计/千元	固定资产原值	实际使用房屋建筑面积/万平方米	展览用房
669373	**85058**	**3781989**	**709517**	**368650737**	**242519981**	**3668.92**	**1681.15**
544939	67913	3068597	517192	275351397	167154483	3072.75	1368.07
337461	42469	1561328	343212	148147182	103684345	1727.91	728.33
238827	31217	1550265	262860	109912936	86394468	1054.76	482.93
28298	2020	310246	40750	44967763	6588696	203.06	106.96
28683	4704	218155	14626	41770281	32687574	213.71	133.29
36104	4648	141995	48069	23852575	13164898	470.14	230.26
25008	3489	112806	54284	5149270	2273232	52.24	10.88
180806	24128	950589	241738	35646543	19605914	330.33	119.38
310278	26323	1377839	282873	50000997	32861833	962.51	438.88
153281	31118	1340755	130622	277853927	187779002	2323.84	1112.01
593217	75286	3301450	622573	239495392	152208805	2567.74	1151.60
72132	8070	449584	69951	112176730	82068658	483.04	269.53
4024	1702	30955	16993	16978615	8242518	618.58	260.32

主办刊物/个	文化创意产品情况			文博单位新媒体情况			
	文化创意产品种类/个	文化创意产品销售收入/千元	文化创意产品销售利润/千元	举办线上展览/个	网站年访问量/次	创建微信公众号、微博账号/个	微信公众号、微博账号关注人数/人次
430	**80386**	**4288881**	**864445**	**14007**	**810546100**	**55383**	**261779187**
362	59256	3432978	586239	12887	547908835	41229	165223525
136	18765	2530075	477058	7472	408515241	10520	86274342
149	24839	1300241	298186	3688	203290055	10513	113419113
48	16988	80479	10461	790	24243309	12466	8827728
22	3106	335628	69141	722	48591577	2205	18812219
75	16688	42458	9599	1335	125905918	19679	34445785
8	1506	217261	30082	29	112396471	20	27131253
64	19326	200952	56867	550	109427945	789	47909163
133	23295	2312175	449247	3528	267155583	5866	80504930
225	36259	1558493	328249	9900	321566101	48708	106233841
287	48565	3564961	707284	10811	692097269	33545	173032781
68	10031	279386	78720	1296	54622563	5122	57475295
75	21790	444534	78441	1900	63826268	16716	31271111

2022年文物保护科学

	机构数/个	从业人员/人	编制人员数	在编人员数	专业技术人才/人	正高级职称
总　计	129	6501	4521	3603	3193	351
按性质分类：						
考古研究	88	4735	3342	2537	2313	268
古建研究	13	795	468	422	355	36
其他研究	28	971	711	644	525	47
按隶属关系分类：						
中央						
省区市	40	3517	2812	2067	1938	253
地市	73	2797	1551	1415	1181	96
县市区	16	187	158	121	74	2
按部门分：						
文物部门	128	6489	4509	3591	3193	351
其他部门	1	12	12	12		
按经费来源分类：						
文物经费	108	5169	3598	2821	2549	276
科研经费	13	1160	824	693	575	70
其他经费	8	172	99	89	69	5

续表 1

		在藏品数中			本年修复文物数/件(套)
	三级品	本年新增藏品/件(套)	本年从有关部门接收文物数	本年藏品征集数	
总　计	29183	42757	862	22	38203
按性质分类：					
考古研究	23161	23517	41	22	20572
古建研究	4987	15608			1777
其他研究	1035	3632	821		15854
按隶属关系分类：					
中央					
省区市	13941	12986	41		12984
地市	13785	29771	821	22	25070
县市区	1457				149
按部门分：					
文物部门	29183	42757	862	22	38203
其他部门					
按经费来源分类：					
文物经费	26931	26307	862	22	22452
科研经费	1680	16241			15443
其他经费	572	209			308

研究机构基本情况

副高级职称	中级职称	安全保卫人员	登记注册志愿者人数／人	藏品数／件(套)	文物藏品	一级品	二级品
703	1156	427	968	1693953	1084999	1789	5019
507	793	268	654	1195147	619923	1711	4076
102	154	49	206	455079	454577	53	844
94	209	110	108	43727	10499	25	99
461	645	132	225	828427	310604	1434	2913
238	478	284	716	850728	759926	253	1955
4	33	11	27	14798	14469	102	151
703	1156	427	968	1693953	1084999	1789	5019
574	921	387	898	1310504	1012981	1302	4049
118	196	26	70	377361	66032	477	774
11	39	14		6088	5986	10	196

一级品	二级品	三级品	基本陈列／个	临时展览／个	参观人次／万人次	未成年人参观人次	境外观众参观人次
47	458	535	28	48	360.44	66.19	2.65
1	132	164	26	33	121.56	26.85	0.08
4	177	182	2	12	156.39	35.79	2.55
42	149	189		3	82.49	3.56	0.02
16	226	456	12	18	56.61	8.63	0.13
31	232	28	13	30	298.76	57.04	2.52
		51	3		5.07	0.52	
47	458	535	28	48	360.44	66.19	2.65
16	250	534	26	42	337.86	62.04	2.54
31	56	1	2	3	17.25	3.47	0.11
		152		3	5.33	0.69	

续表 2

	举办社会教育活动/次	参加活动人次/万人次	未成年人参加人次	门票销售总额/千元	省部级及以上科研课题数/个
总　计	617	127.57	16.70	34105	136
按性质分类：					
考古研究	537	116.22	15.50	4527	91
古建研究	39	9.33	0.87	600	5
其他研究	41	2.02	0.33	28978	40
按隶属关系分类：					
中央					
省区市	349	93.37	1.64	5089	97
地市	256	33.10	14.40	29016	37
县市区	12	1.10	0.66		2
按部门分：					
文物部门	617	127.57	16.70	34105	136
其他部门					
按经费来源分类：					
文物经费	521	118.06	15.86	32977	110
科研经费	80	0.28	0.02	562	24
其他经费	16	9.23	0.82	566	2

续表 3

	上级补助收入	事业预算收入	经营收入	其他收入	本年支出合计/千元
总　计	35886	1526448	147364	246961	6626641
按性质分类：					
考古研究	12460	1386946	37482	225340	5620008
古建研究		131810	85152	6166	405113
其他研究	23426	7692	24730	15455	601520
按隶属关系分类：					
中央					
省区市	12000	1393715	94736	53821	4961021
地市	1690	132733	52628	188666	1577235
县市区	22196			4474	88385
按部门分：					
文物部门	35886	1526448	147364	246961	6625141
其他部门					1500
按经费来源分类：					
文物经费	35886	993554	122084	224319	5242238
科研经费		532894	24730	16044	1345851
其他经费			550	6598	38552

		本年完成科研成果				本年收入合计/千元	财政拨款预算收入
专利/个	专著或图录/册	论文数/篇	古建维修、考古发掘报告/册	获国家奖/个	获省、部奖/个		
25	**156**	**1100**	**155**	**27**	**68**	**4743971**	**2787312**
18	115	909	131	20	53	3908873	2246645
2	23	68	13	4	7	402302	179174
5	18	123	11	3	8	432796	361493
11	123	797	112	22	52	3037502	1483230
14	33	299	41	5	16	1613717	1238000
		4	2			92752	66082
25	156	1100	155	27	68	4742471	2785812
						1500	1500
19	123	842	135	24	50	3294193	1918350
6	27	236	20	3	15	1416054	842386
	6	22			3	33724	26576

			在支出合计中			
基本支出	项目支出	经营支出	工资福利支出	商品和服务支出	差旅费	劳务费
1120280	**3296680**	**71840**	**788210**	**2720793**	**92433**	**857422**
811543	2640756	32837	576864	2167830	87716	706018
171064	219471	14273	93281	212528	2929	137860
137673	436453	24730	118065	340435	1788	13544
800074	2016855	19130	504753	1768131	85023	441709
268651	1245307	52710	263694	921189	6325	406536
51555	34518		19763	31473	1085	9177
1118850	3296610	71840	786814	2720689	92426	857422
1430	70		1396	104	7	
952911	2104939	46900	644919	1986845	82294	706422
151652	1169468	24730	129410	717711	8676	146446
15717	22273	210	13881	16237	1463	4554

续表 4

	福利费	税金支出	对个人和家庭补助支出	抚恤金和生活补贴	其他资本性支出
总　　计	**7557**	**85355**	**52737**	**6663**	**369883**
按性质分类：					
考古研究	3727	69439	39364	5780	333182
古建研究	1629	6549	10314	706	14132
其他研究	2201	9367	3059	177	22569
按隶属关系分类：					
中央					
省区市	5539	62822	34441	4829	341030
地市	1737	22533	17819	1747	26503
县市区	281		477	87	2350
按部门分：					
文物部门	7557	85355	52737	6663	369883
其他部门					
按经费来源分类：					
文物经费	5593	30989	43742	5358	182482
科研经费	1949	54317	8791	1305	180453
其他经费	15	49	204		6948

续表 5

	进行考古发掘情况				国际合作项目数/个
	考古发掘面积/万平方米	出土器物/件/套	原址保护展示面积/万平方米	异地保护展示面积/万平方米	
总　　计	**118.64**	**606739**	**13.90**	**0.04**	**11**
按性质分类：					
考古研究	105.24	583459	13.58	0.04	10
古建研究	2.10	15480			1
其他研究	11.30	7800	0.32		
按隶属关系分类：					
中央					
省区市	68.79	520488	8.24	0.04	7
地市	49.21	82161	5.66		4
县市区	0.64	4090			
按部门分：					
文物部门	118.64	606739	13.90	0.04	11
其他部门					
按经费来源分类：					
文物经费	78.70	512997	13.60	0.04	4
科研经费	39.94	93742	0.30		7
其他经费					

各种设备购置费	资产总计/千元	固定资产原值	公用房屋建筑面积/万平方米	文物库房(含标本室)面积	实验室面积	实际拥有产权面积/万平方米	文物保护规划和方案设计/个
80833	**7145459**	**1279596**	**51.06**	**11.12**	**2.15**	**20.80**	**231**
63001	4938600	839343	38.48	9.72	1.43	14.24	84
8613	686733	181293	4.14	0.72	0.04	0.52	104
9219	1520126	258960	8.45	0.66	0.68	6.03	43
67337	5456468	765149	27.00	6.70	1.68	12.70	194
13438	1600139	490744	23.02	4.21	0.31	8.05	33
58	88852	23703	1.04	0.21	0.16	0.05	4
80833	7145315	1279452	51.05	11.12	2.15	20.80	231
	144	144	0.01				
63876	4180350	967746	40.01	9.19	1.73	15.91	208
12039	2786510	222426	9.85	1.83	0.40	0.68	22
4918	178599	89424	1.20	0.09	0.02	4.20	1

主办刊物/种	文化创意产品情况			文博单位新媒体情况			
	文化创意产品种类/个	文化创意产品销售收入/千元	文化创意产品销售利润/千元	举办线上展览/个	网站年访问量/次	创建微信公众号、微博账号/个	微信公众号、微博账号关注人数/人
19	**36**	**5000**	**3100**	**41**	**15420367**	**76**	**2196677**
15	21			30	14633194	61	2051831
2					159508	4	113356
2	15	5000	3100	11	627665	11	31490
15	13			21	13870552	38	1780402
4	23	5000	3100	20	1549815	38	416275
19	36	5000	3100	41	15420367	76	2196677
14	26			40	14310859	63	722791
4	5			1	1109508	9	1412959
1	5	5000	3100			4	60927

2022年全国各地区

地　区	机构数/个	从业人员/人	专业技术人才	正高级职称	副高级职称	中级职称	安全保卫人员	登记注册志愿者/人
总　计	11340	190288	58042	3222	9535	24129	38337	248501
北　京	198	7479	2283	179	381	717	1341	4420
天　津	121	1781	796	54	123	332	270	4254
河　北	537	9187	2309	137	506	913	2051	4734
山　西	411	9618	2339	84	285	944	1504	5452
内　蒙　古	259	4131	1578	88	324	660	868	1946
辽　宁	142	3759	1349	62	203	652	608	3303
吉　林	167	2500	1155	91	265	431	386	2071
黑　龙　江	373	2988	1199	83	297	504	667	3663
上　海	176	5153	2233	90	286	903	638	11456
江　苏	518	9077	3056	208	554	1319	2213	24028
浙　江	624	13008	3444	221	607	1359	2437	25577
安　徽	314	3969	1475	62	196	594	930	3966
福　建	206	3262	1206	77	219	408	832	6900
江　西	277	4835	1537	85	223	700	1221	11252
山　东	838	14316	4540	219	742	2092	2861	12622
河　南	722	12080	3238	168	465	1327	2756	18178
湖　北	349	6397	2301	120	298	1149	1452	12427
湖　南	347	6267	1597	84	269	678	1156	11291
广　东	505	8603	2721	115	316	1209	1813	25383
广　西	311	4002	1428	70	216	595	880	4281
海　南	79	1136	320	9	37	96	292	614
重　庆	217	3713	1210	81	224	508	974	12386
四　川	618	10226	2648	111	331	1028	2291	7320
贵　州	240	3310	848	38	119	291	573	3319
云　南	441	3433	1800	74	451	829	687	3971
西　藏	748	3622	243	10	25	74	401	206
陕　西	655	16805	3532	183	456	1422	3160	8098
甘　肃	393	7145	1955	64	318	808	1369	7628
青　海	107	673	224	11	39	96	126	174
宁　夏	115	1333	440	22	74	190	359	1380
新　疆	319	2806	770	25	74	292	760	3960

文物业基本情况

藏品数/件(套)	一级品	二级品	三级品	在藏品数中			本年修复藏品数/件(套)	一级品	二级品
				本年新增藏品数/件(套)	本年从有关部门接收文物数	本年藏品征集数			
56304279	**101919**	**704243**	**3924181**	**926416**	**111146**	**348019**	**97033**	**633**	**3257**
3001337	3787	13901	406850	102160	37648	44559	582	24	22
1118707	1051	5473	135091	5298	166	1332	538	10	29
615894	1499	13759	46899	17854	639	4601	915	4	40
1900887	4576	9879	67098	14906	3307	7352	5450	65	76
1399201	2230	6098	11867	25865	1377	1826	1089		77
1543800	4712	30280	295502	18101	1359	11924	666	6	64
873794	597	6309	31668	2266	149	1352	134		
929449	2208	5535	47708	9265	1445	6086	558		
6265512	3341	43548	188269	25386	219	21257	368	2	20
2491512	3886	21467	299372	33784	2262	22424	5697	26	50
1808443	2233	10994	84561	35943	2819	15603	2532	6	36
971845	6860	31879	77802	6673	379	1217	1041	12	45
763671	1099	2984	103511	9412	397	6724	234		65
726436	1668	5994	58184	46568	822	6316	2163	14	266
5068598	6015	14987	110693	99683	16193	64810	13508	9	186
2421621	2634	17403	241117	32240	1368	7004	4473	8	40
2692717	3658	10157	128796	10051	611	4590	19515	45	366
989099	4014	9760	90012	38554	26417	10562	5064	13	20
3127747	2010	16490	71373	204148	2840	43959	1308		12
506917	343	5645	43429	8478	526	7357	4271		53
200627	184	777	3275	2629	181	1075	104	2	10
814535	1263	2811	30457	12985	798	6743	1763		34
4952437	4227	7904	106834	45379	1912	26605	10662	4	77
317615	617	2004	7044	4859	367	4362	517		7
1776505	1095	2397	20381	60107	1239	3888	2443	7	92
426071	6907	40671	84044	1496	267	261	59	1	26
3511364	7652	15768	84948	19327	3289	2682	5294	15	195
813337	4542	12731	105845	13117	1947	5158	1748	25	124
96783	711	1516	3434	46	2	28	217	1	6
408131	370	3847	8784	1112	107	870	204	1	14
316710	947	1792	6543	2656	94	2378	647	4	27

续表 1

地　区	三级品	基本陈列/个	临时展览/个	参观人次/万人次	未成年人参观人次	境外观众参观人次	门票销售总额/千元	本年收入合计/千元
总　计	9079	17399	14958	63973.24	16003.66	337.18	3331123	71012290
北　京	29	287	196	1102.52	224.37	6.28	87501	4395331
天　津	129	219	185	337.85	102.58	0.91	4850	627334
河　北	190	489	474	1769.09	458.10	0.09	103146	1674751
山　西	1220	412	184	1223.24	254.42	7.39	77650	3887363
内　蒙古	107	478	186	582.19	147.28	0.14	1081	925035
辽　宁	275	226	195	778.07	160.03	0.51	48284	1064321
吉　林	4	250	317	348.35	87.51	20.72	12460	504656
黑龙江	220	427	447	988.46	185.17	0.66	380	719932
上　海	53	353	310	788.37	168.25	21.74	59204	3840008
江　苏	355	1044	1050	5526.18	1318.86	59.33	94964	3680321
浙　江	224	1328	1411	4516.80	1128.53	41.31	179645	6321511
安　徽	497	669	650	1524.26	366.84	16.91	5527	1056264
福　建	76	415	787	1604.81	443.29	4.45	4243	905398
江　西	455	639	705	3421.54	1098.99	2.31	71020	1340485
山　东	1318	2289	1228	4902.01	1416.81	11.41	266147	3525952
河　南	419	919	770	4795.70	1209.57	24.28	128717	3237912
湖　北	1127	795	504	2876.16	792.57	20.99	336121	2001343
湖　南	239	434	632	7502.75	2293.63	32.54	30222	1777426
广　东	11	1019	1403	3039.11	740.24	14.30	53075	4527166
广　西	116	344	229	1410.61	390.30	2.89	159673	1528658
海　南	75	142	93	254.99	50.32	1.25	3500	262100
重　庆	232	345	431	1695.26	396.09	5.44	47678	1080400
四　川	314	802	588	4275.88	938.72	5.81	785492	2712569
贵　州	30	270	218	1162.20	227.37	9.67	2029	3306961
云　南	515	703	417	1008.57	233.30	7.29	4740	1498468
西　藏	25	41	6	421.80	9.45	0.18	86051	848385
陕　西	374	827	417	2397.58	375.27	7.83	402662	6582900
甘　肃	303	571	596	2066.23	460.52	4.50	87837	2260330
青　海	10	67	18	47.22	10.26	0.95		449181
宁　夏		156	82	411.55	77.07	0.14	8407	271502
新　疆	39	389	139	611.76	159.82	2.02	600	1932172

财政拨款预算收入	上级补助收入	事业预算收入	经营收入	附属单位上缴收入	其他收入	本年支出合计/千元	基本支出	项目支出
58922796	1100813	3828994	1995329	9026	5155332	76832806	25556989	38788834
2500413	26214	240826	120163		1507715	4325871	1726651	1341610
487353	778	22305	90472	162	26264	654003	252133	274564
1505896	80	55505	22231		91039	1732520	880927	803153
3693516	29857	36412	74729		52849	3886370	826076	2785568
893779	10522	6439	3284		11011	957110	374928	486340
1002394	37491	14286	3622		6528	1045649	461532	527027
468173	2912	13386	3618		16567	613620	192214	389597
564946	136933	9878	2158		6017	714652	249479	456200
2884214	12216	578004	113544		252030	3972225	1148253	2559533
3119019	57817	88025	169176		246284	4009274	1850861	1879947
4889267	62483	347090	91528	800	930343	6346958	2064423	3862439
911065	36416	74270	6289	2528	25696	1079162	438120	574863
782350	19484	5363	15256	350	82595	916033	360133	519855
1187022	56762	17346	19985	290	59080	1316455	481583	750241
2429270	9746	228416	443700	3249	411571	4158924	1511714	1702691
2441223	35114	482910	165720		112945	3246501	1086192	1910950
1582126	64475	179955	99235	94	75458	2149926	749532	1158642
1527627	39545	88839	18478		102937	1723891	688763	780807
4246413	47855	54007	38579		140312	4464353	1643369	2494161
1383555	17160	13690	86332	185	27736	1521326	426156	1051347
244272	5016	5491	1875		5446	246415	74520	164316
935294	7996	107988	14342	70	14710	1068470	383146	635559
2481786	43086	97702	39961	19	50015	2756280	921792	1724898
3220590	34241	38183	2858	110	10979	5554501	386632	343692
1117926	110044	144877	10145	880	114596	1359715	771259	528891
613759	6238	43219	43386	150	141633	1608122	1293038	221766
5917456	64201	175976	203477		221790	7162152	1797751	4626918
1985489	93584	125058	5085	129	50985	2304236	865427	1220066
385253	1619	31921			30388	417720	81482	288656
222630	5898	3151	16987	10	22826	1314601	133137	126255
1817848	25030	9582	70		79642	1973862	243345	1670194

续表 2

地　区	经营支出	在支出合计中							对个人和家庭补助支出
		工资福利支出	商品和服务支出	差旅费	劳务费	福利费	各种税金支出		
总　计	1609601	21127124	22997199	295877	2913362	202570	233598		1223311
北　京	22719	1015513	1268757	1445	26879	12218	22932		35304
天　津	85899	246377	196376	745	5782	2876	1401		10310
河　北	41027	711210	672898	7757	122879	8444	8211		110465
山　西	63324	678454	1195962	10976	138435	8267	8187		55591
内　蒙　古	7888	297008	275652	5440	37451	1652	824		11513
辽　宁	2546	344938	462979	6504	96592	1345	6371		42575
吉　林	5772	178654	196603	6930	25804	2431	452		9854
黑　龙　江	2190	193203	168676	2026	23876	1995	297		15542
上　海	25099	898438	1804002	2003	16350	11700	5540		18894
江　苏	68219	1416132	1725729	14754	304665	10541	2590		93018
浙　江	108809	1424783	2278472	16367	237754	51128	6378		87086
安　徽	15185	313946	410379	6971	47294	2701	509		25808
福　建	24021	258666	360568	5067	53393	1115	615		20333
江　西	14369	369160	515648	10076	53506	4573	1066		11520
山　东	359618	1181758	1281644	23792	144589	12495	32256		176699
河　南	91794	767112	1043631	11667	393541	6484	33746		44185
湖　北	75330	571313	782901	13762	144280	8146	9217		32340
湖　南	16747	483983	597554	14960	77562	5597	1130		34589
广　东	74040	1119508	1620212	11333	65114	8892	14811		147634
广　西	15475	341891	498731	12614	26560	908	5615		19832
海　南	2325	58490	116451	1450	23223	359	67		1174
重　庆	7980	307413	461435	10780	92672	2353	4923		19736
四　川	37504	788371	1204997	25936	158164	6794	6246		50483
贵　州	7993	2980358	212523	6523	74515	1484	120		15203
云　南	14835	557960	232518	7763	44995	2777	1530		5102
西　藏	26415	342248	62658	2336	2185	191	10		3263
陕　西	369327	1467659	1286505	17096	193502	12878	25923		30099
甘　肃	7298	598623	518922	12075	77851	5758	6026		38721
青　海	10	71152	104520	1088	10546	163	1248		4506
宁　夏	14922	120064	105633	2224	18605	106	933		3027
新　疆	851	192333	243313	8471	42603	1883	3839		16477

抚恤金和生活补助	其他资本性支出	各种设备购置费	资产总计/千元	固定资产原值	实际使用房屋建筑面积/万平方米	展览用房	文物库房	实际拥有产权面积/万平方米
226653	7744503	941170	577651747	402026623	5195.16	1810.52	285.77	3021.35
6104	208421	36944	21958028	6648223	130.73	54.13	8.67	83.66
1022	21813	10416	4552463	2473619	45.81	19.73	4.75	67.49
7707	221092	10927	4229003	2647236	122.33	63.43	7.90	88.09
8959	427134	34365	12165597	4389767	120.40	44.97	8.01	123.37
1413	212501	8832	6858308	5695765	119.46	62.72	7.34	66.36
9037	34051	4636	9856306	7387638	81.69	32.50	6.42	128.98
1736	99769	60028	1332833	927903	50.75	25.21	4.05	17.59
875	284397	10165	4271604	3185580	63.52	41.00	4.61	35.06
5313	316657	29471	18424180	7407940	100.28	46.62	7.47	70.04
6814	456442	97198	71503656	27978037	315.23	136.45	15.64	198.63
10029	588843	75112	17457382	7199680	269.69	127.36	17.27	137.65
3236	46604	14137	3395203	2139256	115.96	54.59	8.51	60.97
3504	89908	15996	2433930	1610171	91.63	39.06	6.20	71.02
1795	148426	22618	4054128	2762178	130.57	61.66	9.87	149.56
77610	238128	33247	16020581	9894503	368.39	179.89	33.69	306.56
7854	500899	35402	9663816	3373950	233.92	99.09	18.35	123.49
2648	100979	19966	11224071	9428947	316.56	100.60	14.08	119.90
5137	172834	35978	10127041	4483925	157.86	50.84	8.68	98.74
8215	625375	60190	10951556	6379864	217.63	86.27	13.36	179.80
5564	298188	10224	3399287	1911918	79.20	34.93	5.39	67.73
351	21307	6941	2357429	1748506	25.22	10.75	2.37	16.32
7269	79998	17520	3729809	1458703	83.07	43.09	7.25	37.19
12593	237779	73375	62144557	58186565	230.72	123.97	14.04	178.43
3717	40495	22220	6997446	4531313	64.76	29.38	3.52	49.37
1030	166133	3646	4051149	1921807	95.56	40.33	6.81	73.22
1346	8836	46	45464243	44540323	1068.49	6.53	5.74	42.09
9289	573972	51840	72904005	63560926	198.92	73.93	14.60	174.71
7555	216282	30796	7083342	4025112	116.26	48.25	8.44	115.16
554	30592	1959	1219777	788110	22.33	6.94	0.98	19.43
168	10792	5430	21859959	3288253	35.76	20.17	2.02	28.75
4059	1130411	37803	99117259	97310125	64.44	34.37	2.81	31.65

2022年全国各地区文物

地　　区	机构数/个	从业人员/人	编制人员数	在编人员数	专业技术人才	正高级职称	副高级职称	中级职称
总　　计	**2663**	**32131**	**22114**	**19118**	**8864**	**174**	**1240**	**3857**
北　京	20	818	701	689	100		1	23
天　津	6	99	110	95	66	2	10	29
河　北	157	3700	2829	2106	719	24	133	296
山　西	82	1687	1163	1022	577	16	62	258
内　蒙　古	83	787	505	465	365	10	70	157
辽　宁	61	1063	741	737	266	3	42	131
吉　林	52	270	220	206	190	8	39	80
黑　龙　江	54	205	182	174	127	6	36	53
上　海	5	105	103	88	67	1	5	14
江　苏	47	357	228	217	159	7	27	74
浙　江	85	2879	2258	1884	989	35	167	375
安　徽	80	483	338	288	249	3	31	96
福　建	57	393	256	219	146	8	19	59
江　西	53	239	131	121	58		9	22
山　东	83	2645	2239	1555	777	6	106	398
河　南	126	2063	1381	1264	495	8	57	240
湖　北	41	693	356	327	208	1	13	130
湖　南	28	569	374	340	93		7	51
广　东	26	316	257	169	80	1	9	28
广　西	69	373	293	285	231	1	17	83
海　南	12	309	66	57	41		1	9
重　庆	38	137	110	84	74	1	14	34
四　川	173	2101	1322	1168	616	11	52	258
贵　州	64	436	316	310	191	1	16	71
云　南	137	951	734	682	653	9	169	316
西　藏	635	2964	2059	1854	103	4	9	25
陕　西	186	3718	1926	1882	747	5	68	335
甘　肃	55	845	497	433	263	1	29	115
青　海	28	71	26	25	22	1	3	7
宁　夏	20	252	161	158	96	1	15	47
新　疆	100	603	232	214	96		4	43

保护管理机构基本情况

安全保卫人员	登记注册志愿者人数/人	藏品数/件(套)	文物藏品	一级品	二级品	三级品	在藏品数中	
							本年新增藏品/件(套)	本年从有关部门接收文物数
4704	12442	1588643	903852	8522	34164	151667	23039	3132
104	193	29360	14280	198	389	1577		
1	22	44	44		2	5		
778	222	97657	96076	291	1650	9635	105	4
218	1212	134299	65695	339	760	5080	2296	
109	68	62567	41113	63	257	964	577	12
147	165	37235	20730	112	660	9414	36	24
11	24	9871	9632	10	33	152	462	
12	30	13362	8825	24	54	734	76	
	120	2028						
36	316	9461	7326	16	68	589	416	
357	3736	101500	73018	103	272	2969	835	7
46	287	34936	16759	202	360	6918	79	
63	405	3845	320	2	1	382		
53	502	2174	1538	2	4	412		
118	254	92248	63369	25	198	1370	9364	309
345	729	114378	74669	62	922	22105	1340	
172	157	27411	9003	74	209	1176		
105	487	10621	5324	44	225	1680	605	600
49	259	12118	8565		23	342	167	
47	78	30387	23501	25	335	3013	308	
64	3	1143	510		1	4	170	
9	51	11255	10928	4	110	691	117	
216	701	129313	117627	550	1070	16657	2335	142
67	221	33645	6184	40	197	598	33	
151	639	99637	57634	177	276	2040	864	216
352	144	335215	56393	5772	24591	54593	276	44
608	1099	109433	74544	219	874	6814	2253	1774
145	123	1606	1195	27	42	55	1	
29	9	12789	11680	45	144	291		
86	81	23400	23083	53	348	1159		
206	105	5705	4287	43	89	248	324	

续表 1

地 区	本年藏品征集数	本年修复文物数/件(套)	一级品	二级品	三级品	基本陈列/个	临时展览/个	参观人次/万人次
总 计	5901	14445	4	65	285	660	323	6564.96
北 京						20	1	185.33
天 津								
河 北	33	170				21	20	255.93
山 西	2296					26	18	307.98
内 蒙 古	565	13		2	11	25	5	19.48
辽 宁	12	2		2		32	22	97.80
吉 林	462					3	7	2.81
黑 龙 江	76					9	5	8.16
上 海						4	1	3.92
江 苏	19	1516				27	4	84.12
浙 江	24	501				114	54	998.62
安 徽	6					15	5	119.66
福 建						9	9	225.81
江 西		1				3	5	21.24
山 东	6	3035		10	67	31	15	561.89
河 南		368		2	31	3	9	722.10
湖 北						14	8	517.64
湖 南	2					11	11	510.26
广 东	166					36	31	154.69
广 西	294	56		3	43	28	7	51.01
海 南	82					21	2	54.51
重 庆	115					2		0.22
四 川	628	7732	1	16	113	25	10	332.55
贵 州	29	7			2	21	7	52.28
云 南	397	835	2	3	7	43	31	107.92
西 藏	1	37	1	26	10	1		340.50
陕 西	364	170				85	27	675.32
甘 肃								57.60
青 海						3	2	1.68
宁 夏		1		1		12	6	57.32
新 疆	324	1			1	16	1	36.61

未成年人参观人次	境外观众参观人次	举办社会教育活动/次	参加活动人次/万人次	未成年人参加人次	门票销售总额/千元	本年完成科研成果 专著或图录/册
956.76	21.75	15793	340.97	119.18	1143455	70
20.83	0.67	64	2.32	0.66	41292	
22.78	0.03	66	6.52	4.18	95329	2
43.71	0.09	409	58.44	8.90	31362	7
4.62		104	12.74	4.13		
5.41	0.11	230	4.37	2.78	13028	
0.44		14	0.61	0.06		
1.45		6	1.05	0.03	200	
0.48		5	0.79	0.75		2
6.33		175	3.67	1.64	1114	
112.11	0.06	1062	49.59	14.93	159607	7
18.43		97	9.22	4.88	3916	2
46.96	1.00	641	21.87	7.88	2292	
7.10		2	0.09	0.07		
53.82	0.05	356	8.41	2.77	223620	3
84.16	2.46	198	11.67	7.95	50163	22
156.93	10.60	1233	7.44	5.13	313254	2
154.54	0.05	403	44.88	18.36	5751	
33.62	0.22	278	4.63	3.41	17642	
9.17	0.02	1122	4.68	2.64	62	
10.64	0.01	167	2.06	1.12	2874	1
		2	0.01		87	2
31.60	0.27	625	9.86	3.51	59431	7
11.84	0.02	547	5.59	2.41	10	
21.34	0.10	1198	20.01	5.39	3235	3
3.03	0.18	1059	1.18	0.12	86051	1
74.45	4.83	5146	19.59	7.12	19400	1
7.76	0.32	79	1.86	0.74	4986	5
0.69		14	0.66	0.18		
7.13	0.02	222	1.84	1.49	8149	2
5.39	0.64	269	25.32	5.95	600	1

续表 2

地 区	本年完成科研成果				本年收入合计/千元	财政拨款预算收入	上级补助收入	事业预算收入
	论文数/篇	古建维修、考古发掘报告/册	获国家奖/个	获省、部奖/个				
总　计	301	228	6	43	9281695	7836219	249825	691291
北　京					485627	330666	12	152064
天　津	7				47722	41416		5855
河　北	13	1		1	549078	514185	80	15142
山　西	3	1			505409	454312	19618	20015
内 蒙 古	2			2	183651	170938	7283	50
辽　宁	1	1			193594	173291	5153	10767
吉　林					62312	61225		258
黑 龙 江	4			1	42944	42944		
上　海	10				223389	82622		139470
江　苏	12	2	1	1	319500	314128	2360	
浙　江	26	2		4	1291671	927132	38894	236317
安　徽	7	2			189336	167960	12306	
福　建	5				161130	128808	3376	250
江　西					128533	116183	7661	812
山　东	6	1			734288	713209	1043	2147
河　南	12				364526	303629	13087	19996
湖　北	4			1	141009	113216	19351	4766
湖　南	3				128868	103900	5520	1509
广　东					117045	93164	10128	12626
广　西	2	1			89747	88435	1030	
海　南	2				34568	29268	1212	2847
重　庆	6		1		66971	66971		
四　川	71	6		7	846482	827286	5266	5321
贵　州	2	1			516073	506229	6903	352
云　南	16	210	1		276566	208895	43534	5585
西　藏	3		2	22	385533	162938	5878	40412
陕　西	8				756798	702777	16966	8545
甘　肃	71		1	4	136164	121278	4261	5393
青　海	2				30431	30390	17	
宁　夏	3				95563	77660	4979	
新　疆					177167	161164	13907	792

经营收入	附属单位上缴收入	其他收入	本年支出合计/千元	基本支出	项目支出	经营支出	在支出合计中	
							工资福利支出	商品和服务支出
126037	1040	377283	10762841	4877503	4979191	169315	3399587	2614423
		2885	526427	276076	250217		104962	173311
		451	48266	28882	19384		22794	17345
3092		16579	561895	337029	219537	5329	294702	152051
2487		8977	520606	152365	314218	1735	121106	105599
		5380	189771	74957	110392		68962	28070
3458		925	230468	155936	69022	2471	78312	71673
		829	66139	25922	39922		23789	22662
			42884	19934	22950		17505	5100
		1297	240159	33783	206212		30961	205407
2298		714	324422	83048	238879	2016	59947	226455
40399		48929	1362234	601395	664881	66213	449328	358160
		9070	190955	83867	101474	160	48612	34844
2226		26470	167312	50612	102349	11762	33893	60584
		3877	129600	19492	107739	50	14159	12474
4328		13561	923105	405625	497726	9342	341925	203918
7380		20434	384594	190887	171126	7905	145219	96454
204		3472	148963	66014	69170	96	53348	23657
		17939	127344	76376	34702		47077	33918
167		960	118876	52263	62431	2172	48938	39174
		282	85939	34297	51051		31460	18497
1087		154	28425	10879	16379	1093	11936	9685
			75348	20700	54167	30	16649	33757
	10	8599	875131	239374	618439		194130	331287
		2589	503664	49405	22657	100	453040	4436
	880	17672	280387	111469	153438	100	99913	56377
43108	150	133047	1316884	1199304	37777	26117	173934	31127
11727		16783	811876	311390	440960	29945	281355	172902
4018		1214	142632	81819	54721	2551	57164	34916
		24	38290	4446	15263	10	4286	3449
		12924	93238	34845	52192	3	34827	29242
58		1246	207007	45112	159816	115	35354	17892

续表 3

地　区	差旅费	劳务费	福利费	各种税金支出	对个人和家庭补助支出	抚恤金和生活补贴	其他资本性支出
总　　计	20952	357145	34686	13685	276261	88634	843720
北　京	10	5328	475	2286	5212	37	39162
天　津	119	641	463		1442	159	4683
河　北	540	25691	5088	153	29019	512	85646
山　西	1335	13633	1855	2699	12967	877	26762
内 蒙 古	594	4243	218		2491	347	13703
辽　宁	199	13427	1284	132	4448	2929	12710
吉　林	494	1269	40	1	320	35	13371
黑 龙 江	70	486	56		1241		9557
上　海	29	715	304		427	210	3154
江　苏	597	115863	372	96	4624	131	28913
浙　江	1618	17208	18479	3651	46392	1766	71216
安　徽	994	3355	385	59	3285	337	7617
福　建	238	2308	18	145	1436	680	17521
江　西	161	967	41	3	301	13	92170
山　东	452	28308	705	169	115939	74241	10006
河　南	1077	15911	1145	627	12239	1319	29292
湖　北	570	6351	403	59	1989	38	14004
湖　南	662	6632	270	194	2332	193	14223
广　东	42	2958	292	211	2423	3	3347
广　西	717	1689	104	3	602	216	20167
海　南	33	2018		18	413	43	1673
重　庆	693	6933	60		807	197	4303
四　川	4255	36460	1027	2231	9734	1326	132408
贵　州	197	363	22		631	31	3785
云　南	2526	10153	344	84	1709	147	67372
西　藏	576	568	58	10	1722	897	142
陕　西	1125	12944	529	68	3460	237	45418
甘　肃	441	10808	593	131	3464	253	14814
青　海	44	732	29		71	3	7744
宁　夏	207	7589		626	621	26	4941
新　疆	337	1594	56		4500	1431	43896

各种设备、交通工具、图书购置费	资产总计/千元	固定资产原值	实际使用房屋建筑面积/万平方米	展览用房	文物库房(含标本室)	实际拥有产权面积/万平方米	文物保护规划和方案设计/个	文物保护维修情况
								国保单位保护维修项目数/个
67925	162394138	148895565	1326.02	102.70	18.02	352.04	969	473
1524	454694	111950	6.01	3.35	0.35	0.39	1	11
	77003	30103	0.26					3
2380	921303	436777	15.87	6.51	1.08	8.23	37	26
3747	1422671	935431	11.85	2.58	0.74	44.77	50	27
116	400014	274409	6.34	3.67	0.31	4.10	38	12
1610	225898	182493	11.18	2.09	0.40	91.78	7	10
65	37332	19768	1.55	0.59	0.21	0.03	5	9
39	39501	30735	1.67	0.81	0.11	0.43	2	3
19	93551	29241	0.97	0.82		0.09		1
3135	408524	55110	7.29	3.51	0.22	4.83	6	6
6562	7909110	2297711	45.38	21.00	0.68	18.62	146	67
1167	238498	63444	4.08	1.14	0.40	0.67	80	13
1535	101663	13404	3.39	1.00	0.04	0.64	88	38
1147	8727	5382	2.28	1.26	0.02	0.55	25	6
1206	1004477	141538	15.74	6.80	0.49	4.10	31	17
11672	1581566	253065	15.86	5.00	1.48	12.93	35	20
84	462520	222028	6.80	1.95	0.19	5.17	11	21
80	719903	376268	5.68	2.30	0.51	11.40	38	7
2510	159740	87249	7.65	3.34	0.10	1.18	21	4
26	119711	28889	3.17	1.64	0.30	1.65	18	26
94	57980	54916	3.22	1.11	0.02	4.66	1	3
	66196	39670	3.01	1.21	0.75	0.31	24	7
27734	1348635	602892	22.42	3.09	1.68	35.85	87	47
127	60153	31261	4.63	1.73	0.31	1.77	28	11
270	488285	184977	21.21	4.57	0.59	11.42	82	27
46	44526436	44396972	1052.79	3.42	5.52	27.99	8	5
632	1994763	1177030	27.68	8.41	0.86	40.51	51	18
33	491960	249130	4.75	1.61	0.22	9.71	14	15
20	84916	78803	1.77	1.09	0.08	3.98	7	6
345	890261	630063	4.20	1.92	0.23	0.60	6	2
	95998147	95854856	7.32	5.18	0.13	3.68	22	5

续表 4

地 区	保护维修面积/平方米	省保单位保护维修项目数/个	市、县保单位保护维修项目数/个	进行考古发掘情况			
				考古发掘面积/万平方米	出土器物/件(套)	原址保护展示面积/万平方米	异地保护展示面积/万平方米
总　　计	10795656	452	577	49.86	78135	161.39	0.10
北　京	110126	6	22	0.25	10		
天　津	3220			1.09	1060		
河　北	564693	15	3	0.41	772		0.02
山　西	13770	16	40	0.53	1990		
内　蒙古	150543	9	4	0.12			
辽　宁	68388	9		2.46	100		
吉　林	4160822	1	2	0.07	10		
黑　龙江		1					
上　海	3634	2	4				
江　苏	4256913	2	5	3.64	6284	0.40	
浙　江	224065	76	145	2.71	4386	0.94	
安　徽	75526	22	27		3		
福　建	360976	49	99	0.19			
江　西	14792	12	14	0.14			
山　东	242053	23	11	1.38	8729		
河　南	68736	14	6	1.37	1066		
湖　北	15288	13	2	16.70	180	0.07	
湖　南	35708	7	5	10.00			
广　东	8742	5	16	0.20	172		
广　西	85362	16	19	0.04	56		
海　南	9935	3					
重　庆	12279	14	12	0.75	1234		
四　川	46276	39	36	3.57	34292	0.47	0.08
贵　州	19707	18	8	0.05		159.00	
云　南	98682	34	79	1.46	17664	0.43	
西　藏	65600	4	1				
陕　西	6833	20	11	2.12	120		
甘　肃	1259	8		0.04			
青　海	4561	6					
宁　夏	58744	2					
新　疆	8423	6	6	0.57	7	0.08	

主办刊物/种	文化创意产品情况			文博单位新媒体情况			
	文化创意产品种类/个	文化创意产品销售收入/千元	文化创意产品销售利润/千元	举办线上展览/个	网站年访问量/次	创建微信公众号、微博账号/个	微信公众号、微账号关注人数/人
38	**2822**	**16401**	**7188**	**147**	**61330609**	**6483**	**8690402**
					587978	2	1126349
				1		1	15229
1	173	1202	412	1	371399	14	1025587
1	24			9	71110	20	46562
	20	7	2	8	53132	6150	18778
				4	352470	6	90500
				1	20404	38	5929
				7		3	20060
					144232	7	19344
				8	158513	7	76967
5	317	2831	1392	38	2804291	39	1455243
1	25	19	3	2	40304	6	7558
				15	830807	5	235473
	10	900	400	1	36155	2	15060
1	15			19	662407	7	2266331
18	2	1	-10	1	39461	15	20580
	11			1	2483410	8	30738
1	3	50	45		971000	7	245182
	6	29		4	84606	7	320586
					277603	8	5506
2	4					1	2967
						2	291
3	408	775	230	3	209021	13	270194
	251	100	30		8818	5	7755
2	292	412	190	5	57139	19	35596
1	1092	8924	3994		120597	3	663751
1	17			16	50855383	39	412486
	66	1023	407	2	90000	12	165689
					369	2	2895
1	81	128	93			7	80068
	5			1		28	1148

2022年全国各地区

地　区	机构数/个	从业人员/人	编制人员数	在编人员数	专业技术人才	正高级职称	副高级职称
总　计	6091	131461	65968	58291	43623	2491	7146
北　京	82	4809	3051	2704	1680	139	309
天　津	72	1465	1020	835	637	24	93
河　北	185	4686	2268	1990	1394	79	311
山　西	176	4375	1864	1548	1262	49	154
内　蒙　古	166	3113	1562	1298	1102	64	235
辽　宁	65	2512	1365	1328	1057	53	152
吉　林	105	2032	1226	1108	899	77	211
黑　龙　江	177	2701	1543	1255	1024	68	246
上　海	116	4180	2941	2519	1961	66	233
江　苏	373	8080	3686	3302	2789	185	502
浙　江	432	7257	2949	2483	2197	158	383
安　徽	225	3358	1324	1212	1185	56	152
福　建	140	2773	1282	1119	1014	60	189
江　西	203	4309	2324	1992	1392	76	195
山　东	665	10391	4705	4010	3361	195	563
河　南	400	8191	3510	2896	2292	115	313
湖　北	228	4882	2587	2279	1893	100	246
湖　南	180	4513	2315	1931	1323	73	237
广　东	340	6702	3047	2806	2491	104	276
广　西	141	2896	1352	1134	1098	53	173
海　南	44	759	242	171	271	9	33
重　庆	130	3322	1550	1395	1055	73	188
四　川	316	7248	2975	2639	1805	83	227
贵　州	124	2288	1029	893	633	33	96
云　南	178	2230	1353	1270	1075	52	260
西　藏	15	298	172	157	103	3	12
陕　西	321	10537	5963	5888	2274	138	293
甘　肃	230	5530	2788	2504	1527	50	254
青　海	24	411	222	199	164	7	29
宁　夏	64	939	361	323	282	16	46
新　疆	169	1680	756	656	500	12	48

博物馆基本情况

中级职称	安全保卫人员/人	登记注册志愿者人数/人	藏品数/件(套)	文物藏品	一级品	二级品	三级品	本年新增藏品/件(套)
18236	**33071**	**234880**	**46916129**	**24655843**	**87423**	**640095**	**3538136**	**621275**
570	1233	4227	2883920	989443	3405	8380	402031	69805
269	267	4213	775685	254264	1051	5467	135050	3597
542	1264	4512	447894	259067	1009	11025	30179	17424
470	1076	3944	1617812	1105917	3792	8469	58652	11162
456	743	1878	1319239	1054586	1962	5705	10750	25280
511	458	3138	522274	380316	1840	14177	145803	5203
327	373	2018	855723	570289	587	6251	31419	1804
440	653	3633	908487	348627	2173	5436	45703	9189
832	635	11336	3420876	418260	3341	43548	188269	9982
1197	2174	23660	1984968	1065256	3846	21305	298097	14671
893	2078	21841	1628948	735094	2095	10485	78410	34247
481	882	3679	916154	613510	6627	31488	70394	6328
337	767	6443	759826	570231	1097	2983	103129	9412
641	1157	10733	714036	405096	1657	5797	57269	46440
1507	2702	12368	4865568	2929010	5969	14665	108500	89928
899	2322	17185	1456847	623585	2183	14991	203723	10712
916	1254	12219	2221930	1431701	3245	8615	100844	9230
568	1043	10557	804960	545320	3655	8393	78145	37228
1125	1762	25124	2627413	876318	1984	16258	69126	54340
487	832	4191	441625	314080	297	4982	35633	7042
83	228	611	183727	141042	182	768	3252	2128
444	947	12335	757163	442626	1259	2700	29765	11496
701	2059	6603	4708922	960428	3677	6831	85744	31859
213	502	3098	268108	134599	571	1738	6168	4746
488	536	3332	1667305	525972	908	2102	18248	59208
37	46	62	79700	9040	1098	15838	27503	1220
906	2521	6999	3291895	2764412	6917	13695	72384	7407
625	1214	7505	600938	405981	4355	12278	104680	10861
72	96	140	74567	65301	511	1075	2700	45
120	273	1299	379068	92324	313	3497	7575	982
196	517	3756	292924	230500	834	1670	6201	2231

续表 1

地　区	在藏品数中		本年修复文物数/件(套)	一级品	二级品	三级品	基本陈列/个
	本年从有关部门接收文物数	本年藏品征集数					
总　计	105670	257554	40120	253	1587	7430	16711
北　京	37648	15099	511	24	22	29	267
天　津	166	545	538	10	29	129	219
河　北	635	4568	223		15	8	467
山　西	2448	5055	2756	62	73	1182	381
内　蒙　古	1365	1261	852		75	96	452
辽　宁	1306	3082	194	3	31	131	194
吉　林	149	890	134			4	247
黑　龙　江	1445	6010	558			220	418
上　海	219	5853	368	2	20	53	349
江　苏	2262	8008	2289	26	49	326	1017
浙　江	2639	15201	1747	6	36	224	1214
安　徽	379	1211	1041	12	45	497	654
福　建	397	6724	202		65	76	406
江　西	822	6316	1735	14	114	455	636
山　东	15569	64804	5191	3	148	1065	2256
河　南	1368	7004	1020	8	14	361	912
湖　北	300	4080	3164	12	172	576	781
湖　南	25780	10314	2784	13	20	239	415
广　东	2358	42800	784		12	11	981
广　西	526	6048	2269		47	30	315
海　南	181	993	96	2	10	74	121
重　庆	798	6612	1276		34	232	340
四　川	1770	14826	2515	3	61	201	777
贵　州	367	4264	324		7	28	249
云　南	1020	3490	1571	5	89	508	660
西　藏	223	260	22			15	40
陕　西	1381	2317	2272	10	125	224	741
甘　肃	1947	3853	1366	25	124	303	571
青　海	1	28	208		4	4	64
宁　夏	107	870	142	1	13		144
新　疆	94	2054	146	4	27	38	373

临时展览/个	参观人次/万人次	未成年人参观人次	境外观众参观人次	举办社会教育活动/次	参加活动人次/万人次	未成年人参加人次	门票销售总额/千元	本年完成科研成果 省部级及以上科研课题数/个
14587	57047.99	14980.82	312.79	334277	23374.03	6735.23	2153563	771
195	917.18	203.54	5.61	24571	2513.66	796.42	46209	56
185	337.85	102.58	0.91	1656	20.65	11.90	4850	5
454	1513.12	435.34	0.06	3258	178.10	93.22	7817	15
153	836.87	206.86	7.26	7779	1345.16	48.57	17139	11
181	562.71	142.66	0.14	2969	1964.86	871.68	1081	5
173	680.28	154.61	0.40	2023	252.07	44.95	35256	10
310	345.55	87.07	20.72	2096	256.97	36.09	12460	9
442	980.30	183.72	0.66	3323	382.32	65.89	180	9
309	784.45	167.77	21.74	13359	674.65	283.56	59204	30
1045	5425.27	1310.85	59.32	39681	1268.49	288.47	93850	71
1356	3518.19	1016.42	41.27	15539	550.48	190.46	20038	29
645	1404.59	348.41	16.91	6134	934.01	658.26	1611	8
778	1379.00	396.33	3.45	2907	88.21	55.16	1951	6
700	3400.30	1091.89	2.31	8265	763.77	240.10	71020	15
1208	4331.95	1360.14	11.36	18354	789.08	429.37	42527	49
752	3918.60	1090.33	19.32	16421	656.64	316.75	78516	70
496	2358.53	635.64	10.39	10021	1547.57	549.67	22867	12
606	6937.17	2122.01	32.49	17834	961.04	430.68	24471	14
1372	2884.43	706.61	14.07	14212	1863.77	422.47	35433	46
222	1359.48	381.12	2.87	6000	702.59	131.35	159610	37
91	200.48	39.69	1.24	311	39.71	11.18	626	2
431	1690.83	395.59	5.44	31317	3598.34	205.55	47591	68
578	3939.27	906.20	5.54	24020	557.90	207.98	725495	57
211	1109.91	215.53	9.65	9444	100.02	42.00	2019	3
386	900.70	211.93	7.18	29080	131.60	43.79	1505	37
6	81.30	6.43		80	2.28	1.92		
390	1709.89	298.06	2.93	6061	817.19	90.81	383262	26
595	1992.97	452.06	4.17	6642	288.43	119.08	78740	44
16	45.54	9.57	0.95	312	5.00	2.20		1
73	351.42	69.51	0.12	1700	19.50	7.08	18	14
138	567.73	154.22	1.37	5616	84.23	34.70		2

续表 2

地 区	专利/个	专著或图录/册	论文数/篇	古建维修、考古发掘报告/册	获国家奖/个	获省、部奖/个	本年收入合计/千元
总　计	363	1225	7184	171	254	885	34939987
北　京	30	58	468	1	4	17	2103800
天　津	1	11	80		1	9	524669
河　北	2	16	131	4	3	16	797170
山　西		17	148	3	9	12	820455
内　蒙　古	1	24	99	10	7	11	674800
辽　宁	1	21	87	1			618156
吉　林	5	15	55		4	8	363470
黑　龙　江		8	73		1	24	649967
上　海	5	87	411	3	26	60	2139835
江　苏	19	99	569	26	27	74	2578407
浙　江	8	142	287	1	17	86	2428686
安　徽	1	23	143	1	3	9	694656
福　建	2	8	101	14		2	684506
江　西	54	28	201	5	18	52	1035100
山　东	16	60	392	18	15	106	1805551
河　南	32	33	350	1	7	52	1432186
湖　北	1	40	252	14	17	52	1257420
湖　南	13	39	297	3	16	53	1233345
广　东	18	76	334	14	6	39	2338435
广　西	2	29	185	4	4	19	625033
海　南	3	14	57	2	1	3	199036
重　庆	20	51	376	21	8	41	877442
四　川	24	74	228	7	6	37	1529669
贵　州	4	12	98		6	14	363050
云　南	29	29	142		9	12	998110
西　藏			5	3	1		163381
陕　西	7	41	279		18	25	2043935
甘　肃	43	59	400	1	4	29	1500915
青　海	1	3	13		14	10	152305
宁　夏	4	4	41	1		2	142158
新　疆	1		59				453023

财政拨款预算收入	财政拨款预算收入		上级补助收入	事业预算收入	经营收入	附属单位上缴收入	其他收入	捐赠收入
	中央财政免费开放补助资金	地方财政免费开放补助资金						
29927725	2745920	1173628	813672	1358904	1402919	7986	1428781	135596
1893691	25205	80	26202	88762	21618		73527	12030
437232	23026	7894	778	16450	56389	162	13658	1268
700394	122500	38560		9413	19139		68224	1167
782249	34468	11481	10239	10973	10822		6172	8
656350	49816	10734	3239	6389	3284		5538	
578521	35232	57376	32338	3519	77		3701	
335705	31777	11790	2912	12524	3618		8711	1025
496878	59395	11393	136933	8025	2158		5973	188
1557672	7159	3436	12216	438534	80659		50754	1960
2222223	94726	81827	55457	88025	166878		45824	1572
1901966	139318	51192	23589	20268	51129	800	430934	6548
637401	68746	47177	24110	8883	6289	2528	15445	221
595699	69909	20306	16108	3574	13030	350	55745	2597
907235	134830	63511	49101	16534	10401	290	51539	3554
1274208	71811	92374	8453	12920	438822	3249	67899	10496
1286498	96802	72101	20627	22166	75665		27230	7010
991853	89553	37177	45124	89062	74301	94	56986	2324
1092651	180689	74223	33815	39305	18478		49096	2874
2183468	70867	144183	37727	33770	38412		45058	10482
586930	59844	19606	16130	13690	1180	185	6918	1000
186588	9172	7666	3804	2644	788		5212	502
816074	120272	27211	7996	30554	14342	70	8406	157
1414379	205173	57569	37820	22207	30629	9	24625	9332
322178	81036	92004	27338	5375	2858	110	5191	858
831672	491726	43733	66510	3262	10145		86521	196
163021	1990	1517	360					
1794753	125066	45425	23779	28943	164698		31762	4740
1335577	142506	27497	77323	54535	1067	129	32284	10396
149767	18875	2485	1602	626			310	
114546	17711	6274	919	144	16987	10	9552	
402655	61710	5826	11123	8266	12		30967	

续表 3

地　区	本年支出合计/千元	基本支出	项目支出	经营支出	在支出合计中		
					工资福利支出	商品和服务支出	差旅费
总　　计	**38103289**	**16243708**	**17935896**	**1242572**	**12434093**	**12753024**	**129691**
北　京	2020209	1203458	770444	10011	651057	771847	1373
天　津	542354	222176	246969	58905	204837	162384	591
河　北	818782	429350	353734	35698	330219	336040	3775
山　西	838875	233812	573043	8888	227275	343847	2404
内　蒙　古	692697	262866	338411	7888	205075	206738	2684
辽　宁	613817	281691	321610	11	218890	258800	5027
吉　林	468993	147481	295223	5772	139870	135124	1609
黑　龙　江	639973	212414	418641	2190	164987	146202	1499
上　海	2353797	1012171	1266829	23478	799522	862531	1865
江　苏	2935621	1645934	1207124	66203	1264050	1121554	13506
浙　江	2477595	905033	1391736	42596	646518	809148	5930
安　徽	737601	323229	354829	15025	244739	305812	3460
福　建	695101	299292	374116	12259	221644	278775	3440
江　西	1019672	442855	505184	9462	332314	391932	5815
山　东	2346041	956894	735089	350066	724696	754258	9672
河　南	1526580	635916	714293	46829	449851	316053	4626
湖　北	1387266	529555	673132	50504	393380	510085	7953
湖　南	1223638	457467	565046	16747	349610	435326	5669
广　东	2403689	1064112	1213829	71868	803087	974506	5077
广　西	619729	202901	392389	1202	208227	198787	3312
海　南	167026	52290	109312	1232	40502	100593	1220
重　庆	885967	338849	503553	7950	271978	364142	4438
四　川	1524749	566896	891333	32274	493573	687142	10694
贵　州	535807	271159	224835	7893	266725	134691	1917
云　南	894444	635441	225042	14735	438554	107318	2600
西　藏	98146	43016	54896	20	36366	10114	312
陕　西	2699189	1115809	1185771	322394	905876	656407	5305
甘　肃	1508588	585137	868146	4747	468382	368049	9465
青　海	133347	46831	59717		39845	34417	336
宁　夏	1178401	79047	50366	14919	68091	55256	827
新　疆	441806	126079	292085	736	98707	104821	1195

劳务费	福利费	各种税金支出	对个人和家庭补助支出	抚恤金和生活补贴	其他资本性支出	各种设备、交通工具、图书购置费	资产总计/千元	固定资产原值
1368473	135259	102919	669373	85058	3781989	709517	368650737	242519981
17732	8741	11103	22944	3175	159509	31696	8907526	5093015
3691	2091	419	8245	787	16867	10153	4015839	2437270
65173	2535	4704	61434	4644	82064	5325	2783626	2109252
34422	2527	389	6650	637	120270	13487	5638439	2576236
24893	1136	290	8144	1066	189431	7941	6361289	5395326
68748	61	6239	33017	5359	15422	3026	9473314	7191339
12668	2361	403	7946	961	85416	59663	1247202	885490
19194	1794	297	11992	572	274395	10126	4204071	3144490
9183	9802	5140	14440	3122	312645	28974	13524183	5923374
82409	9977	2493	75743	3920	377559	93801	70300663	27776147
90314	21705	2267	22590	4201	227566	55305	7412744	4360150
22675	2000	450	16764	2076	38273	12624	2887436	2045596
48376	1097	468	18254	2749	71331	13708	2308511	1594510
38047	4429	1019	10335	1666	41470	13972	3787212	2626391
83597	11753	21522	52361	2859	130604	21969	14226990	9655603
58980	3821	2628	21411	4761	328391	15793	6331319	2802953
99075	6368	6083	19926	870	59653	18477	9629029	8948040
45638	4269	769	25654	3518	136030	19241	9052723	3896739
53657	5740	3562	79860	1935	143534	47300	7889026	5159910
8574	350	774	7957	2499	74149	7605	2650263	1768886
19820	199	47	301	144	19038	6645	1973731	1614633
66075	2194	2687	18853	7057	63244	15547	3431344	1346205
85368	5382	2121	35526	8154	100865	42788	60451426	57377646
29662	1324	120	8720	2620	29216	22015	6364790	4273385
15413	2337	445	2074	837	65058	2060	2980358	1624337
972	133		764	362	138		743369	65947
87943	11307	6075	15509	3922	266709	25432	66784525	61592146
51769	4716	5376	28051	5849	183038	28978	5105757	2977707
4170	158		3074	551	1544	496	609845	506228
5285	106	142	1607	24	2344	1578	20892512	2640521
20630	649	40	4219	672	53410	19508	1532405	837277

续表 4

地 区	实际使用 房屋建筑 面积/ 万平方米	展览用房	文物库房 (含标本室) 面积	实际拥有 产权面积/ 万平方米	本年度可移动文物保护情况		国际合作 项目数/个
					数字化 保护/项	预防性 保护/项	
总　计	3668.92	1681.15	264.29	2533.36	185109	18419	207
北　京	118.98	47.30	8.27	80.84	844	68	6
天　津	43.32	19.10	3.43	67.26	23	14	
河　北	102.81	56.53	6.90	79.18	26	18	3
山　西	82.75	40.59	7.16	64.20	21	32	1
内　蒙　古	111.08	58.82	7.09	61.93	8	18	1
辽　宁	69.90	30.39	6.07	37.03	4	14	
吉　林	48.07	24.55	3.83	16.80	4	6	
黑　龙　江	60.76	39.96	4.52	34.13	9	1013	1
上　海	92.39	42.53	6.73	67.34	229	254	65
江　苏	303.39	132.22	15.46	192.25	639	2633	12
浙　江	216.14	104.73	16.59	108.72	3547	400	34
安　徽	109.19	53.47	8.12	60.30	616	3376	1
福　建	87.91	38.01	6.18	70.37	27	28	4
江　西	125.31	60.09	9.85	147.81	65509	155	5
山　东	346.15	171.94	33.23	298.77	1164	5068	10
河　南	209.10	91.91	16.89	107.45	200	96	4
湖　北	299.65	96.28	12.56	103.60	25	72	3
湖　南	146.60	47.73	8.20	85.64	825	36	4
广　东	186.73	81.50	13.30	166.08	1260	630	14
广　西	73.10	32.86	5.10	64.67	666	40	1
海　南	21.11	9.67	2.36	11.64	3	2	1
重　庆	78.89	41.69	6.52	36.73	9	18	8
四　川	203.71	119.62	12.35	130.63	25731	2465	9
贵　州	56.46	27.61	3.20	44.55	21	26	5
云　南	70.85	35.25	6.25	58.34	1349	136	
西　藏	10.71	3.10	0.23	12.17	6	170	
陕　西	147.50	64.00	13.60	116.60	586	1588	9
甘　肃	95.99	46.25	8.26	94.62	13	16	
青　海	12.76	5.70	0.91	8.63	1	2	
宁　夏	31.19	18.22	1.78	28.00	3	3	
新　疆	54.18	28.65	2.71	24.97	6	10	

主办刊物/个	文化创意产品情况			文博单位新媒体情况			
	文化创意产品种类/个	文化创意产品销售收入/千元	文化创意产品销售利润/千元	举办线上展览/个	网站年访问量/次	创建微信公众号、微博账号/个	微信公众号、微博账号关注人数/人次
430	80386	4288881	864445	14007	810546100	55383	261779187
23	1297	69683	8653	452	140842254	1207	34910956
6	672	1403	218	174	5114267	402	3798314
17	738	8165	54	450	6991796	727	6313879
6	758	6164	1397	258	5141884	795	2450660
2	342	28499	12224	313	2174392	253	800315
6	657	706621	1515	141	10509176	692	2443185
7	339	951	431	158	4237362	453	724295
4	394	403	295	419	25132293	5642	1472799
30	14990	104739	28470	290	46919098	1092	28779759
31	5389	68640	2916	611	120412888	6268	22711988
39	3331	73742	8783	445	38923878	1549	11565418
7	553	2072	3954	471	11090584	1212	2731394
12	1910	208736	50453	936	4535376	2453	1195179
12	2827	25068	8043	927	20421863	328	9199056
47	6305	92190	27215	1560	32011283	1449	5978955
22	3354	215114	117224	404	12612025	1542	6053908
11	1886	1850752	433335	293	20422113	614	28556193
14	1183	29389	5049	215	14508383	258	9756418
17	3851	125879	6003	472	77545738	678	14710179
5	2218	581	295	109	9077350	165	1664075
	162	2150	779	32	1705565	499	282747
16	2172	24592	4662	538	8985618	423	5097337
22	8374	90917	20356	440	36488221	1249	16469272
10	8987	7335	2224	39	2442827	12054	1427111
10	1823	3172	-292	93	15022579	1648	1433097
	10	1932	252	2	82095	64	105602
24	2418	213954	69566	514	8739287	942	8639481
18	1445	5267	2761	3092	15051481	8550	4403209
	73	257		23	75004	58	109852
1	71	85665	12007	19	359404	2044	382482
3	351	17588	5521	88	573545	53	480819

2022年全国各地区文物单位

地　　区	机构数/个	从业人员/人	编制人员数	在编人员数	专业技术人才	正高级职称	副高级职称
总　　计	3782	100465	54451	48677	35515	1702	5809
北　京	63	3480	2283	2008	1249	83	228
天　津	33	841	765	614	503	19	77
河　北	101	3331	1696	1498	969	50	214
山　西	153	4056	1789	1492	1181	40	144
内　蒙　古	125	2621	1411	1215	1013	59	214
辽　宁	62	2405	1336	1309	1046	53	151
吉　林	71	1350	877	778	706	53	166
黑　龙　江	98	1857	1174	970	757	49	196
上　海	40	1646	1365	1126	988	38	126
江　苏	253	6515	3076	2743	2399	144	425
浙　江	161	5133	2409	2084	1771	112	324
安　徽	148	2408	1076	999	894	23	116
福　建	107	2514	1191	1029	946	54	180
江　西	160	3682	2086	1779	1241	57	172
山　东	277	5917	3286	2943	2372	90	408
河　南	227	6260	3196	2636	1806	53	233
湖　北	135	3721	2169	1990	1593	57	193
湖　南	132	3071	1646	1484	892	23	126
广　东	196	5312	2733	2527	2176	69	248
广　西	109	2550	1219	1034	1013	41	160
海　南	20	570	229	160	236	9	30
重　庆	83	2479	1232	1100	804	52	147
四　川	256	6368	2724	2410	1587	49	202
贵　州	106	1861	814	694	503	19	73
云　南	120	1546	1067	974	853	24	197
西　藏	14	294	172	157	103	3	12
陕　西	200	8863	5390	5399	1870	90	232
甘　肃	146	4396	2294	2088	1368	41	232
青　海	24	411	222	199	164	7	29
宁　夏	26	515	207	195	177	9	25
新　疆	131	1498	681	596	452	11	42

管理的国有博物馆基本情况

中级职称	安全保卫人员/人	登记注册志愿者/人	藏品数/件(套)	文物藏品	一级品	二级品	三级品	本年新增藏品/件(套)
15178	25661	175738	33629369	23503293	81651	624836	3449009	460641
448	993	3009	2601795	837566	3015	6312	374351	68121
234	128	3468	684701	250574	1045	5461	134988	837
370	961	2544	332600	237803	950	10997	30071	6791
447	992	3459	1520088	1104067	3789	8465	58352	10982
423	601	1662	1192803	1043334	1962	5705	9922	3522
501	429	3138	502778	380316	1820	14147	145753	3886
249	263	1576	656352	553865	558	5958	31134	1463
321	471	2630	571360	305694	2060	5129	43651	8490
368	213	3655	1364716	300439	1478	36951	174127	3592
1056	1805	18067	1427962	1009831	3181	20048	292629	13051
765	1559	18901	1209898	638123	2059	10174	77329	29304
380	662	3305	691384	592606	6556	31308	68027	5969
319	693	4513	703633	554340	1086	2945	102548	9195
578	962	9506	586004	343668	1538	5469	56578	45817
1093	1603	7033	3432174	2887684	5866	14383	107006	80043
709	1884	14837	956912	569502	1978	14160	197949	8065
797	872	7627	1483861	1345694	3217	8520	99948	6855
413	754	6323	668947	500929	2899	7300	61134	30276
1001	1357	22103	2365171	805235	1423	15843	67094	33164
468	745	3958	429561	310498	297	4974	35269	6708
76	167	561	156237	136314	180	722	3252	2002
353	738	9439	673703	427564	1201	2529	28046	9440
627	1747	5063	1208593	915779	3185	6602	84780	29036
177	433	1648	210850	134119	563	1639	5851	2869
403	368	2599	567603	489939	900	2088	18059	7367
37	43	62	79700	9040	1098	15838	27503	1220
768	2093	4800	3053127	2719729	6840	13493	71399	5298
578	942	5872	455142	376401	4299	11956	103023	9745
72	96	140	74567	65301	511	1075	2700	45
81	172	380	71453	63961	313	3494	7565	179
183	458	1619	258067	199730	801	1668	6181	1241

续表 1

地 区	在藏品数中		本年修复文物数/件(套)	一级品	二级品	三级品	基本陈列/个
	本年从有关部门接收文物数	本年藏品征集数					
总　　计	102431	202712	35790	244	1476	6870	10558
北　京	37327	14811	491	24	9	23	223
天　津	166	246	533	10	29	129	79
河　北	635	2711	175		15	8	284
山　西	2448	4935	2756	62	73	1182	338
内　蒙　古	1365	1241	802		75	96	377
辽　宁	47	3024	194	3	31	131	191
吉　林	149	815	134			4	172
黑　龙　江	1445	5621	342			220	257
上　海	35	2431	303		6	29	99
江　苏	2081	7335	2286	26	49	326	792
浙　江	2616	14286	1289	6	36	221	529
安　徽	379	1120	852	12	45	476	449
福　建	396	6510	192		65	76	342
江　西	645	5892	1069	14	73	436	541
山　东	15567	60369	4533	1	123	853	995
河　南	1248	4804	488	8	14	128	479
湖　北	279	2625	2740	12	172	576	519
湖　南	25734	3571	2672	13	20	225	301
广　东	1766	22477	543		12	8	634
广　西	484	5809	2269		47	30	262
海　南	181	943	86	2	10	74	44
重　庆	612	4988	1209		22	214	215
四　川	1770	12191	2398	3	60	201	586
贵　州	367	2461	183		7	28	208
云　南	1012	2481	1555	5	89	508	389
西　藏	223	260	22			15	39
陕　西	1381	1373	2186	5	120	219	404
甘　肃	1918	3060	1170	25	124	301	349
青　海	1	28	208		4	4	64
宁　夏	60	114	142	1	13		72
新　疆	94	1066	146	4	27	38	275

临时展览/个	参观人次/万人次	未成年人参观人次	境外观众参观人次	举办社会教育活动/次	参加活动人次/万人次	未成年人参加人次	门票销售总额/千元	省部级及以上科研课题数/个
11315	45647.18	12224.44	255.11	245833	18460.96	5325.69	1692865	571
157	745.67	153.73	5.31	23059	2505.91	791.99	45449	36
70	236.59	81.22	0.83	868	12.88	9.13	1797	5
324	1151.24	327.92	0.01	1847	135.08	77.13	4874	9
133	724.34	188.87	4.93	7449	1334.07	43.33	17139	11
155	490.92	121.79	0.14	2389	1961.92	870.41	1081	3
168	675.53	153.86	0.40	2018	252.02	44.93	35256	10
264	269.11	72.54	20.70	1330	62.88	34.78	9979	8
369	799.73	151.92	0.23	1743	349.77	53.11	177	8
166	382.86	64.66	17.46	5064	163.23	54.08	5349	9
861	4644.04	1165.80	58.47	35007	1193.66	238.83	38161	62
1016	2591.98	789.20	21.02	10542	445.39	157.48	6464	24
567	1140.30	291.02	16.66	4896	102.22	48.57	668	7
667	1290.95	369.70	3.41	2190	76.14	47.87	55	6
639	3110.16	1014.89	1.84	7185	723.50	230.45	1754	15
703	2703.37	861.21	7.95	11990	614.27	332.77	9738	40
557	3035.85	853.43	13.07	11062	498.51	240.18	75338	60
365	2074.18	553.46	9.61	6546	1494.34	529.58	18073	8
515	5313.22	1794.24	31.83	13416	800.06	367.47	20012	6
1113	2376.40	580.43	7.73	11450	1748.85	389.29	30500	41
201	1052.65	303.71	2.75	2812	680.09	119.63	159571	25
71	104.93	24.53	0.92	245	12.35	5.06		1
294	1194.54	311.43	2.00	4225	1457.66	173.29	46310	52
460	3514.73	807.08	3.57	22971	529.26	195.79	560439	39
179	981.60	181.69	9.55	9077	86.90	34.02	1002	3
317	733.40	167.25	6.85	28106	116.33	35.11		9
6	81.27	6.42		80	2.28	1.92		
205	1356.26	209.07	2.53	4228	763.48	61.00	350508	16
471	1470.46	338.15	0.26	4254	219.51	93.38	74954	39
16	45.54	9.57	0.95	312	5.00	2.20		1
62	235.90	47.17	0.01	1316	15.63	4.75		6
134	537.33	150.35	1.18	4864	82.03	34.24		2

续表 2

地　区	本年完成科研成果						本年收入合计/千元
	专利/个	专著或图录/册	论文数/篇	古建维修、考古发掘报告/册	获国家奖/个	获省、部奖/个	
总　　计	188	961	6269	168	194	678	28934539
北　京	17	43	323	1	1	8	1772597
天　津	1	11	59		1	8	370558
河　北		12	91	4	3	14	572664
山　西		17	148	3	9	12	789371
内　蒙　古	1	22	89	9	4	9	614184
辽　宁	1	21	87	1			616521
吉　林	3	13	44		4	8	325418
黑　龙　江		7	65		1	19	582012
上　海	2	61	227	3	10	11	1137197
江　苏	19	83	554	26	24	62	2120577
浙　江	5	78	254	1	16	76	1890157
安　徽	1	20	138	1	2	7	602858
福　建		4	101	14		1	669629
江　西	10	22	191	5	15	50	892954
山　东		45	359	18	4	68	1192783
河　南	11	29	308	1	2	39	1217756
湖　北	1	32	245	14	17	50	1181290
湖　南	2	22	233	2	12	35	920147
广　东	5	61	303	13	5	29	2129555
广　西	2	29	185	4	2	13	585706
海　南	3	9	57	2			188718
重　庆	20	40	322	21	7	38	692542
四　川	15	63	193	7	5	34	1480908
贵　州	4	9	85		5	9	311916
云　南	2	11	67		9	9	330832
西　藏			5	3	1		162911
陕　西	2	28	225		17	20	1935730
甘　肃	43	58	389	1	2	26	1314921
青　海	1	3	13		14	10	152305
宁　夏		4	33	1		2	89758
新　疆	1		53				378748

财政拨款预算收入	财政拨款预算收入		上级补助收入	事业预算收入	经营收入	附属单位上缴收入	其他收入	捐赠收入
	中央财政免费开放补助资金	地方财政免费开放补助资金						
26183388	2073624	1019246	506687	1213732	371212	4201	655319	88982
1653747	25005	80	1707	68440	15318		33385	9084
351133	22614	7894	150	14650	89	159	4377	1
535568	85515	32093		3660	876		32560	130
764843	33612	10391	9158	10973	595		3802	8
600626	49246	10414	1489	6389	459		5221	
576886	35232	57376	32338	3519	77		3701	
310731	30182	11103	260	12124			2303	
466423	53030	11303	112904	1330			1355	
751130	5154	758	1916	369825	49		14277	29
1945232	88576	66300	37029	88025	23937		26354	467
1806467	138098	41432	8489	20087	246	800	54068	2868
555454	66824	45758	23190	8633	2978	232	12371	221
594760	69909	19467	14366	3574	6960		49969	2125
776356	122499	52861	47972	16534	4815	290	46987	2245
1156209	67549	63357	3270	8059	7815	2601	14829	6690
1170626	86971	70021	15262	20664	4490		6714	456
961060	86003	36409	39226	88294	62012		30698	11
813768	131859	58236	17366	38885	9996		40132	532
2054355	69809	131827	11077	33466	1798		28859	5181
556910	55266	19334	12503	10049	383		5861	550
181599	8272	7486		2452			4667	2
643798	81907	18447	7825	26148	7294		7477	152
1404861	203704	53711	32699	19298	7539	9	16502	3769
276723	79136	89728	26988	2417	907	110	4771	558
311625	40126	41413	4840	3262	3196		7909	46
162551	1990	1047	360					
1729461	112513	24812	16105	25936	140049		24179	372
1229712	121111	24550	18350	38511	150		28198	10394
149767	18875	2485	1602	626			310	
81954	16811	3877	84	74	128		7518	
331362	61216	5276	8162	8266	12		30946	

续表 3

地 区	本年支出合计/千元	基本支出	项目支出	经营支出	在支出合计中		
					工资福利支出	商品和服务支出	差旅费
总　计	29686679	12552231	15578138	481202	9902526	10958820	108548
北　京	1529153	767140	719785	8759	472330	615965	1145
天　津	356082	170373	173962	11	161618	122379	471
河　北	557607	297117	254209	6281	224373	231931	2773
山　西	799075	213887	562171	2895	216969	331412	2297
内 蒙 古	627480	247904	291978	5466	192236	171907	2413
辽　宁	612182	280705	321561	11	218449	258257	5027
吉　林	413036	127961	282899	80	107947	125351	1442
黑 龙 江	564011	157108	404323	330	131484	125713	1315
上　海	1238933	525845	710212	114	367408	463916	1292
江　苏	2102137	1066989	996626	25183	811802	897637	12370
浙　江	1907153	718959	1088544	1893	572729	772236	5075
安　徽	621215	261460	320116	2698	186678	270769	2400
福　建	661214	271175	373538	8833	214122	277419	3161
江　西	877917	392064	426524	6842	292446	366233	5373
山　东	1371102	608172	601471	5010	526435	428885	2505
河　南	1234028	507561	685877	12749	383628	287928	3674
湖　北	1280782	476410	653320	43749	347372	486832	7343
湖　南	894449	359467	365971	8599	257557	321785	4351
广　东	2130798	916399	1155403	33295	735616	947324	4545
广　西	579382	193413	369331	19	197948	195180	3165
海　南	154008	46225	107743	40	35838	96181	1167
重　庆	713084	275889	399436	4777	220163	319899	4021
四　川	1452524	543945	878273	7403	466812	683484	10343
贵　州	468090	253498	192587	4711	242151	104051	1344
云　南	336214	154838	165229	9961	137020	96949	2190
西　藏	97996	42938	54896	20	36294	10114	312
陕　西	2532210	1043208	1152930	278625	836117	627934	4619
甘　肃	1307605	506212	772962	1981	408640	341898	8322
青　海	133347	46831	59717		39845	34417	336
宁　夏	90961	50441	36539	61	43631	34805	566
新　疆	369115	113550	240836	736	91222	99704	1096

劳务费	福利费	各种税金支出	对个人和家庭补助支出	抚恤金和生活补贴	其他资本性支出	各种设备、交通工具、图书购置费	资产总计/千元	固定资产原值
1222612	**103906**	**59983**	**593217**	**75286**	**3301450**	**622573**	**239495392**	**152208805**
15583	7768	5189	14554	1780	147938	28055	5834710	3888043
1512	1957	299	7356	712	9542	9383	924182	702904
26515	1686	29	39121	3774	62182	3958	1585096	1244338
33403	2265	189	6523	637	119438	12772	5249883	2322070
24367	967	173	7911	1051	179342	7327	5464627	4685057
68748	61	6239	33016	5359	15422	3026	9470842	7190006
11137	2281	306	7800	961	83666	59366	1043364	753794
17693	1068	274	10020	496	272056	7992	1571230	798212
7453	6253	1613	7628	1839	258132	15870	7927828	2822171
79317	5045	2019	70201	3146	236484	84532	62554266	23200954
87355	20426	811	20982	3832	220132	49220	5337656	3241604
20433	1175	225	13244	1974	33487	11151	1290019	791550
48214	1027	412	18254	2749	70988	13682	2112869	1462867
35632	4083	945	9317	1594	33213	6211	3484817	2455391
53572	2355	658	47386	2532	118842	18155	7322824	5324432
51189	2458	1095	20707	4644	320254	11238	3933192	1728727
94236	5157	5439	19610	862	51176	18230	8935489	8436893
35847	3280	196	19655	3280	88921	15425	7277294	2598757
52736	4901	2753	78799	1846	121806	43057	6078694	4501833
8445	348	774	7915	2457	73740	7598	1834901	1048823
19059	40		288	142	18549	6409	1590379	1395673
53441	1983	1930	15703	5026	60208	14484	2534213	1136020
84235	4907	1940	35475	8154	100087	42460	60039371	57172868
26531	994	68	8454	2438	22360	15456	3937651	1948945
13797	1307	181	2010	778	11800	1980	1853336	1275603
972	133		764	362	138		708369	52447
83819	10826	5996	14401	3441	261822	24488	8409722	4144095
44491	4154	5340	22571	4684	153350	28299	3590331	1996964
4170	158		3074	551	1544	496	609845	506228
4497	51	3	1437	24	1848	1468	395251	310948
19893	595	40	4033	672	40177	6501	1443871	797356

续表 4

地 区	实际使用房屋建筑面积/万平方米	展览用房	文物库房(含标本室)面积	实际拥有产权面积/万平方米	本年度可移动文物保护情况		国际合作项目数/个
					数字化保护/项	预防性保护/项	
总　　计	2567.74	1151.60	193.72	1717.57	179323	14728	152
北　京	93.74	37.69	6.27	62.33	752	62	3
天　津	20.62	9.22	2.52	3.91	23	12	
河　北	72.52	38.17	5.56	50.87	4	3	2
山　西	72.46	33.57	6.14	56.81	21	32	1
内 蒙 古	98.39	52.18	5.53	54.82	8	18	
辽　宁	68.65	29.55	6.05	37.03	4	14	
吉　林	31.38	16.00	2.78	10.50	4	6	
黑 龙 江	33.98	22.24	2.76	12.48	9	11	1
上　海	34.95	14.38	4.66	17.12	154	242	40
江　苏	248.81	98.93	13.25	135.22	636	2629	12
浙　江	133.48	58.23	10.75	69.77	2400	184	26
安　徽	79.37	36.98	5.79	36.91	519	3375	1
福　建	79.32	33.78	5.39	68.34	26	24	1
江　西	106.44	50.34	8.47	139.12	65507	150	3
山　东	179.84	92.54	15.08	109.50	513	4595	7
河　南	148.54	59.79	12.56	77.89	19	10	4
湖　北	95.92	43.91	9.41	78.70	5	13	2
湖　南	113.67	33.92	6.45	58.08	6	29	4
广　东	142.87	57.90	10.42	148.82	1256	513	11
广　西	56.47	28.21	4.63	36.38	6	11	1
海　南	14.25	5.51	1.88	9.45	3	2	
重　庆	56.88	28.97	4.65	18.48	7	15	6
四　川	168.71	96.63	8.94	86.38	25044	2448	8
贵　州	47.51	22.20	2.50	37.95	10	15	5
云　南	46.68	22.81	3.42	49.67	66	52	
西　藏	10.42	2.93	0.20	11.88	6	170	
陕　西	108.06	42.29	10.95	80.74	560	52	8
甘　肃	70.31	29.75	5.62	55.77	11	15	
青　海	12.76	5.70	0.91	8.63	1	2	
宁　夏	17.63	9.67	0.96	20.32	2	2	
新　疆	50.87	26.73	2.58	21.59	6	10	

主办刊物/个	文化创意产品情况			文博单位举办新媒体情况			
	文化创意产品种类/个	文化创意产品销售收入/千元	文化创意产品销售利润/千元	举办线上展览/个	网站年访问量/次	创建微信公众号、微博账号/个	微信公众号、微博账号关注人数/人次
287	**48565**	**3564961**	**707284**	**10811**	**692097269**	**33545**	**173032781**
14	1081	69263	8233	85	134692805	893	34106891
2	195	1166	176	125	4162765	327	1821394
5	457	8010	3	401	5609630	549	5743836
6	451	4719	1177	253	4848904	784	2408788
2	189	28199	12074	301	1893668	245	636568
6	657	706621	1515	141	10509176	692	2443185
4	170	186	65	145	4003824	432	649085
1	354	371	290	323	4727298	352	1171008
12	12237	41207	6240	148	26382440	600	4597689
29	3088	63313	2554	480	115447749	6184	11890898
30	2003	52500	5582	323	35540278	840	9178569
3	491	1949	3910	276	9522884	897	1482581
11	319	1110	269	803	2808253	567	1011670
10	2077	10103	3683	851	19264901	294	4126417
18	2043	39278	11187	1366	24555038	710	3791978
17	2626	96507	81935	201	9632950	342	4639733
8	1455	1849050	432892	234	11465583	420	3194764
9	261	15968	1065	179	10799451	152	5661140
8	2603	7495	2556	340	71484727	192	13120566
4	2091	316	125	98	8958693	150	1441482
	145	2127	768	13	1293513	481	232071
11	1309	24158	4569	508	5433475	371	4027607
22	6995	88439	19685	220	19967189	1064	14420926
4	423	2426	730	28	2191204	12040	792216
9	826	2326	260	66	14305609	55	1200862
	10	1932	252	2	82095	64	105602
16	895	207018	67877	294	5961725	291	7737882
14	1152	4043	2005	2458	13263454	2147	3435862
	73	257		23	75004	58	109852
1	33	55	4	10	242968	1281	312252
3	350	17588	5521	87	573545	51	408154

主要统计指标解释

1．**藏品**：藏品是文博机构根据收藏品的文化属性、自然属性等情况所划分的文物藏品、标本藏品、模型藏品（含具有收藏、展示价值的雕塑、绘画等艺术作品）和复制品藏品的总和。本指标所统计的藏品是指报告期末，该机构已经整理并登记入账的藏品数。尚未整理或正在整理的藏品，在整理造册入账后列入下年统计。一级品、二级品、三级品均根据入账情况如实统计。

藏品数：指按历年来以件、套为计量单位统计的藏品数量。即单件藏品编一个号的按一件计算，成套藏品按整体编一个号的，也按一件计算（其组成部分即使有分号，也按一件计）。不易计数的藏品，如粮食、药材及液体等，不论数量多少，均按一件计算。

2．**本年新增藏品数**：指本年从各种渠道获得的新增入库藏品总数。

3．**本年从有关部门接收文物数**：指本年从公安、工商、海关等司法及检查部门移交接收的文物。

4．**本年藏品征集数**：本年从社会上征集为馆藏的文物数量（包括标本数）。

5．**本年修复文物数**：本年运用技术手段进行修复保养的馆藏文物数量（包括标本）。

6．**基本陈列**：指由本馆设计布陈、地点固定、时间较长的展出。

7．**举办展览**：展览指在本机构内设置，由本馆设计布陈、形式比较多样的展出。同一内容的巡回展览，均按一个计算。展览的计量单位不是指每次展出的文物藏品件数。与系统外机构合办的展览，由本馆统计；与系统内机构合办的，由主办馆统计。基本陈列不作为展览统计。

8．**参观人次和未成年人参观人次**：参观人次指本报告期末，向社会开放的文物保护管理机构当年接待的所有参观人次的累计数。

未成年人参观人次是指接待有组织的集体参观人次与零散观众中能够确切统计的未成年人参观人次的总和。

9．**本年承担课题、项目数**：指本机构报告期内承担的课题和项目数量。

10．**专利数**：向中央及地方专利局申请并得到承认的专利数量。

11．**专著或图录**：由本单位人员完成，经过正式出版部门编印出版的科技专著、高等院校教科书、科普著作和论文集。

12．**论文数**：是指由本机构的人员完成，并在省级以上刊物公开发表的论文数之和。

13．**古建维修报告**：地上不可移动文物维修保护工程全过程记录及应用技术研究介绍的综合性技术报告。

教育、科技、动漫及其他

2022年文化和旅游部门

	机构数/个	从业人员/人	双师型	专业技术人才	正高级职称
总　计	100	12618	4090	9118	531
本科以上艺术学校	7	2665	890	2137	207
高等职业学院	61	7210	2501	5348	262
中等专业学校	17	1775	485	1133	44
文化和旅游干部院校	13	355	40	273	10
其他教育机构	2	613	174	227	8

续表 1

	就业人数	招生数/人	中职生	高职生	在校生数/人
总　计	20400	46036	12739	31608	135946
本科以上艺术学校	4239	8371	1102	6589	25718
高等职业学院	14812	30309	6961	22486	88112
中等专业学校		4541	4212	329	13090
文化和旅游干部院校		311	164		1485
其他教育机构	1349	2504	300	2204	7541

教育机构基本情况

副高级职称	中级职称	毕业生数/人	中职生人数	升学人数	就业人数	高职生人数	升学人数
2144	4126	41157	11017	6324	3784	28619	5169
542	958	7529	962	678	183	5955	1125
1270	2448	27566	6595	4052	1944	20555	3475
275	452	3213	3090	1476	1405	123	123
41	114	607	114	89	25		
16	154	2242	256	29	227	1986	446

影视类	戏剧戏曲类	音乐类	舞蹈类	美术设计类	杂技曲艺类	其他	在校生中高职生人数/人
6240	8534	18791	22665	22729	1029	55958	86404
2986	2022	5901	4561	5277	315	4656	18792
2531	4352	10163	12992	13010	273	44791	60582
723	991	1608	3768	1107	286	4607	324
	418	317	467	177	106		112
	751	802	877	3158	49	1904	6594

续表 2

	本年收入合计/千元	财政拨款预算收入	上级补助收入	事业预算收入	经营收入
总　计	5206769	4253625	3642	790787	23769
本科以上艺术学校	1202307	978952		190309	3878
高等职业学院	3231915	2665606	3642	501867	6670
中等专业学校	499177	398667		46534	13191
文化和旅游干部院校	104264	99960		4272	
其他教育机构	169106	110440		47805	30

续表 3

	差旅费	劳务费	福利费	各种税金支出	对个人和家庭补助支出
总　计	14808	258093	29576	8326	349215
本科以上艺术学校	2532	60590	7260	1386	72142
高等职业学院	8307	157861	20010	3605	218595
中等专业学校	2843	31841	1609	3179	33380
文化和旅游干部院校	334	3130	97	52	5019
其他教育机构	792	4671	600	104	20079

其他收入	本年支出合计/千元	基本支出	项目支出	经营支出	在支出合计中	
					工资福利支出	商品和服务支出
134946	5200886	3437896	1728614	25007	2537153	1529261
29168	1177807	805029	368900	3878	604812	335265
54130	3256277	2101685	1141600	6152	1503790	949200
40785	496600	358671	121651	14972	286127	150488
32	104528	57757	45548		54378	44017
10831	165674	114754	50915	5	88046	50291

抚恤金和生活补助	其他资本性支出	各种设备、交通工具、图书购置费	资产总计/千元	固定资产净值	实际使用房屋建筑面积/万平方米	教学用房面积	实际拥有产权面积/万平方米
26724	642426	168514	12168330	7693030	378.14	218.79	267.42
4314	154190	35881	3537368	2853253	90.19	44.28	76.31
16020	459098	119560	6335993	3455020	211.22	128.16	146.23
2202	26353	12686	1836116	1124548	50.68	31.18	38.64
120	825	387	282291	238554	10.89	7.31	4.89
4068	1960		176562	21655	15.15	7.88	1.37

2022年各地区文化和旅游

地　区	机构数/个	从业人员/人	双师型	专业技术人才	正高级职称	副高级职称	中级职称	毕业生数/人
全　国	100	12618	4090	9118	531	2144	4126	41157
北　京	2	490	121	389	31	64	168	447
天　津	2	332	144	281	18	80	124	1130
河　北	5	649	211	459	24	131	232	2907
山　西	11	1053	239	887	30	223	401	3076
内　蒙　古	2	166	23	78		24	20	115
辽　宁	3	76	26	58	3	11	27	89
吉　林	1	4		3			1	
黑　龙　江	4	401	120	343	53	94	156	765
上　海								
江　苏	13	1156	434	923	36	233	421	3201
浙　江	6	2135	817	1520	153	405	697	8530
安　徽	4	83	15	28	2	3	16	172
福　建	8	724	148	492	23	92	205	1644
江　西	2	362	121	303	10	57	98	1233
山　东	4	767	327	628	26	130	299	5067
河　南	7	118	10	70	1	23	30	791
湖　北	6	681	197	444	27	121	179	1788
湖　南	3	606	203	438	31	110	274	2691
广　东	2	328	181	293	2	68	123	475
广　西	2	184	33	110	13	30	44	202
海　南	1	162	71	107	4	28	41	247
重　庆	2	525	172	411	12	82	182	2080
四　川	3	953	324	445	13	57	240	3174
贵　州								
云　南								
西　藏								
陕　西	2	106	46	50		9	16	145
甘　肃								
青　海	1	152	2	86	5	21	35	195
宁　夏	2	249	105	177	10	34	54	873
新　疆	1	61		46		2	15	120

部门教育机构基本情况

中职生人数	升学人数	就业人数	高职生人数	升学人数	就业人数	招生数/人	中职生	高职生	在校生数/人
11017	**6324**	**3784**	**28619**	**5169**	**20400**	**46036**	**12739**	**31608**	**135946**
300	182	118	147	15	132	446	281	165	2049
109	80	1	1021	35	765	1358	77	1281	4245
702	451	81	2205	262	1690	2173	510	1663	6996
1678	950	685	1398	586	812	2046	1037	896	9476
115	104	1				331	331		976
89	10	1				113	113		534
161	130	14	604	158	349	898	152	746	2579
431	303	128	2343	335	1935	4045	607	3060	13044
484	459	8	7345	1234	6010	8062	689	6607	22946
172	63	109				288	288		530
405	275	108	1239	375	824	2746	747	1999	7330
287	114	46	946	293	359	1512	305	1207	4838
1520	779	700	3547	376	2840	5701	1785	3916	14858
413	180	233				457	40		1474
511	464	43	1277			3934	758	3176	10423
347	260		2344	275	2068	2233	460	1773	6894
475	254	190				644	644		2143
202	67	8				455	455		1319
247	78	169				321	321		1191
282	282		1798	600	1099	2456	280	2176	6461
1065	193	870	2109	569	1349	4332	1799	2533	10945
130	67					201	186		687
195	113	58				118	118		553
577	413	154	296	56	168	836	426	410	2984
120	53	59				330	330		471

续表 1

地　区	影视类	戏剧戏曲类	音乐类	舞蹈类	美术设计类	杂技曲艺类	其他	在校生中高职生人数/人
全　国	**6240**	**8534**	**18791**	**22665**	**22729**	**1029**	**55958**	**86404**
北　京	89	526	302	578	181	256	117	467
天　津		191	361	285	2079	194	1135	3750
河　北	435	357	969	1633	1015	19	2568	4677
山　西	168	1133	2405	2947	1224	72	1527	3809
内　蒙　古		21	217	124	614			
辽　宁	42		46	412	2	26	6	
吉　林								
黑　龙　江	41	144	604	600	424	30	736	1825
上　海								
江　苏	346	948	1148	1641	1285	106	7570	9312
浙　江	1027	866	3833	1411	1297		14512	17695
安　徽				165			365	
福　建	604	303	1295	1338	2452	35	1303	5187
江　西	539	370	641	1770	1189	16	313	3636
山　东	292	491	636	1659	1126		10654	9199
河　南		276	382	254	85	10	467	
湖　北	345	665	1664	2122	2091		3536	7311
湖　南	1724	676	934	1156	1182		1222	5628
广　东	13	109	638	568	815			
广　西	381	44	165	349	198	182		
海　南	20	176	214	496	285			
重　庆	152	154	882	634	1217	26	3396	5751
四　川	2	781	792	1082	3206	57	5025	6918
贵　州								
云　南								
西　藏								
陕　西		216	130	248	84		9	
甘　肃								
青　海			86	316	66		85	
宁　夏	20	87	335	595	535		1412	1239
新　疆			112	282	77			

本年收入 合计/千元	财政拨款 预算收入	上级补 助收入	事业预 算收入	经营收入	其他收入	本年支出 合计/千元	基本支出
5206769	**4253625**	**3642**	**790787**	**23769**	**134946**	**5200886**	**3437896**
234125	224503		4982	2487	2153	232429	189518
133639	101652		29880		2107	133852	121155
242280	205346		34835		2099	248653	184987
381458	332757		40426	4739	3536	381377	218950
26394	24987		1407			26302	18077
31543	27665		3739		139	30665	27203
504	504					504	480
113105	100706		12369		30	113156	72474
501426	423176	2967	57203	1152	16928	516612	343983
1339848	1114011		212762		13075	1367847	859861
7475	4574		1582	627	692	13318	6998
238948	179035	555	42286	10374	6698	232687	196138
196507	169624		21275	2200	3408	166940	57611
305119	224358	1	60980		19780	297541	207387
22766	21905		861			22557	19767
280402	210926		67317		2159	278439	193460
171012	124079		34397		12536	181092	92946
184956	182179	19	2428		330	184952	132111
43419	39624		1302		2493	43263	14192
59859	59299		557		3	60076	48835
208496	138912		52489		17095	194372	111185
235124	163783		56855	1684	12802	229191	152813
29824	25683		4134		7	29824	24168
43244	40502	100	1850		792	43077	26444
84005	71846		10190	506	1463	84458	46826
22954	19970				2984	22954	11519

续表 2

地　区	项目支出	经营支出	在支出合计中					
			工资福利支出	商品和服务支出	差旅费	劳务费	福利费	各种税金支出
全　国	**1728614**	**25007**	**2537153**	**1529261**	**14808**	**258093**	**29576**	**8326**
北　京	40931	1980	141395	68797	132	6506	1246	170
天　津	12697		97775	24455	31	2833	378	72
河　北	63665		142007	60741	725	6277	394	12
山　西	157721	4703	182213	165729	1165	14180	1768	112
内　蒙　古	8224		16467	6664	22	449	167	
辽　宁	3462		18934	6088				
吉　林	20		480					
黑　龙　江	40682		58874	34377	182	5647	750	
上　海								
江　苏	168425	1152	265949	150333	1593	26133	840	752
浙　江	507986		516408	447042	3982	97485	20933	291
安　徽	168	3933	4559	6819	37	65	34	1
福　建	26386	8848	135557	63973	765	11668	32	1186
江　西	107129	2200	76974	20645	479	1185	201	45
山　东	90154		151500	67005	608	21992	317	750
河　南	2790		16354	3746	71	844	45	
湖　北	84979		125653	102472	1035	28442	1324	1781
湖　南	86768		86001	27751	115	2118		1036
广　东	52841		111482	42590	17	371	101	
广　西	29069		26173	13082	879	2426		177
海　南	11240		25680	25739	308	4430		
重　庆	83185		77626	55071	650	2967	303	437
四　川	74693	1685	125245	74214	1525	11401	743	122
贵　州								
云　南								
西　藏								
陕　西	5656		21645	4546	9	1592		
甘　肃								
青　海	16633		23802	5617	81	1793		
宁　夏	37126	506	39879	18315	339	2823		55
新　疆	10044		9874	10941	50	494		

对个人和家庭补助支出	抚恤金和生活补助	其他资本性支出	各种设备购置费	资产总计/千元	固定资产净值	实际使用房屋建筑面积/万平方米	教学用房面积	实际拥有产权面积/万平方米
349215	26724	642426	168514	12168330	7693030	378.14	218.79	267.42
9896	1825	944	595	298931	190243	10.10	6.41	4.00
9291	520	2331	2331	298146	281566	7.87	4.54	7.77
38017	1315	3582	1589	135490	108926	16.02	8.72	6.93
24368	3771	7702	6681	302424	119550	14.64	13.07	7.67
1950	319	1220	884	13497	11157	1.74	1.32	1.74
2249		294	77	11589	7747	1.72	1.70	1.51
				162	7	0.01	0.01	
13946	1027	5958	4926	64957	13416	4.65	3.22	2.89
42092	1024	40671	18111	1439131	730192	41.01	26.38	27.85
65299	5193	316229	77901	3319643	1975424	91.72	49.18	72.60
1010	260	729	187	72562	38935	2.89	2.03	2.06
17439	775	13503	8475	502967	322881	16.90	9.56	11.33
6016	402	63305	2209	179285	51169	4.71	1.99	3.97
17101	1638	56974	26207	636293	487069	31.71	14.97	9.83
1369	47	797		29312	6261	3.16	2.21	2.41
17641	476	27175	1586	499940	297909	17.67	12.26	12.52
11110	722	50315		1454388	1215491	27.97	12.79	27.91
12125	228	705	705	390331	370123	10.65	6.65	5.45
3057	86	951	951	58198	50920	3.86	3.72	3.82
407	90	8249	5266	244308	203462	5.53	3.65	5.53
18433	986	30757	5747	1122338	802755	20.24	10.71	13.57
22477	5160	1962	2	582877	69587	26.47	13.57	12.78
1111	2	2522	1686	24435	23715	1.44	1.32	2.49
4850	324	100	100	41904	32125	2.11	2.07	1.18
4516	492	4558	1485	328453	200473	8.85	3.40	15.78
747				29342	27250	1.54	1.03	0.87

2022年艺术科研

	机构数/个	从业人员/人	专业技术人才	正高级职称	副高级职称	中级职称
总　　计	172	4342	3385	377	907	1408
按行业分类：						
文化科技研究	56	1332	1022	92	246	439
综合性艺术研究	77	2045	1651	248	507	623
地方戏艺术研究	29	637	496	28	107	243
其他科研机构	10	328	216	9	47	103
按经费来源分类：						
科研经费	11	877	641	109	232	246
文化和旅游经费	156	3346	2637	257	648	1104
其他经费	5	119	107	11	27	58
按隶属关系分类：						
中央	3	713	520	98	205	183
省区市	27	1026	857	119	237	326
地市	108	2239	1810	160	448	808
县市区	34	364	198		17	91

机构基本情况

本年完成科研项目/个	国家级	省级	文化科研项目	本年度科研项目获奖情况/个	获国家级奖	获省部级奖	本单位拥有知识产权数量/个	主导技术标准数量/个
315	34	101	172	112	19	78	71	50
104	11	48	43	41	9	32	54	49
113	17	39	51	58	10	33	7	
6		2	4	2		2		1
92	6	12	74	11		11	10	
80	5	19	56	6	3	3	54	49
164	23	71	62	95	16	64	7	1
71	6	11	54	11		11	10	
85	11	14	60	15	3	12	60	49
135	16	58	53	56	9	36	11	
75	7	28	40	41	7	30		1
20		1	19					

续表 1

	所办刊物/种	申请专利数/个	论文及资料		本年收入合计/千元	财政拨款预算收入	上级补助收入
			专著数/册	论文数(省级及以上刊物公开发表)/篇			
总　计	77	5	108	1514	1784796	1508808	1114
按行业分类:							
文化科技研究	22	2	28	199	685317	515810	835
综合性艺术研究	43	3	70	1182	867038	804329	279
地方戏艺术研究	7		4	21	139848	133973	
其他科研机构	5		6	112	92593	54696	
按经费来源分类:							
科研经费	16	2	47	808	664936	469621	
文化和旅游经费	61	3	56	603	1066311	1019914	1114
其他经费			5	103	53549	19273	
按隶属关系分类:							
中央	13	1	48	872	631352	414311	
省区市	28	4	40	485	418250	396152	453
地市	33		19	154	706019	669196	661
县市区	3		1	3	29175	29149	

事业预算收入	经营收入	其他收入	本年支出合计/千元	基本支出	项目支出	经营支出
229089	**5737**	**40048**	**1741548**	**1044291**	**672774**	**8031**
141945	3559	23168	634796	350139	278121	6029
44997	2168	15265	864233	516514	330296	1995
4571		1304	139505	86437	52912	
37576	10	311	103014	91201	11445	7
170066	10	25239	613882	308245	305630	7
24919	5727	14637	1061388	674059	363152	8024
34104		172	66278	61987	3992	
204155		12886	590737	293538	297198	
13618	2168	5859	414700	257808	140031	1995
11316	3559	21287	706965	467080	233246	6029
	10	16	29146	25865	2299	7

续表 2

	工资福利支出	商品和服务支出	在支出合计中				对个人和家庭补助支出
			差旅费	劳务费	福利费	各种税金支出	
总　　计	**772663**	**619447**	**8958**	**81077**	**5306**	**5617**	**119709**
按行业分类：							
文化科技研究	251363	223081	4276	18648	1404	2585	27378
综合性艺术研究	405813	314379	3133	49776	2332	1439	78566
地方戏艺术研究	65315	52309	619	7442	806	245	9319
其他科研机构	50172	29678	930	5211	764	1348	4446
按经费来源分类：							
科研经费	215690	316833	3399	52054	334	3436	29218
文化和旅游经费	531909	281523	4818	24446	4369	990	88032
其他经费	25064	21091	741	4577	603	1191	2459
按隶属关系分类：							
中央	179854	324327	2301	52554	643	4621	27655
省区市	191989	143821	2261	11474	1619	474	37679
地市	383898	149134	4283	16958	2947	522	53718
县市区	16922	2165	113	91	97		657

抚恤金和生活补助	其他资本性支出	各种设备、交通工具、图书购置费	资产总计／千元	固定资产净值	实际使用房屋建筑面积／万平方米	科研房屋面积	实际拥有产权面积／万平方米
11120	158076	16731	3760735	1082441	26.81	9.14	9.57
2793	90475	5051	780871	278659	5.13	0.90	1.18
6492	51385	11206	2558448	504373	13.87	7.69	6.69
1679	1389	379	307005	253829	6.68	0.42	0.78
156	14827	95	114411	45580	1.14	0.13	0.92
1072	45310	13339	3001284	732164	12.40	5.39	4.65
9232	98177	3293	655239	330014	13.61	3.66	4.89
816	14589	99	104212	20263	0.80	0.09	0.03
1059	58736	12847	2624492	461729	8.14	5.27	4.49
3251	10100	2535	176310	62563	5.03	2.51	1.65
6483	89208	1323	946670	550616	12.89	1.06	3.35
327	32	26	13263	7533	0.75	0.30	0.08

2022年各地区艺术

地　区	机构数/个	从业人员/人	专业技术人才	正高级职称	副高级职称	中级职称	本年完成科研项目/个
全　国	**172**	**4342**	**3385**	**377**	**907**	**1408**	**315**
北　京							
天　津	1	39	36	3	9	11	
河　北	12	177	161	12	38	66	6
山　西	19	950	687	41	148	354	29
内　蒙古	6	151	130	15	43	52	2
辽　宁	5	78	66	5	17	32	2
吉　林	6	151	142	24	53	42	6
黑　龙江	3	77	56	16	14	23	5
上　海							
江　苏	6	57	51	8	11	23	31
浙　江	4	89	49	8	8	20	1
安　徽	10	142	95	4	21	44	4
福　建	9	104	81	10	21	35	9
江　西	6	137	121	10	22	49	1
山　东	4	129	101	16	23	45	41
河　南	16	192	164	12	35	57	9
湖　北	9	93	86	7	13	28	
湖　南	6	88	70	5	16	34	3
广　东	7	103	80	12	22	30	3
广　西	9	210	190	21	69	69	21
海　南	1	9	3	3			
重　庆	1	37	31	4	10	12	3
四　川	4	213	134	14	28	56	20
贵　州	3	35	32	3	8	16	1
云　南	9	90	81	7	15	34	6
西　藏	1	20	13	1	2	4	3
陕　西	4	66	52	4	16	19	5
甘　肃	3	97	80	7	17	42	
青　海	1	15	12	1	4	5	2
宁　夏	2	27	23	3	8	9	14
新　疆	2	53	38	3	11	14	3

科研机构基本情况

国家级	省级	文化科研项目	本年度科研项目获奖情况/个	获国家级奖	获省部级奖	本单位拥有知识产权数量/个	主导技术标准数量/个
34	101	172	112	19	78	71	50
1			5	4	1		
2	27		21	2	19		
2			1	1			1
		2					
1	3	2				4	
2	2	1	4	1	3		
1	11	19	2		2		
1							
	3	1					
1	3	5	8	6	2		1
	1		3	2	1		
	9	26	10		1		
1	3	5	6		6		
			4	2	2		
1	1	1	5		5		
1		2	8		8		
1	2	18	4		3		
			3	3	3		
	1	19	7		5	6	
	1						
1		3					
3							
	5		5	2	3		
1	1						
1	13		2		2		
2	1						

续表 1

| 地 区 | 所办刊物/种 | 申请专利数/个 | 论文及资料 | | 本年收入合计/千元 | 财政拨款预算收入 | 上级补助收入 |
			专著数/册	论文数(省级及以上刊物公开发表)/篇			
全 国	**77**	**5**	**108**	**1514**	**1784796**	**1508808**	**1114**
北 京							
天 津	2		3	57	16693	16522	
河 北	6		4	6	43157	42492	
山 西	3		2	31	225103	217687	
内 蒙 古	3			18	48367	48020	
辽 宁				3	62492	62492	
吉 林	1	1		3	36352	35825	
黑 龙 江	3		2	23	19903	19745	
上 海							
江 苏	2		2	67	22522	20609	
浙 江	5		1	6	56889	49885	
安 徽	2			4	33918	33865	
福 建	2		5	57	32035	31385	
江 西	1		4	30	84854	83404	300
山 东	1		2	20	58172	45866	
河 南	3		1	35	47743	46212	
湖 北	2		2	21	23248	22602	134
湖 南	1		2	27	23281	23104	
广 东	6		11	57	58940	56531	
广 西	2		4	50	57180	55726	227
海 南			2		2323	2323	
重 庆	1		3	6	24467	21316	
四 川	3	3	1	26	60701	47533	52
贵 州	3			12	7769	7749	
云 南	2		1	7	19379	17883	
西 藏	2			13	10459	10459	
陕 西	4			34	16925	15988	
甘 肃	1		1	7	22368	21954	401
青 海	1		1	2	10685	10665	
宁 夏	1		6	6	10056	9571	
新 疆	1			14	17463	17084	

事业收入	经营收入	其他收入	本年支出 合计/千元	基本支出	项目支出	经营支出
229089	5737	40048	1741548	1044291	672774	8031
		171	16802	11857	4945	
		665	48027	28141	5021	
	3559	3857	227573	96026	125200	6029
		347	48801	34636	14165	
			62866	46716	16011	
82		445	36394	32048	4346	
125		33	19912	18305	1607	
1371	10	532	23198	19405	3786	7
6611		393	54955	34567	20388	
15		38	34056	30033	3868	
62		588	33121	28277	4839	
1150			84161	33954	50207	
		12306	59004	47310	11694	
783		748	46181	42580	3600	
		512	23117	17408	5348	
127		50	22551	16879	5543	
570		1839	57909	44711	13143	
99		1128	58132	44724	12994	
			2236	1910	326	
3124		27	22805	8255	14550	
10786	2168	162	56215	35827	18392	1995
		20	8032	6777	1255	
29		1467	20155	15127	5028	
			10459	5351	5108	
		937	15251	12495	2748	
		13	21488	15079	6409	
		20	10452	3749	6703	
		485	9797	8209	1588	
		379	17161	10397	6764	

续表 2

地　区	在支出合计中						
	工资福利支出	商品和服务支出	差旅费	劳务费	福利费	各种税金支出	对个人和家庭补助支出
全　国	**772663**	**619447**	**8958**	**81077**	**5306**	**5617**	**119709**
北　京							
天　津	8770	5816	15	75	304		2088
河　北	30833	4920	119	113	165	225	10044
山　西	88880	41131	349	3233	957	64	7073
内　蒙　古	26582	10459	407	1562	328		5567
辽　宁	40408	13428	32	109	1		2626
吉　林	24822	7153	295	734	527		4178
黑　龙　江	13112	2314	25	542	234		4305
上　海							
江　苏	11773	5796	243	979			4825
浙　江	25593	22877	26	6070	548	182	2794
安　徽	20053	4598	136	666	106	21	3425
福　建	21281	5698	211	986	15		4324
江　西	15898	49183	816	1045	51	30	1108
山　东	40012	14213	1904	2481		7	4110
河　南	27778	6037	221	776	281	78	5422
湖　北	13964	5804	59	35	165		2492
湖　南	12767	4539	89	198	87	74	2681
广　东	31601	14938	211	1597	203	129	11017
广　西	35907	15209	419	605	70	20	2768
海　南	1662	428		41		1	141
重　庆	7248	15444	117	1991	38		
四　川	28353	19419	362	2776	207	158	6061
贵　州	5650	1389	43	281			932
云　南	14457	3287	121	623	63		38
西　藏	3482	1560	42	65			39
陕　西	10811	2966	45	188			739
甘　肃	11760	1574	158	84	200		1245
青　海	3119	6679	17	72			567
宁　夏	7003	1380	30	221			823
新　疆	9230	6881	145	375	113	7	622

抚恤金和生活补助	其他资本性支出	各种设备购置费	资产总计/千元	固定资产净值	实际使用房屋建筑面积/万平方米	科研房屋面积	实际拥有产权面积/万平方米
11120	**158076**	**16731**	**3760735**	**1082441**	**26.81**	**9.14**	**9.57**
211			2461	699	0.17	0.15	
253	15		5894	1333	0.34		
1494	74894	828	200054	35249	4.24	0.36	0.89
1239	6080	66	17811	9986	0.23	0.20	0.20
261	6274		27225	25235	0.50	0.03	0.02
1420	89	77	13695	2530	0.52	0.09	0.50
430	23	23	4511	305	0.19		
414	207	6	6980	807	0.18	0.08	
127	522		197817	168045	0.16	0.10	
227	20	17	11930	1347	0.34		0.27
165	1203	554	238310	224257	4.22	0.15	
646	590	590	9887	5595	0.64		
	667	667	212669	63271	0.20		0.05
592	110	92	11930	6360	0.63		0.06
8	59		2557	1328	0.35	0.01	0.01
20	2564	379	7669	2354	0.08		0.06
554	248	248	9087	1668	0.36		0.07
701	49	49	28552	7648	1.03	0.70	0.72
	5	5	647	430	0.05		
	113	36	25703	19493	1.55	1.55	
276	370	48	47489	27086	0.85	0.09	0.95
	61	61	884	414	0.12	0.02	0.01
	108	103	5602	1071	0.13	0.07	0.05
	3919		944	154			
358	735		11325	5697	0.84	0.04	0.79
485	155	35	14221	6577	0.41	0.02	0.36
	86		10124	272			
	10		1900	509	0.07	0.01	0.07
180	164		8365	992	0.27	0.20	

2022年全国认定动漫

	机构数/个	从业人员/人	具有大专以上学历人员	资产、负债、所有者权益/千元		
				资产总计	固定资产原值	当年提取的折旧总额
总　　计	431	14138	11918	21987532	2775011	318121
按城乡分：						
城市	422	13694	11493	21025507	2709515	307314
县城	9	444	425	962025	65496	10807
县以下						
按登记注册类型分：						
内资企业	429	14130	11911	21976074	2775011	318121
港澳台商投资企业						
外商投资企业	2	8	7	11458		
按机构类型分：						
漫画创作企业	36	467	406	933729	52778	7581
动画创作、制作企业	323	10559	8669	16918067	2224869	242371
网络动漫(含手机动漫)创作制作企业	24	1066	1027	1635941	39505	8740
动漫舞台剧(节)目创作演出企业	1	3	2			
动漫软件开发企业	26	758	722	1238587	239183	49110
动漫衍生产品研发设计企业	21	1285	1092	1261208	218676	10319

续表

	工会经费	动漫产品研究开发经费	营业利润	营业外收入	政府补助(补贴收入)	营业外支出	利润总额
总　　计	14458	991723	621189	156205	90862	94798	682596
按城乡分：							
城市	12049	915878	573434	156039	90772	94586	634887
县城	2409	75845	47755	166	90	212	47709
县以下							
按登记注册类型分：							
内资企业	14458	990716	619255	156185	90852	94798	680642
港澳台商投资企业							
外商投资企业		1007	1934	20	10		1954
按机构类型分：							
漫画创作企业	230	29594	2676	4290	1791	5393	1573
动画创作、制作企业	11847	685962	498097	102965	66863	55591	545471
网络动漫(含手机动漫)创作制作企业	49	50333	82487	11695	8028	6197	87985
动漫舞台剧(节)目创作演出企业	20	56					
动漫软件开发企业	2207	160831	-89981	14196	8804	927	-76712
动漫衍生产品研发设计企业	105	64947	127910	23059	5376	26690	124279

企业基本情况

负债合计	所有者权益合计	实收资本（股本）	国家资本金	损益/千元						
				营业总收入	主营业务收入	自主开发生产动漫	营业总成本	养老、失业等保险费	住房公积金和住房补贴	差旅费
9426615	**12560916**	**11647516**	**726996**	**8127665**	**7924027**	**4958275**	**7506477**	**230179**	**77749**	**32140**
9064396	11961110	11450609	667303	7685216	7487279	4705168	7111783	223808	72958	31309
362219	599806	196907	59693	442449	436748	253107	394694	6371	4791	831
9425774	12550299	11645516	726996	8121926	7918288	4955026	7502672	230176	77749	32140
841	10617	2000		5739	5739	3249	3805	3		
177238	756491	1330048	53500	268811	256564	237793	266135	4419	836	546
6037939	10880127	8262836	253496	5878302	5700472	3148766	5380206	168784	48498	24620
798899	837042	967993	20000	655189	645452	423839	572702	14560	3227	2734
				175	175		175	30	22	30
2157614	-919027	631824	400000	721553	720565	610338	811534	25782	10679	3621
254925	1006283	454815		603635	600799	537539	475725	16604	14487	589

工资、福利费、税金/千元			经营面积/万平方米	本单位拥有知识产权数量/个	自主知识产权动漫软件	原创漫画作品/部	原创动画作品/部	网络动漫（含手机动漫）下载次数/次	动漫舞台剧演出场次/次
本年发放工资总额	本年支付的职工福利费	本年应缴税金总额							
1839505	**49332**	**321962**	**52.18**	**84388**	**15996**	**14985**	**3920**	**132582425083**	**405**
1749150	45133	320056	51.06	80654	15960	14977	3903	132542860217	401
90355	4199	1906	1.12	3734	36	8	17	39564866	4
1838648	49332	321848	52.16	84354	15981	14985	3920	132582425083	405
857		114	0.03	34	15				
26336	1349	5710	1.59	2951	197	2471	38	48757848986	1
1345691	32121	258704	33.00	57082	1984	4781	3443	44912533549	332
139183	2461	23978	2.04	10263	7531	817	256	35547367397	
14									
157947	10799	11151	2.77	6658	4186	3029	50	200080000	72
170334	2602	22419	12.81	7434	2098	3887	133	3164595151	

2022年各地区认定

地　　区	机构数/个	从业人员/人	具有大专以上学历人员	资产、负债、所有者权益/千元			负债合计	所有者权益合计
				资产总计	固定资产原值	当年提取的折旧总额		
全　　国	431	14138	11918	21987532	2775011	318121	9426615	12560916
北　　京	31	1197	790	1581196	29956	10537	705212	875984
天　　津	11	301	284	321928	56801	9194	113925	208003
河　　北	15	626	558	229311	32662	4452	40580	188731
山　　西	17	4	2	59571			17042	42529
内　蒙　古	5	29	21	148781	5556	1100	47023	101758
辽　　宁	9	83	65	157583	19427	17158	46354	111229
吉　　林	8	178	170	580890	133993	9396	537141	43749
黑　龙　江	8	282	198	117241	35944	3148	69853	47388
上　　海	25	712	573	1913171	117831	11515	1044590	868581
江　　苏	54	850	787	1256591	217756	12630	823383	433208
浙　　江	15	699	520	3521367	111579	41137	422952	3098415
安　　徽	17	1122	1051	960624	90411	29490	435835	524789
福　　建	31	1756	1503	2682682	332958	52018	2321723	360959
江　　西	15	257	226	207022	34040	3437	103046	103976
山　　东	9	354	305	563132	18585	4718	250356	312776
河　　南	4	148	148	283780	11406	1244	68659	215121
湖　　北	18	2050	1835	2858610	1023430	63317	687188	2171422
湖　　南	25	992	831	1343542	283718	24281	500651	842890
广　　东	59	1191	1061	1946500	61987	5398	588446	1358054
广　　西	9	198	172	133679	13921	3310	35228	98451
海　　南								
重　　庆	6	319	234	288590	17535	790	127880	160710
四　　川	3	303	158	349113	5943	690	189677	159436
贵　　州								
云　　南	9	196	164	81855	14585	926	18796	63059
西　　藏	2	8	8	22256	1892	323	3694	18562
陕　　西	11	110	105	97377	24784	1750	48833	48544
甘　　肃	6	55	51	127101	22566	4745	78212	48889
青　　海								
宁　　夏	5	80	74	115869	52206	735	83528	32341
新　　疆	4	38	24	38170	3539	682	16808	21362

动漫企业基本情况

实收资本（股本）	国家资本金	损益/千元						
		营业总收入	主营业务收入	自主开发生产动漫产品收入	营业总成本	养老、失业等保险费	住房公积金和住房补贴	差旅费
11647516	726996	8127665	7924027	4958275	7506477	230179	77749	32140
989945	20002	729993	728602	313273	734138	38108	12536	1575
1111127		229639	229569	224563	227247	3802	1016	151
65148		115845	115356	75227	124001	6526	810	855
		175	175		175	30	22	30
122031		5239	5239	3491	12973	245	59	21
142690		42187	42187	41394	35589	739	254	362
163122	31800	18369	17837	14664	29147	2240	860	225
84049	3000	125567	125517	4509	128059	2287	85	430
357605	124361	580563	573579	304524	616401	20960	4439	1305
509562	33000	277959	271214	76500	337431	11112	5496	2041
3577732		454356	451268	244265	347038	17972	5359	697
153920	16500	536099	535291	388476	481854	10621	2457	4880
1319576	400000	1268135	1234067	1205342	1192085	35326	23357	4453
54553	3000	54343	47733	13521	48360	1264	559	1164
63105		253422	253422	67698	228159	5798	524	2103
114262		94273	94273	68412	84622	989	273	354
1125648		946112	925113	481107	877021	19174	6808	4807
206469	70383	617764	616184	370724	569286	9405	5285	1024
1084459		980277	873300	800625	713760	23794	5510	1546
85600		36679	36679	30770	39901	4865	149	296
59500	14950	128037	127717	111661	123740	3667	819	650
6077		477596	469403	36160	414247	4290	717	7
40060		70964	70964	48899	57535	2317	199	384
6000		1446	1446	1183	3234	147		5
62730	10000	51992	51992	24206	51329	3524	79	223
64000		2403	1962	342	2737	265	11	26
65046		17577	13351	3980	15133	379	66	2437
13500		10654	10587	2759	11275	333		89

续表

地　区	工会经费	动漫产品研究开发经费	营业利润	营业外收入	政府补助（补贴收入）	营业外支出	利润总额	本年发放工资总额
全　国	**14458**	**991723**	**621189**	**156205**	**90862**	**94798**	**682596**	**1839505**
北　京	1568	160422	-4145	8515	2529	70168	-65798	214325
天　津	402	24440	2392	4909	1216	3135	4166	28624
河　北	30	11377	-8156	2001	1486	30	-6185	55840
山　西	20	56						14
内 蒙 古	26		-7734				-7734	1543
辽　宁	64	1312	6598	561	522	31	7128	4187
吉　林	169	48	-10778	701	65	-1363	-8714	10740
黑 龙 江	156	9390	-2492	2912	2735	127	293	8009
上　海	446	89637	-35838	6935	4035	7229	-36132	110818
江　苏	297	59545	-59472	7095	5394	1200	-53577	86298
浙　江	949	55849	107318	13592	9975	354	120556	148406
安　徽	610	50140	54245	14652	12691	487	68410	134872
福　建	2668	191945	76050	30526	9147	3682	102894	300936
江　西	219	3696	5983	274	97	23	6234	19007
山　东	1	6819	25263	5005	4818	3791	26477	35548
河　南	140	8995	9651	291	176		9942	10218
湖　北	380	57434	69091	15168	7813	1170	83089	236947
湖　南	2556	101953	48479	1589	1163	1789	48279	116824
广　东	2434	130187	266517	17559	14300	511	283565	195809
广　西		4251	-3222	3467	2501	5	240	8336
海　南								
重　庆	702	11333	4297	1979	1868	18	6258	40104
四　川	365	698	63349	6449	2494		69798	34782
贵　州								
云　南		2411	13429	3147	566	1110	15466	22403
西　藏		675	-1788	1994	1994	9	197	474
陕　西	23	4793	663	4957	1563	1258	4362	7636
甘　肃	12	109	-334	5		36	-365	1509
青　海								
宁　夏	175	3733	2444	1083	914	-3	3530	2960
新　疆	46	475	-621	839	800	1	217	2336

工资、福利费、税金/千元		经营面积/万平方米	本单位拥有知识产权数量/个	自主知识产权动漫软件	原创漫画作品/部	原创动画作品/部	网络动漫（含手机动漫）下载次数/次	动漫舞台剧演出场次/次
本年支付的职工福利费	本年应缴税金总额							
49332	321962	52.18	84388	15996	14985	3920	1.32582E+11	405
4677	21597	1.33	5772	189	558	86	10504017450	33
475	3123	0.63	803	122	109	20	76687426000	
717	4189	0.83	383	44	15	33	25000503350	
		0.10	34		34	2		
6	480	0.08	18	7	12	2	2100	
57	95	0.57	133	57	2	29		
200	1097	2.56	1452	52	336	355	48439	
80	683	1.88	3926	14	916	865	18711000	
2032	73325	2.02	6867	139	3995	97	2381601637	
1130	12527	5.58	8328	266	111	276	147684281	68
3191	14596	1.91	2141	147	287	93	4003241350	
3453	32586	4.70	597	351	28	163	200133037	3
12633	31790	4.20	16200	11823	3568	262	3310370957	10
2121	1018	1.28	1740	21	70	44	24678503	22
322	15230	0.88	4023	1434	1079	53	40622	60
347	1542	0.26	739	22	575	28	13000000	7
7907	33558	2.51	13344	339	255	215	1005500200	50
4652	3640	14.26	7103	191	1288	457	1312331817	123
2302	55928	1.53	5996	325	1263	325	6568370230	20
273	1254	0.64	483	72	11	77	1400653800	3
1050	7159	0.62	491	43	5	23	121231	
191	2325	0.74	165	134	123	1		
890	1393	0.19	618	57	97	75	3787392	
75	15	0.12	22	13	7	32		
306	2052	1.09	2661	42	217	229	165036	
38	33	0.91	150	12	21	33	15051	
129	368	0.56	68	43	1	16		6
78	359	0.20	131	37	2	29	21600	

2022年文化和旅游行政

	机构数/个	从业人员/人	事业编制人员	本年收入合计/千元	财政拨款预算收入	文化和旅游类经费
总　计	3253	114579	46705	147166509	140179456	90636263
中央	1	874		811988	790699	490470
省区市	32	4337	337	14837681	14578263	13084563
地市	350	19340	3649	27275369	26595285	19319797
县市区	2870	90028	42719	104241471	98215209	57741433

续表 1

	劳务费	福利费	税金支出	对个人和家庭补助支出	抚恤金和生活补助	其他资本性支出
总　计	2091067	192577	72552	3009039	767575	22171480
中央	25575			59788	13987	15960
省区市	49916	11230	915	245301	33028	1028070
地市	321811	33595	10735	946278	167747	3235481
县市区	1693765	147752	60902	1757672	552813	17891969

主管部门基本情况

在文化和旅游类经费中			本年支出合计/千元	基本支出	项目支出	在支出合计中		
行政运行	一般行政管理事务	文化活动等经费				工资福利支出	商品和服务支出	差旅费
15081014	**4345097**	**31705763**	**148708683**	**27097153**	**117210307**	**17808672**	**48817591**	**513689**
117697	13450	47700	1012434	333995	678439	205680	708994	11509
1228469	196177	4316391	14383569	1657448	11661141	1227193	4647495	47393
4073767	789265	7424952	27732190	5669596	21740832	3927975	11463933	118932
9661081	3346205	19916720	105580490	19436114	83129895	12447824	31997169	335855

各种设备购置费	资产总计/千元	固定资产净值	实际使用房屋建筑面积/万平方米	实际拥有产权面积/万平方米	本辖区内非物质文化遗产名录/个		
					国家级项目	保护单位	省级项目
1016399	**145858639**	**58718827**	**1139.39**	**832.70**	**1557**		**12168**
	927439	396060	30.41	30.41	1557		
65050	12326503	3511281	65.06	54.89	2093	2158	12168
130886	32162457	12011656	234.74	123.78	1353	1042	7381
820463	100442240	42799830	809.18	623.62	1755	1374	10087

续表 2

	保护单位	市级项目	保护单位	县级项目	保护单位	国家级代表性传承人
总　计	**12047**	**27884**	**13910**	**87396**	**31789**	**3057**
中央						3057
省区市	12047					1813
地市	4081	27884	13910			889
县市区	5783	30999	14298	87396	31789	1112

续表 3

	辖区内非物质文化遗产生态保护区			非物质文化遗产保护专项经费投入/千元	中央财政投入	省级财政投入
	省级	市级	县级			
总　计	197	127	502	5329916	1133852	1540695
中央						
省区市	197			950045	463002	265658
地市	102	127		1565033	224572	645886
县市区	174	261	502	2814838	446278	629151

本辖区内非物质文化遗产代表性传承人							国家级
学徒人数	省级代表性传承人	学徒人数	市级代表性传承人	学徒人数	县级代表性传承人	学徒人数	
	14192	60416	32619	182191	104285	533489	16
							16
13646	14192	60416					20
15927	6888	67864	32619	182191			18
36485	9568	141260	33612	298646	104285	533489	45

市级财政投入	县级财政投入	其他投入	辖区内展示传习场所				
			非物质文化遗产馆/个	民营非物质文化遗产馆/个	代表性项目数/个	收藏实物数/件	场馆面积/万平方米
1438582	979487	237300	7233	7322	67206	1985633	587.99
159699	49447	12239	1440	808	9239	268557	110.08
583144	85907	25524	1855	1862	17156	725488	199.72
695739	844133	199537	3938	4652	40811	991588	278.19

续表 4

	参观人次/ 万人次	传承体验 中心/个	民营传承 体验中心	代表性 项目数	收藏实物数	场馆面积/ 万平方米
总　　计	6736.46	14172	14020	133311	1146832	1359.89
中央						
省区市	1267.61	2617	1041	3193	149726	69.06
地市	2589.77	2210	1349	11623	234246	1025.31
县市区	2879.08	9345	11630	118495	762860	265.52

续表 5

	举办民 俗活动	参与人次/ 万人次	开展非遗 工作人员 培训班	培训人次/ 万人次	开展传承 人培训班	培训人次/ 万人次
总　　计	29815	4698.22	8133	49.75	25970	124.03
中央						
省区市	6971	653.05	577	2.52	2088	16.21
地市	4977	743.02	1810	5.07	8714	39.30
县市区	17867	3302.15	5746	42.16	15168	68.52

				辖区内宣传展示培训活动			
参观人次/万人次	传承所/点(个)	场馆面积/万平方米	培训学徒/人	举办展览	参观人次/万人次	举办演出	观众人次/万人次
3954.82	**24776**	**962.17**	**2671955**	**104344**	**5437.91**	**115680**	**9885.04**
536.76	3816	135.97	186523	2507	657.48	30641	423.00
1530.23	6274	236.69	591306	7222	2322.52	38438	2771.10
1887.83	14686	589.51	1894126	94615	2457.91	46601	6690.94

调查成果							
项目资源总量/累计	征集实物/件/套	征集文本资料/册	录音资料/小时	录像资料/小时	调查报告/篇	出版成果/册	资源清单/册
1139102	**254403**	**66255**	**95787**	**196143**	**19955**	**282895**	**43037**
218652	46773	14073	10381	32851	2273	33004	8204
398527	66676	18402	51271	117812	9756	69405	22752
521923	140954	33780	34135	45480	7926	180486	12081

2022年文物行政

	机构数/个	从业人员/人	编制人员数	在编人员数	藏品数/件(套)	文物藏品	一级品
总　计	2149	14286	10119	9413	1570714	1090435	3889
中央	1	122	165	122			
省级	34	747	747	699	968056	564387	2694
独立编制文物局	13	529	542	507			
行政部门内设机构(不挂牌)	9	94	92	81	968056	564387	2694
合署办公(挂牌)	12	124	113	111			
地级	263	2501	1606	1599	178595	154066	229
独立编制文物局	35	799	520	500	6841	6841	
行政部门内设机构(不挂牌)	120	1027	583	622	171586	147209	229
合署办公(挂牌)	108	675	503	477	168	16	
县级	1851	10916	7601	6993	424063	371982	966
独立编制文物局	167	1869	1322	1275	62819	56583	278
行政部门内设机构(不挂牌)	1143	5846	4165	3790	222532	188009	301
合署办公(挂牌)	541	3201	2114	1928	138712	127390	387

续表 1

	财政拨款预算收入	文物类经费	在文物类经费中			本年支出合计/千元	基本支出	项目支出
			行政运行	一般行政管理事务	文物保护等经费			
总　计	17732725	3663600	488927	136569	1683584	17837227	2736947	12187910
中央	102338	82994	24904	15400	42690	117795	41360	76435
省级	987539	570925	146672	40561	264656	887914	222199	620889
独立编制文物局	422468	367145	130724	31406	164777	372490	168543	203946
行政部门内设机构(不挂牌)	447456	89652	2678		82215	397793	35036	319583
合署办公(挂牌)	117615	114128	13270	9155	17664	117631	18620	97360
地级	5244019	822063	120092	32272	378947	5275976	653282	4532528
独立编制文物局	1764119	372559	80724	14186	156143	1785471	182640	1599085
行政部门内设机构(不挂牌)	2901573	231516	7942	8163	131521	2884677	308744	2529459
合署办公(挂牌)	578327	217988	31426	9923	91283	605828	161898	403984
县级	11398829	2187618	197259	48336	997291	11555542	1820106	6958058
独立编制文物局	3186178	576490	54632	18528	274902	3300974	329877	795501
行政部门内设机构(不挂牌)	6113763	936853	101095	24562	378043	6126289	1144918	4534725
合署办公(挂牌)	2098888	674275	41532	5246	344346	2128279	345311	1627832

主管部门基本情况

		在藏品数中			本年修复文物数/件(套)	一级品	二级品	三级品	本年收入合计/千元
二级品	三级品	本年新增藏品/件(套)	本年从有关部门接收文物数	本年藏品征集数					
19324	192267	17831	1406	11537	2396	6	45	709	18227729
									103337
15092	137672	12674		8830	470	3	31	144	995624
									429066
15092	137672	12674		8830	470	3	31	144	448935
									117623
891	23559	1020	212	477	359		2	357	5296742
18	129								1774720
873	23414	1020	212	477	359		2	357	2928452
	16								593570
3341	31036	4137	1194	2230	1567	3	12	208	11832026
864	6351	194	64	62	1025	3	8	52	3337837
1870	17865	2912	712	1682	231		4	73	6316201
607	6820	1031	418	486	311			83	2177988

	在支出合计中					对个人和家庭补助支出	抚恤金和生活补贴	在支出合计中	
工资福利支出	商品和服务支出	差旅费	劳务费	福利费	各种税金支出			其他资本性支出	各种设备购置费
4128326	4351439	37823	184619	19982	15593	207120	43427	2673735	64883
25546	75214	2026	3493			3979	370	8835	733
205593	568802	8108	9082	1529	1	28939	5609	63819	2312
134547	149452	3221	6840	1477	1	14903	3564	58260	2300
57991	325160	3992	1836	20		8817	2030	5547	
13055	94190	895	406	32		5219	15	12	12
404513	786862	9167	56804	5240	217	63959	9176	1238962	32508
110764	203389	2669	33350	1266	12	16994	1920	1144255	26084
205987	340015	3504	13709	2327	199	35351	4244	36169	5147
87762	243458	2994	9745	1647	6	11614	3012	58538	1277
3492674	2920561	18522	115240	13213	15375	110243	28272	1362119	29330
2509723	210532	2428	12988	1060	1494	9060	2650	231866	2901
750964	2104115	9724	55612	10656	11237	81872	16623	956681	19518
231987	605914	6370	46640	1497	2644	19311	8999	173572	6911

续表 2

	资产总计/千元	固定资产净值	实际使用房屋建筑面积/万平方米	实际拥有产权面积/万平方米	对外交流情况		
					与国外文博机构合作项目数/个	与国外文博机构签署协议或备忘录数/个	参加国际组织活动数/个
总　计	**19060420**	**6824755**	**111.21**	**82.21**	**25**	**16**	**18**
中央	261712	77335	1.60	5.64	10	4	14
省级	1090997	165189	3.18	1.82	15	12	4
独立编制文物局	336312	69521	2.92	1.82	15	12	4
行政部门内设机构(不挂牌)	138834	3557	0.04				
合署办公(挂牌)	615851	92111	0.22				
地级	7560011	1538619	30.39	25.95			
独立编制文物局	3114659	321374	1.52	0.39			
行政部门内设机构(不挂牌)	3989380	799193	24.20	21.30			
合署办公(挂牌)	455972	418052	4.67	4.26			
县级	10147700	5043612	76.04	48.80			
独立编制文物局	783281	427237	14.80	13.97			
行政部门内设机构(不挂牌)	8288358	3868465	47.03	27.33			
合署办公(挂牌)	1076061	747910	14.21	7.50			

续表 3

	本辖区对外开放的省级及以上文物保护单位数/个	本级财政专项安排文物保护经费/千元	本级出台地方性文物业法规、规章/部	进出境文物审核数/件/套	允许出境文物数	临时进境文物数	临时出境文物数
总　计	**8405**	**3472483**	**93**	**12642**	**238**	**6255**	**1298**
中央							
省级	7224	2542978	15	12139	144	5752	1298
独立编制文物局	4056	2420456	7	7441	121	2755	1099
行政部门内设机构(不挂牌)	1640	18669					
合署办公(挂牌)	1528	103853	8	4698	23	2997	199
地级	387	213371	14	503		503	
独立编制文物局	40	52787	1				
行政部门内设机构(不挂牌)	178	51388	10	503		503	
合署办公(挂牌)	169	109196	3				
县级	794	716134	64	94			
独立编制文物局	87	39967	3				
行政部门内设机构(不挂牌)	502	572934	43	94			
合署办公(挂牌)	205	103233	18				

对港澳台交流情况		本级举办业务培训情况		本辖区文物点/处	全国重点文物保护单位	省级重点文物保护单位	市县级文物保护单位
赴港澳台人员数/人次	对港澳台交流项目数/个	举办业务培训班/个	培训业务人员数/人				
75	**28**	**1156**	**68554**	**647978**	**5103**	**21529**	**107279**
8	11	10	770				
63	13	90	19107	647978	5103	21529	107279
55	12	63	14597	399634	2884	10580	58203
3		9	1332	116180	1021	5109	21903
5	1	18	3178	132164	1198	5840	27173
2	1	123	6853				
		23	1661				
		44	2065				
2	1	56	3127				
2	3	933	41824				
		102	3793				
2	3	552	27612				
		279	10419				

接收移交文物数	文物拍卖标的审核数/个	文物保护单位保护维修情况					本级出台落实中央文物领域的政策性文件	文物安全巡查次数
		禁止上拍文物标的数	国保单位保护维修项目数	保护维修面积/平方米	省保单位保护维修项目数	市、县保单位保护维修项目数		
1710	**514823**	**2744**	**583**	**8875076**	**822**	**1048**	**318**	**374768**
								4
1625	511465	2715	201	636806	280	207	37	5642
815	340493	1558	89	54747	30	29	24	487
	8868	67	64	429497	177	177		222
810	162104	1090	48	152562	73	1	13	4933
85	3358	29	96	6800195	81	132	86	88719
			24	5692761	12	33	10	7144
	3358	29	31	58585	35	37	41	53300
85			41	1048849	34	62	35	28275
			286	1438075	461	709	191	280407
			72	57361	57	106	6	16100
			110	391935	250	324	148	207688
			104	988779	154	279	37	56619

附录资料

全国行政区划（2022年底）

单位：个

省级区划名称	地 级		县 级					乡 级			
	区划数	#地级市	区划数	#市辖区	#县级市	#县	#自治县	区划数	#镇	#乡	#街道
全 国	333	293	2843	977	394	1301	117	38602	21389	8227	8984
北京市			16	16				343	143	35	165
天津市			16	16				252	125	3	124
河北省	11	11	167	49	21	91	6	2254	1325	618	310
山西省	11	11	117	26	11	80		1278	631	430	217
内蒙古自治区	12	9	103	23	11	17		1025	509	270	246
辽宁省	14	14	100	59	16	17	8	1354	640	201	513
吉林省	9	8	60	21	20	16	3	961	426	181	354
黑龙江省	13	12	121	54	21	45	1	1315	574	334	407
上海市			16	16				215	106	2	107
江苏省	13	13	95	55	21	19		1237	701	17	519
浙江省	11	11	90	37	20	32	1	1364	618	258	488
安徽省	16	16	104	45	9	50		1522	1011	224	287
福建省	9	9	84	31	11	42		1108	653	252	203
江西省	11	11	100	27	12	61		1578	832	560	186
山东省	16	16	136	58	26	52		1825	1072	57	696
河南省	17	17	157	54	21	82		2458	1180	586	692
湖北省	13	12	103	39	26	35	2	1257	761	161	335
湖南省	14	13	122	36	19	60	7	1944	1134	388	422
广东省	21	21	122	65	20	34	3	1612	1112	11	489
广西壮族自治区	14	14	111	41	10	48	12	1253	806	312	135
海南省	4	4	25	10	5	4	6	218	175	21	22
重庆市			38	26		8	4	1031	625	161	245
四川省	21	18	183	55	19	105	4	3101	2016	626	459
贵州省	9	6	88	16	10	50	11	1509	831	314	364
云南省	16	8	129	17	18	65	29	1424	666	537	221
西藏自治区	7	6	74	8		66		699	142	534	23
陕西省	10	10	107	31	7	69		1316	973	17	326
甘肃省	14	12	86	17	5	57	7	1356	892	337	127
青海省	8	2	44	7	5	25	7	404	140	222	42
宁夏回族自治区	5	5	22	9	2	11		243	103	90	50
新疆维吾尔自治区	14	4	107	13	28	60	6	1146	467	468	210
香港特别行政区											
澳门特别行政区											
台湾省											

注：乡级区划总数包含河北省、新疆维吾尔自治区的各一个区公所。

国民经济和社会发展总量

指 标		总量指标			
		1978年	2000年	2021年	2022年
人口	（万人）				
总人口(年末)		96259	126743	141260	141175
城镇人口		17245	45906	91425	92071
乡村人口		79014	80837	49835	49104
就业	（万人）				
就业人员		40152	72085	74652	73351
第一产业		28318	36043	17072	17663
第二产业		6945	16219	21712	21105
第三产业		4890	19823	35868	34583
城镇登记失业人员		530	595	1040	1203
国民经济核算					
国民总收入	（亿元）	3678.7	99066.1	1141230.8	1197250.4
国内生产总值	（亿元）	3678.7	100280.1	1149237.0	1210207.2
第一产业		1018.5	14717.4	83216.5	88345.1
第二产业		1755.1	45663.7	451544.1	483164.5
第三产业		905.1	39899.1	614476.4	638697.6
人均国民总收入	（元）	385	7846	80803	84781
人均国内生产总值	（元）	385	7942	81370	85698
人民生活	（元）				
全国居民人均可支配收入		171	3721	35128	36883
城镇居民人均可支配收入		343	6256	47412	49283
农村居民人均可支配收入		134	2282	18931	20133
财政	（亿元）				
一般公共预算收入		1132.3	13395.2	202554.6	203649.3
一般公共预算支出		1122.1	15886.5	245673.0	260552.1
能源	（万吨标准煤）				
一次能源生产总量		62770	138570	427115	466000
能源消费总量		57144	146964	525896	541000
固定资产投资					
全社会固定资产投资	（亿元）		32917.7	517133.3	542365.7
#房地产开发			4984.1	142247.7	128074.6

注：1.2022年能源数据为初步核算数(以下相关表同)。

　　2.本表速度指标中，国民总收入、国内生产总值及三次产业增加值、城乡居民收入、财政收支、货币供应量、金融机构人民币各项
　　　存贷款余额、保险公司保费金额、保险公司赔款及给付金额等指标均按可比价格计算；固定资产投资类指标平均增长速度按累计
　　　法计算；其他指标按绝对数计算。

续表 1

指　标		总量指标			
		1978年	2000年	2021年	2022年
对外经济贸易					
货物进出口总额	(亿元)	355.0	39273.3	387414.6	418011.6
出口额		167.7	20634.4	214255.2	237411.5
进口额		187.4	18638.8	173159.4	180600.1
外商直接投资	(亿美元)		407.2	1809.6	1891.3
农业					
农林牧渔业总产值	(亿元)	1397.0	24915.8	147013.4	156065.9
主要农产品产量	(万吨)				
谷　物			40522.4	63275.7	63324.3
棉　花		216.7	441.7	573.1	598.0
油　料		521.8	2954.8	3613.2	3654.2
肉　类		943.0	6013.9	8990.0	9328.4
水产品		465.4	3706.2	6690.3	6865.9
工业					
主要工业产量					
原　煤	(亿吨)	6.2	13.8	41.3	45.6
天然气	(亿立方米)	137.3	272.0	2075.8	2201.1
水　泥	(万吨)	6524.0	59700.0	237724.5	212927.2
粗　钢	(万吨)	3178.0	12850.0	103524.3	101795.9
钢　材	(万吨)	2208.0	13146.0	133666.8	134033.5
金属切削机床	(万台)	18.3	17.7	60.2	57.3
汽　车	(万辆)	14.9	207.0	2625.7	2713.6
发电机组	(万千瓦)	483.8	1249.0	15976.4	18371.1
发电量	(亿千瓦时)	2565.5	13556.0	85342.5	88487.1
规模以上工业企业					
主要指标	(亿元)				
资产总计			126211	1466716	1601926
营业收入			84152	1314557	1333214
利润总额			4393	92933	84162
建筑业					
建筑业总产值	(亿元)		12498	289277	307935
房地产业					
房地产企业房屋施工面积	(万平方米)		65897	975387	904092
房地产企业房屋竣工面积	(万平方米)		25105	101412	85857
房地产企业商品房销售面积	(万平方米)		18637	171415	129766
#住宅			16570	149602	109564
房地产企业商品房销售额	(亿元)		3935	176946	129656
#住宅			3229	158428	113670

续表 2

指 标		总量指标			
		1978年	2000年	2021年	2022年
批发、零售和旅游业					
社会消费品零售总额	(亿元)	1558.6	38447.1	440823.2	439732.5
入境旅客	(万人次)	180.9	8344.4		
#外国人		23.0	1016.0		
国内旅客	(百万人次)		744.0	3246.1	2530.0
国内旅游总花费	(亿元)		3175.5	29190.7	20444.0
交通运输业					
客运量	(万人)	253993.0	1478572.5	830256.6	558737.6
铁　路		81491.0	105072.5	261170.6	167296.3
公　路		149229.0	1347392.0	508693.3	354642.8
水　路		23042.0	19386.0	16337.1	11627.5
民　航		231.0	6721.7	44055.7	25171.0
货运量	(万吨)	319431.4	1358681.7	5298499.1	5152571.1
铁　路		110119.0	178581.0	477371.6	498423.7
公　路		151602.0	1038813.0	3913888.5	3711927.9
水　路		47357.0	122391.0	823972.8	855351.5
民　航		6.4	196.7	731.8	607.6
管　道		10347.0	18700.0	82534.4	86260.4
沿海规模以上港口货物吞吐量	(万吨)		125603.0	997259.0	1013101.5
民用汽车拥有量	(万辆)	135.8	1608.9	29418.6	31184.4
#私人汽车			625.3	26152.0	27792.1
邮政、电信和信息软件业					
邮政业务总量	(亿元)	14.9	232.8	13698.3	14316.7
电信业务总量	(亿元)	19.2	4559.9	17197.5	17501.1
移动电话年末用户	(万户)		8453.3	164282.5	168344.3
固定电话年末用户	(万户)	192.5	14482.9	18070.1	17941.4
互联网宽带接入用户	(万户)			53578.7	58964.8
软件业务收入	(亿元)			95502.0	107790.1
金融业					
社会融资规模存量	(万亿元)			314.1	344.2
货币和准货币(M_2)	(万亿元)		13.5	238.3	266.4
货币(M_1)	(万亿元)		5.3	64.7	67.2
流通中现金(M_0)	(万亿元)		1.5	9.1	10.5
金融机构人民币各项存款余额	(万亿元)	0.1	12.4	232.3	258.5
金融机构人民币各项贷款余额	(万亿元)	0.2	9.9	192.7	214.0

续表 3

指 标		总量指标			
		1978年	2000年	2021年	2022年
境内股票发行金额	(亿元)		1515.8	15421.5	14342.5
保险公司保费金额	(亿元)		1598.0	44900.2	46957.2
保险公司赔款及给付金额	(亿元)		526.0	15608.6	15485.1
科学技术					
R&D经费支出	(亿元)		895.7	27956.3	30782.9
发明专利授权数	(件)		12683	695946	798347
技术市场成交额	(亿元)		650.8	37294.3	47791.0
教育					
专任教师数	(万人)				
#普通、职业高等学校		20.6	46.3	186.6	196.3
普通高中		74.1	75.7	202.8	213.3
初中阶段		244.1	328.7	397.1	402.5
小学阶段		522.6	586.0	660.1	662.9
在校生数	(万人)				
#普通、职业本专科		85.6	556.1	3496.1	3659.4
普通高中		1553.1	1201.3	2605.0	2713.9
初中阶段		4995.2	6256.3	5018.4	5120.6
小学阶段		14624.0	13013.3	10779.9	10732.1
教育经费支出	(亿元)		3849.1	57873.7	
卫生					
医院	(个)	9293	16318	36570	36976
执业(助理)医师	(万人)	97.8	207.6	428.8	443.5
医院床位数	(万张)	110.0	216.7	741.4	766.3
卫生总费用	(亿元)	110.2	4586.6	76845.0	85327.5
文化体育					
图书出版总印数	(亿册/亿张)	37.7	62.7	118.6	114.0
电视节目制作时间	(万小时)		58.5	306.0	285.2
故事影片产量	(部)	46	91	565	380
社会保险					
社会保险基金收入	(亿元)		2644.9	96936.8	102504.8
社会保险基金支出	(亿元)		2385.6	86734.9	90719.1
参加基本养老保险人数	(万人)		13617.4	102871.4	105307.3
参加失业保险人数	(万人)		10408.4	22957.9	23806.6
参加基本医疗保险人数	(万人)		3786.9	136296.7	134592.5

国内生

年 份	国 民总收入/亿元	国内生产总值/亿元	第一产业	第二产业	第三产业	工业
1978	3678.7	3678.7	1018.5	1755.1	905.1	1621.4
1979	4100.5	4100.5	1259.0	1925.3	916.1	1786.5
1980	4586.1	4587.6	1359.5	2204.7	1023.4	2014.8
1981	4933.7	4935.8	1545.7	2269.0	1121.1	2067.7
1982	5380.5	5373.4	1761.7	2397.6	1214.0	2183.0
1983	6043.8	6020.9	1960.9	2663.0	1397.1	2399.0
1984	7314.2	7278.5	2295.6	3124.7	1858.2	2815.8
1985	9123.6	9098.9	2541.7	3886.4	2670.8	3478.2
1986	10375.4	10376.2	2764.1	4515.1	3097.0	4000.7
1987	12166.6	12174.6	3204.5	5273.8	3696.3	4621.1
1988	15174.4	15180.4	3831.2	6607.2	4742.0	5814.0
1989	17188.4	17179.7	4228.2	7300.7	5650.8	6525.5
1990	18923.3	18872.9	5017.2	7744.1	6111.6	6904.5
1991	22050.3	22005.6	5288.8	9129.6	7587.2	8137.9
1992	27208.2	27194.5	5800.3	11725.0	9669.2	10340.2
1993	35599.2	35673.2	6887.6	16472.7	12313.0	14248.4
1994	48548.2	48637.5	9471.8	22452.5	16713.1	19546.3
1995	60356.6	61339.9	12020.5	28676.7	20642.7	25023.2
1996	70779.6	71813.6	13878.3	33827.3	24108.0	29528.9
1997	78802.9	79715.0	14265.2	37545.0	27904.8	33022.6
1998	83817.6	85195.5	14618.7	39017.5	31559.3	34133.9
1999	89366.5	90564.4	14549.0	41079.9	34935.5	36014.4
2000	99066.1	100280.1	14717.4	45663.7	39899.1	40258.5
2001	109276.2	110863.1	15502.5	49659.4	45701.2	43854.3
2002	120480.4	121717.4	16190.2	54104.1	51423.1	47774.9
2003	136576.3	137422.0	16970.2	62695.8	57756.0	55362.2
2004	161415.4	161840.2	20904.3	74285.0	66650.9	65774.9
2005	185998.9	187318.9	21806.7	88082.2	77430.0	77958.3
2006	219028.5	219438.5	23317.0	104359.2	91762.2	92235.8
2007	270704.0	270092.3	27674.1	126630.5	115787.7	111690.8
2008	321229.5	319244.6	32464.1	149952.9	136827.5	131724.0
2009	347934.9	348517.7	33583.8	160168.8	154765.1	138092.6
2010	410354.1	412119.3	38430.8	191626.5	182061.9	165123.1
2011	483392.8	487940.2	44781.5	227035.1	216123.6	195139.1
2012	537329.0	538580.0	49084.6	244639.1	244856.2	208901.4
2013	588141.2	592963.2	53028.1	261951.6	277983.5	222333.2
2014	644380.2	643563.1	55626.3	277282.8	310654.0	233197.4
2015	685571.2	688858.2	57774.6	281338.9	349744.7	234968.9
2016	742694.1	746395.1	60139.2	295427.8	390828.1	245406.4
2017	830945.7	832035.9	62099.5	331580.5	438355.9	275119.3
2018	915243.5	919281.1	64745.2	364835.2	489700.8	301089.3
2019	983751.2	986515.2	70473.6	380670.6	535371.0	311858.7
2020	1005451.3	1013567.0	78030.9	383562.4	551973.7	312902.9
2021	1141230.4	1149237.0	83216.5	451544.1	614476.4	374545.6
2022	1197250.4	1210207.2	88345.1	483164.5	638697.6	401644.3

注：1.1980年以后国民总收入(原称国民生产总值)与国内生产总值的差额为来自国外的初次分配收入净额。
2.本表按当年价格计算。

产总值

建筑业	批发和 零售业	交通运输、 仓储和邮政业	住宿和 餐饮业	人均国民 总收入/元	人均国内 生产总值/元
138.9	242.4	182.0	44.6	385	385
144.6	200.9	193.7	44.0	423	423
196.3	193.8	213.4	47.4	467	468
208.0	231.2	220.8	54.1	496	497
221.6	171.5	246.9	62.3	533	533
271.7	198.7	275.0	72.5	591	588
317.9	363.6	338.6	96.8	705	702
419.3	802.5	421.8	138.3	868	866
527.3	852.7	499.0	163.2	973	973
667.5	1059.7	568.5	187.1	1122	1123
811.8	1483.6	685.9	241.4	1377	1378
796.1	1536.4	812.9	277.4	1537	1536
861.7	1269.2	1167.2	301.9	1667	1663
1017.7	1834.8	1420.5	442.3	1916	1912
1417.9	2405.4	1689.2	584.6	2336	2334
2269.9	2817.0	2174.3	712.1	3021	3027
2968.8	3774.0	2788.2	1008.5	4073	4081
3733.7	4779.4	3244.7	1200.1	5009	5091
4393.0	5600.5	3782.6	1336.8	5813	5898
4628.3	6328.4	4149.1	1561.3	6406	6481
4993.0	6914.3	4661.5	1786.9	6749	6860
5180.9	7492.2	5175.9	1941.2	7134	7229
5534.0	8159.8	6161.9	2146.3	7846	7942
5945.5	9120.8	6871.3	2400.1	8592	8717
6482.1	9996.8	7494.3	2724.8	9410	9506
7510.8	11171.2	7914.8	3126.1	10600	10666
8720.5	12455.8	9306.5	3664.8	12454	12487
10400.5	13968.5	10668.8	4195.7	14267	14368
12450.1	16533.4	12186.3	4792.6	16707	16738
15348.0	20941.1	14605.1	5548.1	20541	20494
18807.6	26186.2	16367.6	6616.1	24250	24100
22681.5	29004.6	16522.4	6957.0	26136	26180
27259.3	35907.9	18783.6	7712.0	30676	30808
32926.5	43734.5	21842.0	8565.4	35939	36277
36896.1	49835.5	23763.2	9536.9	39679	39771
40896.8	56288.9	26042.7	10228.3	43143	43497
45401.7	63170.4	28534.4	11228.7	46971	46912
47761.3	67719.6	30519.5	12306.1	49684	49922
51498.9	73724.5	33028.7	13607.8	53516	53783
57905.6	81156.6	37121.9	15056.0	59514	59592
65493.0	88903.7	40337.2	16520.6	65246	65534
70648.1	95650.9	42466.3	17903.1	69881	70078
72444.7	96086.1	40582.9	15285.4	71253	71828
78741.2	110147.0	48423.9	18026.9	80803	81370
83383.1	114517.7	49673.7	17855.3	84781	85698

分地区年末人口数

单位：万人

地 区	2013年	2014年	2015年	2016年	2017年	2018年	2019年	2020年	2021年	2022年
全 国	136726	137646	138326	139232	140011	140541	141008	141212	141260	141175
北 京	2125	2171	2188	2195	2194	2192	2190	2189	2189	2184
天 津	1410	1429	1439	1443	1410	1383	1385	1387	1373	1363
河 北	7288	7323	7345	7375	7409	7426	7447	7464	7448	7420
山 西	3535	3528	3519	3514	3510	3502	3497	3490	3480	3481
内蒙古	2455	2449	2440	2436	2433	2422	2415	2403	2400	2401
辽 宁	4365	4358	4338	4327	4312	4291	4277	4255	4229	4197
吉 林	2668	2642	2613	2567	2526	2484	2448	2399	2375	2348
黑龙江	3666	3608	3529	3463	3399	3327	3255	3171	3125	3099
上 海	2448	2467	2458	2467	2466	2475	2481	2488	2489	2475
江 苏	8192	8281	8315	8381	8423	8446	8469	8477	8505	8515
浙 江	5784	5890	5985	6072	6170	6273	6375	6468	6540	6577
安 徽	5988	5997	6011	6033	6057	6076	6092	6105	6113	6127
福 建	3885	3945	3984	4016	4065	4104	4137	4161	4187	4188
江 西	4476	4480	4485	4496	4511	4513	4516	4519	4517	4528
山 东	9746	9808	9866	9973	10033	10077	10106	10165	10170	10163
河 南	9573	9645	9701	9778	9829	9864	9901	9941	9883	9872
湖 北	5798	5816	5850	5885	5904	5917	5927	5745	5830	5844
湖 南	6600	6611	6615	6625	6633	6635	6640	6645	6622	6604
广 东	11270	11489	11678	11908	12141	12348	12489	12624	12684	12657
广 西	4731	4770	4811	4857	4907	4947	4982	5019	5037	5047
海 南	920	936	945	957	972	982	995	1012	1020	1027
重 庆	3011	3043	3070	3110	3144	3163	3188	3209	3212	3213
四 川	8109	8139	8196	8251	8289	8321	8351	8371	8372	8374
贵 州	3632	3677	3708	3758	3803	3822	3848	3858	3852	3856
云 南	4641	4653	4663	4677	4693	4703	4714	4722	4690	4693
西 藏	317	325	330	340	349	354	361	366	366	364
陕 西	3804	3827	3846	3874	3904	3931	3944	3955	3954	3956
甘 肃	2537	2531	2523	2520	2522	2515	2509	2501	2490	2492
青 海	571	576	577	582	586	587	590	593	594	595
宁 夏	666	678	684	695	705	710	717	721	725	728
新 疆	2285	2325	2385	2428	2480	2520	2559	2590	2589	2587

居民人均可支配收入

单位：元

指　　标	2016年	2017年	2018年	2019年	2020年	2021年	2022年
全国居民人均收入							
可支配收入	23821.0	25973.8	28228.0	30732.8	32188.8	35128.1	36883.3
1.工资性收入	13455.2	14620.3	15829.0	17186.2	17917.4	19629.4	20590.3
2.经营净收入	4217.7	4501.8	4852.4	5247.3	5306.8	5892.7	6174.5
3.财产净收入	1889.0	2107.4	2378.5	2619.1	2791.5	3075.5	3226.5
4.转移净收入	4259.1	4744.3	5168.1	5680.3	6173.2	6530.5	6891.9
城镇居民人均收入							
可支配收入	33616.2	36396.2	39250.8	42358.8	43833.8	47411.9	49282.9
1.工资性收入	20665.0	22200.9	23792.2	25564.8	26380.7	28480.8	29577.9
2.经营净收入	3770.1	4064.7	4442.6	4840.4	4710.8	5381.9	5584.5
3.财产净收入	3271.3	3606.9	4027.7	4390.6	4626.5	5052.0	5238.2
4.转移净收入	5909.8	6523.6	6988.3	7563.0	8115.8	8497.3	8882.4
农村居民人均收入							
可支配收入	12363.4	13432.4	14617.0	16020.7	17131.5	18930.9	20132.8
1.工资性收入	5021.8	5498.4	5996.1	6583.5	6973.9	7958.1	8449.2
2.经营净收入	4741.3	5027.8	5358.4	5762.2	6077.4	6566.2	6971.5
3.财产净收入	272.1	303.0	342.1	377.3	418.8	469.4	509.0
4.转移净收入	2328.2	2603.2	2920.5	3297.8	3661.3	3937.2	4203.1

居民人均消费支出

单位：元

指 标	2016年	2017年	2018年	2019年	2020年	2021年	2022年
全国居民人均支出							
1.食品烟酒	5151.0	5373.6	5631.1	6084.2	6397.3	7178.1	7481.0
2.衣着	1202.7	1237.6	1288.9	1338.1	1238.4	1418.7	1364.6
3.居住	3746.4	4106.9	4646.6	5054.8	5215.3	5641.1	5882.0
4.生活用品及服务	1043.7	1120.7	1222.7	1280.9	1259.5	1423.2	1431.8
5.交通通信	2337.8	2498.9	2675.4	2861.6	2761.8	3155.6	3194.8
6.教育文化娱乐	1915.3	2086.2	2225.7	2513.1	2032.2	2598.9	2468.7
7.医疗保健	1307.5	1451.2	1685.2	1902.3	1843.1	2115.1	2119.9
8.其他用品及服务	406.3	447.0	477.5	524.0	462.2	569.4	595.4
城镇居民人均支出							
1.食品烟酒	6762.4	7001.0	7239.0	7732.6	7880.5	8678.1	8958.3
2.衣着	1739.0	1757.9	1808.2	1831.9	1644.8	1842.8	1735.2
3.居住	5113.7	5564.0	6255.0	6780.2	6957.7	7405.3	7643.5
4.生活用品及服务	1426.8	1525.0	1629.4	1689.3	1640.0	1819.6	1800.5
5.交通通信	3173.9	3321.5	3473.5	3671.3	3474.3	3932.0	3908.8
6.教育文化娱乐	2637.6	2846.6	2974.1	3328.0	2591.7	3322.0	3050.2
7.医疗保健	1630.8	1777.4	2045.7	2282.7	2172.2	2521.3	2480.7
8.其他用品及服务	594.7	651.5	687.4	747.2	646.2	786.1	813.7
农村居民人均支出							
1.食品烟酒	3266.1	3415.4	3645.6	3998.2	4479.4	5200.2	5485.4
2.衣着	575.4	611.6	647.7	713.3	712.8	859.5	864.0
3.居住	2147.1	2353.5	2660.6	2871.3	2962.4	3314.7	3502.5
4.生活用品及服务	595.7	634.0	720.5	763.9	767.5	900.5	933.8
5.交通通信	1359.9	1509.1	1690.0	1836.8	1840.6	2131.8	2230.3
6.教育文化娱乐	1070.3	1171.3	1301.6	1481.8	1308.7	1645.5	1683.1
7.医疗保健	929.2	1058.7	1240.1	1420.8	1417.5	1579.6	1632.5
8.其他用品及服务	186.0	200.9	218.3	241.5	224.4	283.8	300.5